KB060298

당신이 있어
날마다
웃을 수 있습니다

_____ 님의

소중한 행복을 위해 이 책을 드립니다

행복명상록

초판 1쇄 인쇄 2023년 10월 25일
초판 1쇄 발행 2023년 11월 3일

지은이 이상만
펴낸이 이동희
기 획 엘로힘
편 집 김문숙
디자인 임서영
펴낸곳 오이코스
주 소 서울시 강남구 광평로56길 8-13(수서동) 수서타워 1902호
전 화 02-409-3452
등 록 제 2005-000224호
인 쇄 (주)이앤엘 Tel.031-905-6580

구입문의 하늘유통 Tel.031-947-7777 Fax.0505-365-0691
　　　　　독자의견전화 010-3104-3452 이메일 sangmanlee1960@gmail.com

ISBN 979-11-89633-02-8
값 18,000원

행복명상록

이상만 지음

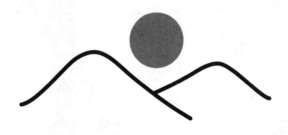

오이코스

공중의 새를 보라!

예수 그리스도

행복명상록

이 책은 불행을 막고 행복을 불러오는 현자들의 깨달음과 지혜가 녹아있는 『행복명상록』이다. 여기서 '명상'瞑想이란 현자들의 진수眞髓를 '눈을 감고 깊이 성찰하는 것'을 의미한다. 이 글은 마르쿠스 아우렐리우스의 『명상록』의 형식을 빌려서 썼음을 밝혀 둔다. 이 책에는 보편적이고, 어떤 삶에도 적용할 수 있는 행복의 이치들이 담겨 있다.

행복명상록
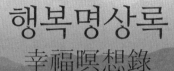
幸福暝想錄

"행복하게 해주는 것에 대하여 명상(생각)해 보아야 한다. 행복이 있으면 우리는 모든 것을 가진 것이며, 행복이 없으면 우리는 그것을 갖기 위해 모든 것을 해야 하기 때문이다."에피쿠로스

삶은 자고로 행복해야 한다. 행복은 우리의 삶과 분리되어 있지 않다. 얼굴에서 미소를 떼어 놓을 수 없듯이 삶과 행복은 서로 떼어 놓을 수 없으리라. 행복은 삶의 모든 순간에 있다. 삶이 행복이 되고, 행복이 삶이 되어야 한다. 삶이 그대로 행복이 되는 경지, 행복의 극치이다.

삶이 우리에게 기대하는 것은 어떤 영웅이 되거나 불멸의 존재가 되라는 것이 아니다. 그저 행복한 인간이 되라는 것이다. 우리 인간에게 행복이란 사치품이 아니라 필수품이다. "오직 하나의 의무밖에 없으니 그것은 행복해야 한다는 것이다."디드로 예나 지금이나 사람들은 행복을 좇아 평생을 떠돌아다닌다. 비록 저마다 사는 방식은 다를지라도, 모든 인간은 행복을 지향하고 있다. 오늘날 현대인들은 어느 때, 어느 누구보다 행복해지기 위해 열심히 노력하고 있다. 21세기는 그야말로 '행복추구의 시대'이다. 하지만 결과는 그 반대이다. 오히려 엄청 노력하는 만큼, 행복과는 점점 멀어지는 삶을 살고 있다. 그러므로 행복을 화두로 성찰과 학습을 하는 것은 불가피하다.

어쨌든, 행복추구는 인간에게 있어서 가장 보편적인 갈망이다. 이 세상 모든 사람들에게 가장 보편적으로 공유하는 가치가 있다면 행복일 것이다. 그래서 고대 그리스 철학자 아리스토텔레스는 '행복은 최고의 선이다'라고 했다. 행복은 참으로 흥미진진하면서도 중대한 문제가 아닐 수 없다.

"인간이 하는 모든 활동의 궁극적인 목적은 행복의 달성이다. 행복을 위해 기술을 발명하고, 학문을 육성하고, 법을 만들고, 사회를 형성한다." 데이비드 흄

최고의 선은 행복이며,

행복은 우리가 행하는 모든 행동의 목적이다. 아리스토텔레스

"사람마다 추구하는 가치는 다르겠지만, 결국에는 행복한 삶을 위해서 살아간다." 키케로

"인간이면 누구나 행복해지기를 원한다. 그 이유는 우리의 본성이 우리에게 그렇게 시키기 때문이다." 아우구스티누스

지구상의 모든 사람들이 공유하는 가장 보편적인 가치(목표)는 무엇인가? 각 분야의 전문가들을 비롯한 대부분의 사람들은 하나같이 '행복'이라고 말한다. 행복을 추구하는 방법은 다를지라도 행복에 대한 갈망은 시대와 장소, 민족과 계층, 언어와 문화를 초월하여 인류 모두를 하나로 엮어준다.

사실, 행복은 인류가 생겨난 이래로 최대 관심사였다. 고대부터 오늘날까지 줄곧 '오래된 영원한 주제'였다. 고대 그리스 철학자 아리스토텔레스, 에피쿠로스, 스토아 철학자 등은 행복을 사유의 중심 주제와 화두로 삼았다. 수많은 사상가들을 비롯하여 모든 사람들이 행복에 대해 말하였다.

행복의 추구는 '침해할 수 없는 인간의 권리'이다.(미국인권선언, 1776년) 하지만 행복이 인간이 추구하는 가장 보편적인 가치임에도 불구하고, 행복은 여전히 난마처럼 얽혀 쉽게 풀리지 않는 수수께끼처럼 보인다. 인간은 늘 행복해지기를 갈망하는데, 행복이란 애매하고 복잡하고 덧없는 무엇, 전혀 예측할 수 없는 어떤 신기루같이 보인다. 왜 그럴까? 그 이유에 대해 프랑스 작가 프레데릭 르누아르는 이렇게 말했다.

"이는 행복이라는 것의 본성 곧 몇 가지 점에서 볼 때 물이나 바람처럼 도무지 손으로 잡을 수 없는 그 본성에서 기인한다고 보아야 할 것이다. 물이나 바람은 우리가 그것을 손아귀에 넣었다고 생각하는 순간 어느새 우리 손을 벗어난다. 붙잡으려고 하면 할수록 저만치 도망쳐 버린다. 잡을 수 있겠다고 잔뜩 기대할 땐 빠져나갔다가 전혀 예상치 않았던 순간 불쑥 모습을 드러내기도 한다."

그렇다고 행복이 도저히 헤어날 수 없는 미궁에 빠졌다는 것은 아니다. 단지 행복의 모호성과 역설성을 지적하는 것이다. 그렇다면 행복의 난마를 어떻게 풀어나갈 수 있을까? 행복한 삶의 공식은 없을까?

방법은 있다. 바로 현자들의 지혜이다. 그들의 지혜에서 행복의 실마리를 찾을 수 있다. 이 점에서 동서고금의 현자들의 도움이 필요하다. 이 책은 동서고금의 현자들의 깨달음과 지혜를 통해 행복의 방정식을 풀려고 시도하고 있다.

다행히도 인류의 역사 가운데 수많은 현자들이 지구상의 모든 문화권에서 등장하였다. 현자들의 등장과 활동으로 인해 사람다운 인간의 길이 제대로 열리게 되었다. 현자들의 지혜는 우리 내면의 어두움을 몰아내는 빛이 되어준다. 동서고금의 현자들이 없었다면 인류는 현재의 세상을 이룰 수 없었을 것이다. 우리의 정신세계는 잡초가 우거진 황량한 벌판이 되었을 것이다.

현자들의 심오한 지혜는 가르침에 그치는 것이 아니라 삶을 변화시키는 힘이 있다. 그 이유는 참된 지혜는 읽혀지고 묵상하는 동시에 시대를 초월하여 작동하는 '인류를 위한 최고의 운영 체제'이기 때문이다. 우리가 우연히 만나는 한 줄의 촌철살인과도 같은 글귀가 우리의 인생을 바꾸어 놓을 수 있다. 인생은 언제 어느 순간에도 다시 시작할 수 있다. 삶을 다시 시작하라. 그리고 가슴 벅찬 삶을 살아라.

현자들이야말로 진정한 행복의 메신저가 아닐까? 과거에 살았던 현자들의 지혜는 오늘날에도 그대로 따를 수 있을 만큼 보편적인 동시에 믿기지 않을 정도로 현대적이다. 현자들의 지혜를 접할 때 인류는 분명 좀 더 행복해질 수 있을 것이다. 행복은 반드시 피어날 것이다.

이 책은 불행을 막고 행복을 불러오는 현자들의 깨달음과 지혜가 녹아있는 〈행복명상록〉이다. 여기서 '명상'瞑想이란 현자들의 진수眞髓를 '눈을 감고 깊이 성찰하는 것'을 의미한다. 이 책에는 보편적이고 어떤 삶에도 적용할 수 있는 행복의 이치들이 담겨 있다.

물론, 행복한 삶에 대한 정답은 없다. 따라서 〈행복명상록〉은 정답을 제시하는 책이 아니다. 그보다 나날이 각박해지는 삶 속에서 어느덧 현대인들의 가장 큰 갈망이 되어버린 행복에 대한 현자들의 통찰을 소개하는 일종의 행복 지혜서이다.

이 책은 매일 한 걸음씩 나아가는 행복을 위하여 '한 달 읽기'로 구성되어 있다. 현자들의 지혜가 담겨진 31개의 글을 매일 하나씩, 한 달 동안 읽으며 깊이 묵상하고 명상할 것을 권고한다. 현자들의 지혜가 우리의 삶 속으로 흐르고 있다면 그것은 분명 행복인 것을!

2023년 9월 1일
이 상만

1장

너 자신으로 돌아가라
거기에 행복이 있다
노자

"너 자신으로 돌아가라. 현재의 너 자신을 내려놓으면 진정한 너 자신으로 돌아갈 수 있다. 거기에 통찰이 있고 자유가 있고 행복이 있다. 너 자신의 삶을 향유하라."노자

인간은 자기 자신에 대한 깊은 성찰을 통해 '나 자신도 모르는 나'를 발견할 수 있다. "나 자신을 아는 것이 가장 큰 지혜이다." <탈무드>

행복은 자신이 누구인지, 자신의 존재를 제대로 아는 것으로부터 출발해야 하지 않을까? 나의 정체성이 무엇인지 모르고, 나의 본질과 가치도 모르고 과연 행복할 수 있겠는가? 우리는 자신이 누구인지 알아야 한다. 그래야 자기가 나아갈 길을 열고, 자신에게 맞는 삶의 의미와 행복을 발견하고 추구할 수 있기 때문이다.

우리는 진정한 자기 곧 참 자아를 모르고 온갖 타이틀만 덕지덕지 붙인 거짓 자아가 자기인줄 알고 살아가고 있지는 않은가? 하지만 그것은 참 자아가 아니다. 용기를 내서 자기 자신을 제대로 알기 위해 온갖 노력을 기울이자. 그것이 바로 진짜 자신의 행복을 향한 첫 걸음이다. 사람은 자신을 제대로 알아야 자유로워지고 행복해질 수 있다.

고대 로마 철학자 보에티우스는 기만적인 거짓 행복과는 무관한 참된 행복은 어디에서 비롯되는지에 대한 깊은 통찰을 보여주었다. "자기 자신을 제대로 알 때 비로소 진정한 행복에 이를 수가 있다"고 하였다. 인간은 자기 자신을 깊이 성찰함으로 자기 정체성을 형성하고 올바른 가치관의 기틀을 마련할 수 있는 것이다.

행복한가, 그렇지 못한가는 결국 나 자신에게 달려 있다.

아리스토텔레스

day 1
행복의 출발선은 나 자신이다

"나 자신을 어떻게 이해하고 있는가
가 자신의 운명을 결정한다." 헨리 D. 소로
"행복에 이르려면 그저 자기 자신이기
만 하면 된다." 장지오노

　행복은 내가 누구이고 어떤 존재이지를 성찰하는 데서 시작된다.
자신을 아는 일은 인간의 가장 근본적인 문제이며 행복의 출발점이
다. 자신을 아는 것에서부터 출발해야만 비로소 모든 것을 제대로 인
식할 수 있다.

내가 누구인지 모르면서 행복한 삶을 산다는 것은 어불성설이다. 나 자신이 누구인지 제대로 알아야 자신의 가치를 발견할 수 있다. 그러할 때 자존감을 회복하고 바른 삶을 살고 진정한 행복에 이르게 된다.

정확한 자아 인식은 행복한 인생의 시작이요 토대이다. 나 자신을 아는 지혜가 있어야만 인생의 생로병사와 모든 굴곡에서 초연한 삶을 살 수 있다.

하지만 자신을 정확히 아는 것은 매우 어려운 일이다. 인간은 자신 스스로에 대해 무지하다. 인식하는 주체임에도 불구하고 정작 나 자신을 모르고 있는 것이 인간이다. '나는 누구인가'는 가장 쉬우면서도 가장 어려운 질문이다. "세상에서 가장 어려운 일은 자신을 아는 일이고, 세상에서 가장 쉬운 일은 남에게 충고하는 일이다."^{탈레스}

나에게는 내가 문제이다. 나의 행복을 가로막는 일차적인 것은 나이다. 나의 라이벌은 나이다. 어리석고 불행한 삶은 항상 자아에 대한 무지에서 비롯된다. 자아무지로 인해 발생하는 자존감 상실, 비교의식, 열등의식, 패배의식, 자기비하 속에서는 절대 행복할 수 없다.

내가 어딜 가든 그곳에 내가 있고, 내가 무엇을, 어떻게 하든 그것은 내가 그렇게 하는 것이다. 모든 일의 뿌리는 나이다. 나에게서 비롯되지 않은 것은 없다. 진실함으로 자기 자신과 마주하라!

자기 자신을 아는 것이 행복과 직결된다는 사실을 기억하자. 자기를 안다는 것은 자신의 본질과 가치, 그리고 실상을 알고, 그것에 걸맞게 살아가는 것을 의미한다. 한마디로 행복은 자신의 가치에 부응하며 사는 것이다.

너 자신을 알라. 그러면 너는 일생을 행복하게 보내게 될 것이다.헤로도토스

"나는 나인데 모순적이게도 나는 내가 어떤 사람인지를 제대로 알기 어렵다. 내가 나를 가장 잘 알아야 할 것 같은데, 어떤 때는 내가 나를 가장 잘 모르기도 한다. 어쩌면 우리는 평생 동안 자기 자신을 배워야 하는지도 모른다."칼 야스퍼스

나는 누구인가? 가장 나답게 사는 길은 무엇인가? 이런 질문을 하며 자기 자신을 찾아가는 것이 가장 의미 있는 일이다.

행복하려면 무엇보다도 먼저 나 자신이 누구인지 깨닫고, 나 자신의 정체성을 확립하는 것이 매우 중요하다. '자신을 얼마나 아느냐'가 행복을 결정짓는 관건이다. '나는 누구인가'를 물으며 올바른 자아인식을 행복의 토대로 삼아라. 내가 누구인지를 제대로 알게 되면 어떻게 살아야 하는지도 저절로 알게 된다.

다시 말하지만, 우리는 나 자신조차도 제대로 이해하지 못하고 있다. 나를 가장 모르는 사람은 정작 '나 자신'일 수 있다. '나'라는 존재는 미스터리의 일부이며, 어쩌면 가장 풀기 힘든 미스터리일지도 모른다. 그래서 우리는 자아 알기를 포기한 채 그냥 세상의 흐름대로 살고 있지는 않은가? 철학자 하이데거는 이러한 인간의 형국을 '자아 망각'의 불행에 놓여 있다고 표현하였다.

행복을 부와 인기 같은 세속적 요소에 고정시키는 사람은 정작 행복의 토대인 자신의 정체성을 망각한 상태인 것이다. 자아 망각에 빠져 들어서 참된 행복에서 이탈한 사람들은 엉뚱한 곳에서 행복을 찾는다. 부, 권력,

명예, 인기, 외모 등, 결코 완전하지도 지속적이지도 않은 것들을 손에 넣으려 애쓰는 것이다. 이는 인간의 고유한 본성에 비추어 볼 때 치명적이다.

고대 로마 철학자 보에티우스는 〈철학의 위안〉에서 "참된 행복은 부, 명예, 권력, 외모 등과 같은 외적 요소에 달려 있는 것이 아니라 내면의 깊은 성찰에서 나온다"고 보았다.

자신이 누구이고 어떤 삶을 살고자 하는가를 스스로 묻고, 그 답을 찾기 위해 성찰하는 삶을 살아가다보면, 점점 그 답에 가까이 가게 된다. 자신을 깊이 성찰하며 근원을 캐묻고, 사색하는 삶으로부터 흔들리지 않는 뿌리 깊은 행복이 자라난다.

자신을 얼마나 아느냐 하는 것은 행복을 결정짓는 관건이다. 자신을 알고 있을 때에만 정확한 인생의 방향을 찾아 올바른 출발점에서 제대로 된 출발을 할 수 있고, 인생의 돛을 올리고 항해를 시작해, 행복의 포구에 도착할 수 있다.

내가 누구인지를 알면 행복은 부산물로 따라온다

"자기를 아는 사람은 무엇이 적절한지 스스로 알며, 무엇을 할 수 있고 무엇을 할 수 없는지 분별하며, 어떻게 할 것인지 아는 바를 해냄으로써 필요한 것을 얻고, 또한 모르는 것을 삼가함으로써 비난받지 않고 살아가며 또 불운을 피하게 된다."소크라테스

"자기 자신을 아는 사람은 주변 사람들을 불평하지 않는다. 주변 사람들을 불평하는 것은 자기 자신에 대한 불만족스러움을 인정하는 것이기 때문이다."순자

무지 중 가장 근본이 되는 것은 자기 자신의 본질과 가치, 그리고 실상에 대한 무지이다. 자기 자신에 대한 오해, 잘못된 견해가 모든 갈등과 불행의 원인이 된다. 그러므로 고대 그리스 현자 소크라테스는 무엇보다도 먼저 '너 자신을 알라'고 외치며 올바른 자아 인식을 촉구하였던 것이다.

삶에서 참으로 소중한 것은 돈과 소유가 아니라, 나 자신이 누구인지 아는 일이다. 그래서 소크라테스뿐만 아니라 동서양의 스승들 곧 노자, 공자, 맹자, 붓다, 예수 등도 세상 사람들을 향해 이렇게 외쳤다. '너 자신을 알라.'

자기 자신을 완전히 아는 것만큼 위대한 승리는 없다. "진정한 자유는 자기가 하고 싶은 대로 하는 것이 아니라 자기 자신을 완전히 아는 것이다."작자미상

내가 누구인지를 제대로 알면 존재의 근원적인 불안에서 벗어나 평온해지고, 존재의 근원적인 외로움에서 자유로워지고 행복해진다. "한 인간의 깨달음으로부터 나오는 파장은 다른 누구도 아닌 본인에게 가장 크게 전달된다."칼릴 지브란

인간의 근원적 물음을 늘 되새기면, 누구나 미흡하나마 무엇이 '참 나'이고 '거짓된 나'인지, 우리 삶에서 무엇이 본질적인 것이고 비본질적인 것인지, 스스로 알아차리게 된다. 결과적으로 미숙한 자아가 성숙한 자아로 성장하게 된다. 그래서 어떻게 살아야 하는지, 그리고 무엇이 소중한 것인지, 무엇이 가치 있는 삶인지를 올바르게 판단하게 된다. 자기 자신을 제대로 이해하고 파악하는 데서 내 행복의 모양새를 스스로 갖출 수 있는 것이다.

"사람들은 너무 바빠서 스스로 무엇을 하는지, 심지어 자신이 누구인지 조차 잊어버린다. 삶의 템포를 한 박자 늦추고, 삶을 음미하며 자신이 누구인지를 알아차리는 것만으로 사람은 훨씬 더 행복해질 수 있다."수행자

불행은 자기 자신을 알기를 그만 둘 때부터 시작된다

"가장 슬픈 건 자기 자신을 잃는 것이다."공자
"이제 그대가 병에 걸린 가장 중요한 원인을 알겠군.
그대는 자기 자신이 무엇인지 알기를 그만둔 거야."보에티우스

"자기 자신을 점검하기를 절대 포기하지 말자. 시선이 남에게만 향하면 중심을 잃는다. 그리고 중심을 잃는 것은 단순히 중심이 무너진다는 말이 아니라, 자기 자신으로 돌아가는 방법을 잊어버린다는 뜻이다."시바타 규오

자신이 누구인지 아는 것이 중요하다. 사람은 자신이 누구인지 모르면 방황하게 되어 있다. 심하면 허무주의와 무기력증에 빠져 소중한 삶을 방황 속에서 허비하게 된다.

오늘날 우리의 삶을 안정시켜주고, 그 방향과 의미를 부여해주는 '나는 누구인가'와 같은 인간 존재의 핵심을 파고드는 근원적인 질문들이 자취를 감추었다. 현대인은 한마디로 '나'라는 질문을 상실한 사람들이다. 현대사회는 유유자적하며 자신에 대한 질문을 던질 수 있는 시간이 허락되지 않는다. 그만큼 현대인은 바쁘고 분주하게 살고 있다.

그래서 삶의 토대가 지금처럼 불안한 적이 없었다. 삶의 의미와 가치, 방향과 목적 등이 무너짐으로 우리는 그야말로 불안과 염려, 불확실성과 허무 등으로 고통 받고 있다.

그 결과 오늘날 현대인들은 고삐 풀린 망아지처럼 방향을 잃고 조급하고 바쁜 삶을 정신없이 살고 있다. 비정한 속도의 경쟁 속에서 현대인들은 안정을 잃고 초조하게 살아간다.

"나의 임상경험에 의하면, 대부분의 사람들은 자신이 누구인지에 대해서는 별로 관심이 없다. 그보다는 자신이 어디로 가야 하는지에 대해서만 관심을 갖는다. 그러나 사실은 그 반대가 되어야 맞다. 내가 누구인지, 어떤 모습인지를 먼저 알아야만 나아갈 방향도 정할 수 있기 때문이다. 자신이 누구인지 알 때 비로소 자신이 어디로 가야 하는지도 제대로 알 수 있는 것이다."_{양창순}

'나는 누구인가'는 근본적인 자기명제이고 물음이다. 게다가 동서고금을 막론하고 가장 보편적인 화두이다. 이 화두는 그 해답이 책에 나오는 것도 아니고, 어디에 답이 있는 것도 아니다. 각자 자기에게 주어진 근본적인 물음이다. 그래서 행복 추구의 출발은 '나는 누구인가'라는 근원적인 물음으로 시작해야 하는 것이다.

인생의 근원적인 질문들은 답을 주지 않는다. 왜냐하면 사람에 따라 인생의 답이 다르므로, 어느 한 가지 정답을 제시할 수 없기 때문이다. 단지 나만의 나침반을 가지고, 주어진 삶을 살아가면 된다. 삶에는 미리 정해진 답이 없으니까. 하지만 올바른 질문으로 참된 행복을 열어 갈 수는 있을 것이다.

그러한 근본적인 물음들을 가지고 있으면 근원적인 사유의 명제가 있기 때문에 아무리 거칠고 어지러운 세상에 살더라도 흔들리지 않고 삶의 중심이 잡힌다. 그래서 우리는 근원적인 질문들을 통해 자신의 삶의 균형을 잡고 자기의 길을 묵묵히 걸어가야 한다.

자신에게 질문하라. '나는 누구인가?' 우리는 그러한 근원적 질문을 끊임없이 되새김으로 나 자신도 모르는 사이에 나 자신이 그 해답이 되어가야 한다. 꾸준히 반복하여 생활화된 질문은 마치 우물을 파 들어가듯 점차 우리의 내면으로 향하고, 결국 내면의 깊은 곳에서 '참 나'를 만날 수 있지 않을까? 그러면 나에게 맞는 참된 삶과 행복을 알 수 있지 않을까?

본래의 너 자신이 되어라 아리스토텔레스

"인간에게 좋은 것이란 대체 무엇인가? 무엇이 나 자신에게 진짜로 좋은 것인가? 그것은 자신의 본질을 가능한 펼치고 완성하는 일이다. 인간은 진실로 인간이 되어야 한다. 그것이 바로 인간 본래의 규정이다. 본래의 너 자신이 되어라." 아리스토텔레스

"가장 진실한 자기가 되어라. 허위와 허세 위에는 어떤 것도 세워질 수 없다." 푸잉

'그대 자신이 되어라'는 말이 있다. 이는 사회가 요구하는 맹목적인 인간형이 아니라 자신의 본성과 타고난 소질에 바탕을 둔 참된 자신이 되

라는 것이다. 나는 나 자신만의 고유한 색채를 지니고 있을 때 가장 빛날수 있는 것이다. 나만의 색깔을 만들어 나가야 한다. 허위와 허세 위에는 참된 행복이 세워질 수 없다. 가장 진실한 자기가 되어야 한다.

사람은 본연의 자기 모습으로 돌아가서 자기 본연의 모습대로 사는게 가장 행복한 삶이 아닐까? 우리는 나 자신이 온전한 자기 자신이 되는 순간, '아 행복하다!' 하고 외칠 수 있게 되는 것이다.

하지만 우리가 있는 그대로의 나를 본다는 것은 참으로 어려운 일이다. 왜냐하면 우리는 이러저러한 것으로 덧칠되어 있기 때문이다. 돈, 명예, 성공을 얻기 위해 평생 스스로를 포장하고 다른 사람을 속이고 때론 스스로까지 속여가면서 이중적인 삶을 영위하고 있지는 않은가? 현대인은 흡사 '트랜스포머'라도 된 양, 수시로 자신의 모습을 바꿔가며 살고있다.

겉치레와 허식이 없는 나 자신의 자연스러운 모습이 바로 본래 나 자신이다. 있는 그대로의 모습이 되자. 우리는 모두 고유하고 특별하다. "인생의 유일한 목표는 진정한 자기 자신이 되는 것이며, 또한 우리의 타고난 능력을 실현하는 것이다."로버트 루이스 스티븐슨

실존인 본래의 자아는 다른 사람이 어떻게 살든, 세상에서 말하는 성공이 무엇이든, 그런 것에 관심을 두지 않는다. 다른 사람의 기대에 맞추지 못하는 것보다 본래의 나로 존재하지 않는 것이 더 치명적이다. 각자자신의 삶을 자기답게 살면 되는 것이다. 서로의 각자성各自性을 인정해야 한다.

행복하려면 우리의 인생 여정이 세상을 닮아가는 세속화의 과정이아니라 내면에 존재하는 '참 나'를 찾아가는 여행임을 깨달아야 한다.

그래서 현자들은 권고한다. "인생은 경주가 아니라 나를 찾아가는 여행 길이다."

참 나와 마주하면 나를 얽어매고 있는 모든 구속과 오류로부터 벗어나 마음이 자유로워지고 깨어난 삶을 살게 된다. 그냥 사는 것과 깨어난 삶은 다르다. 깨어난 삶은 진짜 나로 살게 만든다. 가슴 깊이 차오르는 참된 행복을 느끼려면 진짜 나로 살아야 한다.

"꽃은 꽃 그대로가 아름답다. 너도 너 그대로가 아름다움인데 왜 다른 사람에게서 너를 찾으려고 하는가."틱낫한

모든 불행의 뿌리는 나 자신이다

"불행의 원인은 늘 나 자신이 만든다.
몸이 굽으니깐 그림자도 굽는다. 어찌 그림자가 굽는 것을 한탄할 것인가? 나 이외에는 아무도 나의 불행을 치유해 줄 사람은 없다."파스칼
"군자는 자신에게서 구하고 소인은 남에게서 구한다. 일이 잘못되면 군자는 제 탓을 하고 소인은 남을 탓한다."공자

우리가 어딜 가든, 우리가 무엇을 어떻게 하든, 그것은 우리가 그렇게 선택해서 하는 것이다. 우리에게서 비롯되지 않는 것은 없다. 자신에게 전혀 문제가 없다고 생각하는 사람은 정신과 의사도 어쩌지 못한다고 한다.

핑계와 변명을 과감히 뿌리치고 '모든 건 내 탓'이라고 선언하는 순간, 불행의 늪에서 빠져 나오는 첫발을 내딛게 되는 것이다. 책임을 회피하

는 한, 불행에서 빠져 나올 수가 없다.

내 불행의 가장 큰 원인이 어디에 있다고 생각하는가? 매사에 남 탓을 하지 않고 모든 것을 내 탓으로 여기고 세상을 바라보면 내 삶이 달라진다.

내 인생의 주인공, 내 행복의 주인공은 바로 나이다. 나의 가치는 내가 결정한다. 내 행복은 내가 책임져야 한다. 남을 탓하지 말고 내가 책임 있게 행동해야 한다. 내 인생의 행복키는 누구도 아닌, 나 자신이 지니고 있다.

"인간은 행복을 추구하면서도 또한 스스로를 불행하게 만드는 이상한 존재이다. 그러므로 인간은 무엇보다도 먼저 자신이 누구인지, 어떤 모습을 하고 있는지를 알 필요가 있다. 내 안에 있으면서 스스로를 괴롭히는 것들은 무엇인지, 내가 갖고 태어난 잠재능력은 무엇인지를 알아야 하는 것이다. 그것이 외부세계와 대적해 인생을 살아나가면서 자기를 발전시키는 첫 번째 과정이다."양창순

행복하려면 세상보다 나 자신부터 바꾸어야 한다 간디

"자신의 욕망을 극복하는 사람이 강한 적을 물리친 사람보다 훨씬 위대하다."아리스토텔레스

"삶의 가장 큰 걸림돌은 결국 나 자신이었다. 내 마음이 바뀌면 모든 것이 바뀐다."정약용

"우리는 세상을 변화시키기 위해서만 태어난 것이 아니라 나 자신

도 변화되기 위해 태어난 것이다."파커 J. 파머

자신의 훌륭한 주인이 되자. 자신과의 싸움에서 먼저 이겨야 한다. 행복하려면 먼저 자신부터 바뀌어야 한다. 그 모든 것이 나 자신에게 달려 있다. "자신의 인생을 스스로 통제하지 않으면 누군가에게 통제 당한다. 자신의 문제를 해결하는데 가장 적합한 사람은 자기 자신이다."알프레드 아들러

나는 내가 문제이다. 내가 나에 대해 가장 잘 모를 수 있다. 내가 싸워야 하는 상대는 남이 아니라 바로 나이다. 삶의 모든 순간은 나와의 싸움이다. '나의 가장 큰 적은 나'라는 말을 명심하자. 끊임없이 나 자신과 싸워야 한다. 언제나 '잘 나고 싶어하는 나'와 싸워야 한다.

그 누구도 아니고 오로지 나 자신이 되고자 하는 싸움은 사실은 어쩌면 세상에서 가장 치열하고 힘겨운 전쟁일지도 모른다. 하지만 나 자신과 싸우지 않을 수 있을 정도가 되어야 비로소 자유로워질 것이다. "강한 사람이란 스스로 자신을 억제할 수 있는 사람이다."〈탈무드〉

흔히들 말한다. "우리가 거둘 수 있는 가장 위대한 승리는 나 자신에 대한 승리이다." 옳은 말이다.

노자는 〈도덕경〉에서 "세계를 정복하는 사람은 위대하다. 그러나 자기 자신을 정복하는 사람은 전능하다"라고 말했다. 오랜 수행을 통해 자신을 바꾸었다는 것은 자기 자신을 정복했다는 것이다.

세상을 바꾸겠다고 생각하는 사람은 먼저 자기 자신을 바꾸기 위해 자기 자신부터 갈고 닦아야 하지 않을까? "세상을 바꾸고 싶다면 스스로 먼저 변하라!"간디

행복은 내 인생의 주인이 되는 것이다

> "누구에게 이끌려 가는 삶을 살지 말고 내가 이끌고
> 가는 삶을 살자. 남이 하자는 대로 따라가거나 남의 눈치를 보지 말고
> 내 목소리에 귀를 기울이자."위백규
> "가는 곳마다 주인이 되라. 사람이나 주위 환경 따위에 휘둘리지 말
> 고 삶의 주체가 되라."임제

나는 나일뿐이다. 누구도 나의 주인이 될 수는 없다. 나의 주인은 오직 나뿐이다. 내 인생의 핸들을 잡고 있는 것은 결국 나 자신이다. 내 인생의 주인으로 당당히 살아가자. "나에게 주어진 시간은 한정되어 있다. 그러므로 타인의 인생을 살면서 허비할 수는 없다."스티브 잡스

"주인으로 살 것인가, 노예로 살 것인가, 인문학자들이 자본주의를 비판하는 이유는 단지 하나이다. 자본주의를 통제하지 못하면 우리는 시간이 흐를수록 내가 좋아하는 것을 하는 사람이 아니라 획일화된 노예로 전락하기 때문이다."강신주

'내 인생의 주인공은 나'라는 인생철학이 확고해야 한다. 그래야만 타인의 의견에 휘둘리지 않고, 내 삶을 살아갈 수 있고, 나의 진정한 가치를 드러낼 수 있다. 남이 나를 어떻게 보는지 신경 쓰기에는 인생은 너무나 짧다. 자신의 주인이 되지 못하면 진정한 자유와 행복은 없다.

내가 나를 신뢰하지 못하는데 누가 나를 신뢰하겠는가? 그러므로 나를 신뢰하고 내 인생의 주인으로 살아가야 한다. 내 인생의 주인공은 나 자신이다. 그러니 다른 사람의 평가에 의존하거나 비교하며 살지 말자.

잘났거나 못났거나 나는 세상에 하나밖에 없는 유일한 존재이다. 자기 자신에 대한 존엄성이야말로 건강한 자아를 이루는 바탕임을 잊지 말자.

내가 살고 있는 세상은 오로지 '나를 위하여 펼쳐진 무대'라고 생각하자. 나의 무대에서 나 자신의 잠재력을 마음껏 펼치자. 누가 뭐래도 세상의 중심은 나 자신이다. 그러할 때 어느 곳이든 내가 서 있는 그 자리가 나의 진정한 가치를 드러낼 수 있는 최상의 자리가 될 것이다.

누가 뭐래도 내 삶에서 주연은 나이다. 대통령, 장관, 기업인, 연예인 등, 아무리 큰 유명인사라고 할지라도 내 인생에서는 그들은 하나의 조연에 불과하다. 그렇다고 자기를 중심에 놓고, 다른 사람은 모두 자기 주위에서 들러리 역할을 해야 한다고 생각하는 것은 아니다. 자기가 주인공이 된다는 것은 자기중심주의 또는 이기심이 아니다. 내가 나의 인생에서 주연을 맡은 영웅이듯 내 곁에 있는 사람들도 그 사람의 인생 속에서는 가장 소중하고 중요한 존재들이다. 나 자신이 중요하고 존중 받기를 기대하는 것과 똑 같이 다른 사람들도 그러하다. "모든 사람은 자기 삶의 이야기에서 주연을 맡은 영웅이다."김헌

즉 다른 사람들도 각자의 인생에서 각자 주연인 것이다. 우리가 그러한 사실을 인지하고 서로 존중할 때 아름다운 세상을 함께 만들어 나갈 수 있는 것이다. 나의 행복뿐만 아니라 다른 사람들의 행복 또한 존중해야 한다.

자기 안에 있는 참 자아를 찾아내서 그 본성에 따라 본래의 모습이 되어 자연 그대로의 삶을 살면 참으로 행복해질 것이다.

노자

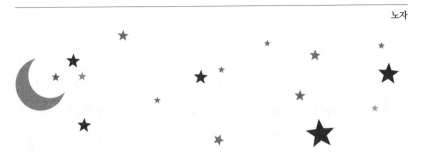

day 2
'참 자아'는 모든 행복으로 향하는 문이다

"참 행복은 참 자아로부터 자연스레 흘러나오는 것이다. 그래서 자기 자신으로 사는 사람은 행복하다." 수행자

현자들의 지혜에 따르면 행복한 사람이 되는 것은 사실상 '자기 자신이 되는 것'과 차이가 없으며, 자기 자신이 되기 위해서는 반드시 '참 자아'를 만나야 한다.

우리의 내면에 존재하는 참 자아, 그것이 바로 우리 자신의 참된 정체성이자 진정한 행복의 원천이다. 내 안에 있는 참 자아와 마주하는 순간, 오아시스 곧 환희의 샘이 열리는 기쁨과 감격에 휩싸이게 된다.

행복으로 가는 길은 끊임없이 참 자아를 인식하는 과정이라고 해도 과언이 아니다. 참된 행복에 이르기 위해서는 반드시 자아를 더 깊이, 더 풍부하게 인식해야 한다. 자신이 누구인지 명확하게 알아야 자신에게 맞는 올바른 행복의 길로 나아가게 되는 것이다.

참 자아는 나의 인간다움과 자기다움을 증진시키는 자아이고, 참되지 않은 거짓 자아는 나의 인간다움과 자기다움을 방해하는 자아이다.

참 자아를 알아차리는 순간, 그리고 그것과 동일화된 자신을 깨닫는 순간, 진정한 깨어남이 시작된다. 참 자아를 발견하고, 참 자아로 사는 삶은 깨어난 삶이다. 이 깨어남이 행복으로 향하는 문이다.

참 자아 곧 '진짜 나'로 살 때 행복하다

"난 나이어야 한다. 진짜 나를 살려내야 한다. 모든 순간을 가장 나답게 살아야 한다. 참 자아에 따라 진짜 내가 되면 샘솟는 행복을 만끽할 수 있을 것이다."수행자

인간은 누구에게나 자신의 고유한 존재 곧 진짜 나와 마주하고자 하

는 갈망이 있다. 그러나 현실에서는 이 갈망이 은폐되어 있는 경우가 많다. 행복하려면 내 안에 숨겨진 진짜 나를 찾아라. 참 자아와 마주함으로써 비본래적인 자신을 털어 버리고 본래적인 자신을 회복하게 된다. 그렇게 할 때 홀가분한 자유를 누리며 내 인생을 내가 주도적으로 살 수 있을 것이다. 참 자아 속에 내재된 자신만의 길을 찾아야 한다.

살아지는 대로 또는 습관대로 살아서는 가슴 뛰는 신나는 삶을 살 수 없다. 가슴 깊이 차오르는 벅찬 행복을 느끼려면 진짜 나로 살아야 한다.

나 자신을 얽어매는 것 곧 나 자신을 가짜 나로 살게 하는 것이 무엇인지 가장 잘 아는 사람은 바로 나 자신이다. 나 자신을 얽어매는 것에서 자유로워져야 본래의 나로 돌아가 행복할 수 있다.

성공과 유명해지려는 욕망으로 가득한 에고를 가진 사람은 자신의 참자아와 마주하지 못하고, 자신만의 고유한 행복을 발견하지도 못한다. 자기존재를 있는 그대로 드러내지 못하면 불행해진다.

인간에게는 나 자신이고 싶은 본래적인 욕구가 있다. 이 본래적인 욕구를 잘 실현하면 진짜 나로 살 수 있게 되고, 그렇지 않으면 가짜 나로 살게 된다. 가짜 나의 삶은 세상의 기준에 나를 맞추려는 각종 타이틀과 허례허식으로 치장된 나로 살아가는 삶이다. 반면에 진짜 나는 실존철학자들이 말하는 '본래적 자기'에 해당한다.

가짜 나의 삶은 세상의 요구에 따라 구태의연하게 살아간다. 타인이 좋다고 하는 것을 좋다고 느낀다. 이에 반해 본래적인 자기는 현재의 잘못된 존재방식에 의문을 품고, 새로운 참된 존재방식을 능동적으로 갈구하는 존재이다.

자기 자신을 살피는 성찰과 명상의 시간을 갖지 않으면, 자신의 삶을 주도적으로 이끌지 못하고, 바깥 소용돌이에 자칫 휘말리기 십상이다. 사람이 세상의 흐름에 세속화되어 구태의연하게 산다면 동물이나 다를 게 무엇인가? 사람은 참 자아 속에서 자신만의 길을 구축하며 살아야 한다. 비본래적인 자기 곧 가짜 나로부터 벗어나 본래적인 자기 곧 진짜 나로 돌아가야 한다. 본래적인 나를 되찾기 위해서는 자기성찰의 아픔을 감내하면서 스스로 거짓 자아를 쳐내는 수고를 감행할 수밖에 없다.

참 자아로 살아가려면 내 안의 거짓 자아를 알아차리고 분별해야 한다

"자신의 생각과 에고를 자신이라고 믿는 마음이 불행과 분노로 이어지게 한다."에크하르트 톨레

"거짓 자아에게 바친 삶은 죄의 삶이다."토마스 머튼

참 자아가 있으면 거짓 자아도 있다. 외모와 소유를 자기와 동일시하고 업적과 인기를 자신이라고 여기며, 그러한 오류에서 생겨난 자신에 대한 허구의 이미지가 거짓 자아이다. 여기서 거짓 자아는 나쁜 자아라기보다는 덜 자란 자아 곧 미성숙한 자아를 의미한다. 그래서 거짓 자아는 매우 이기적이며 자기 중심적이며 유치하다. 그러한 거짓 자아가 모든 불행의 원인이다.

거짓 자아의 가장 큰 특징은 무엇인가? 진짜 내가 아님에도 불구하고 나라고 여기게 만든다. 남들이 생각하고 기대하는 나에 이끌려서 살아가고자 하는 유혹, 이런 나는 '거짓 나'이다. 거짓 자아는 비교와 질투를 먹고 산다. 끊임없이 자신을 남과 비교하고 질투하게 한다. 우리는 비교하

고 질투한 만큼 비참해진다.

대부분의 사람들은 모든 고통과 불행의 원인인 거짓 자아 속에 갇힌 채 삶 전체를 보낸다. 이것이 바로 우리가 그토록 행복을 추구하지만 행복하지 못하는 이유이다. 거짓 자아의 문제를 해결해야만 행복할 수 있다. 잘못된 자아의식이 행복의 장애물이다. 거짓 자아라는 감옥에서 걸어 나와 참 자아로 돌아가야 한다.

"이 세상에서 오직 하나의 참된 기쁨은 진정한 자신을 발견하는 것이고, 또한 '자기'라는 감옥에서 빠져 나오는 것이다."토마스 머턴

거짓 자아의 문제를 해결하려면 먼저 내 안의 있는 거짓 자아를 분별하고 걸려내야 한다. 그렇게 하자면 '이것이 거짓 자아구나' 하고 자꾸 발견해야 한다.

진정한 자기 자신 곧 참 자아에 눈을 떠야 한다. 내가 나로 착각하는 것은 무엇인가? 진정한 내가 아닌데 나로 착각하는 나는 외모와 소유, 업적과 명성 등이다. 외모, 인기, 지식, 학벌, 명예, 평판, 재산 등은 거짓 자아가 좋아하는 장난감이다. 참 자아는 그런 것 하고는 상관이 없다. 거짓 자아에 가려져 있는 참 자아를 알아차리고 분별하지 않고는 참된 행복은 불가능하다.

거짓 자아에 바탕을 둔 마음 상태를 자기 자신으로 잘못 알고 동일화하는 것은 자기 자신뿐만 아니라 사회까지도 불행에 이르게 한다. 그것은 세상을 적대감, 갈등, 폭력 등의 위기상황에 이르게 하며, 인류의 생존조차 위협한다.

"만약 당신이 지금 스스로에게 충실하지 않는다면, 당신은 이 세상에 끔찍한 해를 끼치고 있는 것이다."루미

참 자아가 행복의 중심이 되어야 한다

> "만약 우리가 참 자아에 충실하지 않는다면, 불성실하고 무례하게 행동하며, 거짓을 꾸며내며, 다른 사람들을 고통에 빠뜨릴 것이며, 자신도 불행에 빠질 것이다."수행자

우리가 그토록 행복을 추구하지만 행복하지 못한 이유는 무엇인가? 그 이유는 거짓된 자아로 살고 있기 때문이다. 거짓 자아를 내려놓고 참 자아로 살 때 삶은 진정한 행복의 여정이 된다.

그러면 어떻게 하면 참 자아로 살아갈 수 있을까? 참 자아로 살아가려면 끊임없이 깨어서 섬세한 감정으로 내 안에 거짓 자아를 분별하고 알아차려야 한다. 그리고 거짓 자아를 내려놓아야 한다. 시기, 위선, 분노, 비교, 경쟁 등을 불러일으키는 거짓 자아를 버리고 참 자아를 꽃피움으로서 본래의 나다움을 드러내야 한다. 거짓 자아를 내려놓은 자리에서 참 자아가 살아난다.

인간은 참 자아 곧 진짜 나로 살 때 가장 행복하다. 하지만 거짓 자아의 세속적 요소들이 참 자아를 가로 막고 있기에, 내가 나의 삶에 주인이 되어 자기 자신으로 살지 못한다.

세상의 인정을 받고 싶은 욕심은 인간이라면 누구나 가지고 있기 때문에 세상의 찬사를 받는 일을 내가 진짜 원하는 것으로 착각하는 경우가 많다. 세상에 끌려가는 가짜 나는 세상의 눈치를 본다. 세상의 눈치를 보며 살고 있기 때문에 세상이 자신을 알아주지 않으면 불행함을 느낀다. 하지만 진짜 나로 살 때는 남을 의식하지 않고 가슴 깊이 차오르는 나만의 참된 행복을 누릴 수가 있다.

혹시 나는 완전히 타인본위여서 근본이 없는 부평초와 같이 표류하는 인생을 살고 있지는 않은가? 타인본위의 삶은 자기는 없어지고, 이른바 남의 흉내를 내는 것에 지나지 않는다. 자기가 없어지는 딜레마에 빠지지 않으려면 자기본위로 살아야 한다. 타인이 연출하는 삶에서 벗어나 자기 자신에게 충실한 삶을 살기 위해서는 자기본위로부터 새롭게 시작해야 한다.

고요와 침묵, 그리고 명상을 통해 참 자아를 만나자

"인간은 고요와 침묵, 그리고 명상 속에서 본래의 자기 곧 참 자아를 직면하게 된다."수행자

"참 자아는 고요와 침묵, 그리고 명상 속에서 날마다 새롭게 발아한다."토마스 머튼

"명상은 고독의 침묵 속에서 우리를 신에게로 인도한다."명상가

참 자아를 찾기 위해서는 깊은 침묵 속에 들어가야 한다. 침묵은 내면을 맑고 순전하게 한다. 그리고 그러할 때 자신의 진실한 본질과 만날 수 있다.

"침묵 속에 편안히 쉬도록 나를 그냥 놓아 두어라! 난 내 인생에 대해 진지하게 생각하고 싶다. 진실은 오직 침묵 속에서만 열매를 맺고, 뿌리를 내린다. 특히 그것은 많은 시간을 필요로 한다."생텍쥐페리 행복하려면 고요와 침묵 속에서 명상을 통해 본래의 나에 충실하고, 삶의 매순간 깨어있을 때 잔잔한 기쁨과 함께 심오한 희열에 휩싸인다.

행복을 향한 첫 걸음은 깨달음이다. 그리고 두 번째 걸음은 있는 그대로를 받아들이는 긍정이다. 여기서 깨달음이란 자기 자신을 비롯한 천하만물의 본성을 온전히 이해함으로 내면적으로 해방된 상태를 뜻한다.

명상을 통해 깨달음을 얻으면 사람들이 자신의 본성을 외면하고 있음을 알게 된다. 게다가 더욱 가슴 아픈 것은 사람들이 타인의 관심사에 휘둘리고 있다는 것이다.

명상은 본래의 나 곧 참 자아로 돌아가서 나의 본성을 찾는 것이다. 명상 중에 참 자아를 만나고 깨어있음의 상태에 머물면 내가 살아 있다는 느낌에 벅찬 희열이 몰려온다. 현자는 명상 중에 참.자아를 마주하며 자신의 본성에 충실함으로써 신과 함께 산다. 본성이 아닌 것을 따르는 삶은 신의 뜻을 거스르는 것이다.

"우리는 명상을 통해 참 자아와 만날 수 있고, 몸과 마음에 일어난 변화를 느낄 수 있다. 그리고 예전보다 더 긍정적이고 행복한 기분이 들 것이다." 탈 벤 샤하르

참된 행복의 씨앗은 이미 내 안에 있다

"우리가 추구하는 모든 것은 우리에게 있다. 그 뒤를 좇아 서두를 필요가 없다. 어느 때나 우리에게 있다. 시간이 지나면 우리는 알게 될 것이다." 토마스 머턴

"따지고 보면 행복과 불행은 내 안에 있다. 그래서 불행한 사람은

어디를 가든 불행할 것이고, 긍정적인 마음으로 행복을 찾은 사람은
어디를 가든, 어떤 환경에 놓이든 행복할 것이다."프레데릭 르누아르

누구나 꿈꾸는 참된 행복은 어디에 있는가? 내 안에 내재해 있다. 우
리는 아직 그것을 깨닫지 못하고 있을 따름이다. 행복은 내 안에 내재해
있는 참 자아에서 나온다. 참된 행복은 밖에서 누가 갖다 주는 것이 아니
므로 내 안의 참 자아에서 솟아 나오도록 해야 한다.

사람은 자신 밖에서 행복을 찾는 경향이 있는데, 이는 어리석은 짓이
다. 참된 행복의 씨앗은 우리 존재의 가장 깊숙한 곳에 자리 잡고 있다.
그 씨앗은 발아하고 자라나서 꽃피우기를 갈망하고 있다.

행복의 원천을 자기 자신에게서 찾아라. 필요한 행복은 모두 자기 자
신 안에 있다. 행복의 원천을 자기 자신에게서 찾지 않고 자신 밖에서 찾
으려고 한다면 인생은 불행할 수밖에 없다.

거짓 자아를 넘어 참 자아로 사는 사람이야말로 끊임없이 자기를 가
다듬고 자아 형성을 만들어가는 과정에서 성
취감을 얻고 진정한 행복을 누릴 수 있다. 결국
어떤 삶을 만들어 나갈 것인가는 전적으로 나
자신에게 달려 있다.

행복하려면 자아 각성과 성찰을 통해 분열
된 자아, 잃어버린 자아, 거짓 자아가 온전한
자아로 회복되고, 자기의 본성을 깨닫는 과정
이 필요하다. 그래서 행복과 깨달음은 서로 연
결되어 있다.

행복에서 멀어지는 이유는 '참 자아'를 모른 채 '나다움'을 잃어가기 때문이다 헨리 D. 소로

"우리는 이미 자기만의 고유한 자아를 선물 받았으며, 자기만의 숭고한 영혼을 지니고 있는 고귀한 존재이다."토마스 머튼

"나는 보다 더 단순하고 소박하게 살고 싶다. 나는 아무것도 그 어떤 사람도 되고 싶지 않다. 그저 나 자신이고 싶다."헨리 D. 소로

"평생 동안 우리는 나를 배우고, 또한 나답게 살아가는 법을 배워야 한다."수행자

자기답게 살자. 자기답게 산다는 것이 무엇인지를 늘 고심하며 자기다움을 형성해 나가야 한다. 자기답게 살려고 노력하면 할수록, 자신에게 자기다움의 가치가 얼마나 중요한지 알면 알수록, 자기다움에도 관심을 기울이게 된다. 자기다운 삶은 타인의 시선에 좌우되는 수동적인 삶이 아니라 자신의 뚜렷한 주관에 따라 사는 능동적인 삶이다.

"고귀하고 평온하며 자신을 돌아봄으로써 즐거움을 누리는 삶은 본래 문명인으로서의 모습이거늘 어찌 남의 눈치를 살피느라 몽매함에 빠지려는가."마르쿠스 아우렐리우스

오늘날 현대인은 남들의 기대에 맞게 나를 꾸미면서 살아가고자 하는 경향을 보인다. 외모와 소유, 업적과 명성을 통해 나를 드러내고자 하는 자아의식은 잘못된 자아이다. 우리는 나 자신만의 고유한 정체성을 다른 사람의 평가에서 찾아서는 안 된다. 타인의 인정을 받아야 자신이 행복

할 것처럼 생각하면, 정말 자신이 원하는 삶을 놓칠 수밖에 없다는 것을 알아야 한다.

바쁘고 분주한 자본주의 세태 속에서 자기다움을 잃어버리지는 않았는가? 오늘날 인생의 난제들이 나를 겹겹이 에워싸고 위협할 때 나는 어디서 해결책과 탈출구를 찾아야 할까? 어떻게 자기다움을 찾고, 자기다움의 매력을 발산할 수 있을까?

"사람은 나를 그대로 드러내는 사람에게 끌린다. 사람이 가장 매력적인 순간은 거침없이 나를 표현할 때이다."장혜신

대중과 유행이라는 환영에 따라 세속적 인간으로 살지 말자. 대중을 의식하므로 자신이 대중사회의 노예화에 대한 경각심을 가지고 자기 자신으로 온전히 존재하려는 용기, 자신의 존재의 의미에 대한 각성이 있어야 자기답게 살 수 있다. "자아 찾기에는 공식도, 참고서도 없다. 나는 여기 이 자리에 살아 있으며 자아를 찾는 여행을 하는 중이고, 내 삶의 주인은 나이며, 어느 누구도 나를 대신해서 살아줄 수 없다는 사실을 깨달아야 한다."조지프 징커

인생의 모든 여정은 '본래의 나'를 찾아 가는 여행이다

"인간의 삶은 자기 자신에게로 이르는 길이다. 모든 삶은 그 자체가 자신을 찾아가는 길이고, 그 길을 가고자 하는 시도이며, 각자 최선을 다해 자신의 본 모습을 찾으려는 노력 그 자체이다."헤르만 헤세

"여행은 나도 몰랐던 나와 만나는 여정이다. 여행은 우리 본래의 모습을 찾아 준다."알베르 카뮈

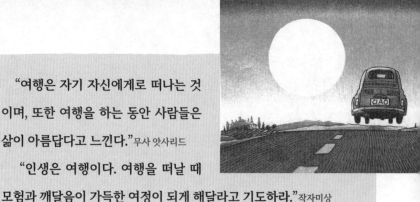

"여행은 자기 자신에게로 떠나는 것
이며, 또한 여행을 하는 동안 사람들은
삶이 아름답다고 느낀다." 무사 앗사리드
"인생은 여행이다. 여행을 떠날 때
모험과 깨달음이 가득한 여정이 되게 해달라고 기도하라." 작자미상

인생은 흔히 여행에 비유된다. 동서고금의 수많은 현자들이 주로 그렇게 비유했다. 인간의 많은 불행은 삶을 여행으로 보지 않기 때문에 생긴다. "어리석은 사람은 방황하고 현명한 사람은 여행한다." T 플러

모든 여행에는 '진정한 나'를 찾아가는 구도행이 있다. 인생이란 나를 찾아 떠나는 여행이다. 인생은 참 자아를 향한 내적 여행이다. 내적 여행 중에 진짜 나를 만나면 과거에 내 삶을 얼마나 꽁꽁 묶어놓고 있었는지를 깨닫게 된다. 구도행 곧 내적 여행이란 오늘의 나 곧 에고를 떠나 내일의 나 곧 참 자아를 만나는 일이다. 참 자아와 소통하는 일이다. 인생 여정의 매순간, 이 세상 어느 곳에 있든, 그것은 바로 우리 마음 깊은 곳에 있는 참 자아를 향해 가는 여정이다. 참 나를 찾아 자기의 주인이 되려는 것은 인간이 평생 동안 해 나가야 하는 과제이다. 결국은 자기 자신의 참 자아를 찾아가는 과정이 행복의 길인 것이다.

헤르만 헤세에 따르면 참 자아를 향한 내적 여행을 떠날 각오가 되어 있는 자만이 자기를 묶고 있는 각종 속박에서 벗어날 수 있고, 인생의 모든 얽매임에서 벗어나서 자유로울 수 있고 행복할 수 있다. 진정한 행복은 나를 얽어매고 있는 모든 비본래적인 것들로부터 벗어나 자유로워지는 것, 삶의 예속물이 아니라 삶의 주체자로 우뚝 서는 것이다.

에고에서 벗어나 참 자아에 이르면 흔히 빠지기 쉬운 자아도취에서 벗어날 수 있다. 남의 얼굴을 가면처럼 쓰는 위선에서 벗어나 자기 본연의 모습으로 돌아오게 될 것이다. 참 자아를 향한 내적 여행을 정직하게 따르기만 한다면 그 여행은 나를 자신의 본 보습을 찾을 수 있도록 이끌어 준다. "평생 동안 내가 간직했던 가장 큰 갈망들 가운데 하나는 여행이다. 미지의 나라들을 보고 만지며, 미지의 바다에서 헤엄치고, 지구를 돌면서 새로운 땅과 바다와 사람들을 보고 굶주린 듯 새로운 사상을 받아들이고 싶다."니코스 카잔차키스

우리는 이 땅에 태어나 무엇을 하고 있는가? 세상에 살고 있지만 세상의 흐름에 휩쓸리거나 세속화되지 않고, 온전히 자기 자신으로 살아가고 있는가? 인간은 가끔씩 길을 잃기도 하면서 나를 찾아가는 길을 발견하게 된다. "나는 책을 읽고 밤바다를 거닐었다. 말도 안 되는 엉터리 문장들을 휘갈기면서 누군가 나타나 이 어둠을 헤치고 나의 삶을 바꿔줄 것을 하염없이 꿈꾸었다. 그렇지만 그 사람이 나일 거라는 생각은 하지 못했다."애너 퀸들린

진정한 자유인에 이르는 것이야말로 참된 행복이다. 진정으로 온전히 자유로워져야 한다. 진정한 행복은 그 어느 곳 어떤 것에도 얽매이지 않고 자유로운 영혼으로 나에게 주어진 삶을 영위하는 것이다.

"나는 아무 것도 바라지 않는다. 나는 아무 것도 두렵지 않다. 나는 자유이다."니코스 카잔차키스

　모든 집착과 얽매임에서 벗어나야 한다. 놓아버려야 한다. 덜 가지고 덜 필요로 할수록 우리는 자유로워진다. 나 자신이라고 여기는 '에고'의 옷을 벗어야 한다. 그런 거짓 자아가 사라지고 나면, 모든 게 근사하고 자유로워진다. 자유롭다는 것은 지금까지 나를 옭아매는 모든 것에서 벗어났다는 것이다. 이제 부담감이나 죄책감을 가질 필요가 없음으로 해방감과 환희를 만끽하는 아주 근사하고 멋진 일이다.

사람의 진정한 벗은 자기 자신이니 자기 자신을 가장 사랑해 주어라.

아리스토텔레스

day 3

언제나 자신과 연애하듯 살자

"평생 지속될 로맨스는 오직 자기 자신과의 사랑뿐이다."오스카 와일드

"어쨌든 나를 사랑한다면 행복하게 살 수 있다."곰돌이 푸

나는 지금 누구를 사랑하는가? 먼저 나 자신부터 사랑하자. 행복해지기 위한 첫 번째 조건은 나를 사랑하는 것이다. 나 자신과 사랑에 빠지는 순간부터 행복은 보증수표이다.

여기서 프랑스의 현자, 몽테뉴의 행복관을 되새기자. "행복하려면 무엇보다도 먼저 생을 긍정하고, 자기 자신과 삶을 사랑해야 한다." 자기 자신을 사랑하는 것, 그것이야말로 평생에 걸친 로맨스이다.

"자신과 연애하듯 살아라. 자부심이란 다른 누구도 아닌 오직 당신만이 당신 자신에게 줄 수 있는 것이다. 다른 사람들이 당신에 대해 뭐라 말을 하든 어떻게 생각하든 개의치 말고 언제나 자신과 연애하듯 삶을 살아라." 어니 J. 젤린스키

나 자신을 사랑하고 나 자신이 좋아지면 내 주변의 모든 것을 사랑하게 되고 지루한 일상생활도 행복해진다. 반면에 내가 싫어지면 내 주위의 모든 것이 싫어지고 불행해진다. 스스로를 사랑할 줄 아는 사람은 다른 사람의 사랑도 얻을 줄 안다.

자기 자신을 사랑하지 못하면 어떤 문제점이 발생하는가? 네덜란드 출신의 인문주의자 에라스무스는 스스로를 사랑하지 못하는 사람의 악순환을 다음과 같이 한탄했다. "자기 자신을 미워하는 사람이 다른 사람을 사랑할 수 있을까? 자신과 싸우는 사람이 다른 사람과 화합할 수 있을까? 자신을 짐스러워하는 사람이 다른 사람을 기분 좋게 할 수 있을까?"

자신에 대한 사랑은 모든 사랑의 근원이다. 자신을 사랑할 줄 모르는 사람은 다른 사람도 사랑할 수가 없다. 남을 사랑할 줄 모른다면 남들에게 사랑받지도 못한다. 자신을 받아들이지 못하는 사람, 스스로에게 친절하게 대하지 못하는 사람은 다른 사람에게도 마찬가지로 행동한다. "자신을 존중하는 사람은 다른 사람도 존중한다." 소크라테스

나의 가장 좋은 친구는 나이다. 자기 자신에게 좋은 친구가 되지 못하면, 다른 사람에게도 좋은 친구가 될 수가 없다. 자신과 친구가 되는 것

은 본래적 자기로서의 삶의 출발, 즉 자신이 자기 마음의 주인으로 살아가는 기본 바탕이 된다.

> "나 자신을 찬미하고 나 자신을 노래하네.
> 나는 한가로이 지내며 내 영혼을 내 삶에 초대하네."
>
> 월트 휘트먼

자신의 가치를 발견하고 사랑하자

"당신은 가치 있는 사람이다. 그러므로 무엇보다도 먼저 자신의 가치부터 발견하라. 이것만큼 소중한 것은 없다. 자신의 가치를 발견하지 못한 사람은 스스로를 함부로 대한다."장자

"인간의 치명적인 질병은 자신의 존재를 스스로 무시하는 것이다. 자신을 존중하고 사랑하는 것이야말로 지혜와 행복의 절정이다."몽테뉴

"사람은 반드시 자신을 존경해야 하며, 또 자신을 가장 고상하고 가치 있는 존엄한 존재로 바라봐야 한다."헤겔

인간은 모두 존귀하고 특별한 존재이다. 특히 나 자신이 그러하다. 한 개인으로서 '나'는 단 하나뿐인 개인이며 독특한 존재이다. 죽는 날까지 나는 나 자신과 동행해야 하는 소중한 존재인 것이다.

자신을 하찮게 여기지 말고 자신감을 가지자. 자신감은 보잘 것 없는 것일지라도 위대한 것으로 바꾼다. 자신의 가치를 알고 자기 자신을 사랑하자. 자신의 가치를 제대로 인식하는 순간, 우리는 의미 있고 탁월한

삶을 살아갈 수 있을 것이다.

"자기 자신을 하찮은 존재로 깎아내리지 마라. 그런 태도는 자신의 행동과 사고를 꽁꽁 옭아매게 한다. 무슨 일을 하더라도 자기 자신을 사랑하는 것으로부터 시작하라. 지금까지 살면서 아직 아무것도 이루지 못했을지라도, 자신을 항상 존귀한 인간으로 대하라."니체

나의 유일성, 독특성, 가치를 발견하여 내 모습, 내 빛, 내 향기를 자연스럽게 내뿜으면서 나대로의 삶을 살아가자. 내 빛깔과 향기를 내뿜어야 사람은 저마다의 매력이 드러나고 존귀해진다.

못생겨도, 잘생겨도, 질투해도, 시샘해도 언제나 있는 그대로, 지금의 나를 좋아할 수 있어야 한다. 있는 그대로의 자신이 좋아져야 인생의 행복을 느낄 수 있다. 나의 인생은 단 한 번만 주어진 것이다. 우리는 인생을 다시 살 수 없다. "자기 자신을 소중히 여기는 사람은 언제나 자신을 돌보고 가꾸기 마련이다."스캇 펙

무엇보다도 자기 자신을 보고 스스로 감탄할 수 있어야 한다. "인간은 높은 산과 태양과 거친 파도와 넓게 흐르는 강과 별들을 보며 감탄한다. 하지만 정작 자신에 대해서는 깊이 생각하지도 감탄하지도 않는다."아우구스티누스

나 자신과 나에게 주어진 삶을 사랑하며 물 흐르듯 그 흐름을 따라 자연스럽게 살아가면 더 없이 행복하리라. 이제부터 웃을 일만 남았다. 웃자. 웃다보면 기분이 좋아지고 생각도 밝아진다.

하지만 나르시시즘의 자기중심적 사랑은 위험하다. 나르시시즘은 자신이 우월하고, 특별하다고 느끼는 부풀어진 감정이다. 그러한 자기중심적 태도는 일종의 무례함과 오만함을 초래한다.

자기 자신을 사랑해야
다른 사람도 사랑할 수 있다

"네 이웃을 네 몸과 같이 사랑하라." 예수 그리스도
"자기 자신을 사랑하는 법부터 배워야 한다.
왜냐하면 자신을 먼저 사랑한 후에 이 세상을 사랑할 수 있기 때문이다." 니체

  이웃을 사랑하려면 먼저 자기 사랑이 선행되어야 한다. 예수 그리스도에 따르면 자기 사랑은 당연한 것으로 전제되며, 그것을 토대로 자기를 사랑하듯 동일한 사랑으로 이웃을 사랑해야 하는 것이다. 다른 사람을 사랑하는 능력은 자신에 대한 사랑에서 비롯되는 것이다.

  자기 자신을 받아들이고 사랑하는 사람은 다른 사람에게도 친절하고, 다른 사람들도 받아들일 수 있다. 반면에 자기 자신을 사랑하지 않는 사람은 주변 사람들을 사랑할 수 없다. 자기 자신을 사랑해야 다른 사람을 사랑할 능력이 생기는 것이다.

  자기 자신을 사랑한다는 것은 스스로를 실수와 약점을 가진 인간으로서 조건 없이 받아들이고, 자신에 대해 긍정적이고 따뜻한 마음을 갖는 것을 의미한다. 자기 자신을 존중하고 사랑하면 건강하고 긍정적인 자존감을 갖게 될 것이다. 자기 사랑과 긍정적인 자존감은 이웃 사랑으로 이어지는 것이다. "우리가 스스로를 열등하게 느끼면 주변 사람들을 진정으로 사랑할 수 없다. 다른 사람을 사심 없이 대하지 못하고, 자신을 한시도 잊지 못하고, 늘 자신의 이익만을 눈앞에 그리기 때문이다. 계속해서 자신이 어떻게 보일까에만 신경을 쓰고 인정과 호평을 따라 다니다가

일생을 다 보낸다. 이것이 바로 자기 사랑 결핍의 아이러니이다. 스스로를 좋아하지 못하고 마음이 허한 상태에서는 자기중심적이 되고 이기적인 사람이 된다. 끊임없이 자신에게 몰두하고 다른 사람의 관심을 받는 데에만 열심이다 보니 다른 사람에게 관심을 가질 수가 없게 되고, 다른 사람을 사랑할 수가 없게 된다." 롤프 메르클레

우리 모두는 생각보다 훨씬 소중한 존재들이다

"한 영혼이 천하보다 귀하다." 예수 그리스도
"자신을 천하만큼 귀하게 생각하는 사람에게 천하를 맡길 수 있고
자기를 천하만큼 사랑하는 사람에게 천하를 줄 수 있다." 노자

불가佛家에서는 이 세상 모든 생명체 중 인간으로 태어난다는 것은 아주 넓은 들판에 콩알들을 넓게 펼쳐놓고 하늘에서 바늘 하나가 떨어져, 그 중 콩 한 알에 꽂힐 확률과 같다고 말한다. 한마디로 사람이 얼마나 존귀한 존재인지, 그 측정이 불가하다는 것이다.

태초부터 종말까지 나는 단 하나이다. 나는 이 우주에서 단 한 번 나타났다 사라지는 진정 유아독존의 존재이다. 그러므로 우리는 모두 이미 기적의 존재이다. 그토록 인간은 존귀하고 특별한 존재이다. 그만큼 애틋하고 소중하게 인생을 살아야 한다.

나 자신을 다른 사람과 비교함으로써 자신의 가치를 스스로 훼손하지 말자. 또한 잘 생겼거나 머리가 비상하거나 한 분야에 뛰어난 사람들만 특별하다고 여기지 말자. 왜냐하면 사람들은 모두 저마다 독특하고 특별

한, 그리고 유일한 존재이기 때문이다.

사람은 사람이기 때문에 특별하다. 특별함에는 어떠한 다른 이유와 자격도 없다. 유일하고 고유한 자신을 드러내자. 우리는 우리가 생각하는 것보다 훨씬 뛰어나다. 사람은 무궁무진한 잠재력을 가지고 있으며, 드러난 것은 빙산의 일각에 불과하다.

행복한 삶의 기초가 되는 것 중의 하나가 바로 자존감이다. 독자적으로 처신하지 않고 그저 남의 눈치만 보는 까닭은 자기 스스로가 자신을 소중하게 여기지 않기 때문이다. 우리는 스스로 내가 이 세상에서 가장 가치 있는 유일한 존재임을 깊이 자각해야 한다. 그러한 자존감 없이는 행복할 수가 없다.

"우리는 먼저 스스로를 사랑할 줄 알아야 한다. 너 자신의 운명을 사랑하라. 삶을 긍정하고 너의 삶을 가볍게 만들어라. 그리하면 춤을 추듯이 살 수 있다."니체

고독과 침묵은 나 자신과 친해질 가장 좋은 환경이다

"당신이 고독과 마주한다면 그 안에서 당신의 친구를 발견할 수 있을 것이다. 아무리 세상은 변해도 당신을 버리지 않는 단 한 사람, 바로 당신 자신이다."쇼펜하우어

"나는 혼자 있는 것을 좋아한다. 나는 고독만큼 벗 삼기에 좋은 벗을 결코 알지 못한다."헨리 D. 소로

"행복은 마음의 침묵에서 온다. 고요하게 호흡에 집중한다면 그곳이 어디든 기쁨의 장소가 된다."틱낫한

인간은 때로는 고독과 침묵 속에서 혼자 있고 싶어 한다. 우리는 혼자 있을 때 자기 자신과 대면하게 된다. 자신만의 고유한 가치를 느끼는 사람은 혼자 있을 수 있는 능력이 있다. 혼자 있을 수 있는 능력이 없으면 자기 자신일 수 없다. 혼자 있을 수 있는 능력이 있으면 스스로를 친구 삼아 외롭지 않다.

당신은 혼자 있을 수 있는 능력이 있는가? 시험 삼아 평소에 사용하는 스마트폰, 컴퓨터, TV 등, 전자제품의 전원을 전부 끄고 침묵 속에서 홀로 있어 보면 알 수 있다. 혼자 있으면 무엇을 해야 할지 몰라 당황스럽고 초조하고 불안한가? 만약 그렇다면 초조하고 불안한 만큼 평소 본연의 자신을 잃은 채 살았다고 볼 수 있다. 그러면 자신과 친구가 될 수 없다.

한 순간도 고독과 침묵 속에서 자신을 돌아보지 못하는 현대인들은 항상 조급하고 불안하고, 늘 누군가를 미워하고 화가 나 있다. 그러므로 늘 외롭고 불행할 수밖에 없다.

고독과 침묵 속에서 자신의 내면을 바라보고 자기 자신과 대화를 나누며 진정한 자아를 찾아가자. 인간에게는 자신의 고유한 존재인 본래적 자기 곧 진짜 나로 살고 싶은 갈증이 있는 것이다.

침묵 속에서 홀로 있어도 충만한 상태가 나 자신과 친한 사이이다. 침묵의 의미를 되새기고 침묵에 귀를 기울이자. 침묵은 인간이 자기 자신이 되는 길이다. 침묵 속에서 자신을 돌아보자. 인간의 불행은 침묵할 줄 모르는 데서 온다.

"우리 인생의 의미를 헤아리도록 도와 주는 것은 언제 나 침묵이다. 또한 말로는 결코 건드릴 수조차 없는 깊은 의미를 깨닫게 해 주는 것도 역시 침묵이다."파커 J. 파머

고독은 분명 외로운 것이지만, 그만큼 삶의 차원을 높여준다. 고독은 생각을 풍성하게 만들고 우리의 내면을 깊게 하고 영혼을 성장시킨다. 게다가 나 자신과 마주하고 친해질 수 있는 좋은 기회이다. 진짜 나로 살고 싶다면 지금 당장 고독과 친구하려는 결심부터 시작해야 한다.

현자는 고독을 잘 견딜 뿐만 아니라 고독을 즐길 줄 아는 존재이다. 현자는 가치의 중심을 자기 자신에게 두고 있으므로 혼자 있어도 부족함이 없이 충만하다.

고독은 삶의 지혜가 태동하는 곳이다. 더 나아가 우리는 고독 속에서 참 자아를 만난다. "사람은 고독할 때 진정한 자신을 느낀다."톨스토이

평생 결혼하지 않고 독신으로 살면서 자신과 친하게 지낸 사람들이 많다. 데카르트, 뉴턴, 로크, 파스칼, 스피노자, 칸트, 라이프니츠, 소로, 쇼펜하우어, 니체, 키에르케고르, 비트겐슈타인, 머턴, 나우웬 등의 공통점은 고독 속에서 자신의 천재성을 드러내며 큰 족적을 남겼다는 것이다.

"나는 고독하다. 나는 자유롭다. 나는 나 자신의 주인이다."칸트

비교는 모든 불행의 원인으로 비교하는 만큼 불행해진다

"자신의 소유에 만족하고 이를 즐기려면 남들과 비교하지 말라. 행복하려면 자기보다 못한 자가 얼마나 많은가를 생각하라. 그대보다 행복한 자 때문에 괴로워하는 한, 그대는 결코 행복해질 수 없다."세네카

"세상의 온갖 불행 중 절반은 경쟁과 비교에서 비롯된다. 경쟁과 비

교는 행복을 훔쳐가는 도둑이다."작자미상

　행복의 적은 남과 비교하는 것이다. 인간은 비교하는 만큼 비참해진다. 비교의식의 위험은 자기비하, 열등의식, 패배의식 등에 빠진다는 것이다. 다른 사람과 비교만 하지 않더라도 지금보다 훨씬 행복해진다. 비교하다 보면 만족할 수가 없다. 늘 부족함을 느끼게 될 뿐이다. "무슨 일이 일어나도 지금의 삶을 사랑하라."니체

　오늘날 자본주의 체제 속에서 많은 사람들이 열등감으로 인해서 고통받고 있으며, 이것은 행복한 삶을 가로막는 심각한 장애라고 할 수 있다. 그러나 우리는 열등하지도 우월하지도 않다. 진실은 이것이니, 우리는 그저 자기 자신일 뿐이다.

　우리가 살아가는 세상에서 경쟁은 불가피하다. 살아가고 있는 모든 행위가 곧 경쟁이라고 할 만큼 경쟁은 생활 깊숙이 뿌리내려져 있다. 하지만 경쟁에서 상처받지 않으려면 남과 비교하거나 패배의식에 빠지지 말아야 한다. 그냥 상대방을 동료로 여기며 상호발전을 위한 협력 관계를 형성할 때 모든 사람들과 평온하게 존재함으로 행복할 수 있다.

　행복하려면 남들의 평가에 구애받지 않아야 한다. 끊임없이 남들의 눈치를 보며 비교하는 삶은 불행의 연속일 뿐이다. 그렇게 살다보면 자신의 진정한 본모습 마저 잃어버리게 될 것이다. "천하 만물 가운데 굳이 지킬 것이 없지만 오직 나만은 지켜야 한다. 천하에 잃기 쉬운 것이 나만한 것이 없다."〈여유당전서〉

　나는 나 자체로 이미 소중한 존재이다. 남들과 경쟁하고 비교하며 스

스로를 망가뜨리지 말자. 나는 그 어디에도 휘둘리지 않고 그저 나로서 존재할 뿐, 그 이상도 그 이하도 아니다. 나 자신에게 주어진 길을 묵묵히 걸어가며, 자신에게 주어진 운명에 따라 삶을 꾸려나가면 된다. 자신의 길만 생각하면 모든 번뇌는 자연히 반으로 줄어든다.

모든 사람은 각자의 길이 있다. 비교의식과 패배의식을 버리자. 우리 모두는 각각 다르고 특별하고 고유한 존재이다. 주위 사람들과 경쟁이나 비교하지 말고, 나 자신의 리듬에 맞춰 내 본래의 모습 그대로 살면 그만이다. 남들의 평가에 일희일비하지 않고, 남들의 시선에서 자유로워져야 행복해질 수 있다. "스스로를 믿고 사랑하는 일이 중요한 까닭은, 그렇지 못할 경우 지나치게 남의 말, 남의 판단, 남의 이목에 휘둘리기 되기 때문이다. 그러므로 스스로를 믿고 사랑하는 일보다 더 중요한 건 없다."양창순

행복한 사람은 자기 자신과 평화롭게 지내는 사람이다 워즈워드

"스스로를 사랑하는 자는 이미 행복의 반을 얻은 것과 같다.
나머지 반은 주위에 있는 모든 것을 사랑하면 된다."인드라 초한

자기 자신과 평화롭게 지내는 것부터 자신의 행복을 시작하자. 우리가 세상 어느 누구보다도 행복하게 해 주어야 할 사람은 바로 나 자신이다. 우리는 자기 자신을 있는 그대로 받아들이며, 자기 자신과 평화롭게 지내는 법부터 배워야 한다.

살다보면 자기 자신과 평화롭게 지내기가 힘들다는 사실을 뼈저리게 체험할 때가 많다. 그 이유는 자기 자신에게 지나친 기대를 하기 때문이

다. 그러므로 자신에 대한 기대감을 낮추고 지금 있는 그대로를 인정하고 수용할 수 있어야 한다.

우리가 가장 아끼고 사랑해야 할 사람은 나 자신이다. 내가 늘 지켜주고 보듬어 주며, 위로하고 격려해 주어야 할 사람 또한 나 자신이다. 하지만 우리는 나 자신을 학대하며 함부로 방치하고 있지는 않은가? 자기 자신을 보살피고 화해하자. "자기 자신과 화해한다는 것은 과거의 상처들과 화해한다는 것을 뜻한다." 안젤름 그린

자기 자신과 평화롭게 지내는 사람은 순수한 존재의 기쁨을 맛볼 수 있고 행복을 느낄 수 있다. "사람이 행복감을 느끼는 건 내가 가치 있는 존재라는 생각이 들었을 때이다." 최인철

자기 자신의 주인이 아닌 사람은 그 누구도 자유인이 아니다.

에픽테토스

day 4
자기만의 걸음으로 자신의 길을 가자

"함께 노래하고 춤추며 즐거워하되, 각자 고독하게 있어라. 기타 줄은 외롭게 혼자지만 하나의 음악을 울린다." 칼릴 지브란

"사람은 자기답게 살고 있을 때는 환희심으로 행복하지만, 그렇지 못할 때는 고통과 번뇌로 불행이 따른다." 수행자

한번 밖에 주어지지 않은 소중한 인생을 아무렇게나 대충 살므로 낭비해서는 안 된다. 그리고 자신의 선한 본성에 따라 진정한 나로 살아야 한다. 자기답게 살지 않고, 세상의 흐름에 따라 살다보면 자신의 빛깔은 사라지고, 자신의 고유한 삶도 소멸되기 십상이다.

삶의 행복은 '특별한 누군가'가 되는 것보다 '자기 자신'이 됨으로써 얻을 수 있다. 하지만 오늘날 현대인들은 자기 빛깔을 지니고, 자기방식대로 살기가 점점 더 어렵게 되어가고 있다. 대중문화의 강물에 휩쓸려 획일적으로 살아갈 수밖에 없는 분위기에 놓여 있기 때문이다. 우리는 획일적인 속물이 되어가고 있지는 않은가? 획일성은 우리의 고유한 본성과 빛깔을 빼앗는다. 자기 존재에 대한 근원적인 물음, 즉 '나는 누구인가'를 끊임없이 물음으로써 나 자신의 본성과 가치를 거듭거듭 확인할 때 나답게 살 수 있고, 자기의 꽃을 활짝 피울 수가 있다. 그렇게 할 때 각자 자신의 빛깔과 향기를 드러내며 내 삶의 결실을 맺을 수 있는 것이다.

선한 본성에 따라 나답게 살면 행복하리라

"인생은 자신이 세운 기준을 자신이
충족시킬 때 성취감을 느낄 수 있는데,
남들의 기준을 좇다보면 결국에는 공허해진다." 수행자

사람은 누구나 자기답게 살고 싶어 한다. 우리는 마땅히 자기답게 살아야 한다. 자기답게 살려는 사람이 자기답게 살고 있을 때는 즐겁지만, 그렇지 못할 때는 괴롭다. 자기답게 사는 것이 곧 행복이다.

우리는 나 자신의 의지와는 달리 세상의 흐름을 맹목적으로 추종하고 있지는 않은가? 우리는 세상의 흐름과 분위기 속에 나 자신을 내던지고 있지는 않은가? 세상이 요구하는 가치를 따라 살다 보면 세상의 기준과 남의 시선에 맞춰 사는 나로 끊임없이 변질될 뿐이다.

현자는 타인에게 보여 주거나 인정받기 위해 살지 않는다. 타인의 인정에 의존하는 기쁨은 오래가지 않는다. 자신을 둘러싼 세상에 휘둘러서는 안 된다. 타인의 평가에 아랑곳하지 않고 자신만의 길을 가야 한다.

우리는 날마다 반복되는 세상살이 가운데 세속화 되어 무의미한 삶을 살기 십상이다. 허구한 날 비슷비슷하게 되풀이 되는 생활 속에서 자기다운 삶을 잃어가고 있다. 세상의 흐름에 떠도는 삶을 살아서는 안 된다. 남의 눈치를 보지 말고 당당하게 자신을 믿고 자신답게 살아가야 한다.

한국인의 행복지수는 낮은 편인데, 그 이유 중에 하나는 남을 너무 의식하기 때문이다. 남을 보고 살다보니 자기의 삶을 살아가지 못한다. 남에게 뒤질세라 안달하게 된다. 그러면 내가 행복해질 겨를이 없다.

남의 인생을 살려고 하거나 통속적인 생활방식에 따라서 살려고 하는 사람은 십중팔구 공허하기 마련이다. 나아가 치명적인 손해를 입게 될 수도 있다. 따라서 남의 길을 따라 가지 않고, 자기 자신의 길을 걸어야 의미 있는 삶을 살 수 있다.

자신답게 사는 사람들의 내면은 나이가 들지 않는다. 사회의 정형화된 틀에 박혀 끌려 다니지 않고, 돈을 좇아 동분서주하지 않고, 나만의 행복 기준에 따라 조화롭고 평온한 삶을 살아가기 때문이다.

나에게 있어서 가장 행복했던 순간들은 홀로 있을 때이다. 홀로 있을 때는 가면을 쓸 필요가 없기 때문이다. 인간은 주변 세계에 종속되지 않아야 자족할 수 있다. 자기 자신 안에 조용히 자족하며 머무르는 것을 즐기는 사람은 인간들 사이에서 신처럼 살게 된다.

가장 나답게 사는 길은 무엇일까?

"사람들은 자신이 실제로 행복해지는 것보다 남에게 행복한 것처럼 보이려고 더 애를 쓴다. 남에게 행복하게 보이려고 애쓰지 않는다면, 스스로에게 만족하기란 그리 힘든 일이 아니다. 남에게 행복하게 보이려는 허영심 때문에 자기 앞에 있는 진짜 행복을 놓치는 수가 많다." 프랑수아 드 라로슈푸코

우리가 행복한가, 불행한가 하는 기준은 '자기답게 살고 있느냐, 그렇지 않느냐' 여하에 달린 것이라고 생각된다. 나는 얼마나 나답게 살고 있는가는 곧 나는 얼마나 행복하게 살고 있는가 하는 문제와 동일하다.

다른 사람의 행복의 기준이 아닌, 나만의 기준을 가지고 살아야 행복할 수 있다. 행복을 느끼는 것이 자신이듯이 행복의 기준 또한 자신의 것이어야 한다. 하지만 가끔씩 우리들은 주위 사람들의 기준에 맞추려고 무리한 일을 하기도 한다.

가장 나답게 사는 길은 무엇일까? 사람은 진정한 자기의 길을 찾았을 때 제대로 행복해진다. 그 무엇이 아니라 나 자신으로 사는 것, 그러한 삶이 진정한 행복이 아닐까?

누구나 행복을 바라지만, 누구나가 똑같은 행복을 바라지는 않는다. 나는 나다운 내가 되어야 행복해진다. 나다움을 찾아 내 길을 열고, 나다

운 행복을 추구해야 한다. 내 빛, 내 향기, 내 숨결, 내 맛, 내 마음결을 드러내고 나만의 매력을 들추어 내어야 한다.

세상의 급류에 떠 밀려 가지 말고 나만의 삶을 살자

> "현대사회의 생활 속도는 두려울 만큼 점점 빨라지고 있다. 현대인들은 생각하는 시간도, 생각하는 데 필요한 여유로운 시간도 잃어버렸다. 나만의 삶을 살기 위해 자각하고 성찰하는 삶이 점점 사라지고 있다."니체

오늘날 불안정하고 예측 불가능한 시대를 맞이하여 우리 사회는 예상치 못한 속도로 바빠지고 있다. 세상은 갈수록 바빠지고 분주해지고 있다. 자본주의 사회의 특징은 바쁘고 분주하다는 것이다. 우리는 자본주의 체제에서 어느새, 불안과 염려, 조금함과 긴장감이 감도는 숨 가쁜 삶이 일상화 되었다.

오늘날의 자본주의 구조 속에서 누구도 자신이 어디에 있고, 어디를 향해 가고 있는지, 더 나아가 자신의 삶의 속도를 알기 어렵다. 그래서 삶의 속도를 주체하지 못해서 '번아웃 증후군'Burnout Syndrome 증세를 겪는 사람들을 주변에서 흔히 보게 된다.

"초조가 세상을 뒤엎고 있다. 현대인들은 너나없이 자기 자신으로부터 달아나고 있기 때문이다."니체

이기적 탐욕이 불타는 자본주의 사회에서 행복하려면 사회가 부추기는 욕망을 따르지 않아야 한다. 과거 혼란한 세태 속에서도 자신만의 길

을 묵묵히 걸으며 자기 고유의 삶을 가꾸었던 과거 현자들을 본받아야
한다. 자기답게 사는 삶에 행복이 내재해 있다.

세상의 속도와 흐름에 맞추어 살다 보면 삶의 여유와 즐거움이 없어
진다. 자본주의 사회는 자기가 자신을 얽어매는 피로사회이다. 자본주의
탐욕에 빠져 내가 나를 괴롭히는 형국이다. 그러므로 삶의 속도를 늦추
고 자신의 숨소리를 들으며 자신만의 행복속도를 찾아야 한다.

자기 자신의 주인이 되자

"스스로 선택하지 못하고 진정한 자기 자신으
로 살지 못할 때 사람들은 절망을 느낀다. 가장
깊은 절망은 자기 자신이 아닌 다른 사람으로 사는 것이다."키에르케고르

스스로 자기 삶의 주인이라고 확신하며 살고 있는가? 그렇게 사는 사
람이 몇이나 될까? 우리들 대다수는 그냥 세상의 흐름에 따라 떠도는 삶
을 사는 것 같다.

하지만 행복해지기를 원한다면 무엇보다도 먼저 자기 자신의 주인이
되어야 한다. 내 인생의 주인공은 언제나 나이다. 자기 자신의 주인이 아
니면 아무도자유롭지 못하므로 행복할 수가 없다. 진정한 자기 자신이
되어라. 거기서부터 행복의 마법이 시작된다.

본래 모습 그대로가 가장 아름다운 모습이다. 자신의 존재를 있는 그
대로 받아들이지 못하면 불행해진다. 진달래는 진달래답게 피면 되고,
민들레는 민들레답게 피면 그만이다. 남과 비교하면 불행해진다.

자기 본연의 모습으로 존재할 때 비로소 행복할 수 있다. 자존감을 갖고, 자신의 가치를 깨닫고, 자신답게 살아가자. '나는 누구인가'를 끊임없이 물으며 나 자신의 본래 모습을 회복하여 내 삶의 주인이 되어 나답게 살아야 한다. 진정 나는 나답게 살고 있는가?

노나라의 애공이 공자에게 물었다. "집을 옮기면서 부인을 잃어버린 사람이 있다는 이야기를 들었소, 그게 가능한 일이오?" 공자는 다음과 같이 대답하였다. "그보다 심한 경우도 있습니다. 최악은 자기 자신을 잃는 일입니다."

남의 기준, 남의 생각대로 살므로, 내 삶이 나와 멀어질수록 불행하다.

"어떤 사람은 자기 자신 안에서 평화롭게 살아가는 것이 아니라 언제나 다른 사람에게 자신을 내맡긴다."안젤름 그린

"나는 나일 뿐, 남이 아니다. 나 자신을 보고 나 자신에게 들으면 된다. 남의 목소리에 신경을 쓰다 보니 내 목소리를 잃었고, 남이 사는 모습을 부러워하다가 내 삶에 자신이 없어진 것이다."박수밀

우리는 자신도 모르게 항상 남의 시선과 평가에 신경을 쓰고, 남이 무시하지 않을까 걱정하며 살고 있다. 어리석은 사람은 자신이 하는 모든 일을 다른 사람들의 평가에 따라서 꾸미려 한다. 이들은 타인의 갈채에 맞춰 색을 바꾸는 카멜레온이다.

우리가 자기 자신의 삶을 살기 위해서는 무엇보다 남의 눈치를 보지 않고 주체성을 가져야 한다. 행복의 기준점을 바깥에 두고 남을 따라가

지 말자. 다른 사람의 좌표계에 따라 자신의 위치를 찾다가는 삶의 방향을 잃어버리기 십상이다.

생각 없이 그냥 세상의 흐름대로 살다보면 자신도 모르게 항상 '남들이 나를 어떻게 생각할까' 타인의 시선과 평가에 따라 행동하게 된다. 우리의 행복이 타인의 시선과 평가에 좌우되면 자신의 행복을 타인들에게 맡기고 사는 셈이다. 다른 사람들이 가진 것들, 다른 사람들이 누리는 것들을 모두 똑같이 가지고 누려야만 행복할 수 있다면, 결코 행복할 수 없을 것이다.

인간은 타인의 시선에 매이면 지옥에서 살게 된다. 그래서 철학자 사르트르는 '타인은 지옥이다'라고 했다. 인간은 타인의 시선에 매이지 않고 스스로 자유롭게 살 때 행복하다. "행복의 기준을 타인에게 두지 말라."〈채근담〉

혹시 당신은 다른 사람들의 눈을 통해 자신의 정체성을 찾으려고 노력하고, 다른 사람들의 기분을 맞추는 데만 열중해 오지는 않았는가? 니체에 의하면 우리가 이렇게 남의 평가에 민감한 것은 우리 안에 존재하는 노예근성 때문이다. 남의 시선과 평가에 연연할 때 우리는 자신을 노예의 지위로 하락시키고 있는 셈이다. 남의 시선에 사로잡힌 노예가 되는 것이다.

노예근성이 세상을 뒤덮고 있다. 현대인들은 너나없이 남의 시선과 평가에 신경을 쓰고 자기 자신을 노예의 지위로 하락시키고 있기 때문이다. 남의 시선에 사로잡힌 노예가 되지 말자. 행복하게 보이기 위해 애쓰기 보다는 행복하기 위해 분투하자.

자기성自己性이 소거된 채 사회의 기대나 가치 등에 전적으로 기대어 살아가는 사람은 개성이나 매력이 없다. 타인을 존중하면서도 타인의 시선과 평가에 좌우되지 말아야 한다. "행복은 행복한 것이지 행복한 척 하려는 것이 아니다."쥘 르나르

남들이 좋아하는 모습을 연출하지 않고, 자신에게 맞는 삶을 선택하고, 자신이 원하는 대로 사는 것이 좋다. 자기 가치는 자기 안에서 찾는 것이다. 남의 기준에 맞추는 것을 멈추면 많은 부분이 간소해지고 자유로워진다. 그래서 삶이 더욱 여유 있고 평화로워진다.

남들이 성공이라고 부르는 것, 남들이 행복이라고 말하는 것에서 벗어나 나 자신의 행복은 무엇인지, 내가 좋아하는 것은 무엇인지, 나의 내면에 가만히 귀를 기울여 보자. 행복의 기준을 내 안에 두고 나만의 행복을 추구하자.

자기 응시를 통해 자기 빛깔의 행복을 찾아라!

"내가 외떨어져 살기를 좋아하는 것은 사람들을 피하기 위해서가 아니라, 내 자신의 리듬에 따라 맞추어 내 길을 가기 위해서이다."수행자

혹시 나는 타인의 시선에 이끌리어 내가 아닌 남의 인생을 살고 있지는 않은가? 우리는 어려서부터 '남 보기 부끄럽지 않게 살라'는 말을 들으며 자라왔다. 끊임없이 남의 시선을 의식하며 남이 칭찬하는 것, 남이 좋아하는 것을 따라하며 살아왔다.

하지만 이제는 사회가 억지로 씌어준 색안경을 벗고 자신의 빛깔을 찾을 때이다. 자신의 고유한 삶을 형성해야 한다. 사람은 자기 빛깔을 지

녀야 한다. 자기 빛깔의 행복을 찾으려면 먼저 철저한 자기 응시를 통해 자기 존재에 대한 자각이 있어야 한다.

사람은 태생적으로 자기만의 색깔을 드러내고자 하는 습성이 있다. 행복에 있어서도 마찬가지이다. 인간은 저마다 너무나도 다른 존재여서 일방적인 패키지 행복이 모두를 만족시켜 줄 수는 없다. 행복이란 각자의 본성과 깊은 관련이 있다. 행복은 각자의 취향과 색깔에 따라 달라진다.

내 장단에 맞추어 내 춤을 추면 행복해진다

"공중의 새와 들의 백합화를 보라. 그들이 어떻게
자라나서 어떤 모습으로 살아가는지를 생각해 보라." 예수 그리스도

공중의 새와 나비, 들의 풀과 꽃 등을 접하면 어떤 느낌이 드는가? 저마다 각자 자기답게 자연스럽게 존재한다는 느낌이 든다. 그래서 아름답고 멋지다. 본래의 자연스러운 모습 그대로가 자신만의 아름다움과 매력이 아니겠는가?

천하 만물은 자신을 있는 그대로 드러낼 때 가장 아름답고 매력적이다. 모든 만물의 가장 매력적인 순간은 자연스럽게 나를 표현할 때이다. 그래서 공중의 새와 들의 백합화가 아름답다.

삶의 속도를 늦추고 나 자신의 리듬에 맞춰 삶을 음미하며 나답게 살자. 한 번 뿐인 인생을 나답게 제대로 살자. 남의 장단에 춤추는 것이 아니라, 자신의 장단에 맞추어 내 춤을 추며 살자.

잠시 쉬어 가자. 작은 여유를 갖자. 삶의 한 부분, 한 부분을 음미하며

지금의 행복을 향유하자. 천천히 걸으면서 예전에는 무심코 지나쳤던 주위 풍경을 바라보면 모든 것이 정겹고 아름답다. 그리고 마음속에 잔잔한 평화가 흐른다.

주위의 계절의 변화를 살펴보고, 밤낮이 교차되는 변화를 느껴보자. 지나가는 구름과 새롭게 피워난 꽃들에게 인사를 건네자. 자연의 소리 곧 바람소리, 빗소리, 물소리, 새소리를 들어보자. 서두르지 않고 조급하지 않으면 소소하지만 소중한 행복을 만끽할 수 있다.

자신에게 없는 모습을 부러워하지 말자. 있는 그대로 우리는 충분히 아름답다. 여름은 푸르러서 아름답고, 가을은 알록달록해서 아름답다. 노란 꽃은 노래서 아름답고, 붉은 꽃은 붉어서 아름답다. 날마다 나다운 꽃을 피우며 자신이 얼마나 행복한 존재인지를 느끼자.

일찍이 동서고금의 현자들은 계속 반복해서 말했다. "나만의 길을 가고 있다는 확신이 있다면 그 어떤 고통과 질병, 심지어 죽음조차 두렵지 않을 것이다." 결국 우리는 그 누구의 평가나 시선에 얽매이지 않고, 자신만의 고유한 삶을 살아갈 때 참된 행복감을 느낄 수 있을 것이다.

현자는 잃고 얻는 것에 연연하지 않고, 높고 낮아짐에 흔들리지 않는 자유롭고 행복한 영혼이다.

**어디에도 얽매이지 않고 거리낌이 없는
자유로운 영혼으로 살면 행복하리라**

"매사에 걸림이 없고 자유로운 사람만이
생사의 번뇌를 벗어날 수 있다."<화엄경>

바람과 구름처럼 어디에도 얽매임 없이 자유롭다면 행복할 것이다. 높은 산과 깊은 계곡도 바람과 구름이 가는데 방해되지 않는다. 바람과 구름은 어디에도 얽매이지 않고 동서남북 어디든 자유롭게 훨훨 떠다닌다. 어떠한 미련도 남기지 않은 채 유유자적 떠다닌다.

모든 욕망, 갈등, 상처, 소유, 성공, 외모, 평판, 명예 등에서 벗어나 자유하자. 외부의 어떤 동요에도 흔들림 없이 나만의 인생을 보낼 수 있다면 얼마든지 행복할 수 있다. 동서고금의 현자들은 "우리의 욕망에 세상을 맞추려고 하지 않는다면, 완전하고 지속적인 행복이 얼마든지 가능하다."고 말했다. 행복하려면 어떤 것에도 매여 있지 말아야 한다. 중요한 것은 안락한 삶이 아니라 충만한 삶이다.

"현자는 아무것도 기다리지 않고 기대하지도 않는다. 그는 완전히 행복하기 때문에 이무 것도 부족함이 없다. 아무것도 부족함이 없기 때문에 그는 완전히 행복하다."앙드레 콩트 스퐁빌

자유로운 영혼으로 살려면 세상의 유행과 타인의 시선으로부터 자유로워져야 한다. 세상의 유행과 욕구에 아랑곳하지 않고, 어떠한 시선도 의식하지 않은 채, 오직 나 자신만의 길을 묵묵히 간다는 게 얼마나 자유롭고 멋진 일인가? 그러한 모습 속에서 우리는 해방감의 환희와 초연한 행복을 맛볼 수 있다.

반면에 세속의 흐름에 얽매여 세상의 유행대로 살다보면 자기 빛깔도 사라지고 자기 삶도 소멸되고 만다. 자주적으로 자기 인생을 살아가는 것이 아니고, 남의 장단과 흐름에 의해서 내 삶이 표류하는 것이다.

진정한 자유는 몸과 마음이 모든 속박의 굴레에서 벗어나는 것이다. 그렇다고 사회적 규범을 무시하고, 제멋대로 사는 것이 자유는 아니다.

방종도 물론 자유가 아니다. 자유는 마음의 평화를 지키고 자신의 의지대로 살 수 있는 상태, 즉 인생의 주인이 되는 것이다. 어떤 틀에도 갇힘이 없이 그저 바람과 구름처럼 유유자적하게 자유로운 영혼으로 사는 현자야말로 가장 행복한 존재가 아닐까? 행복하려면 어떠한 것에도 거리낌이 없는 궁극적인 자유에 도달해야 한다. 여기서 궁극적인 자유란 철학자 스피노자가 말했듯이 아무도 빼앗아 갈 수 없는 '내적 기쁨의 발현'을 뜻한다. 이 세상에 자유가 주는 기쁨보다 더 크고 아름다운 환희가 또 어디에 있겠는가. "인간은 자유를 추구할 때 비로소 행복해질 수 있다. 그리고 자유를 추구할수록 타인으로부터 미움을 받을 수밖에 없다. 하지만 미움을 받는 것을 두려워하지 말라. 세상의 미움과 질타를 받고 있다는 것은 그 만큼 내가 자유롭고 살고 있고, 행복을 추구하고 있다는 방증이다."알프레드 아들러

이 책 〈행복명상록〉을 읽으면서 고대 중국의 장자처럼 하늘을 날아가는 자유로운 행복이 있기를 바란다. 기원전 4세기 중국에서 장자가 태어나 보니 세상은 엉망진창이었다. 군병사이든 도적이든 떼거지로 몰려와서 싸우거나 약탈하고, 자신의 주장을 설파하는 수많은 선생들로 가득 찬 춘추전국시대의 세상이었다.

총체적인 난국의 상황에서 장자는 선택했다. 그는 아무도 간섭하지 않는 곳에서 살기로 했다. 자유롭게 삶을 노닐다 죽기로 마음먹었다. 어지러운 속세를 피해 진정한 자유를 누리고자 했던 것이다. 그는 개인의 자유를 가장 우선시했다. 장자는 난세의 현자였다.

장자는 초나라 위왕威王으로부터 재상宰相이 되어 달라는 요청을 받았

다. 하지만 그는 자유를 속박 당하기 싫어 그것을 거절하고, 청빈한 생활을 하면서 유유자적한 생애를 보냈다. 장자는 어디에도 구속되지 않고 자유롭게 살고 싶었기에 최소한의 생계만 유지할 정도의 일만 했다. 그는 가난해도 속박되지 않는 소요유의 삶을 선택했던 것이다.

장자의 인생관인 '소요유'逍遙遊는 아무 것에도 얽매임 없이 모든 것을 초월하여 유유자적悠悠自適하게 사는 것이다. 소요유는 장자가 그토록 바랐던 행복 곧 절대 자유를 말한다. 장자는 나비처럼 자유로운 현자였다. 그는 인류 역사상 가장 자유롭고 흥겨운 인물이었다.

어느 날 장자가 꿈속에 나비가 되어 훨훨 날아다녔다. 그때 그는 자신이 장자임을 알지 못했으나 깨워보니 장자였다. 그는 자신이 꿈에 나비가 되었는지, 아니면 나비의 꿈이 장자인지 아리송했다. 이 이야기가 그 유명한 장자의 '호접몽'(胡蝶夢 나비꿈)이다. 우리의 삶이 한바탕의 꿈임을 깨닫게 된다면 심지어 죽음조차도 우리가 돌아가야 할 정다운 고향과 같을 것이다.

2장

진정한 행복의 원천은
우리의 내면(마음)에 있다
톨스토이

"진정한 행복의 원천은 우리의 내면에 있기에 다른 곳에서 행복을 찾는 것은 어리석다. 자기 안에 없는 행복은 다른 어디에도 없다." 톨스토이

"너 자신을 성찰함으로 자신의 본질을 깨닫고 자신의 내면을 돌보라. 네 영혼을 최선의 상태로 만들어라." 소크라테스

"참된 행복은 밖에서 오는 것이 아니라 우리의 내면에서 꽃처럼 피어난다." 수행자

보이는 것이 전부가 아니다. 정말 중요한 것은 눈에 보이지 않는다. 인간에게는 몸만 있는 것이 아니라 내면(마음)도 존재한다. 모든 것이 내면으로부터 시작된다. 행복도 예외가 아니다.

　그런 점에서 진정한 행복은 외부에서 찾을 것이 아니라 자기 내부의 마음에서 찾아야 하는 것이다. 참으로 진정한 행복은 소유와 명예에 있지 않고 오직 자신의 내면에 있다는 사실을 깨달아야 한다. 행복은 이미 우리 안에 내재되어 있는 것을 끄집어내기만 하면 된다.

　하지만 사람들은 이미 내 안에 있는 행복을 잘 모르거나 무시하는 경향이 있다. 그렇지만 우리가 찾는 진정한 행복은 내 안에 내재해 있다. 내면 깊은 곳으로 들어가서 자기만의 행복을 발견하자. 내가 늘 갈망해오던 이상적인 행복은 내면에 있다. 내면에서 우러난 행복이야말로 지속적이고 참된 행복이다.

　내면이 평화로우면 세상도 평화롭다. 내면이 행복하면 세상도 행복해진다. 그러므로 무엇보다도 내면(마음)을 갈고 닦아야 한다. 행복은 외부의 조건보다는 자신의 마음가짐과 내면에 달려 있다.

내면을 들여다보라. 내면에 행복의 샘(선한 샘)이 있다. 당신이 그 샘을 퍼내면 퍼낼수록 샘은 멈추지 않고 더 많이 솟구칠 것이다.

마르쿠스 아우렐리우스

day 5
내면에 행복의 샘이 있다

"인생은 천국이고 낙원이다. 그런데 그 천국은 각자 자신의 마음속에 숨어 있다." 도스토예프스키

"내면은 신이 머무르는 공간으로 우리가 신과 만나는 장소이다. 내면이라는 공간에는 신성한 샘물이 솟아난다. 우리는 이 세상을 살아 갈 진정한 힘을 이 샘물에서 얻을 수 있다. 우리가 살 수 있게 생명력을 공급하는 곳이 내면이다." 요가난다

모든 사람은 행복할 수 있다. 사람은 누구에게나 그 마음에 행복의 샘이 있기 때문이다. 사람들은 자신 밖에서 행복을 찾지만 이는 어리석은 짓이다. 행복은 밖에서부터 채울 수 있는 것이 아니라 내면의 샘에서 솟아나는 것이다. 하지만 오늘날 현대인의 바쁘고 분주한 삶에는 자신의 내면을 들여다 볼 시간이 없다.

　"자본주의 사회에서 사람들은 물질이나 외적인 부를 축적하고 유지하느라, 시간과 노력을 다 써 버리기 때문에 자비, 인내, 너그러움, 평정 같은 내적인 부를 키울 기회를 전혀 갖지 못하고 있다. 이러한 불균형은 사람들이 이혼이나 심각한 질병, 만성이 된 신체적 고통이나 감정적 고통의 문제에 맞닥뜨렸을 때 특히 취약함을 드러낸다."욘게이 밍규르 린포체

　"인생의 행복은 대부분 자신의 내면(마음) 상태로 결정된다. 왜냐하면 자신의 경험을 잘 이해하는 것도, 나쁘게 받아들이는 것도, 자기 자신에게 달렸기 때문이다. 출생지나 가정환경이 인생의 행복을 결정하는 것이 아니라 자신의 마음(내면) 상태가 결정한다."알프레드 아들러

인간의 행복은 대부분 자신의 마음 상태로 결정된다알프레드 아들러

　불교의 세계관으로 본다면 '일체유심조'一切唯心造 곧 "모든 것은 마음먹기에 달렸다."<화엄경>
　"모든 사람이 행복해지기를 원하며 누구나 마음의 수행을 통해 행복을 발견할 수 있다."달라이 라마
　"인간은 마음먹기에 따라 스스로를 재창조할 수 있는 놀라운 존재이다."사르트르

세상만사 모든 것은 오직 마음이 지어내는 일이다. 한 평 짜리 삶에서 백 평 짜리 행복을 만들 수 있는 것은 마음먹기에 달려 있다. 인생의 희비애락 모두 생각(마음)의 산물이다. 행복은 스스로 만들고 찾는 것이다.

단테의 〈신곡〉과 함께 불후의 기독교 서사시로 평가받는 〈실락원〉의 저자 존 밀턴은 심지어 천국과 지옥도 마음이 만든다고 하였다. 마음이 밝으면 보이는 세상 또한 밝고, 마음이 새로우면 보이는 세상 또한 새로워지는 법이다. "모든 존재들은 저마다 마음 안에 진귀한 보물을 품고 있다."〈보성론〉

인생을 살다보면 거친 바람과 풍랑을 만나기 마련이다. 아무리 거친 폭풍을 만나더라도 마음의 돛을 행복 쪽으로 바꾸는 일, 그것은 순전히 내 몫이다. 알고 보면 세상이 문제가 아니라 내 마음이 문제이다.

자신의 마음을 온전히 다스릴 줄 아는 능력이 인생의 참된 행복을 가져온다. 내 마음이 행복을 만드는 원천이다. 세상만사는 내 마음의 렌즈에 따라서 각기 다르고 보이고 느껴지기 때문이다. 그러므로 세상 탓을 하지 말고, 내 마음의 렌즈를 밝고 아름답게 관리할 일이다.

하늘의 마음으로 살면 내가 있는 모든 곳이 곧 하늘이고 천국이다. 하늘의 마음이 되면 모든 사람이 내 가족이고 이웃이다. 그러므로 모든 이와 함께 웃을 수 있고 행복할 수 있다.

모든 일은 마음에서 시작되고, 모든 것은 내면 곧 마음에 달려 있다. 행복도 마찬가지이다. 누구도 마음을 떠나서는 행복할 수 없다. 인간은 단지 마음상태를 바꾸는 것만으로도 충분히 행복할 수 있다. "행복은 마음먹기에 달려 있다."아리스토텔레스

"무릇 지킬만한 것보다 더욱 네 마음(내면)을 지켜라.
생명의 근원이 이에서 남이니라."〈성경, 잠언 3장〉

내면이 고요할수록 행복해진다

"**침묵하라. 고요하면 행복하다.**"안젤름 그륀
"**행복해지기 위한 수행은 매우 쉽다.
멈추고 호흡하며 마음을 고요하게 하는 것이다.**"틱낫한

어떻게 행복해지는가? 삶의 속도를 줄이고 그저 고요하고 평온하게 존재하기만 하면 된다. 침묵에 잠긴 고요 속에서 선한 본성이 깨어나고 행복해진다. 고요와 침묵 속에서 내면의 소리에 귀 기울일 줄 알아야 한다.

고요와 침묵이 깊어질수록 마음은 투명해지고 자유로운 상태로 변한다. 명상이나 고행을 하는 수행자(구도자)들은 줄곧 사막, 숲, 계곡의 깊은 고요 속에서 침묵하고 자신의 내면과 마주하며 내면의 소리를 듣는다.

내면의 소리를 듣기 위해서는 반드시 침묵해야 한다. 인간은 깊은 고요 속에서 참 자아를 만날 수 있다. 그와 같은 고요와 침묵 속에서 자신의 내면과 마주할 때 우리는 자유와 평화, 그리고 행복감을 느낀다. 그래서 고요와 침묵 속에 거하는 것은 좋은 일이다.

거짓, 비방, 욕설, 음란, 폭력 등이 낭자한 유튜브, TV, SNS, 인터넷, 드라마, 영화 등, 비도덕적 대중문화에 심취해 있으면, 결국 우리도 그 대중문화의 내용처럼 살아가게 된다. 문명의 이기들이 오늘날 우리에게서 무엇을 빼앗아 가는지, 확실히 알아야 한다.

〈월든〉의 수행자 헨리 D. 소로의 표현을 빌리자면 "우리는 산만하고, 신경과민이며, 하찮은 일로 소란을 떠는 사람이다." 이러한 위험천만의

상태에서 우리가 어떻게 행복할 수 있을까?

이제 우리는 분주하고 바쁜 생활을 멀리하고 삶의 속도를 줄이고, 모든 대중매체에서 벗어나. 고요와 침묵 속에서 나 자신과 마주하며 제대로 생각하고, 깊이 숙고하는 시간이 필요하다. 고요와 침묵은 치유의 시작이다. 깊은 침묵 속에서 인간은 치유를 경험할 수 있다.

"분주하게 시간을 보낸다는 것은 목표와 방황을 상실했다는 뜻이다."

마크 트웨인

침묵과 고독 속에 들어가면 진정으로 행복해지리라 영성작가들

"침묵으로 성인聖人들이 성장했고, 침묵으로 인해 하나님의 능력이 그들 안에 머물렀고, 침묵 안에서 하나님의 신비가 그들에게 알려졌다."토마스 머턴

"우리의 불행의 거의 모두가 자신의 방에서 혼자 있지 못한 데서 온다."파스칼

"내 남은 세월을 침묵과 고독 속에서 보내고 싶소."톨스토이

침묵과 고독은 근원과 본질에 귀를 기울이는 구도자적인 자세이다. 우리는 이런 침묵과 고독의 본질과 가치를 이해하고, 그것을 십분 활용해야 한다. 침묵과 고독 속에서 마음은 차분히 가라앉아 맑고 투명해진다. 그리고 침묵과 고독은 깊은 행복감을 동반한다. "침묵은 고독을 보강하며 완전하게 한다."사막의 교부들

인류 역사상 사람답게 살다간 사람들은 모두가 한결같이 침묵과 고

독을 사랑한 사람들이었다. 그렇게
할 때 시끄러운 세상에서 나 자신
을 지키며 사람답게 살 수 있는 것
이다. 남의 시선에 사로잡힌 노예
가 되지 않고, 온전히 자기 자신이
되기 위해서는 침묵과 고독 속에서 내면의 소리에 귀를 기울여야 한다.

"우리의 내면에는 하나의 고요한 장소, 하나의 피난처가 있다. 누구든
언제나 그 속에 들어가서 자신과 이야기를 나눌 수 있다."헤르만 헤세

장 자크 루소는 그의 만년의 저작 〈고독한 산책자의 몽상〉에서 그의
번잡했던 일생을 회고하며 좀 더 일찍 고독과 친밀히 지내지 못한 것을
후회했다. 내 고독에 충실할수록 내 내면에 더 풍성한 열매가 맺히고, 더
행복해질 수 있다는 것을 믿어야 한다. "지금 홀로 있어서 외롭고 슬픈
생각이 든다면, 그래서 어떻게든 밖으로 나가 온갖 소음 속에 자신을 던
지고 있다면, 당신은 자신에게 찾아온 황금 같은 시간을 쓰레기통에 처
박는 것과 같다."장 자크 루소

고독을 내 인생의 강력한 무기로 만들자

"강한 사람이란 가장 훌륭하게 고독을 견뎌낸 사람이다."프리드리히 실러

"고독한 나무는 자라기만 한다면 강하게 자란다."윈스턴 처칠

"고독해지는 능력은 자기 발견과 자아실현을 가져 온다. 즉 자신의
내면 가장 깊은 곳에 있는 욕구, 감정, 충동을 자각할 수 있다."앤서니 스토

거짓 행복이 아닌 참된 행복을 추구해야 된다. 진정으로 행복한 자가 되어야 한다. 돈을 벌고 성공하면 행복해진다는 그런 통속적인 의미의 행복이 아니라 진정한 의미의 행복한 사람이 되어야 한다. 진정한 행복의 씨앗은 고독 속에 내재해 있다. 고독은 참된 행복이 자라나는 공간이다. 진정한 행복은 샘물과 같아서 아무리 퍼내어도 다함이 없이 안에서 솟아난다. "고독에는 행복의 씨앗이 많이 감추어져 있다. 우리는 고독이라는 토양에 숨은 행복의 씨앗을 찾아내 아껴주며 잘 길러야 한다. 언젠가 그 씨앗이 훌륭한 꽃을 피우게 될 것이다."우에니시 아키라

　"고독이란 마치 배가 항구를 떠나 바다를 표류하는 듯한 외로운 일이 아니다. 오히려 진짜 자신을 알 수 있고, 또 이 아름다운 지구에 존재하는 동안에 우리가 무엇을 하려는지, 어디를 향해 가려는지 알게 해주는 좋은 기회이다."앤 먼로

　"사람은 고독할 때, 정말로 고독할 때, 누구도 하지 못했던 일을 해낸다. 그러니 정신을 바짝 차려라."존 레논

고독을 내 인생의 강력한 무기로 삼아라. 고독은 낡은 자기가 죽고, 새로운 자기가 태어나는 장소요, 새로운 사람의 출현이 일어나는 장소이다.

카스파 다비트 프리드리히 〈안개 바다 위의 방랑자〉. 1818

참된 행복은 부, 명예, 권력, 외모 등과 같은 외적 요소에 달려 있는 것이 아니라 내면의 깊은 성찰에서 나온다.

보에티우스

day 6

내면이 행복해야 외면도 행복하다

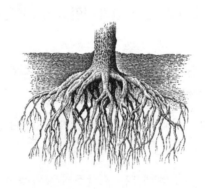

"부귀공명을 얻었다 한들 내면을 채우지 못한다면, 공허함으로 방황하게 될 뿐이다." 동서고금의 현자들

"내면의 진실함은 겉으로 드러난다. 그러므로 현자는 항상 내면에 주의를 기울인다." <예기>

오늘날 우리는 외형적인 것, 물질적인 것, 겉모습에 너무 치중하다 보니까 마음이 황폐해질 대로 황폐해졌다. 우리의 입과 행동이 거칠어졌다. 이는 내면이 순화되지 못했기 때문이다. 내면을 선하고 아름답게 가꾸면 외부도 자연히 선하고 아름다워진다. 모든 것은 우리 내면에서 나오기 때문에 내면을 관리한다는 것은 삶을 관리한다는 것이다. 내면을 관리하는 방법은 무엇보다도 내면을 고요하게 하고, 좌우로 치우치지 않고 균형을 잡는 것이다. 밖이 아무리 시끄럽고 혼란해도 우리의 내면은 늘 고요하고 평화로워야 한다.

"생활에서 부딪히는 각종 문제들은 담담한 내면으로 대면할 수 있다면, 생활이 어떠하든 그 속에서 우러나오는 잔잔한 행복을 느낄 수 있을 것이다."장사오형

행복은 외부의 조건보다는 자신의 내면의 상태에 달려 있다

"내 영혼(내면) 속보다 더 조용하고 평온한 은신처는 없다. 내면 속에 기쁨의 비밀이 있다."마르쿠스 아우렐리우스

"행복과 불행, 천국과 지옥도 내면에서 이루어진다."존 밀턴

현대인들의 모든 감각 세포는 소란스러운 밖을 향해 쏠려 있다. 부와 명예와 바쁜 스케줄이 성공적인 삶의 척도가 되고 있다. 그러한 가운데 자신의 내면의 세계는 날마다 황폐해지고 있다. 자신이 자각하지 못한 채 서서히 망가지고 있는 것이다. 바로 이것이 현대인의 불행의 원인이다.

겉이 화려하다고 내면도 화려할까? 입에 금수저를 물고 태어났다는 것만으로 행복한 인생이 보장되는 걸까? 과거 현자들은 가난하면서도 유유자적의 행복을 누렸다. 하지만 왕들은 많은 것을 갖고서도 행복하지 못했다. 왜 그럴까?

행복은 외부의 조건보다는 자신의 마음가짐과 내면의 삶에 달려 있기 때문이다.

대부분의 사람들은 문제가 발생하면 외부의 것부터 바꾸려고 한다. 하지만 내면이 바뀌어야 외부도 바뀌는 법이다. 문제는 외부를 바꾸려는 사람은 많지만 내면을 바꾸려는 사람은 많지가 않다는 것이다.

우리의 내면에는 우리가 상상도 못할 거대한 잠재력이 숨어 있다. 그 잠재력에는 행복 잠재력도 포함되어 있다. 우리의 잠재적인 행복은 깨어나고자 안간힘을 쓰고 있다. 우리 안에 잠든 행복을 깨워라!

오늘날 자본주의 경제체제에서 국가는
부유해져도 개인의 행복지수는 낮아지고 있다

"과학기술의 발전으로 삶이 과거보다 윤택해졌음에도 불구하고 많은 이들이 공허함을 느끼는 이유는 문명의 발전과 상응하는 '정신적 보충'이 없기 때문이다."폴 투르니에

"행복이란 세속적 가치추구에서 얻을 수 있는 커다란 성공에서 오는 것이 아니다. 행복은 세상적인 성취가 아닌 내면적이고 정신적인 것으로 받아들여라. 그러면 내가 꿈꾸어온 것 이상의 것을 줄 것이다."요가란다

한국과 일본, 미국과 영국 등과 같은 자본주의 국가들의 행복지수가 비교적 낮다. 그 이유는 행복의 척도에 있어서 내면을 무시하고 물질적인 부를 지나치게 강조하는 풍조가 강하기 때문이다. 그렇게 하면 부와 쾌락을 추구하는 과정에서 정신적, 영적 만족은 작아지고 불행은 커진다. 자신의 능력과 부가 동일시되는 자본주의 사회에서 가난은 불편과 더불어 자신의 능력 없음을 나타내는 모욕으로 드러난다. 그래서 오늘날 가난에 대한 불안이 가중될 수밖에 없는 것이다.

참된 행복은 건강한 내면에서 나온다. 자신의 내면에서 피어나는 행복이야말로 진정한 행복이다. 하지만 행복을 내면에서 찾지 않고 외부에서 찾으려는 현대인은 행복의 근원에서 멀어지고 있다. 오늘날 행복의 토대가 무너졌다.

자본주의가 우리의 물질적 욕구를 충족시켜 줄 수는 있을 것이다. 그러나 우리는 사육되는 가축이 아니다. 우리는 잘 먹고, 잘 사는 생활만으로는 행복해질 수 없다. 최근에 엄청난 부와 명성을 누리는 유명한 사람들도 내면은 오히려 한없이 공허하고 외로워서 술과 마약에 의지하며 자살을 시도하는 경우를 흔히 볼 수 있다. 우리는 자본주의 사회에 살면서 잠시의 감각적인 쾌락에 중독되어 참된 행복에서 멀어지고 있지는 않은가?

만약 원하는 것이 잠시의 쾌락이라면 차라리 마약을 먹는 편이 나을 것이다. 하지만 잠시의 쾌락은 후에 발생하는 부작용으로 고통만 더할 뿐이다. 반짝거리며 보기 좋은 쾌락은 결국은 여름 한 철 부는 계절풍처럼 덧없이 지나가 버리고 깊은 후유증만 남기는 것이다.

뜻밖의 행운이 찾아온다고 행복해지는 것은 아니다

"잃고 얻는 것에 연연하지 않고, 높고 낮아짐에 흔들리지 않는 자유로운 영혼은 행복하다." 스토아 철학자

"횡재橫財는 횡액橫厄을 불러들인다." 격언

흔히 말한다. "복권 당첨은 인생 대박이다." 우리는 로또 복권과 도박 같은 퀵 솔루션을 통해 한꺼번에 모든 행복을 손에 넣으려는 일확천금의 꿈을 가지고 있다. 하지만 거액 복권에 당첨된 사람들이 대부분 불과 몇 년 후면 뜻밖의 횡재를 하기 전보다 모든 면에서 더 열악한 횡액 상태에 놓인다고 한다.

복권은 행운은 될 수 있겠지만 행복은 될 수 없다. 잠시의 쾌감은 줄지라도 안정된 행복은 주지 못한다. 끊임없이 천국과 지옥을 오가는 삶, 쾌락과 우울이 반복되는 롤러코스트 삶에는 참된 행복이 깃들 여지가 없다.

호화로운 생활은 오히려 내면을 공허하게 할 따름이다

"내 내면이 아름다워지게 해 주시고, 내 재산은 내 내면의 상태와 일치되게 하소서." 소크라테스

아무리 많은 소유물을 지녔다 할지라도 내면이 고요하고 평온하지 않으면 행복할 수가 없다. 그러므로 소유가 많고 적음에 상관없이, 우리는 모두 고요하고 평온한 삶을 지향할 필요가 있다.

과거에는 가난이 자랑스러울 때도 있었다. 중세 유럽의 기독교 사회에서 가난이 이상적인 삶의 기준이 되기도 했다. 조선의 유교사회에서도 가난이 덕망이 높은 선비의 삶의 모습이었다.

행복하려면 돈이나 명성 같은 세속적 가치에 매몰되지 말고 자신의 본연의 모습을 찾고 내면을 성숙하게 가꾸어야 한다. 우리의 내면은 고요와 평온을 지향하고 있으나 세속적 욕망은 그것을 가로 막는다.

내적 빈곤은 외적 소유욕으로 나타난다. 사람은 내적 만족이 없으면 외적 소유로 그 자리를 채우려는 경향이 있는 것이다. 이러한 경향은 날마다 자기 무덤을 파고 있는 것과 같다.

어떻게 하면 불필요한 것으로부터 자유로워져서 단순하되 충만한 삶을 살 수 있을까? 매순간 자신을 점검해서 세상의 탐욕을 경계하고, 단순하면서도 명상적인 분위기 속에서 고요함이 내 안으로 찾아들도록 해야 한다. "오늘이 지루한가? 그러나 그 평온이 행복이다."_{작자미상}

인간은 자신의 정원을 가꾸어야 한다 _{볼테르}

"우리의 마음은 밭이다. 그 안에는 기쁨, 사랑, 즐거움, 희망과 같은 긍정의 씨앗이 있는가 하면 미움, 절망, 좌절, 시기, 두려움 등과 같은 부정의 씨앗이 있다. 어떤 씨앗에 물을 주어 꽃을 피울지는 자신의 의지에 달렸다."_{틱낫한}

"우리의 내면은 날마다 새롭게 피어나는 꽃처럼 그렇게 피어나고 향기로워야 한다."_{수행자}

행복하고 싶다면 자신의 내면을 부지런히 정성껏 가꾸어야 한다. 마음 밭에 잡초가 무성한데 어떻게 행복의 꽃이 활짝 피기를 바라겠는가?

세상만사를 보는 내면의 눈이 어떠냐에 따라 내면 그대로 세상이 보이는 법이다. "부처의 눈에는 부처가 보이고 돼지의 눈에는 돼지가 보인다"는 말도 있지 않은가. 그러므로 깨달은 마음으로 보면 모든 곳에서 행복을 발견할 수 있는 것이다.

내면이 변화하면 자신의 삶도 바뀌고, 또한 내면이 자신의 삶과 행동을 확실하게 통제할 수 있을 때 비로소 행복해질 수 있는 것이다.

물질적 욕망에서 자유로워지는 것, 온갖 잡다한 세속적 대중문화의 유혹에서 벗어나는 것, 궁극적으로 내면이 맑고 향기롭고 평화로워 지는 것, 이러한 덕목은 내적 수양에서 비롯된다. 행복하려면 내적 수양을 통해 궁극적인 자유에 도달해야 한다. 행복은 내적 수양의 결실이기도 하다. 내면을 갈고 닦으며 가꾸자. "지금 이 순간이 충분히 좋고, 자신이 가진 것과 더불어 고요히 머물 때, 그것은 대단히 좋은 것이며, 더 없이 아름다운 것이다."아잔 브라흐마

외적인 성공보다는 내면의 성숙이 중요하다

"부와 명성을 쌓고 꽃미남과 몸짱이 되는 것은 내면(영혼)이 가장 탁월해지도록 힘쓰는 일보다 더 열심히 해서는 안 된다."소크라테스

오늘날 부, 성공, 인기 등과 같은 외적 요소를 과대평가하고, 고요, 침묵, 평온 등과 같은 내적 요소는 과소평가하고 있다.

현자의 행복은 내재적이다. 그 행복은 주로 외부 세계로부터 비롯되는 요소 곧 물질, 권력, 명예, 인기 등에 좌우되지 않으며, 오직 내면세계의 조화에 달려 있다. 현자는 외부를 바꾸려 하기 보다는 자신의 내면을 바꾸기 위해 모든 노력을 쏟아 붓는다.

과거 현자들은 가난하면서도 유유자적한 소요유의 행복을 누렸다. 하지만 왕들은 많은 것을 갖고서도 행복하지 못했다. 왜 그럴까? "당신은 누추한 오두막에서 행복한 왕이 될 수 있고, 호화로운 궁궐에 있으면서도 불행으로 고문당하는 죄수가 될 수도 있다."요가란다

인자무적仁者無敵 곧 어진 사람에게는 적이 없다. 어진 사람이 많으면 세상에 적대감과 다툼이 사라지고, 다함께 행복한 세상이 되는 것이다. 그러므로 어진 사람을 키우는 인성교육이 중요하다.

"저항하지 말라. 그 어떤 것에도 장벽을 쌓아 두지 말라. 온갖 사소한 충동, 강제와 욕구로부터 그리고 그 자질구레한 모든 갈등과 위선으로부터 진정으로 온전히 자유로워지거라. 그러면 팔을 활짝 벌리고, 삶의 한복판을 뚜벅뚜벅 당당하게 걸어갈 수 있으리라."크리슈나무르티

자신의 마음속에서 평화를 찾지 못하는 사람은 다른 어느 곳에서도 그것을 찾을 수 없다.

프랑스 속담

day 7

행복하게 산다는 것은 마음의 평온함을 뜻한다 _{키케로}

"마음의 변덕을 따라 이리저리 흔들리지 말라. 항상 마음을 잘 다스려서 부드럽고 순하고 고요함을 지니도록 하라. 마음이 하늘도 만들고 사람도 만들고 지옥도 만들고 천국도 만든다. 그러니 마음에 좇아가지 말고, 항상 마음의 주인이 되도록 노력하라." <법구경>

"현자가 행복한 건 자신의 내면에서 평화를 발견했기 때문이다." 작자미상

    우리는 마음이 고요하고 평온하게 되면 행복해지는 것을 경험으로 안다. 마음의 고요와 평온은 행복감을 만들어 내는 원천이다. 고요한 마음은 행복이 숨 쉬는 공간이다. 하지만 요즘 세상은 점점 물질 위주로 변해 가고, 인류는 외형적인 성장을 향해서 줄기차게 달려가고 있다. 그로 인해 우리는 고요와 평온의 삶과는 점점 멀어지고 탐욕과 무한 경쟁의 세계로 내몰리고 있다. 마음의 고요와 평온을 얻으려면 모든 물질적인 집착과 탐욕에서 벗어나야 한다. 가진 것이 적을수록 염려와 불안도 적다.

    현자가 추구하는 행복은 주로 영혼의 평온과 내면의 자유이다. 현자는 이 세상에 대해 어떠한 기대도 하지 않기에 불평도 없다. 어떠한 것에도 적대감을 가지지 않고 모든 것을 긍정적으로 받아들이기에 늘 흥겹고, 어떤 상황에서도 내면의 평화를 유지하려고 한다.

마음의 평화

> **"욕망을 버려라. 그러면 평화를 찾을 것이다."** 토마스 아 켐피스

    모든 일은 마음에서 발생한다. 그러므로 마음에서 조절되지 않으면 나중에는 겁잡을 수 없이 일이 커져 버린다. 따라서 우리가 우선적으로 다스려야 하는 것이 마음이다. 마음을

날마다 갈고 닦아서 마음의 평화를 이루어야 한다. 내 마음의 평화가 가정과 이웃과 사회, 그리고 나라와 세계의 평화로 이어지기 때문이다.

현대인은 일상의 삶 속에서 극도의 혼란을 겪는 가운데 마음의 평화를 호소하고 있다. 현대인은 감정조절을 하지 못해 심적 고통을 당하고 있다. 따라서 현대인이 종교를 찾는 이유 중의 하나가 마음의 평화를 얻기 위해서이다.

요즈음 세속적 삶에 환멸을 느끼고 영적인 삶을 모색하는 사람들이 많아지고 있다. 영적 삶은 머리만 비대해지고 내면은 자꾸 작아지는 현대인에게 절실히 필요한 삶이다. 마음의 평화를 구하는 영적 삶은 시대적인 요청이다.

마음의 평화는 모든 것을 초월할 때 깃든다. 초월한다는 것은 역설적으로 받아들임을 의미한다. 성공하면 성공을 받아들이고 실패하면 실패를 인정하고 행복과 불행을 담담히 수용할 때 진정한 평화가 찾아온다.

세상은 행복하게 살아야 할 곳이다. 그러면 사람은 어떻게 행복해지는가? 무엇보다도 먼저 마음의 여유와 평화를 가져야 행복해지는데, 마음의 여유와 평화는 행복감을 만들어 내는 원천이다. 내 마음에 여유와 평화가 깃들면 우리가 내딛는 걸음 하나하나에서 행복이 피어날 것이다.

고대 그리스 스토아 철학자들은 행복을 마음의 평화에 두었는데, 이는 흔들림이나 동요가 없는 고요한 마음의 상태 곧 '아타락시아'ataraxia를 말한다. 고대 그리스의 헬레니즘 시대에 도시국가가 무너지면서 사회적 혼란이 발생하고 전쟁이 빈번해지자, 스토아 학파는 '마음의 평화와 금욕주의'에 기반을 둔 행복을 추구하였던 것이다.

나의 내면(마음)은 안녕한가?

> "타인의 말, 행동, 생각은 괘념치 않고, 오로지 자신의 내면만 신경 쓰는 자가 마음의 평화를 얻는다." 마르쿠스 아우렐리우스

내 인생은 왜 이렇게 힘들기만 할까? 남의 시선과 평가에 연연할 때 우리는 끊임없이 상처를 받게 된다. 상처받는 것을 두려워하면 절대 행복할 수 없다.

우리가 상처받지 않고 주체성을 갖고 살기 위해서는 남의 눈치를 보지 않고, 남의 시선과 평가에 연연하지 않고, 자신의 길을 묵묵히 가야 한다.

이렇게 자신을 통제하고 다스릴 줄 아는 사람이 절대 자유인이다. 절대 자유인은 자신의 약점이나 자신이 겪는 고난까지도 자기발전의 계기로 승화시킬 줄 아는 사람이다. 이러한 사람만이 진정한 의미에서 행복할 수 있다.

현대인은 더 많이 일하나 삶의 여유와 기쁨은 오히려 줄어들고 있다. 바쁘지만 따분하고, 수많은 사람을 만나고 있지만 외로움은 더 커지고 있다. 피로, 중압감, 탈진, 우울증, 내면의 황폐함 등이 갈수록 늘어나고 있다. 외적인 성공을 구가하는 삶에 자신이 함몰되고 있지는 않은가? 무엇이 문제인가? 어디에서부터 문제가 발생했는가?

현대인은 불안감에 시달린다. 그 불안감은 날로 커지고 있다. 인정받지 못함에 대한 불안, 경제상황에 대한 불안, 미래에 대한 불안, 이러한 불안이 우울증으로 나타나기도 한다. 요즈음 우울증 환자들이 급증하고

있다. 세계는 거대한 정신병원이 되어가고 있다.

오늘날 자본주의 사회에서의 모든 불안의 주된 원인들은 너무 소유에 의존하거나 집착하기 때문이다. 남들만큼 가지지 못했거나, 또한 많이 소유했다고 해도 그것을 언제든지 잃을 수 있다는 염려에서 불안이 야기된다. 그렇게 사회생활을 하는 사람이라면 누구나 다 불안감을 가질 수밖에 없는 것이다.

행복의 기초인 '마음의 고요와 평온'을 찾기 위한 나만의 방편이 있는가? 발걸음을 멈추고 숨 돌릴 여유를 가지자. 가령 사색, 기도, 명상, 독서, 산책, 여행 등, 자기에게 적합한 방법을 마련해야 한다. 가끔은 모든 것을 내려놓고 피곤한 나 자신에게 휴식을 선물하자.

한 주에 하루는 숨 가쁜 삶을 멈추고, 가족, 친지, 이웃, 친구들과 함께 느릿느릿 흘러가는 시간을 경험하며, 내 삶을 세상의 속도가 아닌 자연의 속도에 맞추자.

누구나 '평상심'平常心 수행을 통해 행복해질 수 있다 달라이 라마

"사람이 소유욕, 지배욕, 명예욕에서 벗어나 무위무욕의 자연 상태로 돌아가면 마음도 저절로 평상심으로 돌아간다." 노자

인생의 모든 생사고락과 희비애락을 평상심으로 대할 수 있다면 매사에 초연할 수 있다. 인생을 담담한 미소로 대할 수 있을 것이다. 이것이 바로 달관의 경지이다.

그래서 도가와 불가에서는 '평상심이 도'平常心是道라고 한다. 현자들이

말하는 평상심은 인간 본래의 근본 마음을 의미한다.

행복하려면 인생의 희비애락을 초월하여 평상심을 유지하는 것이 중요하다. 마음속에서 순간적으로 타오르는 분노와 탐욕과 어리석음이라는 감정에 휘둘리지 않고, 오히려 그것들을 다스리는 훈련이 필요하다. 마음을 통제하는 것은 수행의 출발점이자 마지막 목표이다.

평상심 수행이란 세상의 모든 욕망과 집착에서 벗어나는 수행이다. 평상심을 가진 사람은 얻고 잃은 것에 집착하지 않는다. 얻고 잃음은 영원한 것이 아니므로 언제라도 그 상태가 변하므로 그것에 집착하면 불안할 수밖에 없다. 평상심은 어떠한 자극에도 동요하거나 놀라지 않고, 심지어 죽음까지도 두려워하지 않고 담담히 맞이한다.

모든 것에 일희일비하지 않고, 어떤 반응에도 마음이 들뜨지 않아야 평상심을 유지하는 것이다. 즉 어떤 상황에서도 흔들리지 않고, 항심恒心을 유지하는 것이 행복의 요체인 것이다.

플라톤은 〈국가론〉에서 평상심을 잃고, 외부의 조건에 의해 기분이 좌우되고, 변덕을 부리는 사람에 대해 이렇게 말했다. "그는 자주 벌떡 일어나서 정치에 매달리고, 머리에 떠오르는 대로 아무거나 말하고 행동한다. 장군을 존경스럽다고 보면 그의 관심이 전쟁에 쏠리고, 사업가를 존경하게 되면 즉시 사업에 관심을 기울인다."

진정한 현자는 외부의 압력과 자신의 감정에 영향을 받지 않는다. 현자는 외부에 동요되지 않고, 자기 자신과도 불화를 일으키지 않음으로 늘 평상심을 유지함으로 모든 이에게 한결같이 친절하다.

우리는 '어찌할 수 없는 인생사를 붙잡고 씨름해봤자 소용이 없다'는 스토아 현자들의 지혜를 주목하고, 세상만사에 초연해질 필요가 있다.

해결할 수 없는 난관에 부딪혔을 때, 그 상황을 그냥 '그렇구나' 하고 초연하게 받아들이면, 예기치 않은 평온함이 깃들고, 평상심을 유지할 수 있다.

평상심이 더 없는 행복이다

"어려운 난관에 부딪혀도 마음이 흔들리지 않고, 염려와 불안이 없는 평온한 상태 곧 평상심(평정심)이 더 없는 행복이다." 수행자

목계지덕木鷄之德 곧 나무로 만든 닭처럼 자신의 감정을 완전히 통제할 줄 아는 평상심을 갖추어야 제대로 행복할 수 있다. 태곳적 고요가 숨 쉬는 평상심이 곧 행복이다.

평상심은 내 안의 모든 욕망이 절제된 상태 곧 중용의 상태가 아닐까? 행복하려면 모든 욕망을 절제하는 것이 중요하다. 중용의 덕을 지켜야 한다. 내 분수를 지켜야 행복해진다. 스토아 현자들은 자신의 분수를 지키고, 어떠한 상황에서도 평상심을 유지하는 것을 인생의 최고의 목표로 삼았다.

'인샬라' 곧 '신의 뜻대로 하옵소서'는 아랍어 세계에서는 일상용어로 사용되고 있다. 모든 것을 신의 뜻으로 간주하는 유신론자들은 대체로 일희일비하지 않고 마음의 평상심을 유지하며 낙관적이다. 공항에서 비행기가 몇 시간 연착되어도 신의 뜻이라며 별로 동요하지 않는다. 심지어 사랑하는 가족이 죽어도 "신의 시간이 다 되어 신이 그렇게 정했을 뿐이다"며 담담하게 장례식에 임한다. 오늘날을 살아가는 우리도 그러

한 평상심이 필요하지 않을까?

연구에 따르면 우리 한국인에게는 어느 민족보다도 평상심 훈련이 필요하다. 왜냐하면 한국인의 핵심 정서 중에 하나가 바로 '화'(분노)이기 때문이다. 따라서 한국인에게 자주 나타나는 정신질환 중에 하나가 '화병'이라고 한다.

화병을 치유하려면 용서하는 훈련이 필요하다. 용서는 분노에서 벗어나 평상심을 되찾게 해주는 덕목이다. "용서는 가장 큰 마음의 수행이다. 상처의 가장 좋은 치료약은 용서하는 일이다."달라이 라마

평상심을 키워서 마음이 늘 평온하게 하려면 어떻게 해야 할까? 매우 효과적인 방법 중에 하나가 바로 명상이다. 명상은 마음의 평상 상태를 만드는 데 큰 도움이 된다. 평상심을 유지하기 위해서 명상을 적극적으로 활용하자.

"위대한 성취를 이룬 사람들은 자기 자신을 통제한 사람들이었다. 이들은 결코 흥분하거나 자제력을 잃지 않았으며, 늘 침착하게 평상심(평정심)을 유지하면서 잘 참고 정중한 태도를 잃지 않았다."부커 T. 워싱턴

**삶을 수행으로 여기면 모든 일에 초연해지니
자연히 덕이 쌓인다. 덕이 쌓이면 외롭지 않다.**

"삶과 수행은 둘이 아니라 하나이다. 수행은 나의 삶 그 자체가 되어야 한다. 나의 생각과 삶 전부가 곧 나의 수행이다. 이 세상에서 일어나는 일 중 수행이 아닌 것이 어디 있겠는가? 걷고 이야기하고 먹고

차를 마시고 사람을 만나고 시장에 가는 모든 것, 뺨에 스치는 바람을 느끼고 시끄러운 자동차 소리를 듣고 친구와 악수를 하면서 감촉을 전하는 것, 이 모든 것이 수행이다."수행자

수행은 수도사나 종교인 등과 같은 특정인들만이 하는 것은 아니다. 누구나 할 수 있는 것이 수행이다. 수행은 평범한 일상적인 삶이 되어야 한다. 매일매일, 순간순간이 수행이어야 한다. 삶을 수행으로 여기고 모든 일에 초연하면 자연히 다투거나 불행하지가 않다.

"수행이 꼭 어디 조용한 곳에 가서 침묵정진하고, 경전을 읽고, 기도하는 것만이 아니다. 우리들 일상생활 자체가 인격을 갈고 닦는 수행의 장이다. 삶의 모든 순간순간이, 그리고 내가 하는 일이 곧 나의 수행이고 인격 수양이 되게 하라. 가장 이상적인 삶은 수행자의 삶이다."수행자

삶을 수행으로 여기면 인생의 생로병사와 희비애락에 너무 슬퍼하거나 들뜨지 않게 된다. 자연의 이치가 그런가 보다 하고 그냥 넘어 가게 되어 모든 일에 초연할 수 있다.

"항상 모든 것을 해결하려고 애쓰지 말고, 세상이 그냥 펼쳐지도록 내버려두라. 모든 것은 신이 주신 순서에 따라 이루어질 것이므로 그냥 내버려두라. 무언가를 해결하기 위해서 너무 열심히 노력하지 마라. 그저 자연스럽게 흘러가게 두라."노자

"수행의 참된 목적은 당신이 친구들에게 자랑할 만한 근사한 어떤 것을 얻고자 하는 게 아니라 모든 것을 놓아 버리는 것이다."아잔 브람

소크라테스의 사색(명상)과 기도

아래의 글은 플라톤의 〈향연〉에 등장하는 포티다이아 전쟁터에서 소크라테스의 사색과 기도에 대한 알키비아데스의 증언이다. 알키비아데스는 소크라테스와 함께 포티다이아 전투에 참전했다가 후에 그의 제자가 된 인물이다. "하루는 선생님께서 한곳에 서서 무언가 사색하기 시작하셨는데, 사색에 진척이 없자 포기하지 않고 계속 그 자리에서 서서 탐색하시더군. 한낮이 되자 모두 감탄하며 '소크라테스 선생님이 아침부터 사색하고 계신다.'고 수군거렸다네. 저녁이 되자 사람들은 선생님이 밤새도록 서 계시는지 보려고 거적을 들고 그곳으로 모여들었다네. 선생님은 다음날 해가 뜰 때까지 그곳에서 계시다가, 해가 떠오르자 기도를 하고 거길 떠나셨네."

혼자 지복至福을 누리는 것이 명상이다. 명상은 혼자 놀기의 극치이다. 깊은 명상에 들어가면 행복의 꼭짓점에 있는 듯한 순간을 맛본다.

명상가

day 8
명상은 평온한 내면으로 향하는 길이다

"**명상**(관조)은 그 자체가 행복이며 많으면 많을수록 좋다. 물질의 풍요보다는 명상(暝想 meditation)을 통해 마음의 평안을 누릴 때 우리는 비로소 진정한 행복을 느낄 수 있다. 순수한 명상 속에 있는 사람은 어떤 고통이나 고민에 사로잡히지 않는다. 그는 모든 것을 넘어서서 조용히 바라볼 뿐이다. 이런 관조적 삶을 살아가는 철학자가 가장 행복한 사람이다. 돈과 대상이 없이도 홀로 앉아서 명상하는 것은 신적 행복이다."아리스토텔레스

고대 그리스 철학자 아리스토텔레스는 명상하고 깊이 생각하는 관조적 삶이야말로 온전한 행복에 도달하는 가장 효과적인 방법이라고 말했다.

　관조觀照란 두뇌를 작동시키지 않고, 고요한 마음으로 사물과 현상을 바라보는 상태를 말한다. 관조할 때는 무의식 중에 몰입과 명상 상태로 옮겨 가게 된다. 이러한 점에서 관조는 명상과 자연스럽게 이어져 있고, 그 경계선을 확실히 구분할 수 없다. 관조가 그대로 명상으로 넘어갈 수 있는 것이다.

　명상 중에 호흡에 집중하면 마음은 차분하게 가라앉고, 고요해지기 시작한다. 산란함은 가라앉고, 평온함과 너그러움과 명상의 고요함이 그 자리를 차지하기 시작하는 것이다. 그러면 마음은 환히 밝아진다. 이것은 순도 100퍼센트 행복이다. 영혼을 파고드는 근원적인 행복이다.

　삼매경三昧境에 빠져본 경험이 있는가? 삼매경은 "잡념을 버리고 한 가지 대상에만 정신을 집중하는 경지이다." 삼매경에 빠지면 마음이 가장 평온해진다고 한다. 그래서 행복해지는 것이다.

　최근 들어 세계 각지에서 명상이 인기이다. 요즈음 미국 실리콘 밸리의 IT 종사자들 사이에서도 뜨고 있는 것이 명상이라고 한다. 그리고 회사 경영자들이나 연예인들, 스포츠를 비롯한 각종 분야에서 인지도가 높은 유명 인사들이 명상을 하고 있다는 이야기가 흔히 들린다. 특히 아침 명상을 즐기는 사람들이 많아졌다고 한다.

　"매일 내면의 깊은 명상을 통해 부단히 행복을 찾아라. 그리하면 그대는 반드시 영원한 행복을 찾을 것이다. 내면으로 들어가기 위한 꾸준한 노력을 기울여라. 그리하면 그대는 최고의 행복이 거기 있음을 알게 될 것이다." 요가난다

명상은 맑은 거울, 즉 깨어있는 마음으로 세상을 보는 것이다.

"명상은 특수한 계층에서 익히는 특별한 훈련이 아니다. 우리가 먹고 마시고 놀고 자고 혹은 배우고 익히는 것과 마찬가지로 명상은 우리들 삶의 일부분이다. 명상은 자기 자신 안에서 일어나는 감정의 변화와 언어 동작, 생활습관 등을 낱낱이 지켜보는 일이다."수행자

명상은 동서고금의 오랜 역사를 두고 내려오는 인류문화유산이다. 명상은 수천 년 전부터 전 세계적으로 여러 문화권에서 시행되어 왔다. "명상은 원래 참선, 요가, 기공 등과 함께 종교에서 수련하기 위한 목적으로 시작되었지만, 오늘날에는 심리학을 비롯한 여러 영역에서 광범위하게 활용되고 있다."수행자

오래 전에는 명상은 도인이나 요가 수행자 등과 같은 특정인들만이 할 수 있는 전문 수련으로 취급되었다. 그러던 것이 오늘날에는 전 세계 수많은 일반 대중들이 생활 속에서 명상을 실천함으로 인하여 명상이 하나의 문화현상이 될 정도로 관심을 모으고 있다.

여기서 소개하는 명상은 종교를 믿든 안 믿든 상관없이 누구나 할 수 있는 보편적인 것이다. 고요히 눈을 감고 내면을 바라보고 참 나를 만나며 행복감을 느낄 수 있다면, 그것은 명상이다.

모든 명상의 보편적인 목표는 '깨어 있는 마음'이다. 나의 경우에도 처음 명상을 시작한 것은 깨어 있는 마음에 있었다. 깨어 있는 마음이 평상심을 이루고, 삶의 여유와 평화에 기여하는 것이기 때문이다. 그래서 명상의 가치는 깨어 있는 마음 곧 깨달음에 있는 것 같다.

인도와 티베트의 수도승들은 깨달음을 최고의 행복으로 여기고, 깨달음을 얻는 것을 핵심 수행법으로 삼고, 수행에 증진하고 있다. 깨달음은 나를 성찰하며 눈을 새롭게 뜨는 것이다. 새롭게 눈을 뜨는 것은 행복을 여는 길이다.

일반적으로 수도승들은 일반 대중들을 위해 하는 주된 일은 대중들이 깨달음에 도달할 수 있도록 돕는 것이라고 생각한다. "모든 사람들은 더 나아지고 깨달음에 이를 잠재 능력을 지니고 있다."타이 시투파 린포체

사람들은 누구나 깨달음이 필요하다. "사람들에게 진정으로 필요한 것은 일시적인 행복이 아니라 깨달음이라는 궁극적인 최상의 행복이다."라마 소파 린포체

"성공과 실패, 질병과 건강, 인생의 모든 것은 깨달음을 위한 신의 선물이다."인드라 초한

명상은 홀로 누리는 신비로운 행복이다

"단지 마음을 깨닫는 것만으로도 커다란 행복을 누릴 수 있다."잠곤 콩툴

명상이란 외부 활동에 대한 의식을 멈추고 '몰아의 경지'에 도달하는 정신활동을 의미한다. 몰아의 경지에 도달하면 엄청난 환희를 느낄 수 있는데, 이것은 행복 중에서도 최고의 행복인 지복이다. 이는 도가의 현자, 장자의 말과도 일맥상통한다.

"현자는 무상무념無念無想이다. 마음의 평정이 균형을 확고히 해준다. 완전히 무아無我의 경지에 도달한 초연한 상태가 자유를 가져다주고,

모든 불안과 고통, 해로운 영향을 떨쳐내 준다. 청명한 마음을 지님으로써 현자는 맑고 고요한 정신 상태를 유지하고, 그 스스로 환하게 빛난다."_{장자}

명상할 때 놀라운 해방감을 맛볼 수 있는데, 사실 그것은 우리가 체험할 수 있는 최상의 쾌감이다. 명상의 쾌감은 일상에서 느낄 수 있는 보통의 쾌감보다 더 깊고 오묘해서 일반적인 쾌감과는 전혀 다른 맛이다.

명상을 삶의 최우선 순위에 두자. 하지만 명상에 있어서 조급증은 금물이다. 인내와 끈기가 필요하다. 하지만 오늘날 '퀵 서비스'와 즉석 결과에 익숙해져 있어서 인내와 끈기를 가지기가 쉽지 않다.

명상은 꾸준히 해야 한다. 우리는 매일 세수하고 식사를 한다. 거기에 대해서는 아무런 이의도 달지 않는다. 세수를 하듯 식사를 하듯 출근을 하듯 명상이 삶의 한 부분으로 생활화 되어야 한다. 명상을 한다는 것은 좋은 때든 나쁜 때든 한결같이 삶 속에 맑고 고요한 숨결을 불어넣는다는 것이다.

홀로 명상하라.
모든 것을 놓아 버려라.
이미 있었는지를 기억하지 말라.
굳이 기억하려 하면 그것은 이미 죽은 것이 되리라.
그리고 그것에 매달리면 다시는 홀로 있을 수 없을 것이다.
그러므로 저 끝없는 고독, 저 사랑의 아름다움 속에서
그토록 순결하고 그토록 새롭게 명상하라.

크리슈나무르티

명상은 평온함과 행복감을 준다

"꾸준한 명상은 심리적 안정과 긍정적
인 감정을 회복하고, 진정한 자아를 찾고,
행복감을 높여 준다. 더 나아가 심신의 상처를 치유해 준다."명상가

세계는 지금 명상이 대세이다. 많은 학교에서 명상을 학과목으로 채택하는 문제를 고려중이라고 한다. 명상이 학습능력을 향상시키기 때문이다. 명상을 하면 마음이 차분해지고 집중력이 높아지는 것이다. 명상이 육체적, 정신적, 감성적으로 다양한 도움을 준다는 사실은 충분히 입증된 바 있다.

하버드대 심리학과 교수였던 탈 벤 샤하르는 하루에 30분씩 개인적으로 명상의 시간을 가진다고 한다. 그리고 행복을 연구하는 학문, 〈긍정심리학〉 강의실에서 하버드 학생들과 명상의 시간을 가졌다고 했다. 결과적으로 명상훈련 중에 참 자아를 만날 수 있었고, 예전보다 더 행복할 수 있었다는 것이다.

오늘날 종교와 완전히 분리된 명상, 소위 '마음챙김'mindfulness 명상이 각광을 받고 있다. 심리학에서는 정신질환치료 도구로 활용되기도 한다. 명상을 뜻하는 영어 '메디테이션'meditation의 어원은 라틴어 '메데리' mederi인데, 여기에는 '치유', '의료'의 의미가 담겨져 있다. 라틴어를 사용했던 고대 로마인들은 명상이 사람을 치유하는 기능이 있다는 사실을 알고 있었던 것 같다.

'마음챙김' 명상으로 자본주의 현대사회의 고질병인 스트레스, 우울증, 불안감, 만성피로 등을 치유함으로 현대인의 행복을 증진시킬 수 있을 것이다.

실제로 명상은 사람의 정신건강에 상당한 도움을 준다. 그런 이유에서 오늘날 병원, 학교, 기업, 교도소 등에서 명상교육을 실시하고 있는 것이다. 우리는 명상을 통해 자신의 전 영역에서 행복을 증진시켜 나갈 수 있다. 심지어 병들고 죽어가는 때 조차 평온할 수 있는 것이다.

명상은 깨어있기 위한 수련이다

"깨어 있으라. 무엇에도 얽매이지 말라. 마음을
내려놓고, 모든 것을 흐르는 대로, 있는 그대로 놓아두라." 아잔 차

명상은 참된 행복이 드러날 수 있는 최선의 상태 곧 맑고 투명한 마음의 상태를 만들어 주는 것이다. 더 나아가 명상은 깨어있는 상태에 머무는 것이다.

명상 중에 '참 나'를 만나고 깨어있는 상태에 머물면 내가 살아 있다는 느낌에 벅찬 희열이 몰려온다. 명상하는 시간에 고요와 평화가 찾아온다. 환한 빛이 들어온다. 이대로 죽어도 좋다는 환희가 열린다.

명상은 인간의 본성을 깊이 들여다보는 일이다. 삶의 매 순간을 깊이 사는 것이다. 명상은 사물의 본래 모습을 깊이 들여다보는 것이다. 인간의 진정한 본성과 삶의 본래 모습을 발견할 때, 우리는 인간이 가진 절망과 희망, 고통과 기쁨, 불행과 행복을 깊이 느낄 수 있다.

어느 수행자는 말했다. "지식은 밖에서 들어오지만 지혜는 안에서

우러나온다." 사색과 명상하는 시간을 갖지 않으면 내 안에서 자생적으로 우러나오는 지혜를 못 건져낸다. 고요히 앉아 명상 중에 내면의 소리에 귀를 기울여라. 고요히 기다린다면 머릿속에서 저절로 답이 나올 것이다.

명상을 할 때 우리는 무언가를 성취해야 한다는 압박감을 버려야 한다. 어느 것에도 얽매여서도 안 된다. 금방 결과가 일어나기를 기대하지 말자. 우리는 그저 고요하고 평온하게 존재하기만 하면 된다. 지혜는 명상 상태에서 발생하는 깨달음이다.

명상이야말로 순전하고 성스러운 행복이 나에게 깃들이게 하는 가장 좋은 방법이라고 여겨진다. 늘 명상을 해야 깨어있을 수 있다. 깨어있다는 것은 살아있다는 것을 의미한다. 깨어있어야 순간순간 미혹에 물들었다가도 바로바로 빠져나와 맑은 내면의 상태를 보존할 수 있다.

"행복은 단 한 순간도 우리 곁을 떠나지 않는다. 다만 우리가 눈을 감고 있을 뿐이다. 감았던 눈을 뜨기만 하면 세상의 행복이 온통 소나기처럼 쏟아질 것이다."_{밀란 쿤데라}

명상을 통하여 평상심을 유지하자

"잃고 얻는 것에 연연하지 않고, 높고 낮아짐에 흔들리지 않는 자유로운 영혼은 행복하다."_{동서고금의 현자들}
"명상의 참된 목적은 모든 것을 놓아 버리는 것이다."_{아잔 브람}

명상은 고도의 중용中庸이다. 가장 이상적인 평형상태를 찾아가는 것이다. 언제 어디서나 쉽게 할 수 있는 것이 명상이다. 명상은 눈을 감고 자신의 호흡에 집중하면 되는데, 그러면 마음이 차분하게 가라앉고, 편안해지고, 행복해진다.

"명상은 뇌와 마음을 쉬게 하는 최상의 휴식이자 내면을 다스리는 수행이다. 심신의 건강과 마음의 평화를 위한 최상의 수행이다. 명상은 마음에 피는 꽃이다."수행자

평상심은 맹자가 말한 '부동심'不動心과 같은 것으로서 세상만사에 흔들리거나 요동치지 않는 마음, 자제력이 강한 마음이다. 부동심은 산처럼 버티며 세상의 모든 일을 흐르는 강물을 바라보듯 무심히 바라보는 마음이다.

평상심이란 어떠한 상황에서도 불안에 떨거나 불평하지 않고, 흔들리지 않는 중심을 지니고, 자신의 길을 가는 마음이다. 그러므로 삶의 모든 부분에서 평상심이 필요하다. 평상심을 유지하면 모든 것이 다 평온해진다. 그런 면에서 '평상심이 도道이다.'

행복은 자신의 생각과 감정을 초연하게 다스리는 평상심에 달려 있다. 진취적이고 적극적인 자세로 살면서도 마음 깊은 곳에는 초연함과 평온함을 간직해야 한다.

"성공과 실패, 영예와 모욕을 평상심으로 대할 수 있다면 나아감과 물러섬에 초연할 수 있고, 인생을 담담한 미소로 대할 수 있을 것이다. 이것이 바로 인생 최고의 경지이다."장샤오형

내면이 행복해야

외면도 행복하다

3장

관점과 시선이
긍정적으로 바뀌어야 행복해진다

고대 그리스 스토아 철학자

"내가 바꿀 수 있는 것은 바꾸고, 하지만 바꿀 수 없는 것은 그대로 수용하라. 지금 처한 현실을 내 힘으로 어떻게 할 도리가 없다면, 그 현실을 바라보는 나의 관점과 시선을 긍정적으로 바꾸자. 그래야 행복해진다."스토아 철학자

"왜 바깥에서 일어나는 일들에 이리저리 끌려 다니는가? 인생살이가 자신의 뜻대로 돌아가지 않는다고 고래고래 악을 쓰지 말자. 그럴 시간에 너 자신을 위하여 선한 것을 더 배우고 우왕좌왕하기를 그만두라. 어떤 외적인 일로 네가 고통을 당한다면, 너를 괴롭히는 것은 그 외적인 일이 아니라 그에 대한 네 판단이다. 그리고 그 판단을 당장 지워 없애는 것은 너 자신에게 달려 있다. 자신의 힘으로 변화시킬 수 없는 것이라면, 운명으로 받아들여야 한다. 인내하고 억제하라."마르쿠스 아우렐리우스

고대 로마의 격동의 시기에 정치가 키케로와 세네카, 철학자 에픽테투스, 황제 마르쿠스 아우렐리우스 등과 같은 지성인들은 초연함과 공정함, 평상심과 중용, 관조하는 삶 등을 강조하는 스토아 철학에서 위안을 얻고 행복을 추구하였다. 그로인해 그들은 스토아 철학의 현자가 될 수 있었다.

스토아 철학은 내일을 예측할 수 없는 난세에 어떻게 살아야 할지, 지적인 토대를 제공해 주고 행복한 삶으로 나아가는 '덕행의 길'을 보여 준다. 스토아 사상은 후에 로마의 지식인들에게 거의 종교가 되다시피 할 정도로 지대한 영향을 끼쳤다.

스토아 철학의 행복관에 따르면 우리는 어떤 상황이든지 간에 행복할 수 있다. 왜냐하면 행복은 외부적인 조건에 의한 것이라기보다는 나 자신의 관점과 바라보는 시선에 달린 것이기 때문이다.

한편 스토아 철학의 행복관은 '평온을 비는 기도'를 연상시킨다. "주여, 우리에게 바꿀 수 없는 것을 평온하게 받아들이는 은혜를, 바꿔야 할 것을 바꿀 수 있는 용기를, 그리고 이 둘을 분별하는 지혜를 허락하소서."라인홀드 니버

> 관점을 바꾸면 삶이 달라지고, 진정한 조화와 환희를 맛보게 될 것이다.

노자

day 9

관점과 시선이 바뀌면 삶 전체가 바뀐다

"행복은 개인의 신분, 사회적 지위, 통장 잔고 등, 외부적인 것이 아니라 우리가 사물을 바라보는 관점에 달려 있다." 탈 벤 샤하르

철학자 니체의 말대로 행복과 불행은 쌍둥이 형제인가? 아니면 자웅동체인가? 그래서 그들은 늘 붙어 다니는가? 여하간 행복과 불행은 우

리가 바라보는 각도에 따라서 완전히 다른 모습을 드러낸다. 때로는 역발상적인 개념 곧 일반적인 상식과는 전혀 다르게 생각하는 것이 행복으로 이끌고, 최악이 최선을 구축한다. 조선 후기의 실학자 다산 정약용의 인생이 그렇다.

정약용은 억울한 누명을 쓰고 전남 강진에서 18년간의 귀양살이를 하게 된다. 하지만 그는 유배지에서 최선의 삶을 선택했다. "이제 나는 기회를 얻었다. 하늘이 나에게 학문을 연구할 기회를 주었다. 그동안 벼슬하느라 책도 못 읽고, 저술도 못 했는데, 이제부터 본격적으로 학문연구에 몰두하자."

결과적으로 그는 학문의 대업을 이루었다. 목민심서, 흠흠심서, 경세유표 등을 비롯한 많은 저서를 남겼던 것이다. 어려운 시절을 만나서 모진 세월 속에서도 꿋꿋하게 살았던 정약용은 오늘날까지 후손들 앞에 당당하게 서 있다.

'관점과 시선을 바꿔라.' 이것은 결코 쉬운 일이 아니겠지만, 그 보상은 엄청나다. 자신의 행복과 불행을 결정하는 것은 생각하는 관점과 바라보는 시선이다. 생각을 고쳐먹고 마음이 바뀌면 지옥도 천국이 되는 것이다.

**중요한 건 상황 그 자체가 아니라
그 상황을 받아들이는 우리의 자세이다**

"현자는 무슨 수를 써서라도 자기 뜻에 맞게 세상을 고치려 하지 않

> 는다. 자기가 가진 것, 이미 여기에 있는 것을 즐길 뿐, 그 이상이나 다른 것을 욕심내지 않는다. 그래서 현자는 모든 것을 포용할 수 있다. 현자는 행복의 진정한 원천이 자기 안에 있음을 안다." 스토아 철학자

스토아 철학의 세계관과 가르침에는 덕행을 실천하는 숭고한 삶을 통하여 행복을 얻고자 했던 현자들의 행복관이 엿보인다. 스토아 철학에는 복잡한 세상을 살아가는 간결한 지혜가 담겨져 있다. 스토아 현자들에게 행복은 '자유롭고 공정하며, 공포나 욕망에 흔들리지 않으며, 어떤 것에도 굴복당하지 않는 정신(이성)'이라고 할 수 있다.

현자는 얻음과 잃음, 명예와 치욕에 상관하지 않고, 오히려 그러한 가운데에서 인생의 지혜를 얻는다. 득실과 영욕에 초연함, 이것이 인생 최고의 경지이다. 득과 실을 다른 각도에서 바라보면 모든 세상사를 꿰뚫어 볼 수 있는 지혜를 얻게 될 것이다. 스토아 철학은 어떤 상황에서도 차분하고 행복하게 지내는 방법을 알려준다. "우리가 듣는 모든 것은 사실이 아니라 의견이다. 우리가 보는 모든 것은 진리가 아니라 관점이다." 마르쿠스 아우렐리우스

행복감과 불행감은 결정적으로 관점과 시선에 따라 달라진다

> "사람은 자기 자신과 삶을 바라보는 시선, 생각, 사고방식, 관점, 해석, 신념 등을 바꿈으로써 보다 행복해질 수 있다." 긍정심리학자

관점과 시선을 긍정적으로 바꾸고, 자신의 마음을 다스릴 수 있는지 여부에 따라 전혀 다른 결과를 낳는다. 즉 마음을 평온하게 평상심을 유지할 수 있는 사람은 어떠한 상황에서도 행복할 수 있지만, 그렇지 않으면 불행해지는 것이다.

한 사람은 심각한 질병을 끔직한 운명의 장난이라고 보는 반면, 다른 사람은 현재의 고통을 넘어서 자신을 돌아볼 수 있는 기회, 삶에서 이런 저런 면을 바꿀 수 있는 계기라고 여기며 마음의 평화에 동요를 느끼지 않는다. 따라서 세상과 상황을 바라보는 관점을 바꾸는 사람은 삶 전체를 바꾸고 행복할 수 있는 것이다.

최근 '프레임'frame이란 말이 널리 유행되고 있다. 문자적으로 프레임은 '창틀'이지만, 최근에는 '관점이나 생각의 틀' 혹은 '마음의 창'을 가리키는 말로 널리 사용되고 있다. 어떤 프레임을 통해 세상을 접근하는가에 따라 얻어내는 결과물은 달라진다. 동일한 현상도 관점과 시선에 따라 전혀 다르게 볼 수 있다.

사람들은 저마다 자신의 프레임을 가지고 세상을 바라본다. 행복하려면 프레임을 바꾸어야 한다. 어떤 프레임을 가지고 세상을 보느냐에 따라 행복과 불행이 갈라진다.

생각을 달리하면 똑같은 상황도 결과는 바뀐다. 생각을 조금만 바꾸면 지금까지와는 전혀 다른 인생이 펼쳐질 것이다. 행복과 불행은 밖에서 주어지는 것이 아니라, 내 마음먹기에 달려 있는 것이다. 지금 행복해지기로 결단한다면 당장이라도 행복한 삶은 가능하다는 이야기이다. "자기 스스로 행복하다고 생각하는 사람은 행복하다."영국 속담

"마음이 변화하면 자신의 삶도 바뀌고, 또한 마음이 자신의 삶과 행동

을 확실하게 통제할 수 있어야만 비로소 행복을 느낄 수 있다. 모든 것은 마음에서 비롯된다."니체

눈빛이 바뀌면 세상도 바뀐다

"중요한 것은 사물 속에 있는 것이 아니라 그대의 시선 속에 있다." 앙드레 지드
"현실을 바꿀 수 없다면 현실을 바라보는 눈은 바꿀 수 있다." 니코스 카잔찬키스

행복한 삶을 사는데 큰 걸림돌 중에 하나가 바로 선입관과 고정관념이다. 여기에 발상의 전환이 필요하다. 불행에서 벗어나려면 과감한 발상의 전환을 통해 모든 고정 관념에서 벗어나야 한다. 행복하려면 지금까지 갖고 있던 관점과 시선부터 바꿔 보자.

각도를 바꾸어 바라보면 문제가 완전히 다르게 보인다. 역지사지 곧 입장을 바꾸어놓고 생각해보자. 부정적이고 비관적인 감정에 휩쓸린 사람은 절대로 행복할 수 없다.

인생의 행복은 각자의 마음가짐에 달려 있고, 모든 아름다움은 보는 이의 눈 속에 있다. 보는 눈과 마음가짐을 제대로 갖추고 나면, 그것은 따뜻함과 즐거움, 너그러움과 행복으로 이어진다.

인생은 오색찬란한 빛으로 가득한 것일까? 아니면 칙칙한 어둠으로 가득한 것일까? 희극일까? 비극일까? 그것은 우리가 어떤 눈빛으로 인생을 바라보고 있는가에 달려 있다.

행복해지고 싶다면 나 자신과 삶을 조금 더 행복한 색으로 칠해서 바라볼 필요가 있다. 요컨대 스스로 행복하다고 생각하는 사람에게 세상은 행복이 넘쳐 날 것이고, 반대로 불행하다고 생각하면 불행으로 가득할 것이다.

'관점 바꾸기'는 '세상 뒤집어 보기'이다

"이 세상의 모든 일들이 나 자신의 생각대로 되기를 바란다는 것은 잘못이다."에픽테토스

이 세상은 동전의 양면과 같이 선과 악, 어둠과 빛의 혼합체이다. 어차피 인생에는 밀물이 있으면 썰물이 있다. 그러므로 양쪽을 다 볼 수 있어야 하고 때로는 뒤집어 볼 수 있어야 한다. 세상을 한쪽 눈으로만 보지 말자.

행복과 불행은 양면성이다. 행복 속에 불행의 씨앗이 있고, 불행에는 행복의 여명이 숨어 있다. 태극에서 음과 양이 차례에 따라 나누어지는 것과 다를 바 없다. 그런데 우리는 한 면만 보고 있다.

인생을 평온하게 살고 싶다면 반대의 것을 인정할 줄 알아야 하고, 고난이 있으면 반드시 그에 상응하는 보상이 있기 마련이라는 사실을 알아야 한다.

길이 닫힐 때는 불가능을 인정하고, 그것이 주는 가르침을 발견하고, 지혜를 얻어야 한다. 반면에 길이 열릴 때면, 그 가능성을 인정하고 과감하게 나아가야 한다.

대부분의 사람들은 늙고 죽는 것이 싫을 것이다. 하지만 우리가 늙고 죽는 것을 싫어하든 좋아하든, 그것은 반드시 일어날 것이다. 그런데 어째서 놓아버리지 않는가. 우리는 그 모든 것을 완전히 놓아버림으로써 저절로 사라지게 할 수 있다. 관여하지 말고 저절로 사라지도록 내버려두라.

격노한 폭풍 속에서도 미소를 짓는다 스토아 철학자

"너의 웃음은 가장 향기로운 꽃이다. 활짝 웃어라.
그러면 세상도 너와 함께 웃는다." 수행자

스토아 현자는 자신 앞에 어떤 일이 닥쳐도 요동하거나 절망하지 않고, 묵묵히 모든 상황을 있는 그대로 받아 들인다. 고통이 오면 오히려 그 고통과 친숙해진다.

스토아 사상이 강조하는 공정, 평정심, 초연함이 내적 강인함을 키우고, 인생의 욕망에서 자유롭게 해주며 두려움을 없애준다. 그러므로 스토아 사상을 따르는 사람에게 어려움과 고통은 얼마든지 이성으로 극복할 수 있는 것이다.

베토벤, 반 고흐 등과 같은 예술가는 지독한 외로움과 몰이해 속에서 살았음에도 불구하고, 오히려 그 고독이 주는 자아실현과 행복감을 누렸다. 그렇게 보면 비록 처해진 상황은 같을지라도, 그러한 상황에서 이루어지는 삶과 행복감은 확연히 다를 수가 있는 것이다.

인생의 고통은 불가피한 일이므로 아무리 피하려 발버둥을 쳐도 소용이 없다. 그래서 피할 수 없다면 즐겨라! 고통 중일 때 당신은 어떤 표정을 짓는가? 고통 중에서도 미소 지을 수 있어야 진정한 현자가 될 수 있다. 하지만 거짓 미소로 고통을 포장해서는 안 된다.

상처받은 진주조개는 극심한 고통 속에서 분비 작용을 하여 진주를 만든다. 마찬가지로 우리도 극심한 상처와 고통 속에서 진주와 같은 값진 존재가 되는 것이다.

항상 웃고 또 웃어라. 어떠한 상황에서도 허허 웃을 수 있는 것, 이것이 행복해지는 비결이다. 우리가 웃고 즐거워할 때 사람들도 우리 곁에 머물고 싶어 한다. 어떠한 상황에서도 유머를 잃지 말자.

사건보다 해석이 중요하다

> "중요한 건 상황 그 자체가 아니라 그 상황을 받아들이는 우리의 자세이다." 마르쿠스 아우렐리우스
> "우리 세대의 가장 위대한 발견은 인간은 자신의 관점과 마음의 태도를 바꿈으로서 자신의 인생을 바꿀 수 있다는 것이다." 윌리암 제임스

행복은 우리가 어디에 초점을 맞추고 상황을 어떻게 해석하는가에 따라 결정된다. 실패를 재앙으로 여길 수도 있지만 배움의 기회로 생각할 수도 있다. 행복은 해석하기에 달려 있음을 잊지 말자.

다르게 보면 삶이 달라진다. 다르게 설명하면 상황이 달라진다. 다르게 해석하면 의미가 달라진다. 인생 사건을 어떻게 해석하느냐, 어떤 의미를 부여하느냐에 따라 나의 행복과 불행이 갈린다.

같은 사건이라도 해석에 따라서 행복하기도 하고 불행하기도 한다.

따라서 어떤 사건에 직면했을 때 나를 살리는 방향, 내 인생을 행복하게 하는 방향으로 해석하자. 인생을 보는 시각에 따라 인생 자체가 완전히 달라진다. "비극을 불행한 것이라고 생각하는 것은 오직 요즘 사람들의 판단이다. 비극은 인생을 보다 깊게 이해하도록 정신적으로 일깨워주는 것이다. 비극 속에서 오히려 인생의 의미와 가치를 발견할 수 있는 것이다"유진 오닐

행복을 가로막는 가장 큰 장애물은 다른 무엇이 아니라 바로 자기 자신이다

"나를 행복하거나 불행하게 만들 수 있는 이는 오로지 나 자신뿐이다."마틴 오피츠

대부분의 사람들은 자신을 통제하지 못한다. 나의 천적은 나이다. 분명 흡연이 건강에 해롭다는 사실을 잘 알고 있지만, 담배를 피우는 것처럼 말이다. 우리는 자신이 할 수 있는 일은 무엇이고 자신이 할 수 없는 일은 무엇인지, 분별해서 자신이 할 수 있는 일은 확실하게 할 수 있어야 한다. 금연은 자제력을 키우면 본인이 충분히 할 수 있는 것이다.

그러므로 무엇보다도 자제력을 키워야 한다. 고대 스토아 철학자들은 인간은 각자 삶의 조건과 환경의 차이에도 불구하고 '의지의 다스림'(이성)으로 행복해질 수 있다고 주장했다. 자신을 다스릴 수 없는 자는 결코 행복할 수 없다.

스토아 철학은 각자 자신은 대자연의 한 부속품임을 인정하고, 겸허

하게 자신의 맡은 역할에 충실하면 된다고 보았다. 마치 연극에서 한 개인은 연출자가 부여한 역할에 충실하면 되는 것과 같다. 그래서 스토아 철학자들은 살인이 난무하는 험악한 난세에도 불구하고, 세상에서 도피하여 은둔처에 몸을 숨기지 않고, 시민 사회에 참여하는 것을 하나의 의무로 생각하였다.

'나는 충분히 행복해' 읊조리며 늘 행복감에 휩싸여 살자

"긍정적인 생각만을 갖도록 힘써라. 그 생각들이
그대 안에서 놀라운 힘을 발휘할 것이다."〈탈무드〉

'나는 충분히 행복해' 읊조리며 행복감에 휩싸여 산다는 것은 좋은 일이다. 행복에 관한 글귀를 읊조리거나 노래를 부르며 행복한 감정을 북돋이는 것은 좋은 일이다. 숨을 들이쉬고 내쉴 때에도 '충분히 행복해'라고 읊조리며 자기 자신을 다독이자.

영국 작가, 앨런 알렉산더 밀른의 〈곰돌이 푸〉에서 긍정의 아이콘 푸는 자신에게 '오늘이 무슨 날이야' 하고 묻고, '내가 가장 좋아하는 날이야'라고 스스로 대답한다. 이는 푸가 즐겨하는 매일 매일의 만트라이다. 산스크리트어 '만트라'를 문자 그대로 번역하면 '마음의 도구'이다. 특정한 단어나 문장을 반복하여 읊조리면 강력한 파동이 생겨 마음이 초능력에 가까운 힘을 갖게 된다는 것이 만트라 원리이다. 자신에게 거는 마법의 주문, 당신의 행복 만트라는 무엇인가? 그 단어와 문장을 읊조리면 긍정이 발효되는 것이다.

'생각의 채널'을 잠시 돌리는 것만으로도 행복은 발생할 수 있다. 내 안에 행복이 들어오는 것을 느낀다. 오늘 하루도 주문처럼 '나는 충분히 행복해'를 읊조리며 하루를 시작하는 것이 어떨까?

인디언의 금언 중에 이런 말이 있다고 한다. "어떤 말을 만 번 이상 되 풀이하면 반드시 미래에 그 일이 이루어진다." 당신은 어떤 말을 되풀이 하고 싶은가?

나무 밑에 앉아서 "오, 너무 행복해, 아주 행복해."라는 말을 되뇌는 수행자가 있었다. 그는 과거의 모든 것을 놓아버렸고, 미래의 어떤 것을 기대하지 않기 때문에 현재 그렇게 행복할 수 있었던 것이다. "스스로 행복하다고 생각하는 사람만큼 행복한 사람은 없다."_{독일속담}

'나는 충분히 행복해' 읊조리며 과거를 놓아버리고, 오직 현재에 충만 하자. 일상 속에 흐르는 행복을 놓치지 않기를 다짐하자. 오늘의 삶이 곧 행복이기를 기도하자.

"불행하다는 생각이 불행을 불러들인다. 인간이 불행한 이유 중에 하 나는 자신이 행복하다는 사실을 모르기 때문이다."_{수행자}

인간은 선택할 수 있는 '자유와 의지'가 있으며, 그 선택에 우리의 행복과 불행이 달려 있다.

"**인생은 선택이다. 인생은 B**(Birth, 삶)**와 D**(Death, 죽음)

사이의 C(Choice, 선택)**이다."**_{사르트르}

"**자극과 반응 사이에는 공간이 있다. 그 공간에는 반응을 선택할**

수 있는 자유와 힘이 있다. 그 반응에 우리의 성장과 행복이 달려 있
다."빅터 프랭클

인생은 부단한 선택의 연속이다. 살아가는 순간순간, 우리는 선택의
기로에 놓인다. 우리가 앞으로 어떤 인생을 살지는 바로 우리의 선택에
달렸다. 우리가 어떠한 입장에서 어떤 삶을 선택하느냐에 따라 앞으로의
인생은 달라질 것이다. 학업, 직업, 배우자, 친구 등, 끊임없이 자신의 길
을 선택해야 한다. 그러므로 우리는 선택하는 방법을 배워야 한다.

삶은 수많은 자극들과 그에 대한 반응들로 이루어져 있다. 이는 우리
가 끊임없이 선택하고 결정해야 된다는 것을 의미한다. 선택권은 오롯이
우리의 손에 달려 있다. 매일, 매번, 매순간 우리는 갈림길에서 결정을
해야 한다.

"예컨대 생체 실험실이자 시련의 한복판인 나치 수용소에서도, 어떤
사람은 돼지처럼 행동하고 또 어떤 사람은 성자처럼 행동하는 것을 보게
된다. 우리가 어떤 사람이 되느냐는 외부의 상황이 아니라 자신의 결단
에 달려 있다."빅터 프랭클

모든 인간은 선택의 기로에 서게 된다. 수많은 선택 사항 가운데 어느
것을 골라야 할지 망설이며, 쉽게 결정하지 못하는 경우가 허다하다. 어
쩔 수 없는 선택을 해야만 하는 경우도 허다하다. 다양한 각도에서 사물
을 바라볼 수 있어야 좋은 선택을 할 수 있다.

절대 긍정의 아이콘, 곰돌이 푸는 어떤 상황에서도 기어코 행복의 씨
앗을 찾아낸다. 그렇기 때문에 늘 어떤 문제든 해결할 수 있고, 해결할 수

없는 일은 없다고 생각한다. 그가 나타나면 주변이 환해지고 즐거워진다. 그래서 곰돌이 푸는 행복을 전파하는 행복 전도자의 대명사가 되었다.

삶에 눈뜨고 대지처럼 살아가라

"항상 모든 것을 해결하려고 애쓰지 말고 세상이 그냥 펼쳐지도록 내버려두라. 모든 것은 신이 주신 순서에 따라 이루어질 것이므로 그냥 내버려두라. 무언가를 해결하기 위해서 너무 열심히 노력하지 마라. 그저 자연스럽게 흘러가게 두라."노자

"사람들은 대지에 온갖 쓰레기를 내버리지만 대지는 결코 불평하지 않는다. 그저 묵묵히 모든 걸 받아들일 뿐이다. 사람들은 대지를 오염시키기도 하고 불태우기도 한다. 하지만 대지는 자신에게 어떤 일이 일어나든 전혀 반응하지 않는다."아잔 브라흐마

우리 인간은 다름 아닌 대지 위에서 살고 있다. 모든 것을 지탱하며 떠받쳐주는 것이 대지이다. 이는 거역할 수 없는 사실이다. 인간의 삶은 대지의 규칙과 질서를 준수해야 하고, 참된 행복과 기쁨은 대지에서 비롯된다. "대지는 나의 무게를 안정감 있게 받쳐 준다. 대지가 나의 등을 받쳐 주고, 나를 지탱해 준다."생텍쥐페리

대지는 생명의 젖줄로 모성애母性愛를 자극하고, 약동하는 생명의 기쁨을 느끼게 한다. 생명의 원천인 대지 위를 걸으면 우리의 마음은 고향에 돌아온 것처럼 아늑하고 평온해진다.

대지는 말이 없다. 하지만 그 품은 뜻은 무궁하리라. 대지처럼 살아가자. 우리는 대지처럼 사계절의 질서 안에서 참고 기다릴 줄 알아야 한다. 모두가 지나가는 한 때일 뿐이다. 그렇다면 어떤 일에도 집착하지 말아야 한다.

대지에는 거짓이 없다. 가꾼대로 거두게 한다. 오늘날의 온갖 갈등은 이 대지의 규칙과 질서를 준수할 때, 그 해결책이 열릴 것이다. 오늘날 갈 길을 잃고, 혼란 속에 빠져 있는 현대인들에게 대지에게 배우라고 권하고 싶다.

우리는 삶에 눈뜨고, 대지에 뿌리 내린 나무처럼 살아야 한다. 지금 살아있다는 것은 당연한 일 같지만, 삶에 눈을 뜨면, 이는 하나의 기적이고 놀라움이요, 커다란 축복이다. "삶에 눈뜬다는 것은 아픈 경험이지만, 이 세상을 의미 있게 살기 위해서는 꼭 겪어야 하는 통과의례 같은 것이다."

장영희

"대지에 입 맞추고 끊임없이 열정으로 사랑하라.

환희의 눈물로 대지를 적시고 그 눈물을 사랑하라.

또 그 환희를 부끄러워하지 말고, 그것을 귀중히 여기도록 하라."

도스토예프스키

언제 어디서나 모든 것을 긍정적으로 생각하라. 그러면 그가 서 있는 자리마다 향기로운 꽃이 피어나리라.

임제

day 10
행복은 '긍정'이라는 수평선 위에 떠 있다

"우리는 인간이기에 행복을 원하고 고통을 피하고 싶어 한다. 나의 좁은 경험으로 볼 때, 그러기 위해서는 긍정적인 마음 상태를 갈고 닦고 유지하는 일이 무엇보다 중요하다." 달라이 라마

티베트 망명정부 지도자요 티베트 불교 라마교의 영적 지도자인 달라이 라마는 〈달라이 라마의 행복론〉에서 자신은 '단 한 순간도 외롭지 않았다'는 놀라운 고백을 했다. 인간은 누구나 외롭기 마련인데 어떻게 그럴 수가 있을까? 그 이유는 무엇일까?

"그 이유 중 하나는 나는 모든 인간 존재를 긍정적으로 바라보기 때문이다. 난 사람들의 긍정적인 면을 발견하려고 노력한다. 이런 태도를 가지면 곧 바로 그 사람과 가까운 관계에 있는 듯한 감정을 느끼게 된다. 그러면 누구에게나 마음을 열 수 있다. 이것이 내가 외로움을 느끼지 않는 가장 큰 이유라고 생각한다."달라이 라마

계속해서 달라이 라마는 말했다. "나는 마음 깊은 곳에서 누구를 탓하지 않고, 누구에 대해서도 나쁜 마음을 품지 않는다. 또한 나 자신보다 다른 사람들을 더 많이 생각하려고 노력한다. 다른 사람들이 나보다 훨씬 중요한 존재라고 여긴다. 인간의 모든 피부 아래에는 똑같은 본성, 똑같은 종류의 욕망과 감정이 숨겨져 있다. 나는 늘 다른 사람에게 행복한 느낌을 전달하려고 노력한다."

실제로 한 사람이 행복할 수 있느냐 없느냐는 긍정적이고 낙천적인 마음가짐에 달려 있다고 해도 과언이 아니다. 아무리 엉망진창인 상황에서도 긍정적인 면은 있게 마련이다. 모든 일이 일어나는 데에는 생각하기에 따라서 나름의 긍정적인 의미도 있는 것이다.

우리는 나 자신을 그리고 나의 삶을 조금도 거리낌 없이 긍정할 수 있어야 한다. 죽음 자체까지도 긍정할 수 있어야 한다. 바로 여기에 우리의 행복이 놓여 있다. 가장 행복한 사람은 가장 긍정적인 사람이다.

항상 밝은 쪽을 바라보고 긍정적인 생각을 하라

"태양을 바라보고 달려라. 그러면 그림자는 보이지 않을 것이다." 헬렌 켈러

"행복은 보는 사람의 마음에 따라 흘러간다. 밝은 쪽을 바라보면 밝은 쪽으로 흘러가고, 어두운 쪽을 보면 어두운 쪽으로 흘러간다." 작자미상

"행복은 우리가 처한 환경이나 은행 잔고가 아니라, 현재 무엇에 주목하고 있는가에 따라 결정된다." 탈 벤 샤하르

당신은 하루 종일 무엇에 주목하고, 어떤 생각을 하는가? 밝은 생각을 하는가? 아니면 어두운 생각을 하는가? 혹시 당신은 건강, 돈, 사업, 가족에 대해 미리 걱정하며, 염려와 불안 속에서 하루하루를 간신히 보내고 있지는 않는가?

자연에는 환경의 생태계가 있듯이 인간에게는 마음의 생태계가 있다. 마음의 생태계가 어떠한가에 따라 인생의 방향과 질이 달라진다. 마음의 생각이 중요하다. 사람은 그가 생각하는 그대로 살아가게 된다고 한다.

행복은 언제나 우리 곁에 있다. 삶의 여유를 가지고 긍정적인 시선으로 둘레를 보면 행복은 참 모습을 드러낸다. 조금만 생각을 바꾸면, 조금만 미소를 지으면, 행복은 어렵지 않게 발견할 수 있다. "행복은 생각보다 가까운 곳에 존재하며 행복해지는 방법은 간단하다." 탈 벤 샤하르

행복한 사람들의 공통점이 있다. 그 공통점은 하나같이 밝은 쪽을 바라보며 긍정적이라는 것이다. 긍정적인 마인드가 행복의 바탕이다. 자신에게 주어진 삶을 밝은 면을 바라보고 희망을 갖는 순간, 긍정의 힘이 나

를 행복으로 이끌어 줄 것이다.

자신의 존재와 환경을 긍정적으로 받아들이지 못하면 불행해진다. 밝은 쪽을 바라보는 사람은 삶이 자기 뜻대로 흘러가지 않아도 초연함과 여유를 잃지 않고 변함없이 행복을 느낀다.

행복은 '행복하다'는 의식을 자양분 삼아 자라난다. 우리는 밝은 면을 바라보고 안팎으로 밝게 살아야 한다. 그래야만 그 밝음이 이웃에게 그대로 전해진다. 행복에 있어서도 양성순환이 일어나는 것이다.

모든 사람에게서 좋은 면을 발견하자. 완전히 악한 사람은 없다. 현자들은 주로 아름답고 좋은 면을 보고, 서로를 배려와 존중, 친절과 감사로 세상과 소통한다. 그러한 삶의 태도는 주변 사람들을 끌어들이는 힘이 있다.

있는 그대로의 인생사를 긍정적인 마음으로 잠잠히 수용하라

"우리를 괴롭히는 것은 '불행' 그 자체가 아니라 그 일에 대한 우리의 '생각과 관념'이다. 모든 일이 자신이 원하는 대로 일어나기를 바라지 마라. 오히려 일어나는 대로 받아들여라. 그러면 우리는 늘 행복하게 살아갈 수 있다. 자신을 제어하라. 자신에게 달린 것, 행동할 수 있는 것과 전혀 손을 쓸 수 없는 나머지 것을 구별하면서 적대감을 견디라." 에픽테토스

스토아 철학자는 우리의 의지대로 이루어졌으면 하고 바라는 삶이 아니라, 있는 그대로의 삶을 철저하게 있는 그대로 긍정적으로 받아들이라고 가르친다. "긍정적인 마음으로 삶을 맞이하라."

우리는 천상이 아니라 지상에 살아간다는 사실을 잊지 말자. "피할 수 없으면 즐겨라." 이것은 인생을 행복하게 사는 비결이다.

스토아 철학자들은 말했다. "세상에는 우리의 의지대로 통제할 수 있는 것이 있으며, 우리의 의지대로 통제할 수 없는 것이 있다. 내가 통제할 수 없는 부분은 받아들이자. 내가 통제할 수 있는 부분은 선악을 분별하여 선을 행하자." 이 비밀을 알면 우리는 행복할 수 있다.

행복하려면 우리가 어찌할 수 없는 상황이라면, 그것을 붙잡고 씨름해 봤자 소용없다는 스토아 현자들의 지혜를 본받을 필요가 있다. 날씨를 내 손으로 어떻게 해 볼 도리는 없지만, 기분은 얼마든지 바꿀 수 있는 것이다. 수레에 억지로 끌려가는 개처럼 악을 쓰고 발버둥 치면서 살지는 말자.

현자는 자신의 인생이 어떤 불만이나 후회도 없이 항상 즐거움으로 가득차 있다고 여긴다. 그 이유는 모든 사물을 긍정적으로 바라보는 눈이 있기 때문이다. 그런 긍정적인 마음가짐은 '삶에 대한 희열'로 이어진다. 그래서 외롭고 고독할지라도, 현자는 그 외로움과 고독마저도 즐길 수 있는 것이다.

부정적인 상황에서도 긍정적인 면을 찾아보자

"문젯거리는 늘 다면체, 이 방향에서 보면 크게 보이고 다른 방향에서 보면 작게 보인다. 보는 방식에 따라서는 전혀 안 보일 수도 있다." 인드라 초한

많은 경우 우리는 삶의 어두운 면을 보도록 길들여져 있는 것 같다. 열 가지 일이 잘 되다가 한 가지 일이 틀리면, 잘못된 그 한 가지 일에만 온

정신을 쏟는다. 잘 되고 있는 일이 열 가지나 있는데도 말이다. 잘못되고 있는 하나의 불행 때문에 열 가지 행복을 놓치는 과오를 범하지 말자.

똑같은 모습을 보고도 어떤 이는 장점이라 말하고 어떤 이는 단점이라 말한다. 행복은 세상을 어떻게 바라보는가에 달려 있다.

기억해 두어야 할 점은 상황에 어떤 식으로 반응할지 결정하는 사람은 오직 나 자신뿐이라는 것이다. 우리 인생에 닥친 각종 시련과 역경은 우리를 절망에 빠뜨릴 수도 있고, 성장을 위한 디딤돌이 될 수도 있다.

"이 상황에서 내가 어떻게 하는 것이 가장 긍정적이고 효과적일까?" 선택은 자기 자신의 몫이다. 긍정적인 면을 찾는 것은 행복의 시작 버튼이자 행복과 불행의 경계이다.

라다크 사람들을 아는가? 척박한 땅, 히말리아 고산 지대에 사는 가난한 소수민족이 어떻게 그토록 행복하게 살아가고 있는가? 그 이유는 단 하나, 그들에게는 '부정적인 생각'이 아예 없다는 것이다. 그리고 그들의 행복관은 아주 소박하다. 그들은 가족들과 함께 일하며 살아가는 그 자체가 삶의 궁극적인 목표요 즐거움이다. 어떻게 보면 '가족의 건강과 화목', 그 이상을 요구하면, 그것은 사치가 아닐까?

긍정적인 감정을 북돋워서 부정적인 감정을 극복하고 행복에 이른다

"긍정 심리학positive psychology은 기존의 심리학과는 달리, 긍정적인 측면에 초점을 둔 심리학으로 스트레스, 불안, 우울증 같은 부정적인 감정에서 벗어나 감사, 사랑, 용서, 희망, 용기, 지혜, 인내 등과 같은 긍

정적인 감정에 초점을 둔 심리학이다. 긍정 심리학이 꿈이자 희망이다."_{마틴 셀리그만}

오늘날 행복을 제일 많이 연구하는 분야가 심리학이다. 과학적 연구 방법론을 적용하여 행복을 탐구하는 '긍정 심리학'은 미국심리학회 회장을 역임한 마틴 셀리그만이 1998년에 공식적으로 언급하면서 학계에 등장했다. 그 명칭대로 긍정 심리학은 '인간의 밝은 면과 긍정적인 정서와 미덕을 발전시켜서 더 큰 만족과 행복을 얻는 것'을 목적으로 한다. 긍정 심리학에 있어서 행복은 '긍정적인 감정이 매우 높은 상태'로 정의할 수 있겠다.

긍정적인 감정은 더 빨리 학습하고, 더 창의적으로 사고하고, 어려운 상황을 해결하는 데 도움이 된다. 긍정적인 감정은 부정적인 감정을 빨리 극복할 수 있게 도와주고, 스트레스를 느끼거나 화가 나거나 우울함을 느끼는 시간을 효과적으로 줄여준다.

매사를 긍정적으로 바라보고 내 안팎으로 가까이 있는 행복을 발견하자. 행복은 오늘 바로 지금 여기에 존재하는 것이다. 삶을 긍정하고 희망을 잃지 않는 사람은 행복하다. 삶을 긍정적인 시선으로 바라보며 현재 살아있는 기쁨을 누리자.

한편 긍정 심리학의 근원을 따지고 올라가자면 네덜란드 출신의 철학자 스피노자가 주장하는 내용과도 일맥상통한다. 어떻게 보면 스피노자의 주장이 오늘날 긍정 심리학의 토대가 된 것은 아닐까?

스피노자는 대표작 〈윤리학〉에서 행복해지는 것은 사람을 심란하게 만드는 부정적인 사고나 감정을 제거하려는 것뿐만 아니라, 긍정적인 사고와 감정을 적극적으로 배양하는 데도 달려 있다고 역설하였다.

"행복해지기 위해서는 장애물이나 독극물을 부지런히 치우는 것만으로 충분하지 않다. 기쁨과 사랑, 긍정적이고 적극적인 생각과 감정, 자존감 등, 살아가는 데 필요한 긍정적인 힘을 계속해서 북돋아 주어야 한다. 하나의 정서는 그것과 반대편에서 한층 더 강력한 정서를 통해서만 누그러뜨리거나 제거할 수 있다."스피노자

**긍정적인 생각만을 갖도록 힘써라. 그 생각들이
그대 안에서 놀라운 힘을 발휘할 것이다**〈탈무드〉

**"주어진 현실에 긍정하라. 그렇다면 그대로 행복의 길로
나아갈 수 있다"**곰돌이 푸

절대 긍정과 영원한 우정의 심벌, 곰돌이 푸(또는 아기곰 푸, Winnie-the-Pooh는 1926년에 발표된 A. A. 밀른의 동화의 주인공)는 성격이 느긋하고 항상 긍정적으로 생각한다. 행복은 긍정적인 감정의 전형인 것이다. 어떠한 문제의 앞에서도 긍정적인 성격의 푸는 느긋하고 단순하게 문제를 해결해 나간다. 그런 푸는 어떤 상황이건 얼굴에 항상 행복한 미소가 가득하다.

곰돌이 푸가 살고 있는 넓고 푸른 숲속에서는 크고 작은 사건들이 끊이지 않지만, 그는 주변에서 일어나는 다양한 사건을 긍정적으로 생각하는 능력을 지녔다. "푸는 자신에게 일어나는 모든 일에 행복해 한다. 우스꽝스러운 시를 읊으며 좋아하기도 하고, 풍선을 타고 하늘을 날며 즐

거워하기도 한다."^{하임 샤피라}

사람은 누구나 밝음과 어둠의 한 세트로 태어난다. 행복하려면 자신의 밝은 쪽을 바라보아야 한다. 행복은 밝음과 함께 하기 때문이다. 밝은 쪽을 바라보면 밝은 일이 생기고, 어두운 쪽을 바라보면 어두운 일이 생긴다. 인생은 우리가 바라보고 그린 그림처럼 펼쳐진다.

행복의 역설은 어둠 속에서도 빛을 바라볼 수 있어야 한다는 것이다. 어둠이 있으면 빛도 있다. 태양이 있으면 그림자도 있다. 산이 높으면 계곡도 깊다. 닫히는 문이 있으면 열리는 문이 있다. 닫히는 문에 미련을 두지 말고, 새롭게 열리는 문에 희망을 걸자.

우리가 늘 하는 생각이 바로 우리의 인생을 만든다 마르쿠스 아우렐리우스

"내 생각^(마음)이 삐뚤어지면 세상도 어그러진다. 세상을 바꾸고 싶다면 나의 생각^(마음)부터 바꾸어라."^{정약용}
"우리가 하는 생각이 바로 우리 자신이다."^{괴테}
"당신은 바로 자신이 생각한대로 될 것이다."^{랠프 왈도 에머슨}

세상만사, 그 출발은 생각이다. 그리고 그 생각은 우리의 일부거나 아예 우리 자체이다. 어디서 어떤 생각을 하느냐에 따라 우리의 삶이 결정된다.

인간은 생각하는 동물이므로 행복은 결국 생각에 의해 좌우된다. 즉 긍정적이고 낙천적인 생각은 행복한 삶으로, 부정적이고 비관적인 생각은 불행한 삶으로 연결되는 것이다.

아인슈타인은 "생각을 바꾸어야 세상을 바꿀 수 있다"고 하였다. 같은 맥락에서 생각을 바꾸어야 행복해질 수 있다. 지금 우리가 어떤 생각을 품고 있느냐가 행복과 불행을 결정한다. "기쁨과 괴로움, 성공과 실패는 한 순간 생각의 차이로 결정된다."뒤마

"행복과 불행은 생각하기 나름이다. 스스로 행복하다고 생각하면 행복이 찾아온다. 불행하다는 생각이 불행을 불러들인다."탈 벤 샤하르

행복하려면 긍정적인 사고체계를 형성하라

"우리가 긍정적인 생각하는지, 부정적으로 생각하는지에 따라 우리가 세상을 보는 필터가 결정된다. 긍정적인 생각을 갖는다면 우리는 맑고 투명한 필터로 세상을 보게 된다. 세상의 먹구름 사이로 비치는 한 줄기 햇살 같은 가능성을 볼 수 있는 것이다. 반면 부정적인 생각을 갖는 것은 어두운 필터로 세상을 보는 것과 같다. 그러면 무엇을 보든 간에 모든 것이 어둡게 보인다. 그러한 필터로 인생을 보면 심지어 인생의 긍정적인 면조차 보지 못하게 되는 것이다."도티 빌링톤

부정적인 생각과 마음 상태가 행복을 가로 막는다. 마음 밭이 온갖 부정적인 생각으로 가득한데 어떻게 행복의 꽃이 활짝 피기를 기대하겠는가? 지금 이 순간 긍정적인 생각과 함께 행복의 문을 향해 가고 있는가? 아니면 부정적인 생각으로 인해 행복과 점점 멀어지고 있지는 않은가?

행복하기 위해서는 무엇보다도 먼저 모든 것을 밝게 받아들이는 긍정

적인 사고방식이 받쳐 주어야 한다. 어두운 생각은 우리의 에너지를 빼앗아 간다. 이건 마치 어두운 안경을 끼고 세상을 바라보는 것과 마찬가지이다. 우리의 마음과 삶은 자주 떠 올리는 생각과 같아 질 것이다. 영혼은 생각에 의해 물들기 때문이다. 그러므로 긍정적인 생각을 늘 떠올림으로써 행복을 염색하자.

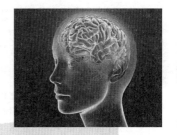

긍정의 뇌 곧 행복한 뇌로 바꾸자

> "뇌는 행복해지는 데 반드시 필요한 장기이다." 크리스토퍼 앙드레
> "자신의 뇌를 바꾸는 사람은 삶 전체를 바꾼다." 릭 한슨

뇌 속에 행복이 있다. 행복은 먼저 뇌 속에서 이루어진다. 행복을 비롯한 인생사의 모든 대소사를 결정 짓는 것은 뇌이다. 국내 뇌 의학 연구 일인자라 일컬어지는 서울대 서유헌 교수는 말했다. "내가 곧 뇌이며 뇌가 곧 나이다."

왜 오늘날 사람들의 관심은 뇌에 쏠리고 있는 것일까? 뇌에 인간의 무한한 가능성이 숨겨져 있기 때문이다. 뇌에 대한 연구는 인간에 대한 연구이다. 뇌는 인간의 모든 행동과 의식, 무의식의 출발점이다. 뇌 혁명은 바로 인생 혁명을 가져다주는 것이다.

더욱이 요즘의 뇌 과학은 우리가 그렇게 노력한다면 우리의 뇌도 긍정적으로 바뀔 수 있다는 것을 증명하고 있다. 뇌는 마치 플라스틱처럼 유연해서 자기가 노력하면 변화가 가능하다는 것이다. 얼마나 놀라운 일인가? "만약 이 세상에 마법이 존재한다면 분명 뇌 속에 있을 것이다." 이상만 인간의 뇌에 모든 가능성이 집결되어 있다. 뇌의 기능을 잘 활용하면 행복하게 살 수 있다. 뇌의 잠재력을 충분히 발휘시키면 반드시 성공할 수 있다. 나아가 뇌는 행복의 열쇠이기도 하다.

혹자는 말했다. "인간의 뇌에는 두 개의 생각이 휘감겨 있는 것 같다. 개방적인 긍정적인 생각은 우리를 긍정의 세상으로 인도하고, 폐쇄적인 부정적인 생각은 우리를 부정의 세상으로 인도한다."

부정적인 뇌 회로를 긍정적인 뇌 회로로 바꾸어야 한다. 긍정적인 생각을 하면 뇌가 긍정 회로로 바뀐다고 한다. 그래서 뇌 회로를 긍정 회로로 바꾸는 뇌 훈련이 필요하다. "긍정적이고 적극적이며 낙관적인 사고를 갖게 되면 뇌가 활력을 얻어서 행복한 뇌가 된다."서유헌

행복한 뇌를 만들기 위해 늘 긍정적으로 생각하자. 그러면 행복 호르몬 곧 세로토닌, 도파민, 옥시토신, 엔돌핀 등이 신경회로를 타고 충분히 흐를 것이고, 모든 불안과 염려는 사라질 것이다.

매사를 긍정적으로 생각하면 뇌 안에서는 뇌세포를 활성화하고 몸을 이롭게 하는 호르몬이 분비된다. 이 호르몬은 인체를 젊게 만들 뿐만 아니라 암세포를 파괴하고 인간의 마음을 즐겁게 한다.

바로 지금부터 행복을 시작할 수 있다. 먼저 행복한 자신의 모습을 상상하라. 뇌는 현실과 상상을 구분하지 못한다고 한다. 그래서 매일 시시때때로 자주 긍정적인 암시를 해주면 행복해지는데 큰 도움이 된다고 한다. 진정으로 열망하는 행복을 상상하자. '그랬으면 좋겠다' 정도

로 생각하지 말고, 정확하게 진정으로 원하는 행복을 상상해야 한다. 이런 긍정적인 상상들이 큰 변화를 만들어 낸다. 우리 삶을 전혀 다른 모습으로 바꿔놓을 수도 있다.

상상력은 우리가 지니고 있는 중요한 능력이다. 인생에서 상상력은 우리가 알고 있는 것보다 훨씬 더 중요한 역할을 한다. 행복하려면 온갖 상상력을 동원하여 즐거운 분위기와 행복한 기억으로 가득 찬 자신을 머릿속에 그려보자. 행복한 사람들은 하나같이 상상력이 뛰어나다.

상상력은 우리를 기분 좋게 할 수도 있고, 기분 나쁘게 할 수도 있다. 달콤한 아이스크림을 상상하는 것만으로도 즐거워진다. 우리의 뇌가 행복한 상상을 하게 되면 소위 행복 호르몬인 도파민이 분비된다고 한다.

부정적인 감정과 생각을 몰아내고 긍정적인 감정과 생각을 더 많이 하고, 좋은 추억을 뇌에 더 많이 저장하면 행복한 뇌가 된다. 나쁜 기억은 흘러 보내고 좋은 기억은 뇌에 많이 저장하자. 우리가 행복하고 즐거운 기억으로 충만해 있을 때, 우리의 기억 체계는 나쁜 기억을 떠올리지 않는다.

"사람은 두 번 산다. 한 번은 현실에서, 한 번은 기억으로." 오노레 드 발자크

"나라는 존재를 이루고 있는 요소 중 하나가 기억이다. 좋은 기억은 많이 남기고 나쁜 기억은 흘러 보내면 행복한 나로 살아갈 수 있다." 곰돌이 푸

긍정적으로 자신을 바라보자

나의 인생은 나 자신이 바라보는 방식대로 흘러간다. 다시 말하면 자신을 어떻게 바라보고, 인정하며 평가를 내리는가에 따라 그 사람의 인생이 나아갈 방향과 모습이 결정된다. 그렇기에 자신을 긍정적으로 인식하는 것은 무엇보다 중요한 일이다.

긍정적인 자아개념을 가진 사람은 큰 잠재능력을 발휘하고, 멋진 사람이 될 수 있다. 과거와 현재에 얽매이지 말고, 더 나은 자아개념을 정립한다면 더 자유롭고 행복할 수 있다.

낙천주의자는 어떤 어려운 상황에서도 기회를 보는 사람이고, 비관주의자는 어떤 기회에서도 어려움을 보는 사람이다.

윈스턴 처칠

day 11
긍정의 에너지가 가득한 낙천주의자가 되자

"낙천주의자는 장미꽃만 보고 그 가시를 보지 못하며, 염세주의자는 장미꽃은 보지 못하고 그 가시만 본다." 칼릴 지브란

성공하고 행복한 사람들의 공통된 특징은 낙천주의자이다. 항상 삶을

낙천적으로 바라보고 유쾌한 태도를 취한다. 낙천주의자는 어떤 상황에서도 모든 것을 긍정적으로 생각한다. 낙천주의자에게 인생은 즐거움이 가득 찬 멋진 세계이다.

혹자가 말했다. "긍정적인 입장에서 밝은 쪽을 바라보고, 늘 만족하며 낙천적으로 살면 행복해진다." 행복의 정곡을 찌르는 말이다. 현실적으로 그렇게 사는 것이 쉽지는 않겠지만, 전혀 불가능한 것도 아니다. 긍정적인 생각은 어떤 상황에서도 희망을 갖게 한다.

밝은 쪽을 바라보는 낙천주의자는 어려운 환경에서도 희망의 빛을 찾아낸다. 희망이라는 등불이 있으면 아무리 어두운 동굴 속에서도 언제나 새로운 길을 찾을 수 있다. 사람은 누구나 어려운 일을 겪지만, 그 어둠 속에서도 한줄기 빛을 찾아낼 줄 아는 긍정적인 에너지가 가득한 낙천주의자는 늘 행복할 수 있다.

낙천주의는 심리학에서 매우 폭 넓게 연구되어 왔다. 왜냐하면 그것은 만족감, 행복감과 밀접하게 연관되어 있기 때문이다. 낙천주의는 삶의 어려움에 직면했을 때 더 적극적인 자세와 구체적인 태도들, 즉 문제를 해결하거나 자신의 기분을 개선시키기 위한 전략의 응용 같은 것들에 의해서도 표현되기 때문이다.

낙천주의자는 단지 살아 있다는 사실만으로 행복에 겨워한다. 반면에 비관주의자는 모든 것을 다 갖추고도 늘 스스로를 불행하다고 생각한다. 당신은 어떤가?

관점을 최대한 다양화 하고, 시선을 이리저리 옮겨 보며, 상대방의 입장에서 생각해 보기도 하자. 아무리 어려운 상황에서도 반드시 긍정적인 측면이 있기 마련이다.

낙천성이 높을수록 행복지수가 높다

> "낙천적일 때는 문제가 도전할 새로운 기회로 보이지만, 비관적일 때는 치러야 할 끔찍한 전쟁으로 여겨진다." 작자미상

낙천주의자는 무한 긍정으로 모든 사물을 있는 그대로 환영하며 감탄사를 연발한다. 낙천주의자의 가슴에는 늘 감사가 넘치고, 이 땅에서 살아가고 있다는 사실만으로도 가슴이 벅차므로 존재하는 모든 것에 감탄하고 찬사를 보낸다. 절대 긍정의 아이콘, 곰돌이 푸는 언제나 낙천적인 길을 알려주는 길잡이이다. 곰돌이 푸는 모든 사소한 일을 행복한 순간으로 이끈다. 그래서 그의 삶은 그야말로 유쾌한 예술이다. "푸의 인생 슬로건은 모든 비관주의를 몰아내자이다." 하임 샤피라

매사에 부정적인 비관주의자는 세상 어느 것에도 기쁨과 행복을 느끼지 못한다. 뿐만 아니라 비관주의자는 인간의 발전과 행복을 위해 어떠한 기여도 하지 못한다. "비관주의자 중에 인생의 비밀을 발견하거나 지도에도 없는 땅으로 항해 하거나 영혼을 위한 새로운 천국을 열어 준 사람은 하나도 없다." 헬렌 켈러

비관주의자는 세상에 어느 것에도 만족하지 못한다. 그에게는 세상은 살 만한 가치가 없는 곳이다. 그러므로 행복하려면 매사에 냉소적 태도가 아닌 곰돌이 푸처럼 낙관적인 태도를 유지해야 한다.

한편, 다수의 연구에 의하면 종교적 신념이 강하고, 또한 종교의식에 자주 참석하는 사람일수록 행복지수가 높다고 한다. 그 이유 중에 하나

는 종교만이 줄 수 있는 낙천성 때문이다. 게다가 종교는 삶의 목적과 의미를 부여하고, 종교 특유의 위안을 준다.

낙천적인 생각이 우울증을 비롯한 각종 정신질환을 예방한다

"낙천적인 생각을 갖고 있으면 피할 수 없는 난관에 부딪치거나 비극적인 상황에 처했을 때도 우울증에 빠지는 것을 막을 수 있다. 체육 활동이나 학교 공부, 나중에 직업에 있어서까지 더 많은 것을 성취하는데 도움이 되기도 한다. 뿐만 아니라 낙천적인 생각을 가지면 건강도 좋아진다. 면역 체계도 강화되고, 전염병에 걸릴 가능성도 줄고, 병원에 갈 일도 줄고, 심장병의 위험도 낮아지고, 더 오래 살 수도 있다."마틴 셀리그만

최근 전 세계적으로 우울증이 전염병처럼 번지고 있다. 원래 우울증은 중년 여성들에게 주로 나타나는 그리 흔치 않은 증상이었다. 하지만 우울증은 1960년대부터 급속도로 번지기 시작해서, 지금은 감기처럼 모든 연령대에 나타나는 흔한 질환이 되어 버렸다.

우울증에 걸리면 어떤 기분일까? 우울증에 빠진 사람은 슬픈 감정에 빠져들고, 불안해 하고, 식욕과 수면 부족 상태에 빠지고, 삶의 용기를 잃는다. 그리고 자신의 감정을 제대로 추스르지 못해 괴팍하게 행동하고, 환각과 망상의 상태에 놓이고, 절망의 구렁텅이로 빠진다. 결국 우울

증과 불안증이 심해지면 정상적인 생활이 어렵다고 한다.

우울증 환자들은 자기 자신과 관계 맺는 방식에서 문제가 발생한다. 자기 자신을 친절하게 대하지 못하고, 무자비하고 비관적으로 대한다. 우리는 자신을 비판하는 데 익숙한 반면, 자신을 다독이고 칭찬하는 일에는 서투르다.

자기 자신을 비관할 것이 아니라 따뜻한 시선으로 바라봐야 한다. 나 자신을 묶어 놓았던 고삐를 느슨하게 풀어놓아야 한다. 그러면 우울증에서 빨리 회복할 수 있는 능력이 생긴다. 그 결과 자신의 삶을 긍정적으로 바라보게 되고, 감사하는 마음이 생기고, 행복에 이를 확률도 한층 높아진다.

자신의 단점을 더 느그럽게 인정하고, 자신에 대한 과도한 비판을 자제하고, 자신을 좀 더 관대하게 대해야 한다. "나에게 관대해진다는 것은 자신을 비판하거나 질책하거나 수치심을 느끼는 대신에 자기 자신을 이해하면서 인내심을 갖고 바라보는 것이다. 나를 격려하면서 나 자신과 내면의 대화를 나누는 것이다."에마 세필라

마틴 셀리그만과 같은 긍정 심리학자들은 낙천적으로 생각하는 습관을 키우면 우울증을 예방할 수 있다고 한다. 두뇌를 낙천성에 맞춰 재조정하면 성격이 밝아져서 얼마든지 행복하고 만족스러운 삶을 영위할 수 있는 것이다.

행복의 시선, 새롭게 열리는 문을 바라보라!

"인생의 한쪽 문이 닫히면 다른 쪽 문이 열린다. 그러나 우리는 흔

히 닫힌 문을 오랫동안 보기 때문에 우리를 위해 새롭게 열린 문을 보지 못한다." 헬렌 켈러

"인생의 문이 닫힐 때, 그 앞에 너무 오래 서 있지 말라. 문이 닫힐 때 나머지 세상이 열린다. 닫힌 문을 두드리기를 멈추고 돌아서면 넓은 인생이 우리 영혼 앞에 활짝 열린다." 파커 J 파머

사방이 막힌 것 같을 때 필요한 것은 생각보다 간단하다. 바로 새롭게 열리는 문을 찾는 것이다. 새롭게 열린 문을 바라보고 나가간다면 새로운 인생이 펼쳐질 것이다.

새로운 문을 바라보는 것은 과거와의 결별이다. 결별은 더 나은 시작을 위한 결단이다. 묵은 것은 내려놓고 새로운 것을 향해 성큼성큼 나아가자. 그 길 끝에는 지금보다 더 아름다운 풍경이 펼쳐져 있을 것이다.

과거에 연연하지 말고 새롭게 열리는 문을 바라보자. 새로운 삶을 꿈꾸며 새롭게 열리는 문을 바라보기만 한다면 우리는 판에 박힌 듯한 진부함과 답답함에서 벗어나, 전혀 생각하지 못했던 신바람 나는 삶을 살수 있을 것이다.

오래된 것, 뒤떨어진 것, 낡은 것, 필요 없는 것은 떠나 보내라. 무엇이든 놓아 줄 준비를 해야 한다. 그리고 새로운 것을 맞이할 준비를 해야 한다. 이것이 자연의 이치고, 자연에 순응하는 삶이다. "생명이 다한 과거에 무기력하게 매달리지 말고, 과감하게 새롭게 열리는 문을 바라보고, 새로운 길을 개척하자." 수행자

새로운 희망이 푸른 행복을 가져온다

"희망은 삶 속에 존재하는 가장
위대한 힘이며 불행(죽음)을 물리칠 수 있는 유일한 무기이다."유진 오닐
"희망은 잠자고 있지 않는 인간의 꿈이다. 꿈이 있는 한, 이 세상은
도전해 볼만 하다. 어떠한 일이 있더라도 꿈을 잃지 말자. 꿈을 꾸자.
꿈은 희망을 버리지 않는 사람에게 선물로 주어진다."아리스토텔레스
"희망이란 모든 현실이 비관적이라 할지라도 행복한 미래를 꿈꾸
는 것이다. 희망은 자신을 포기하지 않는 것이며 하나님이 모든 것을
바꾸어줄 수 있다고 믿는 것이다."안젤름 그륀

희망을 품어야 힘이 나는 법이다. 희망이 없다면 도대체 어디에서 삶
의 원동력을 찾을 수 있을까? 아무리 절망적인 상황에서도 희망을 가지
면 행복이 보이고, 아무리 희망적인 상황에서도 절망하면 불행의 나락에
빠진다. 미래에 대한 희망과 기대감이 없다면 행복도 발전도 없을 것이
다. "인생에서 행복을 느끼기 위해서 3가지가 필요하다. 할 수 있는 일과
사랑할 대상, 그리고 미래에 대한 희망이다."조지프 애디슨

희망이 있는 한 행복은 존재하는 법이다. 행복이란 희망을 품고 미래
에 대한 기대감을 가지는 것이다. 지구의 모든 생명체 중 유일하게 인간
만이 자신의 미래를 설계할 수 있다고 한다. 희망이란 행복한 미래를 설
계하는 것이다. 인생에서 자신감과 희망을 잃는 것만큼 비참한 일은 없
다. 긍정적 자아관을 갖도록 하자. 부정적 자아관을 가진 사람은 자기를
과소평가하고, 자신의 미래에 대해 비판하며 자포자기의 심정으로 종종

좌절감에 빠진다. "희망을 저버리는 것은 죄악이다."헤밍웨이의 〈노인과 바다〉

행복 바이러스를 퍼뜨리는 행복 전도자가 되자

"자신이 현재 살아 있음으로 해서 단 한 사람의 인생이라도 행복해지는 것, 이것이 진정한 성공이 다."랄프 왈도 에머슨

"타인을 기쁘게 하는 것이 행복이다."알프레드 아들러

세상에는 두 종류의 사람이 있는 것 같다. 소풍길처럼 마음을 즐겁게 해 주는 사람과 인생을 재미없게 만드는 사람이다. 나 역시 누군가에게 둘 중 하나일 수 있다. 당신은 어떤 사람이 되고 싶은가는 분명할 것이 다. 다른 사람들을 즐겁게 해 주고 행복을 주는 사람이 되어야 한다.

자신만을 생각하는 사람은 결코 행복해질 수 없다. 다른 사람들을 즐겁 게 만들고, 그들이 웃음 짓도록 해야만 당신 역시 진정한 즐거움과 행복 을 느낄 수 있다. "자신을 중심으로 사는 사람은 이른 아침부터 늦은 밤까 지 다른 사람들이 자신을 즐겁게 만들지 않는다고 원망한다."조지 버나드 쇼

행복은 감기처럼 전염되는 것일까? 내가 행복하다면 주위 사람들도 행복해질까? 연구 결과에 따르면 행복은 바이러스처럼 주위에 확산된다 고 한다. 행복의 확산은 감정의 전염으로 풀이될 수 있다. 행복은 전염성 이 강하다. "행복하고 싶다면 행복한 사람 옆으로 가라."최인철

사람들은 서로에게 연결되어 있다. 내가 행복해지면 나의 배우자. 가 족, 친구, 지역 사회, 나아가 사회 전체를 행복하게 할 수 있다. 행복은 도

미노처럼 퍼져 나간다. 따라서 주위에 행복한 사람들을 두면 자신도 행복해질 가능성이 상승하는 것이다. 잘 알다시피 우리에게 가장 강력한 영향을 미치는 것은 바로 내 주변에 있는 사람들이다. 다시 말하면 누가 옆에 있느냐에 따라서 나의 인생이 달라질 수 있다는 것이다. 행복하고 싶다면 행복한 사람들을 만나 교제하자.

우리는 가깝게 어울리는 사람들의 태도와 행동, 습관을 마치 스펀지처럼 쉽게 흡수하여 받아들인다. 그래서 행복한 사람들과 어울리는 것만으로도 그 사람의 성공과 기쁨 등, 긍정적 상황에 놓일 가능성이 크다.

우울한 기운의 전파자가 되지 말고 행복의 기운을 발산하는 행복전도자가 되자. 행복 에너지를 도처에 발산하는 '해피 바이러스'happy virus가 되자. 남을 행복하게 하면 자신도 행복해진다. "다른 이들의 내면에 어떤 불씨를 일으키고자 한다면 먼저 당신 내면에 그 불꽃이 타오르고 있어야 한다."아우구스티누스

진정한 낙천주의자는 유머스런 사람이다

낙천주의자는 언제나 유머러스하고 유쾌한 사람이고, 고루하거나 고지식하지 않은 열린 사고를 하는 사람이다. 낙천주의자는 특유의 유머러스한 언변으로 부드럽고 편안하게 주변 사람들과 삶을 나눈다.

낙천주의자는 행복 그 자체의 본연을 추구하는 탐구자, 순례자, 체류자이다. 고대 중국의 장자처럼 낙천주의의 세례를 받아 기쁨과 선한 의지의 샘이 퐁퐁 샘솟는 유머스런 사람이 되기를 바란다.

전 미국 대통령 클린턴과 그의 유능한 아내 힐러리를 빗댄 유머가 재미있다. 클린턴과 힐러리 부부가 함께 운전하고 가다가 주유소에서 일하고 있는 힐러리의 남자 동창을 만났다고 한다. 클린턴이 "당신이 저 친구와 결혼했다면 주유소 직원의 아내가 되었겠군" 하자, 힐러리의 대답이 압권이다. "아니죠. 저 사람이 대통령이 되었겠지요." 힐러리의 이미지 중 당당한 자신감을 보여주는 유머이다.

유머는 인생을 대하는 태도이자 일종의 능력이다. 큰 도량과 초연함을 바탕으로 한 유머는 인생의 높은 격조를 보여준다. 유머가 있으면 생활에 즐거움을 잃지 않으며, 살면서 마주하는 각종 난관을 부드럽게 넘길 수 있다. 그래서 유머를 갖춘 사람은 진정한 낙천주의자라고 할 수 있다.

유머를 잘 활용한다면 갈등을 해결하고 적대감을 완화시킬 수 있으며, 더 많은 사람과 조화롭고 다양한 인간관계를 맺는데 큰 도움이 된다. 그래서 그들은 언제 어디서나 많은 사람들로부터 환대를 받는다.

이 세상을 사랑하고 삶을 선물처럼 받아들이고 진심으로 삶을 향유할 때 진정한 감사가 나온다. 그러므로 삶을 두 팔 벌려 환영하며 오늘을 즐겨라.

스토아 철학자

day 12

감사의 분량이 행복의 분량이다

인도의 시성, 타고르

"세상에서 가장 지혜로운 사람은 배우는 사람이고, 가장 강한 사람은 자신을 이기는 사람이며, 가장 행복한 사람은 자신이 가진 것으로 만족하며, 항상 감사하며 사는 사람이다." <탈무드>

세상을 바라보는 관점과 시선을 긍정적으로 바꾸면 어떠한 상황에서도 감사할 수 있다. 감사하다는 것은 행복하다는 것이다. 감사할 수 있는 사람은 언제나 행복할 수 있다. 감사하면 행복이 자석처럼 끌려 들어올 것이다. 감사는 행복을 끌어당기는 힘인 것이다.

비관주의자 눈에는 항상 불평만 보이고, 긍정주의자 눈에는 항상 감사가 보인다. 감사라는 시선을 통해 세상을 바라보자. 그러면 우리의 삶에는 행복으로 가득하리라. 감사할 수 있는 마음은 행복할 수 있는 능력이다. 감사할 수 있는 사람은 결코 불행하지 않다. 매일 감사하면 기적처럼 인생이 바뀐다.

우리는 불평과 불만에 눈이 가리어 바로 곁에 있는 행복을 보지 못하고 엉뚱한 곳에서 행복을 찾고 있지는 않은가? 감사의 눈을 뜨고 인생을 긍정적으로 바라보자. 우리는 감사하는 만큼 행복해진다. 나는 지금까지 감사하지 않으면서 행복한 사람을 본적이 없다.

항상 긍정적이고 감사하는 말로 자신의 행복을 돋구어라. 감사하는 마음을 가진 사람은 인생에 불행이 닥치거나 어떠한 어려움을 만날지라도 내적인 기쁨을 잃지 않는다.

의식적으로 날마다 모든 일에 감사하는 마음가짐을 가지자. 매일 감사하면 뭘해도 즐겁고 인생이 행복해진다. 지금 이 순간에 감사하고, 오늘을 행복하게 살자.

현자는 자기 뜻에 맞게 세상을 고치려 하지 않는다. 자기에게 이미 주어진 삶을 기뻐하고 감사할 뿐, 그 이상이나 다른 것을 기대하거나 욕심을 내지 않는다. "감사는 일종의 미덕이자 수행이다."지센리

진정한 깨달음은 감사를 낳는다

"행복의 첫 걸음은 깨달음이다. 감사의 원천은 깨어있는 마음이다." 작자미상

"깨달음이 자신의 전全 존재存在를 열고 들어와서 자라고 꽃을 피우게 하여라. 그냥 깨어 있어서 깨달음으로 하여금 꽃망울을 터뜨리게 하여라. 그 꽃향기가 퍼져나가게 내버려 두어라." 수행자

삶의 한 순간 한 순간은 깨닫기 위한 기회이다. 매사를 깨달음의 기회로 여기자. 새로운 깨달음으로 우리 삶은 늘 신선하고 새롭고 생동감이 흘러넘치는 것이다. 깨달음(알아차림)을 통해 감사와 감탄의 삶을 살자.

깨달은 마음은 인간의 선한 본성이 그대로 피어난 상태이다. 그런 마음을 가진 자는 진정한 현자요 스승이다. 그런 현자와 함께 있으면 그의 현존이 내뿜는 힘으로 말미암아, 우리 마음은 깨어나고 지혜와 기쁨으로 충만해지고 참된 행복이 밀려온다.

깨어있는 마음으로 나 자신과 모든 것을 보자. 제대로 보지 못하면 감사할 수 없다. 나에게 일어나는 모든 일에 감사할 수 있다는 것은 깨어있다는 것이다. "깨닫고 깨어있는 만큼 감사할 수 있고, 감사하는 만큼 행복할 수 있다." 전광

신나는 음악과 달콤한 음식에 도취되어 잠시 쾌감을 느낄 수도 있을 것이다. 하지만 지속적인 행복을 위해서는 세상을 바라보는 우리의 눈이 새로워져야 한다. 진정한 감사는 깨어있는 마음에서 나온다.

우리는 불평과 불만에 눈이 가리어 바로 곁에 있는 행복을 보지 못하

고 엉뚱한 곳에서 행복을 찾고 있지는 않은가? 감사의 눈을 뜨고 인생을 긍정적으로 바라보자. 그러면 감사할 것은 우리 주위 모든 곳에 있다. 감사는 나와 우리 안에, 세상과 자연 속에, 어디에서나 있다.

범사에 감사하라. 감사는 삶의 일부가 아니라 삶의 전부이다. '감사'라는 두 글자는 행복과 불행의 경계가 된다. 행복하려면 매사에 불평하지 말고 감사하라. 감사와 행복은 일란성 쌍둥이처럼 늘 붙어 다닌다.

"삶에서 가장 신비한 일은 지금 이 순간 내가 살아 있다는 사실이다. 그러므로 무엇보다도 먼저 살아있음에 감사하라." ^{수행자}

감사는 자족自足에서 나온다

"만족할 줄 모르는 것만큼 큰 화는 없고, 욕심을 내어 얻고자 하는 것만큼 큰 허물은 없다." ^{노자}
"행복은 자기 자신에게 만족하는 사람에게 있다." ^{아리스토텔레스}
"불만은 인생 최악의 취미이다. 당신이 갖고 있는 것에 만족하지 못한다면 세계를 소유하더라도 당신은 불행할 것이다." ^{세네카}

평소 당신은 매사에 만족하며 감사하는 사람인가? 아니면 불평불만이 잦은 사람인가? 불평불만은 나 자신을 억울하고 불쌍한 사람으로 만들 뿐, 문제 해결에는 아무런 도움이 되지 않으며, 오히려 행복을 향해 나아가는 큰 장애물로 나의 발목을 붙잡을 뿐이다.

"마음이 가난한 자가 행복하나니." <성경, 마태복음 5장> 왜 마음이 가난한 자가 행복한가? 마음이 가난한 자만이 적은 것에 만족감을 느끼고 범사에 감사할 수 있는 것이다. 마음이 가난하면 모든 것이 선물이 된다.

범사에 감사가 넘치는 사도 바울은 말했다. "나는 가난에 처할 줄도 알고 부함에 처할 줄도 아는 일체의 비결을 배웠다. 어떤 상황에서도 자족自足할 수 있기에 나는 행복하다."〈성경, 빌립보서 2장〉

현자賢者 곧 지혜로운 사람에게서 찾아 볼 수 없는 것이 하나 있는데 곧 불평불만이다. 현자가 된다는 것은 "있는 그대로의 삶을 사랑하고 스스로 만족하고 매사에 감사한다"는 뜻이다.

행복하려면 돈과 소유 등, 변화하는 것에 마음에 두지 말라. 돈과 소유에 마음을 두면 은행의 통장잔고가 오르내릴 때마다 마음도 함께 흐림과 맑음을 반복하며 그저 걱정과 불안을 더할 뿐이다. "돈을 사랑하지 말고 있는 바를 족한 줄로 알라."〈성경, 히브리서 13장〉

감사는 행복을 향한 힘찬 날개 짓이다

"이 땅에 태어난 그 자체가 선물이고, 살아가는 순간순간이 선물이다. 선물로 받았으니 '감사합니다' 하고 행복하게 살아갈 일이다."수행자

"감사하는 마음을 가진 사람은 만물을 신이 내린 선물로 여긴다. 우리 마음속에 감사하는 마음이 가득할 때 세상은 비로소 아름다워지고 고난도 달콤해진다."작자미상

"항상 기뻐하라. 쉬지 말고 기도하라. 범사에 감사하라."
〈성경, 데살로니가전서 5장〉

아무리 열심히 노력해도, 도무지 행복해지지 않는가? 그렇다면 범사에 감사하는 습관을 가져보자. 여기서 '범사'凡事는 나 자신과 내 삶의 모든 것을 뜻하고, 결국 살아있는 것 그 자체가 아닐까? 범사에 감사하려면 먼저 살아있음, 그 자체에 대해 감사할 수 있어야 한다.

　살아 있다는 것에 대해 깊이 감사해 본적이 있는가? 예를 들자면 암을 이겨내고 죽음의 고비를 넘긴 사람들은 지금 단지 살아 있다는 사실만으로도 행복에 겨워 매 순간을 감격 속에서 감사하며 살아가고 있는 것이다. 살아있다는 것 자체가 행복이며, 삶의 매순간이 신비와 경이인 것이다. "중력이 태양으로부터 멀어지려고 하는 지구를 붙잡아 두는 힘이듯이, 감사가 멀어지려는 사람들을 붙잡아 두는 덕목이다. 감사는 사람들을 끌어당기는 힘이다. 감사하면 기쁨과 행복의 에너지가 충만해진다."작자미상

　평생 자연 속에서 소박하게 살았던 북미 인디언 추장 테쿰세의 충고를 늘 되새기며 살자. "자리에서 일어나면 아침 햇빛에 감사하라. 당신이 가진 생명과 힘에 대해, 당신이 먹는 음식, 생활의 즐거움에 감사하라. 만일 당신이 감사해야 할 아무런 이유를 알지 못한다면 그것은 전적으로 당신 잘못이다."

지금 살아있음에 감사하라

"삶이란 우리에게 주어진 단 한 번의 행운이다. 살아있는 존재로서 순간순간의 삶을 놓치지 말자. 살아있는 지금 이 순간이 기적이다. 최선을 다해 살아야 하리라."수행자

삶은 그 자체만으로도 충분히 설레고 행복할 수 있다. 내가 이 땅에 태어났다는 것이 얼마나 큰 신비요 놀라움인가? 지금 이 순간 살아있다는 것이 얼마나 큰 축복이고 감사인가? '살아있음'의 축복을 생각하면 삶은 한 없이 선해지면서 이 세상 모든 사람, 모든 것을 포용하고 사랑하고 싶은 마음에 가슴 벅차다.

행복의 토대는 삶 그 자체가 행복임을 알고 항상 기뻐하고 즐거워하는 것이다. 행복은 삶의 존귀함을 깨닫고 매순간 감사하는 것이다. 뭐니 뭐니 해도 이 세상에서 생명처럼 존귀한 것은 없다.

지금 살아있다는 것, 그것만으로도 우리는 충분히 만족하고 감사할 수 있어야 한다. 그 이상을 바라는 것은 지나친 욕심일수도 있다. 지금 내가 살아있다는 자체가 행복이다. "감사하라. 움직이는 우주 속에 네가 살아 있기에!"_{수행자}

살아있음에 감사하는 행복은 그저 살아있다는 단순한 상태 외에는 아무것도 바라지 않는다. 다른 조건이 필요치 않다. 성공도, 부귀도, 명예도, 심지어 건강조차도. 당신은 어떤가? 살아있다는 그 자체가 감사라는 사실을 깨달으면 언제 어디서나 항상 행복할 수 있다.

살아있음에 감사하자. 삶을 선물이라고 생각하면서 삶에 대한 새로운 각오를 다지자. "삶은 그 자체로 위대하고 찬란하다."_{톨스토이}

우리가 살아있다는 것, 그것은 하나의 기적이다.
살아있다는 것, 그 자체가 놀라운 가능성이다.

삶을 두 팔 벌려 환영하고, 삶을 있는 그대로 사랑하고 감사하자

"감사하는 마음은 우리 인생의 모든 조각들을 하나로 꿰맬 수 있는 실이다. 어려운 시기, 즐거운 날들, 질병의 시기, 축복의 시간 등, 이 모든 것들을 감사의 실로 다같이 꿰매면 참으로 아름다운 것이 탄생한다."칼훈

행복하다는 것은 인생의 사계절을 전부 사랑하고 감사한다는 것이다. 그러므로 스토아 철학자들처럼 삶을 열린 마음으로 받아들이고 생을 향유해야 한다.

모든 것을 있는 그대로 사랑하고 감사하면 우리의 마음에 평화가 깃든다. "감사하는 마음, 그것은 다른 사람에게 보내는 마음이 아니라, 실은 자신의 마음의 평화를 위해 자기 자신에게 보내는 마음이다."〈논어〉

일상의 소소함에 감사하자. 평범함이야말로 가장 소중한 행복이다. 가족들과 즐거운 저녁식사, 친구들과 친밀한 대화, 정겨운 이웃들, 직장생활, 신앙생활, 사회봉사 등에 이르기까지 크고 작은 일 곧 범사에 만족하며 항상 감사하자. 결국 행복의 문을 여는 만능 키 곧 '열려라 참깨'와 같은 주문은 '항상 감사하라'이다. 감사는 이 시간 천국에 살게 한다. "남을 아는 자는 지혜롭고, 스스로를 아는 자는 현명하며, 남을 이기는 자는 힘이 있고, 스스로를 이기는 자는 강하며, 만족하며 감사하는 자는 부유하다."노자

이미 가진 것을 헤아려 보며 감사하자

> "행복은 이미 가진 것을 계속 바라보는 마음이다." 아우구스티누스
>
> "감사하라. 지금 누리는 모든 것이 선물이다." 안젤름 그륀
>
> "행복한 사람은 있는 것을 사랑하고 불행한 사람은 없는 것을 사랑한다." 하워즈 가드너

이미 가진 것에 감사하라. 이미 가진 것에 감사하지 않으면서 어떻게 더 많은 것을 바랄 수 있겠는가? 이제부터 감사하기로 하자. 감사할수록 삶은 행복해진다.

내가 이미 지닌 것들을 헤아려 하나하나 조목조목 감사하며, 그것들을 누릴 수 있어야 한다. 아무리 많이 가졌어도 가지지 않은 것에 초점을 두고 살면 자신이 초라해지면서 비참해진다. 우리의 초점을 이미 가진 것에 두자. 아무리 적은 것을 가졌어도 그것을 감사하면 풍성한 삶을 누리게 된다.

이제 잠시 하던 일을 멈추고 감사하는 시간을 갖어 보자. 우리는 종종 우리의 삶을 당연한 것으로 여긴다. 우리 인생의 좋은 것들을 음미하고 감사하는 법을 배우자. 평범한 일상을 특별한 삶으로 바꾸는 감사의 힘을 실제 삶속에서 체험하자.

먼저 감사를 표현하는 습관부터 키우자. 감사를 표현하는 것을 습관화하여 일상의 작은 행복을 놓치지 말라. '만족해, 감사해, 행복해'를 입버릇처럼, 만트라(주문)처럼 늘 읊조리자.

감사는 행복 촉진제이다. 감사를 주고 받으면 모두가 기쁘고 즐겁다.

무엇보다도 감사를 하는 것은 부정을 긍정으로
바꾸고, 원망을 기쁨으로 바꾸어 주는 행복의 연
금술이다. 지금 우리 시대의 가장 큰 불행 중에
하나는 감사할 줄 모른다는 것이다.

　이제부터 감사를 생활화 하자. 틈 날 때마다 감사를 전하자. 행복의 마
법의 순간이 일어난다. 미국이나 캐나다에 가면 여기저기서 '감사합니
다'thank you란 말이 들린다. 하지만 한국인들은 감사를 표현하는데 인색한
편이다.

　이제는 감사를 적극적으로 표현하자. '감사합니다'란 말을 듣고 마음
이 즐겁지 않을 사람이 어디에 있겠는가? 감사를 마음껏 표현하며 행복
한 세상을 만들어 가자.

4장

선하고 바른 삶이 곧 행복이다

동서고금의 현자들

"행복은 올바르게 사는 데서 생기는 것이다." 공자

"중요한 것은 그냥 사는 것이 아니라 바르게 사는 것이다." 소크라테스

"행복은 미덕이다. 거기엔 어떤 모순도 없다. 왜냐하면 미덕이란 곧 행복한 것이기 때문이다." 베르트랑 베르줄리

"무릇 인간이라면 선한 마음과 풍부한 정신, 고귀한 영혼을 지니고 있어야 한다. 그래야 인간이라는 칭호가 부끄럽지 않게 세상을 살아갈 수 있다." 저우궈핑

오늘날 도처에 도덕적 기반이 무너져가고 있다. 선하고 바른 삶이 사라지고 있다. 거짓과 기만, 욕망과 사리사욕이 홍수처럼 범람하고 있다. 선하고 바른 삶의 표본을 어디에서 볼 수 있을까?

동서고금의 현자들의 삶과 가르침에서 그 표본을 접할 수 있다. 현자들은 덕스러운 행동 또는 성스러운 삶을 통해 행복한 자가 될 자격을 갖추려고 했다. 동서고금의 현자들은 하나같이 도덕적 양심으로 자신의 품성을 빚고, 선하고 바른 삶을 살고자 했다.

현자들이 찾고 싶었던 것은 바로 '사람답게 사는 삶'이었다. 그래서 현자들의 존재는 온화하고, 신비롭고, 넘치는 미덕으로 빛난다. 여기서 우리는 동서고금 현자들의 심오한 행복관을 접할 수 있다. 고대 그리스 철학자 플라톤은 말했다. "가장 행복한 사람은 마음속에 심술 사나운 흔적을 전혀 갖고 있지 않은 자이다."

그 어디에도 없지만 그러나 인류가 늘 꿈꾸어야 할 세상 곧 유토피아는 어떤 곳인가? "유토피아인들은 여러 가지 쾌락 중에서 정신적 쾌락을 주로 추구하며, 이를 가장 높이 평가한다. 으뜸가는 정신적 쾌락은 덕의 실천과 올바른 삶에 의식에서 우러난다고 생각한다." 토머스 모어의 <유토피아>

나는 선을 행하는 것이 인간의 마음이 맛볼 수 있는 가장 진실한 행복임을 알고 있으며, 실제로 그렇게 느낀다.

장 자크 루소

day 13

선한 본성에 따라
바른 삶을 사는 것이 행복이다_{아리스토텔레스}

"도덕적으로 선한 행동을 하지 않는 사람이 행복해지는 것은 불가능하다. 미덕을 벗어난 것에는 지복이 없다."_{아리스토텔레스}

"인간의 본성이 실현되는 것이 행복이다. 인간의 본성이 잘 실현되는 사회가 건강한 사회이다."_{에리히 프롬}

사람은 옳은 일을 할 때 행복감을 느낀다. "무엇이 옳은 일인가를 항상 살펴라. 그러면 행복은 저절로 따라온다."_{페스탈로찌}

산다는 것은 올바른 길을 찾는 것이고, 행복하다는 것은 본디 올바른 길을 간다는 것이 아닐까? 우리 모두 올바르게 산다면, 다함께 행복할 수 있을 것이다. "도덕만이 사람을 행복하게 할 수 있다."베토벤

동서고금의 현자들은 제대로 생각함으로써 보다 나은 삶과 행복하게 사는 법을 가르쳐 준다. 현자들의 가르침에 따라 올바르게 산다면, 불행으로 향하는 모든 잘못된 길을 피할 수 있을 것이다.

우리는 왜 행복해지기를 원하는가? 그 이유는 간단하다. 인간의 본성이 원래 행복해지기를 원하기 때문이다. 따라서 행복해지는 것은 인간 본성의 실현이다. 진정으로 행복한 삶은 무엇인가? 자신의 타고난 선한 본성에 맞게 살아가는 것이다. 인간의 선한 본성을 일깨워 참된 행복을 누려야 한다. 혼탁한 이 세상에서 내 안의 선한 본성을 일깨우면 우리는 얼마든지 아름답고 행복한 삶을 살 수 있는 것이다.

소크라테스, 예수, 세네카 등과 같은 현자들은 목숨을 잃는 고통을 감내하면서도 고귀한 양심에 따라 올바른 길을 걸었다. 그들은 자신의 가장 근본적인 본성에 맞게 행동했던 것이다. 본성이란 무엇일까? 과일이 씨앗을 지니고 태어나듯이 우리도 태어날 때부터 그러한 씨앗을 가지고 있는데 그것이 본성이다. 그 타고난 본성대로 살면 행복하리라. 하지만 내 안에 내재해 있는 나의 본성을 거스르게 될 때 행복한 사람은 아무도 없다. 현자들은 덕을 인간의 본성으로 보았다. 인간의 본성인 덕은 궁극적인 가치인 행복과 맥을 같이 한다. "사람에게 궁극적인 가치는 돈, 지위, 권력 같은 외부 수단이 아니라 행복이다."탈 벤 샤하르

"사람이 사는 동안에 기뻐하며 선을 행하는 것보다 더 나은 것이 없는 줄을 내가 알았다"〈성경, 전도서 3장〉

선하고 바른 삶을 이끄는 것은 덕이다

"선하고 바른 삶을 살지 않으면 그 대가
를 치를 것이며 벌을 받을 것이다. 그 벌이
란 무엇인가? 인간의 의무를 다하지 않았으므로 겸손과 성실과 예
절이라는 품성을 잃게 된다. 이보다 큰 형벌이 있을까?"에픽테토스
덕이란 무엇인가? 덕은 인격이다. "최상의 행복은 인격이다."괴테

대부분의 현대인들은 선하고 바른 삶에는 관심이 없는 것 같다. 외형
적인 성공에만 급급한 나머지 내면의 삶을 가꾸려고 하지 않는다. 내면
의 삶을 가꾼다는 것은 덕을 쌓는다는 것이다. 덕은 자기 수양으로 쌓인
다. 덕행은 인격의 아름다움, 선하고 바른 삶을 이끄는 것이다.

옛 현자들의 덕이란 무엇인가? 인격에서 풍겨 나오는 덕이다. 인격의
덕을 우리가 몸과 마음에 익힐 때 현자의 대열에 들 수 있는 것이다. 인
격은 그냥 형성되지 않는다. 덕이 쌓여야 고귀한 인격이 된다. 덕도 저절
로 생기지 않는다. 반복된 좋은 습관이 덕을 이룬다.

사람은 덕을 지닐 때 사람다운 인간 곧 행복한 인간이 된다. 여기서 덕
은 선하고 바른 삶을 사는 도덕적 품성의 고결함을 뜻한다. 선하고 바른
삶은 모든 덕성의 모체이며 근원이다. 진정한 아름다움과 행복은 인격과
덕행에서 온다. 덕행의 실천보다 더 좋은 행복이 어디 있겠는가?

사람다운 사람을 다른 말로 하면 '된 사람'이라고 할 수 있을 것이다.
많은 지식을 가진 '든 사람'이나 높은 지위나 명예를 가진 '난 사람'보다
는 훌륭한 덕성을 가진 '된 사람'을 길러내는 것이 동서고금을 막론하고

가장 이상적인 교육목표이다. 누가 진정으로 행복
한 사람인가? 가진 것이 많든 적든 간에 인격을 갈
고 닦고 덕德을 쌓으며 양심에 따라 올바른 삶을
사는 사람이다. "미덕이 곧 행복이다."아리스토텔레스

선하고 바른 성품 곧 덕성과 동떨어진 행복은 딱히 가치가 없다

> "덕성은 행복한 삶과 근본적으로 결합되어 있으며, 행복한 삶은 덕
> 성으로부터 분리될 수 있는 것이 아니다."에피쿠로스
> "당신을 행복해질 자격이 있는 사람으로 만들어주는 행동을 하라."칸트

칸트는 행복을 그 자체로서 추구해서는 안 되며, 반드시 도덕의 결과
로서 성취해야 한다고 주장했다. 그는 도덕을 행복보다 우위에 놓아두었
던 것이다. 이성에 부합하는 올바른 행동 노선을 준수하고, 자신의 의무
를 다해야 하는 것이다.

칸트는 진선미의 가치를 토대로 둔 '도덕적 삶'의 추구 자체를 행복으
로 보았던 것 같다. "잘 생각해보면 미덕과 조심성을 갖추는 것 외에 행
복에 이르는 다른 길은 없다. 누구나 자신의 지혜로움만큼 행복하고, 자
신의 어리석음만큼 불행하다."발타자르 그리시안

"누구든지 도덕을 부인할 자유가 있다. 그러나 도덕을 거스른 행위의
결과를 피할 자유는 없다."풀턴 J. 신

"가장 완전한 자신은 행복이다. 왜냐하면 우리는 행복을 그 자체를 위
해 선택하지, 결코 다른 것 때문에 선택하지 않기 때문이다. 그러나 우리

는 명예, 즐거움, 정신, 그리고 모든 종류의 덕성을 그 자체를 위해서, 또한 행복을 위해서 선택한다. 왜냐하면 우리는 그것들을 통해 행복해진다고 생각하기 때문이다."_{아리스토텔레스}

덕행이야말로 우리가 행복해지는 데 필요한 유일한 조건이다 키케로

"덕이 있는 사람은 외롭지 않으니, 반드시 이웃이 생긴다."_{공자}
"부에서 덕이 생기는 것이 아니라, 덕에서 부와 인간의 다른 모든 재화가 자기 것이든 공동의 것이든 생겨난다."_{소크라테스}
"인간이 위대하고 또 행복한 것은, 이성을 통해 덕스러워질 수 있으며, 의지적인 활동을 통해 용기, 겸양, 관대함, 관용, 온화함, 유머, 정의 등, 각기 다른 여러 가지 덕목을 키워 나갈 수 있기 때문이다."

프레데릭 르누아르

'덕행'이란 두 글자는 행복과 불행의 경계가 된다. 이는 행복은 덕행의 부산물이기 때문이다. "군자는 덕을 생각하고 소인은 땅을 생각한다."_{공자}

인간은 어떻게 '탁월한 삶'과 '진정한 행복'에 이르게 되는가? 그 답이 바로 덕행이다. 올바른 덕행에 모든 노력을 기울이면 참된 인간의 길에 접어들게 될 것이다. 그렇게 함으로서 진정한 행복의 세계로 들어설 것이다.

그 어떤 상황에서도 도덕적으로 옳은 일을 행할 수만 있다면, 당신은 행복한 사람이다. 인생의 모든 상황 속에서 오래도록 지속되는 만족감을 가져다줄 수 있는 것은 오로지 덕행이기 때문이다.

"가장 아름다운 사람은 자신을 완벽하게 만들려고 최선을 다해 노력하는 사람이고, 가장 행복한 사람은 자신이 완벽해진다고 느끼는 사람이다." 소크라테스

"스토아 현자는 아무리 고문을 당하고 괴롭힘을 당해도 그의 행복은 결코 흔들리지 않을 것이다. 제 아무리 고문이 잔혹해도 그에게서 덕행과 행복은 빼앗아 갈 수 없기 때문이다." 키케로

'인과 예'는 가장 인간답게 살아가는 사람의 길이다

"인은 사람을 사랑하는 마음이고, 예는 그것이 밖으로 드러내는 모습이다." 공자

"하늘이 사람들을 낸 이래로 인, 의, 예, 지의 본성이 누구에게나 이미 부여돼 있다." 주자

"인간은 욕망적인 자기를 이기고, 예로 돌아오는 극기복례克己復禮의 길을 걸어야 한다." 공자

BC 1046년 고대 중국의 주나라가 역사에 등장한 이후, 동아시아인들의 정신적 기틀과 삶의 양식이 형성되기 시작했다. 여기서 모든 과정을 다 언급할 수는 없지만, 공자의 인과 예의 사상이 주축을 이룬다.

공자는 사람을 사랑하는 덕목인 '인'을 내세움으로써 사람을 다른 어

떤 사물보다 중시하였다. 심지어 신(神 귀신)보다 사람을 중요하게 여겼다. 공자는 초자연의 정령 곧 신이나 초자연의 세계 곧 내세에는 별로 관심이 없었던 것 같다. 공자에게 있어서 인간은 어떠한 존재보다 우위에 있음을 보여준다.

공자가 인과 예를 통해 전하려는 메시지는 보편적인 도덕률과 인간다운 정신과 삶이었다. 인과 예야말로 가장 사람답게 살아가는 길이라고 여겼다.

"인과 예는 미덕일뿐만 아니라 인간의 본질에 속한다." 공자

인은 선천적으로 타고난 인간의 내면에 있는 도덕성인데, 세상을 구원할 따뜻한 사랑이다. 인에 요구되는 구체적인 덕성은 사람과 사람 사이의 상호존중과 상호우애를 실천하는 것이다.

중국 송대宋代의 철학자 주자(주희)는 공자의 사상을 '극기복례'克己復禮라는 말로 압축해서 정리했다. 인의 목적은 '자기를 극복함으로 예로 돌아가는 것' 곧 극기복례이다. 인은 자신의 언행이 예에 맞도록 스스로 자제하는 것이다. 인과 예는 밀접한 관계 속에서 함께 작용한다. 인은 예의 기초가 되는 것이고, 예는 인이 실현된 상태이다. 즉, 예를 통해 인이 완성되는 것이다. 주자는 공자의 사상을 극기복례란 말로 개관했던 것이다.

공자는 인간은 본래 야수적이어서 예禮로서 자기를 다스려야 한다고 생각했다. 인간은 자신의 헛된 욕망을 다스리고 이겨 내어, 안정되고 평안한 상태로 자기 자신을 다스려야 한다. 물론 공자가 말한 예는 '인간이라면 당연히 지켜야 할 도리'라고 할 수 있을 것이다.

공자에게 있어서 예禮는 인仁을 구현하는 방법이다. 내 안에 따뜻함은

어떻게 드러나는가? 예절을 통해서 드러난다. 사람의 마음의 따뜻한 사랑을 끄집어 내기 위해서는 예를 지켜야 한다.

"자기 자신의 사사로운 욕심을 이겨 예로 돌아가는 것이 인이다. 하루 동안이라도 사사로운 욕심을 이겨 예로 돌아가면 천하가 인을 허락하여 주는 것이다."_{공자}

행복은 사람 됨됨이에서 비롯된다

"현대인의 대다수는 덕을 쌓으려고 하지 않는다. 눈앞의 이익에만 급급한 나머지 인간의 내면을 가꾸려고 하지 않는다. 그래서 마음이 평온하지 않고, 행복하지 못하다."_{수행자}

진정한 행복은 얼마나 가졌는가 하는 소유에 있지 아니하고, 사람의 됨됨이가 어떤지에 달렸다. 행복은 물질에 있지 않고 인격에 있다. 아무리 부유하더라도 인격이 부족하면 불행하고, 궁핍하더라도 인격이 훌륭하면 행복하기 마련이다. 도덕성과 인간성 곧 사람 됨됨이가 행복한 삶의 토대이다. 이는 격조 높은 행복이다.

지난 20세기 일제강점기와 한국전쟁으로 인해 경제가 파탄난 우리나라는 사람 됨됨이에 신경 쓸 겨를이 없었다. 극심한 빈곤에 시달리다 보니 생존과 경제성장을 향해 달려야만 했다. 먹고 사는 문제에 발버둥 치다 보니깐 인성人性이나 사람다운 삶을 돌아볼 겨를이 없었던 것이다. 경제성장이 우선이었고, 일과 기술이 먼저였다. 그런 노력의 결과로 초고속 경제성장을 이루어 어느 정도 먹고 살만한 나라가 되었다.

하지만 사람다운 삶을 등한시하고 성장 위주로 살다보니 곳곳에서 문제가 터지기 시작했다. 가장 큰 문제가 인간소외와 도덕붕괴이다. 인간으로서 당연히 해야 할 인간의 도리를 상실한 것이다.

국내외 전문가들이 지적한 우리나라가 행복하지 못한 이유로는 과도한 물질주의, 지나친 경쟁, 인간소외, 비교문화 등이다. 그러한 문제는 모두 경제성장을 최우선하는 자본주의의 부산물이라고 할 수 있다. 그런 면에서 자본주의와 행복은 서로 궁합이 맞지 않는다.

올바른 길 곧 정도正道가 진정한 행복의 생명선이다

"사람의 본성은 원래 바르다. 사는 동안 이 바른 본성을 잃어버리게 되면 결코 행복할 수 없다."중국 금언

동양사상의 뿌리가 된 유교사상은 인간 됨됨이를 무엇보다 강조하며 인간이 걸어야 할 정도를 제시하고 있다. 여기서 정도는 '인간이라면 누구나 마땅히 걸어야 할 올바른正 길道'이다. 정도는 '중용'中庸과도 일맥상통한다.

누구에게나 자기 자리, 자기가 걸어야 하는 길이 있다. 그 길을 걷는 것이 정도이다. 세상 모든 만물은 제 길을 따라 움직인다. 해와 달과 별, 그리고 바람도 구름도 물줄기도 그렇다. 이처럼 삼라만상, 모든 물체들이 제 길을 따라 움직일 때 모두가 행복하다. 물론 사람도 마찬가지이다. 남의 자리를 넘보지 말고 각자 자기의 자리에서 정도를 걸어가야 한다. 모두가 자기 자리를 지킬 때 세상은 더 밝고 행복해진다.

"사람의 삶은 원래 곧아야 한다. 곧지 않은데도 잘 살고 있다면 요행히 화를 면하고 있는 것뿐이다."_{공자}

사람은 사람다워야 한다. 공자, 붓다, 소크라테스, 예수를 비롯한 현자들의 가르침은 혼탁한 세상을 맑게 하고, 사람들로 하여금 정도를 걷게 한다. 정도를 걷는 이가 군자君子요 성인이다. 바른 삶에 바른 행복이 깃든다.

"나답지 않게 내가 왜 그랬지." 우리는 종종 자신에게 실망하며 후회한다. 그러면 나답게 행동한다는 것이 무엇일까? 정도를 걷는다는 것이다. 정도는 '바르다'는 것인데, 상식과 도덕에서 벗어나지 않는 것이 적어도 바르다고 할 수 있다.

우리가 행복을 그토록 원하면서도 행복하지 못하다면 어떻게 해야 하는가? 정도를 찾아야 한다. 사람이라면 누구나 마땅히 따라야 할 도리를 실천하며 사는 삶이 진짜 행복한 삶이기 때문이다. 혼돈에서 벗어나 정도를 걸을 때 행복은 비로소 내 삶에 둥지를 튼다.

행복에도 롤 모델이 필요하다

"군자는 바른 성정을 회복함으로써 뜻을 조화롭게 하고, 좋은 무리를 따라서 그 행실을 이룬다."<예기>

"선인들의 지혜와 업적을 배워 덕을 쌓는다."<역경>

"삶의 진리를 일깨우고, 길을 찾는 이들의 스승이 되어 온 동서고금의 현자들을 롤 모델로 삼고, 그들의 숨결을 들어 마시자."_{수행자}

최근에 삼포족(연애, 결혼, 출산 포기), N족(모든 것 포기) 같은 우울한 신조어들이 꼬리를 물고 있다. 과학기술이 찬란한 진전을 이룰수록 인간의 미래에 대한 전망은 어두워져만 간다. 오늘날 최첨단 디지털문명 시대에 인간은 도리어 길을 잃고, 오도 가도 못할 아포리아 위기에 처해 있다.

캄캄한 밤에 망망대해를 표류하며 어디로 가야할지 모를 때, 옛사람들은 밤하늘의 별을 바라보며 방향을 찾았다. 언제나 그 자리에서 등대처럼 빛을 발하고 있는 밤하늘의 별과 같은 것은 동서고금의 현자들일 것이다. 현자들의 지혜는 우리들의 마음속에서 별이 되어 반짝인다. 별이 된 현자들과 만남은 언제나 행복의 시간인 것이다. 현자들의 지혜를 거울로 삼고, 그들의 삶을 우리의 본보기로 삼자.

현자들의 지혜를 거울로 삼아 나 자신을 살펴보면, 지금 내가 어디로 가고 있는지, 나는 무엇을 해야 하는지 방향을 가늠해 볼 수 있을 것이다. 인류 역사에 총총히 빛나는 현자들을 보고 갈 수가 있고, 또 가야만 하는 길의 지도를 읽을 수 있었던 시대는 얼마나 행복했던가? 그리고 현자들의 별빛이 그 길을 환히 밝혀주는 시대는 얼마나 행복했던가?

내 인생의 롤 모델이 있는가? 내가 본받고 싶은 인물 중 한 명을 롤 모델로 선정하고, 그 인물의 행동을 자신의 것으로 만들자. 행복한 인생을 살고 싶다면, 현재 행복하게 살고 있는 사람을 찾아 내 인생의 거울로 삼자. 오늘날은 어느 시대보다도 나 자신을 이끌어줄 롤 모델을 필요로 한다. 행복한 사람들의 공통점 중에 하나는 롤 모델을 가지고 있다는 것이다. 롤 모델은 그들에게 나아갈 방향을 제시하고, 행동할 수 있는 원동력이 되었다.

교육 현장에서 "인물이 되려면 인물을 만나야 한다"는 말을 자주 듣게 된다. 인물이 되는 데는 롤 모델이 필요하다는 것이다. 같은 맥락으로 행복한 사람이 되려면 행복한 사람을 만나야 한다. 꼭 닮고 싶은 내 인생의 롤 모델을 만나자. 내 인생길을 올바르게 안내할 가이드 곧 내가 본받을 만한 롤 모델은 반드시 필요하다. 롤 모델은 사람들에게 나아갈 방향을 제시하고 행동할 수 있는 원동력을 제공한다. 삶의 롤 모델이 있으면 그 사람의 좋은 점을 따라하게 되고, 어느새 자신 속에 그 좋은 점이 뿌리내리게 될 것이다. 역사적인 위인들 또는 과거 현자들을 롤 모델로 삼을 것을 권장한다. 하지만 우리와 같은 시공간에 살고 있는 동시대인을 롤 모델로 삼을 수도 있다. 매일같이 현자들의 가르침을 되새기고 그들의 삶을 모방해야 한다. 모방하고 싶은 인물을 찾아 인생의 거울로 삼아라. 우리는 어떤 이상적인 영웅상을 세워놓고, 그 인물을 닮기 위해 평생을 노력하는 과정에서 크게 성장할 수 있을 것이다. 한편, 걸작은 하루아침에 나오지 않는다. 무수한 시도와 노력이 뒷받침되어야 가능하다. "걸작은 무수한 습작에서 나온다."모네

사실 모든 현자들은 나의 롤 모델이다. 그들은 나의 빛이요 삶의 나침반이다. 세상은 현자들이 남긴 천금 같은 말 한마디에 따라 큰 변화를 가져 온다. 사람들은 현자들의 짧은 문장 하나에서 자신들의 삶의 방향과 통찰을 얻는다. 인류의 스승으로 추앙받는 4대 성인 곧 공자, 붓다, 소크라테스, 예수는 인류의 좋은 롤 모델이다. 4대 성인은 내 인생길의 방향과 균형을 잡아줄 가이드이요 롤 모델이다. 4대 성인의 삶과 가르침은 행복과 불행을 가름하는 나침반이다.

"한 평생 살다가 죽을 때 한 명의 진정한 스승과 열 명의 진정한 친구, 그리고 백 권의 좋은 책을 기억할 수 있다면, 당신은 성공한 삶을 산 것이다."장영희

"우리 모두 인생의 어느 때에 이르면 멘토가 필요하다. 멘토란 우리를 안내하고, 보호하며 우리가 아직 경험하지 못한 것을 체화한 사람이다. 멘토는 우리의 상상력을 고취시키고, 비전을 키우고, 우리가 원하는 사람이 되도록 기운을 북돋워 준다. 멘토는 우리가 그를 필요로 할 때 나타나서 우리의 삶을 풍요롭게 해주는 대부나 대모와 같다고 할 수 있다."플로렌스 포크

현자와 대중, 모두에게 들어맞는 행복의 비법은 존재하지 않는다

"현자는 침착하고 태연하나, 나머지는 걱정과 혼란 속에서 살아간다."공자

"행복의 본질에 대해서 우리는 의견의 일치를 보지 못했으며, 현자들과 대중들이 제시하는 설명은 완전히 상반된다."아리스토텔레스

"군자는 도를 얻으면 즐거워하고, 소인은 욕망을 얻으면 즐거워한다."<예기>

행복은 상대적이며 주관적인 특성을 지녔다. 이것이 바로 모두에게 들어맞는 행복의 비법은 존재하지 않는다는 이유이다. 실직자에겐 취업이 행복이며, 환자에게 건강회복이 행복이며, 작가에게는 베스트셀러 출간이 행복이다. 현자들은 일반 사람들과는 다른 방식으로 행복을 추구하

는 것 같다. 현자들과 일반 대중들이 추구하는 행복은 상당한 차이를 보인다. 현자들은 일반적으로 자신의 인격을 갈고 닦으며, 선하고 단순한 삶을 꾸려 나가는 것을 행복으로 여긴다. 반면에 일반 대중은 부귀영화를 누리는 것을 행복으로 여기고 있다. 일반 대중이 세속적 행복을 갈망하는데 비해 현자는 도덕적 수양을 으뜸으로 친다.

"현자의 행복은 늘 우연적이기 마련인 자기 외부 세계로부터의 사건 곧 건강, 부, 명예 등에 좌우되지 않으며, 오직 내면 세계의 조화에 달려 있다. 현자가 행복한 건 자신의 내면에서 평화를 발견했기 때문인 것이다. 현자는 세상을 바꾸려 하기보다는 자신을 바꾸기 위해 모든 노력을 쏟아 붓는다. 현자의 행복은 내재적이다. 그 행복은 이곳, 속세에서, 있는 그대로의 세상에서, 자신의 가장 내밀한 곳에서 실현된다."프레데릭 르누아르

사람은 나이가 들어갈수록 현자들이 제시하는 행복에 관심을 갖고 추구할 필요가 있다. 특히 인생의 후반기가 되면 누구나 현자처럼 살아야 한다. 인생의 모든 생사화복과 희비애락을 초월하여 어떤 것에도 얽매이지 않고, 자유롭고 여유로운 삶, 곧 유유자적하게 살아야 한다.

세상만사에 초연해서, 그 어떤 것에도 집착하지 않고, 저 높은 산 봉오리에서 구름 사이를 자유롭게 거닐며 사는 신선의 모습을 상상하는 것만으로도 은근히 행복해진다.

인생이란 살아가는 과정이면서 동시에 죽어가는 과정이다

> "우리가 살아가고 있다는 것이 죽음 쪽에서 보면 한걸음 한걸음 죽어오고 있다는 것임을 상기할 때, 사는 일은 곧 죽는 일이며, 생과 사는 결코 절연된 것이 아니다. 죽음이 언제 어디서 내 이름을 부를지라도 '네' 하고 선뜻 털고 일어설 준비만은 되어 있어야 할 것이다."수행자
>
> "역설 속에서 상반되는 삶과 죽음은 각각을 부인하지 않는다. 그 둘은 현실의 심장부에서 신비스러운 결합체로 하나가 된다. 나아가 그 둘은 같이 있어야 건강하다. 우리 몸에 들숨과 날숨이 모두 있어야 하듯 말이다."파커 J. 파머

죽음은 삶처럼 자연스런 것이기에, 달콤하고 우아해야 한다. "우리가 살아가는 모습은 바로 죽어가는 모습이기도 하다. 삶과 죽음은 모두 하나의 과정에 속해 있다."스탠리 켈러먼

삶의 진실은 '살아가는 과정이 곧 죽어가는 과정'이라는 것이다. 삶과 죽음은 상반되는 것이 아니라, '생태계의 상호보완'의 역설 속에 함께 존재한다. 따라서 죽음을 회피하면 삶도 제대로 통찰하기가 어렵다.

굳이 말하지 않아도 죽음은 모든 생명체에게 피할 수 없는 숙명이다. 태어나는 순간부터 우리는 죽음을 향해 출발한다. 사람에게 죽음이란 벗어날 수 없는 자연현상이다. 죽음은 삶의 별개의 것이 아니라 그 일부이다. 그러므로 인생의 지혜는 '죽어가는 삶에서 어떻게 살아갈 것인가'를 통찰하는 것이다.

죽음에 대한 깊은 깨달음은 삶이 얼마나 소중한가를 분명하게 보여준

다. 따라서 "생을 잘 살기 위해서는 죽음을 생각할 필요가 있다. 죽음은 생의 완결이다"몽테뉴

현자는 죽음을 미리 자각하면서 '죽음의 빛' 안에서 참된 삶을 살아가는 자이다. 죽어가는 삶을 생각하면 돈, 권력, 인기 등에 연연하게 되지는 않을 것이다. 죽어가는 삶을 어떻게 살아야 할지 모르는 사람은 불행할 수밖에 없다.

소크라테스는 죽음을 불행이라고 생각하지 않고, 오히려 내세에서 죽은 사람들을 만날 수 있다며 기뻐하는 모습마저 보였다. 그는 이 세상을 떠나면 복된 자들이 모여 있는 행복한 곳으로 간다고 굳게 믿고 있었던 것이다. 소크라테스는 '영혼불멸'을 믿고, 행복하게 죽은 철학자였다.

고대 그리스인의 사후 세계관에는 엘리시온이 있었다. 엘리시온은 기쁨의 장소이자. 황홀한 풍경이 펼쳐지는 행복이 가득한 곳이다. 선한 영혼, 정의로운 영혼, 특히 영웅들의 영혼이 가는 극락의 들판이다.

"죽음은 신들과 지금은 사라진 사람들에게로 갈 수 있는 희망으로 가득한 문으로 들어가는 일이다. 그래서 죽음은 행복으로 가득 찬 세상으로 들어가는 문이다."소크라테스

현자들이 제시하는 행복은 죽음조차 초월한다

"현자가 죽음을 두려워하지 않는 것은 죽음을 삶의 자연적인 리듬의 일부로 간주하기 때문이다."스토아 철학자

"죽음을 멸시하지 말고, 죽음을 기뻐하라. 죽음도 자연이 원하는 것

들 가운데 하나이기 때문이다. 젊고, 늙고, 성장하고, 성숙하고, 이가 나고, 수염이 나고, 머리가 세지고, 생식활동을 하고, 심신이 약해지고, 분만하는 행위들과 그밖에 인생의 계절들이 가져다주는 자연의 다른 과정들은 모두 해체이기에 하는 말이다."마르쿠스 아우렐리우스

삶 속에 죽음도 있다. "탄생이 삶이듯 죽음도 삶이다. 드는 발도 걸음이고 내딛는 발도 걸음이다."타고르

죽음에 대한 두려움은 그것을 감사한 마음으로 받아들일 때 사라진다. 자유로운 마음으로 죽음마저 초월하는 삶을 살아야 진정으로 행복해질 수 있다. 현자들처럼 모든 것에서 초연함으로 행복을 얻자. "죽음은 자연의 한 과정 일뿐만 아니라 자연에게 유익하고 이롭다."수행자

소크라테스는 가장 아름다운 방식으로 죽음을 맞은 현자이다. 그는 죽음을 '영혼이 몸에서 자유로워지는 축복'이라며 예찬하였다. 그는 '죽음은 삶을 완성시키는 마무리'임을 자신의 죽음을 통해 실제적으로 보여주었다.

또한 그의 제자 플라톤은 '죽음이란 철학으로 영혼을 정화하여 불멸의 신들과 함께 거주하는 여정'으로 보았다. 따라서 소크라테스와 플라톤은 죽음을 환영할 만한 사건으로 보았던 것이다.

중국의 현자, 장자는 아내의 주검을 윗목에 놓아두고, 장구를 두들기며 노래했다고 한다. 그는 아내가 생이라는 무거운 굴레를 벗고, 홀가분하게 애초에 있던 곳으로 돌아갔음을 기뻐했던 것이다.

진정한 자유는 죽음에 대한 불안으로부터 자유로워질 때 오는 것이

다. 죽음에 대한 올바른 자각을 통해 삶은 더욱더 의미 있게 되어진다. 참으로 역설적인 것은 죽음의 순간에 삶에 대해 가장 크게 깨닫게 된다는 것이다.

인간은 나이가 들수록 자연의 리듬과 순환에 맞추어 살 일이다. 인생의 생로병사生老病死는 봄, 여름, 가을, 겨울, 사계절의 순환의 이치와 같다. 그런 의미에서 자연의 순환에 모든 것을 맡기고, 마지막까지 자신을 불태우며 최선을 다하는 인생은 너무나 아름답고 숭고하다. 현자는 잘 물든 단풍처럼 아름답게 마무리하는 존재이다. "가을에 잘 물든 단풍은 봄꽃 보다 아름답다"는 말도 있지 않은가.

죽음에 대한 준비는 오직 한 가지, '참된 삶'이다

"평생에 걸쳐 성현의 길을 걸어온 사람에게는 죽음이 다가오는 것이 오히려 즐겁다." 소크라테스

"보람 있게 보낸 하루의 마지막에 기분 좋은 잠이 찾아오듯이 보람차게 산 일생의 끝에는 행복한 죽음이 찾아온다." 레오나르도 다빈치

보람 있게 보낸 하루의 마지막에 기분 좋은 잠을 청할 수 있다. 마찬가지로 올바르게 산 일생의 끝에는 떳떳한 죽음을 맞이할 수 있다. 결국 잘 죽는다는 것은 마지막 순간까지 잘 산다는 것이다.

삶이 참되면 참될수록 죽음에 대한 두려움과 불안은 줄어들고, 죽음은 가벼워진다. 만약 삶을 제대로 산다면 죽음은 전혀 두렵지 않게 된다. 아름다운 죽음의 비결은 바람직한 삶 속에 숨어 있다고 할 수 있다.

"죽어가는 것은 자연스럽고 바람직한 과정이며 죽음은 인생의 종착지로서 굉장한 모험이다. 그런데 왜 죽음을 즐거운 마음으로 기다리지 않으며, 행복한 마음으로 준비하지 않겠는가." 헬렌 니어링

온전한 삶을 사는 자에게는 죽음이 죽음으로 존재하지 않는다. 따라서 현자에게 죽음은 없다. 깨달음을 얻은 현자의 죽음은 신비롭고 성스럽기까지 한다.

죽음을 기억하면 삶의 매 순간이 선물처럼 느껴지고 충실해진다. "죽음은 육체에서의 해방에 지나지 않는 것이다. 그러므로 죽음은 인간에게 가장 아름다운 자유를 선물하는 것이다." 소크라테스

인간은 자신의 죽음을 자각하면서 '죽음의 빛' 아래서 '참된 자기'를 발견할 수 있다. 인간은 '죽을 자'로서 지상에 거주할 때에 참된 삶을 살 수 있는 것이다.

기독교 교부학자 아우구스티누스는 말했다. "오직 죽음에 마주했을 때만이 진정한 자아가 탄생했다고 할 수 있다." 사실 죽음은 우리의 삶을 더욱 의미 있고 소중하게 만들어 준다. 죽음에 대한 올바른 이해는 우리의 삶을 더 깊이 사랑하고 가치 있게 만든다.

평생에 걸쳐 임종을 앞둔 사람들을 돌봄으로 최초로 호스피스 운동을 시작했던 의사이며 〈인생수업〉의 저자인 엘리자베스 퀴블러 로스가 자신의 죽음에 직면해서 말했다. "육체로부터 해방되어 이 생애를 졸업하는 날, 난 은하수로 춤추러 갈 거예요. 나비가 누에를 벗고 날아오르는 것처럼 나도 내 육체를 두고 떠날 거예요. 그러니 그날은 축하를 받아야 할 날이지요."

〈티베트 사자의 서〉를 보면 죽어가는 사람은 '승리의 기쁨에 찬 사람'

이라고 불린다. 고대 일본의 어느 곳에서는 자신의 종말을 깨달은 노인들이 홀로 죽음을 맞기 위해 산 속으로 들어갔다고 한다. 에스키모들은 눈더미 속에서 고독하게 죽는다고 알려져 있다. 이러한 일들은 의식적인 퇴장이자, 자발적으로 세상을 떠나는 것이며, 죽음에 대한 자기 관리이자, 통제인 것이다.

"난 죽음을 두려워하지 않는다. 그것을 삶과 연계해서 생각해 보면 오히려 달콤한 감미로움 마저 느껴지는 것 같다."생텍쥐페리

자크 루이 다비드 〈소크라테스의 죽음〉

행복하기 위해서는 인간은 덕을 갖추어야 한다.

공자

day 14
행복은 평생 수양해야 하는 덕목德目이다

"지복한 사람 또는 행복한 사람은 하루아침에 만들어지지 않는다. 사람은 누구나 노력과 배움, 훈련과 습관을 통해서 행복을 얻을 수 있다." 아리스토텔레스

고대 그리스 철학자 아리스토텔레스의 말처럼 "한 마리의 제비가 봄

을 부르는 것이 아니고, 하루의 좋은 날씨에 의해 봄이 되지는 않는다."
마찬가지로 하루 즐겁다고 해서 행복한 삶은 아니다. 참된 행복은 하루
아침에 이루어지지 않고, 일순간에 나타나지 않는다.

고대 그리스 현자들이 생각한 행복은 일생 동안 수양해야 하는 시민
의 덕목이었다. 참된 행복이란 하루 아침에 손에 넣을 수 있는 것이 아니
라, 꾸준한 학습과 훈련을 통해 길러진 좋은 품성과 습관에 기인한다. 배
움과 수행을 강조하는 이유가 바로 여기에 있다. 참된 행복은 일생 동안
수행을 필요로 한다.

나는 행복해지고 있는가? 행복은 밖에서 누가 가져다주는 것이 아니
라 내가 주도적으로 행복해져야 한다. 온전한 행복에 도달하기 위해서
는 지속적인 노력을 해야 한다. 이는 나 스스로 만들어 가는 주도성 행
복인 것이다.

"행복(eudaimonia, 에우다이모니아)은 얻고자 하는 자에게는 누구에게나 주어
진다. 행복은 마음가짐에 따라 손에 넣을 수 있다. 덕이 있는 행동이 행
복을 부른다. 사실 탁월성까지는 못 미치더라도 온전한 사람이라면 누
구든 어떤 학습이나 습관들이기로 행복을 얻을 수 있다."아리스토텔레스

참된 행복은 선한 사상에서 생긴다. 선한 사상을 소중히 하자. 그리
고 그것들을 현자들의 지혜 속에서 또한 자신의 깨달음 속에서 찾아야
한다. "가장 아름답고 중요한 지식은 누가 행복하고, 누가 행복하지 않
은가에 대한 인식이다."플라톤

덕행이란 끊임없는 자기성찰과 학습을 통해 자기완성에 도달하는 과정이다

> "왕에서 거지에 이르기까지, 모든 사람은 우선적으로 자기완성을 위해 힘써야 한다. 자기완성만이 모든 이에게 행복을 가져다준다." 공자

인간은 반성하고 성찰할 수 있는 능력을 지녔다. 사람이 사람답게 살고 성장하기 위해서는 끊임없이 자기성찰을 필요로 한다. '성찰하는 모습'은 인간의 대표적인 특성이다. 올바르고 행복한 삶을 위해서는 자기성찰이 필수적이다. "사람은 스스로 돌아보기 위해 끊임없이 노력해야 한다. 하루를 반성하는 시간만큼 유용한 시간은 없다. 인간을 사악함으로 몰아가는 것은 우리 대부분이 스스로 반성하지 않는 데서 비롯된다." 세네카

혼돈과 부패에 물든 세상에서 어떻게 하면 바른 삶을 살 수 있을까? 헛되이 살지 않으려면 자기성찰이 반드시 필요하다. 자기성찰이 없으면 잘못된 목표를 향해 맹목적으로 나아가거나, 잘못된 방식으로 헛된 노력을 계속하게 된다. 지나온 시간들을 돌아보고 나 자신을 성찰하는 과정은 인격 성숙을 가져오며 모든 불행을 막아 준다.

동서고금의 많은 현자들은 끊임없는 자기성찰과 학습을 통해 덕행을 쌓으며 자기완성에 도달했다. 오늘날 우리도 그러한 삶을 지향하며 자기성찰과 학습하는 자세로 살아야 하지 않을까? "태어날 때부터 현자인 사람은 없다. 현자는 만들어져 갈 뿐이다." 세네카

"스토아 철학자들은 하루의 시작과 끝에 자신의 저작을 보면서 자신을 돌아보았다. 자신이 한 일, 자신이 생각했던 것, 개선할 수 있는 것 등

을 성찰했다. 스토아 철학을 신봉한 로마 황제 마르쿠스 아우렐리우스의 〈명상록〉이 다소 난해한 이유도 바로 이 때문이다. 그는 개인적인 명료함을 얻기 위해 책을 집필했을 뿐 일반 대중을 위해 쓰지 않았다. 스토아 철학자들에게 글쓰기 행위는 수행의 또 다른 형태였으며 신에게 올리는 기도와 찬양이었다."라이언 홀리데이

인간의 본성이 실현되는 것이 좋은 것이고 행복한 삶이다

"자신의 본성을 깨달아서 그 본성대로 살므로 조화와 균형을 이루는 삶을 살라."힌두교 고대 경전, <바가바드기타>
"행복은 재산이나 지위와는 차원이 다른 것이다. 물질이 충분해서 행복을 느끼는 것은 동물의 차원이며 인간의 본성이 실현되어야 행복한 것이다."애덤 스미스
"인간본성이 실현되는 것이 행복이다. 이것을 제외하고는 행복을 논할 수조차 없다"에리히 프롬

세상이 만들어 놓은 인위적인 틀에서 벗어나 나 자신의 본성대로 살 수는 없을까? 인간의 본성과 양심(우주의 로고스)은 기본적으로 옳은 것을 존경하고, 선한 것을 지향하고, 아름다운 것을 사랑한다.

선한 본성은 세속적 자아와 탐욕 등과 같은 잘못된 것들로 가려져 있기 때문에 잘 드러나지가 않는다. 그러므로 현자들의 가르침을 통해, 또한 자신의 깨달음을 통해 스스로 잘못된 것을 걸려내고, 밝은 선한 본성

이 드러나도록 해야 한다.

사람은 인간의 본성대로 사람을 사랑해야 한다. 하지만 오늘날 사회는 사람을 상품으로 취급하지 않는가?

현자의 삶이 아름다운 이유는 세속에 물들지 않고 인간의 선한 본성 그대로 살기 때문이다. 이 땅에 살면서도 이 땅에 속하지 않은 초연한 삶, 우리는 늘 그러한 삶을 동경하며 고귀한 행복을 추구해야 한다.

인격의 성숙이 없는 성공은 오히려 불행을 초래하고 사람을 망친다

"정신적인 삶을 영위하는 사람에게 있어 부는 필요하지 않을 뿐만 아니라 오히려 번거로울 뿐이다. 부는 진정한 삶을 방해한다."톨스토이

사람들은 가급적 빨리 성공하고 싶어한다. 하지만 인격이 성숙되지 않은 성공은 사람을 망치기 십상이다.

어린 나이에 갑작스러운 성공은 자신을 정비하고 반성할 기회를 빼앗아 버린다. 결국 성공의 정점에서 겸손이 아닌 교만을, 긍정적인 자아상이 아닌 비뚤어진 우월의식을 가지게 되어, 어느 순간 정상에서 가파르게 추락한다.

일반적으로 세속적 욕구의 노예가 된 사람은 깊이 생각하기를 싫어한다. 반성하고 비판하는 자각과 자기성찰의 기능이 약화되어 있기 때문이다. 냉철한 자기성찰과 합리적 판단 능력의 실종은 결국 타락과 멸망에 이르게 된다.

다른 사람의 어떤 잘못된 모습을 보았을 때, 나에게도 그런 모습이 없

는지 역지사지의 지혜로 반성해야 한다. 끊임없이 자기성찰 하는 삶이야말로 성숙해가는 삶이 아닐까? "지혜로운 사람은 다른 사람에게서 자기 모습을 본다."톨스토이

배움은 남이 알아주지 않아도 나에게 주는 즐거움과 행복이다 공자

> "학이시습지 불역열호學而時習之 不亦悅乎 곧 배우고 익히는 것처럼 즐거운 일이 또 있겠는가. 나는 정말이지 행복하다. 세상에서 나처럼 배움을 좋아하는 사람이 없구나."공자
>
> "나는 이 세상에 배우러 왔으며, 매일매일 만나는 사람들과 일어나는 일들은 나의 소중한 스승들이다."공자
>
> "가장 현명한 사람은 모든 사람에게서 배우는 사람이다."<탈무드>

공자는 배움을 행복의 으뜸으로 삼았다. 배움은 행복한 삶의 등뼈와도 같다. 배움은 어떠한 목적을 이루기 위한 수단이 아니라, 남이 알아주는 것과 알아주지 않는 것과 상관없이 배움 그 자체가 순수한 즐거움이 되어야 한다. 공자에게 있어서 가장 큰 기쁨은 배움이었다.

인생은 끝없는 배움의 길이다. 그리고 배움의 기쁨은 깨달음의 기쁨이다. 배운다는 것은 새로운 것을 깨달아가는 것이다. 이 세상에서 깨달음을 얻는 것보다 더 기쁜 일이 어디 있을까? "아침에 도를 들으면 저녁에 죽어도 좋으리."공자

행복하려면 배움을 즐기며 모든 이를 스승으로 여기자. 배우고자 하

는 마음만 있다면 스승은 어디에나 있다. 모든 것이 나의 스승이요, 깨달음을 주는 고마운 것이다. 심지어 질병도 그렇다. "질병은 인생을 깨닫게 해주는 위대한 스승이다"라는 격언도 있다.

사실 인간은 서로 배우는 사이므로 모두가 스승이다. 훌륭한 사람을 가려서 그를 따르고, 부족한 자를 보면서 나의 부족한 점을 고친다. 배움의 목적은 외적 성공을 구하는 것이 아니라 사람을 사람답게 만드는 것이다.

배움을 즐기며 성찰하는 마음으로 살면 내내 잔잔한 행복감이 밀려온다. 열린 마음으로 모든 사람을 스승으로 여기고, 매사를 배움의 기회로 삼으면, 마음이 편안해지고 행복해지는 것이다.

배움은 인간다움을 완성하는 과정이므로 평생 동안 지속되어야 할 덕목이다. 지속적인 행복을 위해서는 장년이 되고, 노년이 된다고 하더라도 결코 배움을 멈춰서는 안 된다. 오히려 나이가 들수록 더 배움과 수행에 힘써야 한다. 동서고금의 현자들은 평생 학습자로 살았다. "나는 태어나자마자 모든 것을 안 것이 아니다. 그저 옛 책을 즐겨 읽고 깊이 생각하고 부지런히 연구해서 얻어 온 것이다."_{공자}

참된 앎이 참된 행복이고 무지無知가 모든 불행(악)의 근원이다 _{소크라테스}

"인간은 고결한 존재로 태어나는 것이 아니라 무지에서 벗어남으로서 비로소 고결한 존재가 되는 것이다. 이는 동서고금 현자들의 한결같은 가르침이다."_{수행자}

소크라테스, 붓다 등의 현자들에 따르면 사람이 불행해지는 이유는 무지 때문이다. 무지가 악이다. 알면서도 불행을 만드는 사람은 없다. 사람들이 많은 실수를 하는 것은 선과 악을 제대로 알지 못하기 때문이다. 선악을 모르는 것은 흑백을 구별하지 못하는 것과 같다. 선악을 제대로 알면 모든 불행에서 벗어날 수 있다.

예를 들자면 무지 때문에 잠깐 있다가 없어지는 무상無常한 것을 영원한 것으로 착각하고, 거짓을 참된 것으로 오해하고, 악한 것을 선한 것으로 생각하고, 추한 것을 아름다운 것으로 집착하는 것이다. 그래서 '무지의 자각'이 중요하다.

현자들이 강조한 '참된 앎과 깨달음의 가치'는 예나 지금이나 한결같이 중요하다. 진실과 거짓, 선과 악, 미와 추, 정의와 불의를 분별하는 지혜를 갖추지 않고, 어떻게 인생을 제대로 살아간다 할 수 있겠는가?

사람은 무지로 인한 그릇된 행동으로 주위 사람들에게 해악을 끼치고 본인도 치명적인 불행으로 빠져든다. 그러나 진선미 곧 참됨과 선함과 아름다움을 배우고 익히고 깨달으면, 올바르고 고결한 존재로 거듭날 수 있다.

소크라테스는 진리의 절대성을 추구한 고대 그리스 철학자였다. 그는 인간의 행복은 올바른 지적 인식을 통하여 진리를 실행함, 즉 지행합일知行合一로서 가능하다고 보았다.

삶의 모든 순간을 깨닫기 위한 기회로 삼아라

"우리 삶의 한 순간, 한 순간이 깨닫기 위한 기회이다."수행자

"마음을 돌이켜 깨달으려 한다면 지나가는 어린 아이에게도 배움

을 얻고, 자신이 모욕당하는 상황에서도 큰 깨달음을 얻는다. 실은 세상 전체가 우리의 스승이다. 모욕을 칭찬으로, 가난을 부요함으로, 고행을 축제로 여길 수 있는 사람은 결코 불행하지 않을 것이다."^{수행자}

삶의 모든 순간을 깨닫기 위한 기회로 삼는다는 것은 모든 사람들과 사건들을 나의 스승으로 여기고, 항상 배우려는 자세를 견지하는 것을 의미한다. 배우고 익히는 일에 마음을 활짝 열어 둔다는 것이다.

"세 사람이 길을 가더라도 거기엔 반드시 나의 스승이 있다"는 공자의 말처럼 이 세상에서 만난 모든 사람들은 스승과 제자의 역할이 따로 구분되어 있는 것이 아니라, 서로가 서로를 비추면서 스승도 되고, 제자도 되는 것이다. "모든 사람에게서 자기 자신을 본다."〈우파니샤드〉

진정한 행복의 근원은 깨어있는 마음인 것이다. 참된 행복은 다른 누구한테서 또는 다른 무엇으로부터 오는 것이 아니다. 또한 뜻밖에 우연히 오는 것도 아니다. 깨어있는 마음이 행복의 바탕이다. 마음이 깨어있으면 기쁨과 행복감이 저절로 솟아난다.

완전하게 깨달은 마음은 선한 본성이 그대로 드러난 상태이다. 그런 마음을 가진 자는 진정한 현자이요 스승이다. 그런 현자와 함께 있으면 그의 현존이 내뿜는 힘으로 말미암아 우리 마음은 깨어나고, 지혜와 기쁨으로 충만해지고, 참된 행복이 밀려온다.

인간의 내면 깊숙한 곳에는 '환희의 샘'이 있다고 한다. 따라서 인간은 수행이 깊어지고, 도를 깨닫고 내면이 성숙해지면, 환희가 샘솟는 엄청난 희열을 맛보게 되는 것이다.

깊은 수행과 깨달음에서 오는 엄청난 환희는 심오한 행복이라고 할 수 있는 그 무엇의 기쁨이다. '무엇'이라고 칭한 까닭은 그 환희를 무어라고 표현하기가 어렵기 때문이다. 아니, 오히려 언어가 끊어진 자리라고 해야 무방할 것이다. 더 이상 언어로써 설명할 수 없는 심오한 영역이라는 뜻이다.

깨달음의 문이 열리면 행복의 길이 보인다

"깨달음이란 사물의 본질을 완전히 이해함으로 모든 그릇됨에서 해방된 상태를 뜻한다."수행자

당신은 깨달음을 얻은 깨우친 사람인가? 이 물음이 우리의 행복을 열어가는 실마리가 되었으면 좋겠다. 가끔은 하나의 작은 깨달음이 삶을 아주 다른 차원으로 바꾸는 계기가 된다. 그러므로 깨달음이 참된 행복의 시작이다.

"깨달은 마음이란 우리 마음의 참된 본성, 바로 그것이다. 이는 마음의 궁극적인 바탕이고, 또한 모든 존재의 바탕이다. 참된 행복은 깨달은 마음에 깃든다."수행자

순간순간 자신의 삶을 지켜보자. 깨어있는 마음으로 지켜보자. 자신

의 삶에 대해서 깨어있어야 한다. 깨어있음이 가장 소중한 것이다.

온전히 존재하기 위해, 그리고 행복하기 위해, 우리는 깨어날 필요가 있다. 깨어있는 것, 그것이 곧 참된 행복이다. 모든 것이 우리에게 삶을 일깨워줄 수 있다. 그러므로 어떤 것이라도 하찮게 여기지 말아야 한다.

우리의 삶이 잘못되어 불행에 빠지는 이유는 돈과 명예가 부족하기 때문이 아니라, 진정으로 깨어있는 삶을 살지 못했기 때문이다. 행복하려면 밝은 눈과 열린 시야, 그리고 깨어있는 삶이 필수적이다.

사람은 일생 동안 생로병사와 희로애락 등, 여러 가지를 경험하며 살아간다. 사건 하나하나를 통해 깨달을 수 있는 일은 많다. 문제가 생기면 그 때문에 괴로워하기 보다는, 그 일을 통해 새로운 사실을 배우고 깨달으면 그만인 것이다.

실패하면 실패로부터 깨달으면, 결국 실패는 성공의 길을 알려준다. 마찬가지로 불행하면 불행으로부터 깨달으면, 결국 불행은 행복의 길을 알려준다.

변함없이 행복하려면 '중용'中庸의 덕을 배우고 익혀라

"중용은 도와 덕의 최고 경지이다! 하지만 사람들이 이를 잊은지 오래라, 안타까울 따름이다."공자

"중용은 대립과 모순이 아니라 조화와 균형이다. 적당하고 적합한 것이 아름답다."아리스토텔레스

"행복이란 넘침과 부족함 사이에 있는 중간역이다."채닝 풀럭

아리스토텔레스는 중용의 덕이 곧 행복이라고 말했다. 행복은 중용을 지키는 것이다. 중용은 극단으로 치우치지 않고, 들쑥날쑥 하지도 않고, 가지런하게 행하는 것이다. 너무 과하게 하지도 않고, 너무 모자라게 하지도 않고, 항상 중간을 지키는 것이다. 넘침과 부족함의 중간에 있는 것이다.

중용은 완벽한 조화와 균형을 이룬 상태로서 더할 나위 없는 행복 그 자체를 일컫는 말이며, 지극히 복된 상태이다. 중용은 공자의 과유불급過猶不及, 즉 '지나친 것은 미치지 못한 것과 같다' 하고도 일맥상통한다.

인간의 모든 불행은 탐욕으로부터 시작된다. 탐욕을 극복한 사람이 중용의 삶을 사는 자이다. 중용은 이성에 따라 자신의 능력을 조화롭게 발휘하는 것이다. 삶의 모든 부분에서 중용이 필요하다.

인간은 본성적으로 영적 존재이므로 정신적, 영적 삶을 갈망한다.

"영원하고 불변하는 행복에 도달하려 한다면 내면으로 들어가라. 그곳에서 신(하나님)을 만나라. 진정한 행복을 충족시키는 유일한 존재는 신(하나님)이다."아우구스티누스

인간은 신을 믿든 안 믿든 인간의 본성에는 신적인 것이 내재한다. "인간의 삶에 머무르지 말고 신적 자리까지 나아가라."아리스토텔레스

"모든 행복 추구에는 영원성에 대한 갈망, 신성한 것을 향한 도약, 절대를 간구하는 갈증이 내재되어 있다."베르트랑 베르줄리

"우리가 세상에 존재하는 의미는 흔히 생각하듯이 번영에 있는 것이 아니라 영혼의 성장에 있다."알렉산더 솔제니친

대개의 문화권에서 인간은 영혼을 갖고 있는 영적 존재로 보고 있다. 인간은 육적 존재뿐만 아니라 영적 존재이기 때문에 인간에게는 신에 대한 개념과 영혼불멸의 사상이 내재해 있는 것이다. "네 마음속에 있는 신성을 붙잡고 신을 공경하라." 마르쿠스 아우렐리우스

인간이 영적인 존재라고 할 때는 자기를 살펴보며 반성하고 회개할 수 있는 능력이 있다는 것이다. 더 나아가 인간은 초월적인 존재와 세계, 즉 신과 영적 세계를 갈망하는 존재이다. 그러므로 영성은 인간본성의 영역에 속한다. 이는 동물과 비교하면 확연히 드러나는 사실이다.

우리가 성숙해지면 성숙해질수록 내면 깊이 잠자던 영적인 관심이 수면 위로 떠오르게 마련이다. 영적 세계와 내면의 성숙을 통해 행복한 삶을 누리고 싶어 한다.

바다에 파도가 일어나듯이 인간의 내면에는 영적 파도가 끊임없이 일어난다. 따라서 나의 내적 영적 파도를 주목할 필요가 있다. 오로지 외적, 물질적 성공만을 지향하는 현대 물질문명은 영적, 정신적 삶을 피폐케 한다.

우리는 내적 수행 또는 영적 수행을 통해 결코 마르지 않는 궁극적인 행복에 도달할 수 있다. 여기서 궁극적인 행복이란 아무도 빼앗아 갈 수 없는 내적 기쁨의 발현을 뜻한다. 우리는 영적 수행을 통해 이 기쁨을 매 순간 퍼 올릴 수 있을 것이다. "영혼을 위해 노력할 때 마음속에서 기쁨의 강물이 흐르는 것을 느낄 수 있다." 루미

오늘날 현대인은 내면 깊은 곳으로부터 끔직한 영적 외로움을 느끼고 있는 것 같다. 따라서 현대인들은 기성 종교에는 무관심할지라도 영적 삶에는 깊은 관심을 드러낸다.

요즈음 세속적 삶에 환멸을 느끼고, 영적인 삶을 모색하는 사람들이 많아지고 있다. 그러한 가운데 영적 체험을 하고, 특정한 종교에서 행복감을 느끼려는 사람들이 많다.

영적 행복은 일반적으로 종교가 주는 행복을 말한다. 사람은 육신만이 아니라 영혼을 가진 영적 존재이기에 종교만이 줄 수 있는 영적 축복이 있는 것이다. 종교는 영혼 깊은 곳에 있는 영원히 변치 않는 행복을 다룬다. 모든 종교의 가르침은 '행복에 초대'라고 할 수 있다.

각 종교들은 교리나 세계관은 각기 다르겠지만 현세의 삶에서 겪을 수밖에 없는 각종 고통의 의미를 설명해주고, 죽은 후 내세에서의 영원한 행복을 제시해주는 것이 모든 종교의 공통된 특징이라고 할 수 있겠다.

모든 종교는 나름대로 내적으로 행복해질 수 있는 방법을 제시한다. 종교는 내면의 삶에 불을 지피고, 생기를 불어 넣는다. 자기 내면과 끊임없는 대화를 통해 가장 올바른 삶을 살 수 있는 길을 모색하도록 한다.

세속화의 물결이 거셀수록 정신적, 영적 갈망도 강하다

"오늘날 자본주의 체제에서 경쟁이 날로 심해지고, 물질적인 부를 신성시하는 오늘날 사회에 대해, 많은 사람들이 혐오감과 절망감을 느끼고 있다. 이러한 사람들은 깊은 혼란에 빠져 불안에 떨고 있으며, 삶과 존재에 대해 보다 정신적인 의미를 찾으려 한다."필립 반 덴 보슈

오늘날 자본주의 물질문명 체제 속에서 영적 삶과 상관없이 돈과 욕

망을 쫓는 현대인들은 길을 잃어버렸다. 어쩌면 너무 멀리 왔는지도 모른다.

인간은 육체를 가진 존재이기 이전에 영혼을 가진 존재이다. 우리 모두는 영적 존재이다. 우리는 보이는 현상세계에 살고 있지만 신비롭고 경이한 영적 세계를 갈망하며 살고 있다. 유한한 생명을 가지고 있지만 영원한 삶을 갈망하고 있다.

알다시피 오늘날 우리가 겪고 있는 위기가 단순히 경제적, 물질적인 것만이 아니라 정신적, 영적 위기이다. 정신적, 영적 위기를 극복하려면 종교와 사상의 힘을 빌리지 않을 수 없다. 여기서는 영적 행복과 힐링에 대해 살펴보고자 한다. 지상의 모든 현자들은 하늘로부터 오는 감미로운 영적 위로를 알고 있다.

오늘날 물질과 쾌락 위주의 세속화 과정에서 현대인의 인간성과 영성은 날로 메말라 가고 있다. 게다가 지나친 세속적 가치추구는 현대인으로 하여금 영적 세계와 분리된 삶을 조장한다.

하지만 물질과 쾌락 위주의 세속화의 바람이 강할수록 영적 갈망 또한 강하다. 이는 풍선을 누르면 누를수록 그 저항력도 더 커지는 것과 같은 이치이다.

"집안에 더 많은 물건으로 채울수록 영적 공허함은 더 심해졌다. 수도승처럼 사는 것을 원하는 사람들과 새로운 깨달음을 찾아 헤매는 사람들이 점점 많아지고 있다."하비 콕스

현대인은 풍요로운 문화생활을 영위하는 이면에는 뭔가를 잃어버린

것 같은 상실감을 느끼고 있다. 이로 인해 자신의 텅 빈 내면을 채워줄 의미 있는 삶을 갈망하고 있다. 현대인들은 기성 종교에는 무관심하지만 영성에 대해서는 깊은 관심을 드러낸다. 이는 세속적 가치를 추구하는 삶이 허무하다는 사실을 일깨워줌으로써 영적 전환을 이루는 출발점이기도 하다.

오늘날 현대인은 자신에게 맞는 영성을 스스로 찾아 나선다. 영성은 종교가 아니다. 따라서 현대인은 종교를 초월하여 각종 영적 삶을 추구하고 있다. 뉴에이지, 명상, 요가, 참선, 단전호흡, 뇌호흡, 마음수련, 환생, 최면술, 점성술, 강신술, 신접, 마술 등이 기승을 부리고 있다.

홍수가 나면 물이 혼탁해지듯이 오늘날 영성의 홍수 속에 영적 환경이 갈수록 더 혼탁해지고 있다. 영성계의 오염은 현대인의 마음과 정신을 병들게 한다. 따라서 우리는 각종 잘못된 영성을 분별하고 조심해야 한다.

종교가 진정으로 해야 할 일이 무엇일까? 영혼의 외침에 답하는 일이다. 우리를 붙들고 있는 생의 고통과 두려움으로부터 해방시키는 일이다. 비본래적인 것에 매달리지 않고, 본래적인 자기로 살도록 돕는 일이다.

현대인은 일상의 삶 속에서 극도의 혼란을 겪는 가운데 '마음의 평화'를 호소하고 있다. 현대인은 감정조절을 하지 못해 심적 고통을 당하고 있다. 따라서 현대인들이 종교를 찾는 이유 중의 하나가 마음의 평화를 얻기 위해서이다. 우리는 이러한 사실에 주목할 필요가 있다. 마음의 평화를 구하는 영적 삶은 시대적인 요청이다. 영적 삶은 외형만 비대해지고, 내면은 자꾸 작아지는 현대인에게 절실히 필요한 삶이다.

오늘날 우리가 온 생애를 바쳐서 찾고 찾아야 할 그것은 무엇인가? 진선미의 덕목이다. 진선미는 삶의 진수이며, 모든 덕의 근본이며, 모든 행복의 근간이다. 진선미는 그 자체로 밝은 빛이다. 진선미를 찾아야 사람이지 그렇지 않으면 사람이 아니다.

소크라테스

day 15
누구나 진선미대로 살면 행복해진다

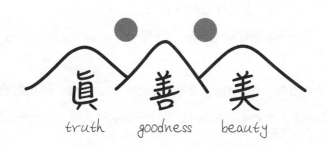

"진선미에 익숙해지는 것만큼 자신과 다른 사람들의 삶을 아름답게 꾸며 주는 것은 없다." 톨스토이

왜 진선미인가? 오늘날 우리 사회가 나아갈 방향을 진선미가 보여주

기 때문이다. 진선미에 답이 있다. 혹자는 만고불변의 진리는 없다고 하지만 진선미는 확실히 만고불변의 진리이다.

인간은 인간답게 살아야 하고, 그렇게 살 때에 행복할 수 있다. 그러면 어디서 인간다움을 찾을 수 있을까? 바로 진선미에서 그 답을 찾을 수 있다. 인간은 진선미 탐색을 통해 끊임없이 인간다움을 찾아나가야 한다.

내 마음의 선한 본성 곧 진선미와 마주하면 끝없이 마음이 밝아지고 행복해지는 것을 느낀다. 어쨌든 진선미가 회복되면 우리 모두가 행복해진다. 사람은 진선미의 본성에 따라 자연처럼 맑고 바르게 살면 저절로 행복해진다.

사회학자요 심리학자인 에리히 프롬은 행복을 아주 단순하게 정의했다. "인간 본성이 실현되는 것이 행복이다." 따라서 참된 행복은 인간의 선한 본성인 진선미가 실현되는 것이다. 이것을 제외하고는 행복을 논할 수조차 없다.

행복하려면 신의 법이자 인간의 본성인 진선미에 부합된 삶을 살아야 한다

"인간에게는 진선미를 파악하는 능력이 있고, 이것을 잘 활용하면 올바르게 살아갈 수 있다."동서고금의 현자들

고귀한 행복은 진선미의 본성을 그대로 구현했을 때 온다. 진선미에 맞게 살 때 영혼이 건강해지고 삶이 행복해진다. 내 안에 있는 진선미의 본성을 밝혀서 순전한 영혼과 참된 행복에 이르게 해야 한다.

인간은 누구나 진선미의 감각을 타고 났지만 환경과 여건에 따라 그 감각이 퇴화되었다. 진선미의 감각을 회복해야 한다. 인간의 모든 행복과 불행은 사실상 진선미(양심)의 유무에 달려 있다.

진선미를 갖추면 사람은 저절로 행복해진다. 현자의 행복이 바로 그러한 행복이다. 이는 단순하고 일시적인 관능적 쾌감이 아니라, 지속적이고 온전한 행복이다.

행복이 '인간본성의 실현'이라면 자본주의 사회에서 과연 행복이 가능할까? 에리히 프롬은 자본주의 사회에서는 진정한 행복이 가능하지 않다고 보았다. 왜냐하면 무한 경쟁 체제에서 탐욕을 부추기는 자본주의는 인간의 본성에 역행하기 때문이다.

"온갖 훌륭한 기술적 발전으로 이루어진 우리의 문명은 정신 이상인 범죄자의 손에 들려 있는 도끼와도 같다."아인슈타인

신(神)이 부여한 순전한 진선미 행복에 눈뜨다

"신이 부여해준 세 가지 덕목 곧 참됨과 선함과 아름다움의 꽃을 활짝 피워라! 진선미가 삶을 빛나게 한다. 진선미가 없는 곳에는 삶의 위대함도 숭고함도 없다."동서고금의 현자들

인간은 어떻게 신처럼 온전한 행복에 이르게 되는가? 그렇게 하자면 신이 부여해준 진선미 행복에 눈떠야 한다. 진선미 행복은 '메이드 인 헤븐'made in heaven이다. 진선미의 행복은 천상의 행복이다.

진선미는 인간의 본성에 깃들여 있으며, 생명체의 중심에 아로새겨져

있다. 진선미와 화합할 때 고귀한 행복을 맛본다. 진선미와 화합의 경지에 이르면 가장 온전하게 행복할 수 있다.

진선미대로 살았을 때 진정한 행복이 온다. 내 양심(로고스), 내 안에 진선미가 행복해야 나도 행복해지는 것이다. 양심에 맞게 살 때 행복이 깃든다. 진선미를 그대로 구현하는 진선미의 화신이 되자. 진선미를 삶 속에 현현하면 천상지복의 비밀이 열린다.

진선미 행복은 현자들이 누리는 온전한 행복이기도 하다. 그리고 진정한 행복의 원천이기도 하다. 참된 행복이란 진선미의 기쁨을 향유할 수 있는 사람들만의 것이다. 그래서 진선미대로 살아가는 현자는 인간들 사이에서 신처럼 살게 된다.

참된 행복은 진선미와 분리되어 존재하지 않는다

"인간은 진선미의 미덕을 함양하여 사회의 좋은 구성원이 되어 살아갈 때, 행복할 수 있다."아리스토텔레스

고결한 인격과 도덕의 아이콘, 진선미는 하나님에게서 유래한 것으로서, 참됨과 선함과 아름다움을 관장한다. 진선미 자체는 하늘의 도이고, 진선미를 추구하는 것은 사람의 도리이다.

우리 안에 존재하는 심원한 행복은 진선미에서 비롯된다. 심오하고 영원한 행복은 진선미에 뿌리를 둔다. 진선미는 모든 행복이 솟아나는 원천인 지복이다. 진선미 행복은 우리의 욕구가 충족되었을 때 느끼는 세속적 행복과는 전혀 다른 차원의 행복이다. 진정한 행복은 진선미에

토대를 두고 있다.

우리는 진선미가 이끄는 대로 따르고 살아갈 수만 있다면 행복은 보증수표이다. 행복을 얻으려고 구태여 애쓸 필요도 없이 다만 진선미를 받아들이고, 실천하면 그것으로 족하다. 진선미에 부응하며 사는 것, 그 자체가 행복이다. 진선미는 행복의 금자탑이다.

오늘날 자본주의에 의해 진선미의 덕목이 해체된 세상에서 어떻게 고결하게 살 수 있을까? 고결한 삶으로 가는 길은 궁극적으로 진선미에 있으며, 무엇보다도 그 안에서 우리 각자가 고결한 행복에 이를 수 있다.

"노력의 결과로 얻는 평범한 것들, 예컨대 재산이나 대외적 성공, 사치를 나는 늘 혐오스럽게 여겨왔다. 나는 단 한 번도 안락함과 행복 자체를 삶의 목표로 생각한 적이 없다. 그런 처방은 돼지 떼에게나 어울리는 것이다. 가야 할 길을 비춰주었고, 즐거이 삶에 마주설 수 있도록 몇 번이나 내게 새로운 용기를 주었던 이상은 바로 진실, 선, 아름다움 곧 진선미이었다."아인슈타인

진선미는 삶의 진수이며 모든 덕의 근본이며 모든 행복의 근간이다 소크라테스

"사람을 행복하게 만드는 성공한 삶의 징표가 될 수 있는 게 무엇이라고 생각하는가? 황금이 가득한 금고인가? 아니면 진선미의 미덕을 존중하는 삶인가?"소크라테스

오늘날 전 인류가 무엇이 진리고 선이고 아름다움인지 모르고, 큰 혼

란에 빠져있다. 지금 이 광대한 혼돈 속에서 분명한 것은 단 한 가지, 그것은 진선미의 덕목을 회복하는 것이다. 내 안에 있는 밝은 덕 곧 진선미를 밝혀내자. 진선미를 밝혀내는 삶은 인간을 쾌락에 물들지 않게 해주고, 온갖 고통에 상처 받지 않게 해주고, 온갖 교만으로부터 지켜주고, 온갖 수치스런 악과는 무관하게 해준다. 진선미의 덕을 밝히는 명명덕明明德으로 행복의 기틀을 마련하자. "덕불고 필유린德不孤 必有隣, 즉 덕이 있는 사람은 외롭지 않다. 반드시 이웃이 있다."공자

진선미의 덕이 있는 사람은 남을 경쟁 상대로 여기지 않고 동료로 여긴다. 남의 장점을 부추기고 단점을 가려준다. 그래서 그와 함께 있으면 행복해지고 의욕이 생기고 보람을 느낀다. 그러므로 사람들이 모여들 수밖에 없다. 행복과 불행은 진선미의 유무에 달려 있다고 해도 과언이 아니다.

정도正道를 걷는 다는 것은 진선미답게 산다는 것이다

"사람이라면 모름지기 진선미답게 살아야 하네."소크라테스

고대 그리스의 현자 소크라테스에게 있어서 정도를 걷는다는 것은 진선미답게 산다는 것이었다. 그는 진선미를 바탕으로 양심에 따라 황금률과 홍익인간을 온몸으로 실천하며 정도를 걸었던 성인이었다.

당시 고대 아테네에는 전통과 질서가 무너지고, 아포리아(혼돈)에 빠져서 물질만능주의와 외모지상주의가 만연했다. 그 시기에 사람들이 돈과 쾌락에 빠져 진선미를 잃어 버렸을 때, 뜻밖의 인물이 등장했다. 바로 소

크라테스였다.

"지혜와 권력에서 가장 명망이 높은 위대한 도시 출신인 아테네 사람들아, 당신들은 돈과 명예와 명성을 얻기 위해서는 가능한 모든 노력을 하면서도 깨달음과 참됨을 위해, 또 자신의 영혼이 잘 되기 위해서는 아무런 노력도 하지 않다니, 부끄럽지 않단 말인가?"소크라테스

소크라테스가 추구했던 것은 무엇인가? 그것은 진선미의 덕목이었다. 소크라테스는 진선미에 따라 자신을 일깨우고, 이웃을 깨우쳐 주었다. 그는 겉모습보다 내면을 아름답게 가꿀 것을 가르쳤다. 내면의 아름다움, 영혼의 최선의 상태, 자기를 성찰하는 삶, 진선미 회복을 외쳤던 현자였다. 사람에게 진정으로 필요한 것은 일시적인 행복이 아니라, 진선미라는 궁극적인 최상의 행복이다. 진선미는 인간이 신처럼 존엄해 질 수 있는 유일한 길이다.

인류의 불행의 원인은 진선미가 마비되어 선악을 구분하지 못하기 때문이다

"진선미가 마비되어 선악을 구분하지 못하는 인간들, 그들이 인류를 불행에 빠뜨리는 원흉이다."소크라테스

동서고금의 현자들이 시공간을 초월하여 동시다발로 한결같이 외친 핵심 메시지는 무엇인가? 그들이 삶으로 보여준 가르침은 무엇인가? 참되고 선하고 아름답게, 즉 진선미답게 살라는 것이다.

진선미를 알 때 우리 마음은 선하게 살아나고 밝아진다. 진선미를 자

명하게 아는 이는 절대로 다른 사람을 해롭게 하거나 다투지 않는다. 반대로 진선미를 모르면 우리 마음은 악하게 되고, 죄를 짓고, 불행에 빠진다. 제대로 알면 법을 어기거나 죄를 짓지 않는다. 그래서 무지가 악인 것이다. 깨어있어 양심에 따라 진선미를 따르면 저절로 황금률을 실천하며 살게 되는 것이다.

진선미를 깨우치고 실천한다는 것은 삶의 목적을 달성했다는 뜻이고, 그것이야말로 궁극적인 행복이 아닐 수 없다. 따라서 우리가 지향하는 삶의 목표가 진선미를 깨우치는데 있어야 할 것이다.

자기도 살고 남도 살게 하는 덕목이 바로 진선미이다. 자신이 살기 위해 남의 불행에는 관심도 없는 것이 바로 위악추이다. 현자는 항상 진선미를 자기 몸에 품고, 그 덕목을 자기 일체로 삼고자 한다.

행복은 습관이다. 타고난 능력보다 더 중요한 것은 습관이다. 작은 실천들은 습관을 형성하고, 습관은 덕을 쌓고, 그 덕은 인격을 향상시킨다.

진선미가 습관이 되어야 한다. 잘못된 습관이 우리를 얼마나 불행하게 하는지, 그리고 습관의 변화가 일상에 얼마나 큰 행복을 가져다주는지를 깨달아야 한다. "처음에는 사람이 습관을 만들지만, 나중에는 습관이 사람을 만든다."사를 노블

진선미가 세상을 구할 것이다

"진리를 알찌니 진리가 너희를 자유케 하리라."예수 그리스도
"인간 세상의 구원은 다름 아닌 바로 인간의 마음속에 내재해 있는 선한 본성 곧 진선미 회복의 여부에 달려 있다."동서고금의 현자들

오늘날 세계의 위기는 갑자기 진선미의 수준이 급격히 떨어졌다는 것이다. 진선미의 침체현상이 나타나면 보편적인 도덕이 사라지고, 세상이 혼미하게 된다. 오늘날 전 세계가 무엇이 진리이고, 선이고, 아름다움인지 모르고, 헤매고 있다. 그러므로 진선미 회복이 절실하다.

오늘날 현대인이 겪는 병리 현상은 헤아리기조차 힘들 만큼 많고 다양하다. 인간소외, 상실감, 우울증, 만성피로, 강박증, 자기부정과 같은 가치혼란, 정체성과 존재감의 혼돈 등이 우리가 숨 쉬는 세상의 공기를 가득 채우고 있다. 나의 삶을 피폐케 하는 이런 병리 현상으로부터 벗어나는 길은 어디에 있을까?

위기에 빠진 현대인의 삶을 어떻게 구할 것인가? 진선미를 통해 삶의 참된 의미와 가치를 회복해야 한다. 진선미가 현대인의 지치고 병든 심신을 치유할 것이다. 진선미는 스스로 불타는 촛불이어서 우리에게 빛을 안겨 준다.

진선미를 밤낮으로 묵상해 보아라. 진선미에 주목하고 묵상하는 순간, 우리의 내면은 따뜻한 빛과 향기가 가득한 정원이 될 것이다. 내 삶에 진선미가 뿌리를 내리면, 그 어떤 삶의 거짓과 부조리에 빠지지 않게 될 것이며, 사람들 가운데서 마치 신처럼 살게 될 것이다.

"사람의 본성은 선하기 때문에 누구든 선을 따르고, 선량한 행동을 할 수 있다. 선을 따라야만 아름다워 질 수 있으며, 선량한 행동을 해야만 그를 둘러싼 세상이 모두 아름다워진다." 마이클 샌델

자신을 온전히 불태우며 어둠을 밝히는 숭고한 현자들은 인류의 영원한 등대이며 진선미의 표상이다. 현자들의 행복은 다른 사람에게 등불과 같은 존재가 되는 것이다.

Tips 행복을 위한 고전과 인문학

7정七情 4단四端 4덕四德

옛사람들은 고전에서 인간학을 배우며 자신을 다스리고 높이는 공부를 했다. 여기서는 고대 중국의 고전에서 말하는 7정, 4단, 4덕을 살펴보고자 한다. 사람은 누구나 감정을 가지고 있다. 감정의 종류는 셀 수 없이 많다. 그 많은 감정을 7가지로 분류한 것이 7정이다. 7정은 기쁨, 성냄, 슬픔, 두려움, 좋아함, 미워함, 욕망의 자연적인 감정이다. 7정 자체는 선이나 악이라고 할 수 없다. 하지만 기뻐해야 할 때 기쁜 감정을 표현해야 선이다. 기뻐해야 할 때 슬픔을 표현한다면 선한 것이 아니다.

인간의 수많은 감정 가운데 선의 뿌리가 되는 4가지 감정을 4단이라고 한다. 맹자는 4단 곧 측은지심, 수오지심, 사양지심, 시비지심을 인간이 태어날 때부터 누구나 지니게 되는 선천적인 감정으로 보았다.

다른 사람을 측은하게 여기는 마음 곧 측은지심惻隱之心이 없다면 사람이 아니고, 부끄러워하는 마음 곧 수오지심羞惡之心이 없다면 사람이 아니며, 사양하는 마음 곧 사양지심辭讓之心이 없어도 사람이 아니고, 옳고 그름을 판단하는 마음 곧 시비지심是非之心이 없다면 사람이 아니다.

4단이 선의 실마리 혹은 싹이라면, 인의예지의 4덕은 싹이 꽃을 피운 것을 말한다. 측은지심에서 인仁, 수오지심에서 의義, 사양지심에서 예禮, 시비지심에서 지智라는 꽃이 피는 것이다.

측은지심에서 '공감'이란 상대방의 입장에서 느낄 수 있는 능력, 즉 타인의 감정과 심리를 잘 이해하고 민감하게 반응할 수 있는 능력을 일컫는다.

여러분은 빛이 되어, 세상에 하나님의 빛깔을 드러내라고, 여기 있는 것입니다.

예수 그리스도

day 16
누가 됐건 사람의 한 생애는
빛이 되어야 한다

"우리 모두는 우리가 가진 영광을 펼쳐 보이기 위해 태어났다. 그리고 우리 스스로를 빛나게 함으로써 우리 주위의 사람들도 자신만의 빛을 찾게 될 것이다." 넬슨 만델라

"자신을 신뢰하라. 평생 자신을 행복하게 해줄 삶을 창조하라. 자신을 최대한 개발하여 가능성의 작은 불꽃을 성취의 불길로 만들어라." 맥클레란

사람은 누구나 빛이다. 사람은 좋든 나쁘든, 사람 그 존재 자체만으로도 빛이다. 사람은 그만큼 존재 그 자체만으로도 고귀하다. "사람은 누구나 세상의 빛이 되어야 한다." 예수 그리스도

태초부터 지금까지 무수한 사람들이 지구상에 살다가 갔다. 수천억의 삶이 덧없는 촛불처럼 타올랐다가, 일말의 기대도 남기지 않고, 영원한 망각 속으로 사라졌다. 우리가 덧없는 촛불로 살다가 꺼지지 않으려면 어떻게 해야 할까?

이 세상에 태어난 인간에게는 저마다의 빛이 내재해 있다. 모든 인생은 저마다의 의미와 가치를 지녔다. 그래서 자신의 인생의 의미와 가치가 무엇인지를 발견하기만 하면, 그때부터 자신만의 빛나는 인생을 살 수 있다. 우리는 먼저 그 사실을 충분히 인식해야 한다.

세상은 어차피 어둡기 마련이다. 요즈음은 그야말로 암흑이다. 어둠이 짙을수록 빛이 더욱 간절하다. 문제는 빛이다. 빛이 없으면 절망이다. 그래서 태초에 하나님은 천지를 창조할 때 맨 먼저 '빛이 있으라' 하신 것이 아닐까? 빛이 창조되어 환하게 비추니, 비로소 밝음과 어둠, 낮과 밤이 구분되었다.

그 빛에 기대어 세상을 보자. 그 빛이 올바른 삶의 길을 알려주며 행복의 길로 안내하는 것이다. "수백 년 동안 암흑에 휩싸여 있던 공간을 밝히고 싶다면 어둠을 몰아내려고 할 것이 아니라, 그저 빛이 들어오게 하라." 파라마한시 요가난다

우리 주변에는 등대처럼 주위를 밝히며 현자같이 살아가는 사람들이 있다. 세상을 가만히 둘러보면 눈에 띄지 않게 묵묵히 자신의 일을 감당하는 사람들이 있다. 그들은 비록 큰 업적을 이루지는 못할지라도 그들의 존재는 소중한 빛을 발한다.

"태초에 하나님이 천지를 창조하시니라. 땅이 혼돈하고 공허하며 흑암이 깊음 위에 있고, 하나님의 영은 수면 위에 운행하시니라. 하나님이 이르시되 '빛이 있으라' 하시니 빛이 있었고, 빛이 하나님이 보시기에 좋았더라. 하나님이 빛과 어둠을 나누사, 하나님이 빛을 낮이라 부르시고, 어둠을 밤이라 부르시니라. 저녁이 되고 아침이 되니, 이는 첫째 날이니라."〈성경, 창세기 1장〉

모든 인생은 빛날 수 있다

"저 멀리까지 비추는 작은 촛불을 보라! 작은 선행이 악한 세상을 밝히는 것도 그와 같구나." 셰익스피어

어둠 속에 촛불을 켜자. 빛이 결국 어둠을 몰아낼 것이다. 촛불을 켜는 사람들이 이 지구상에 하나 둘 씩 늘어나는 것만큼 이 지구는 더 밝아질 것이다. 그리고 이러한 빛은 또 다른 존재를 빛으로 이끌 것이다. 그리고 어느 날, 어느 순간, 이 지구 전체가 온통 빛으로 물들게 될 것이다.

소크라테스는 아테네가 깊은 어둠에 잠겨 혼미한 상태에 놓여 있을 때 진선미의 가치를 내세우며 어둠을 밝히는 빛이 되었다. 진선미에 따르는 삶은 필연적으로 나와 너, 우리 모두를 빛으로 인도할 것이다. 한

줄기의 불빛이 빛나는 것을 본 사람은 그 불빛을 보여 주기 위해 모든 사람들의 소매를 잡아당기는 법이다.

인생여정에는 수많은 위험과 역경과 고난이 도사리고 있다. 이러한 인생의 고비를 넘기고 일어설 때 인생은 비로소 빛나기 시작한다. 고난을 정면으로 마주해야 빛나는 인생을 살 수 있다. 사실 우리 모두는 세상의 각기 다른 곳에서 타오르는 불꽃이다. 우리들의 존재가 주위의 사람들에게 희망을 주는 환한 불빛이 되기를 바란다.

한 시대의 어둠을 밝힌 현자들의 삶과 가르침은 하늘의 태양처럼 빛으로 가득 차 있다. 마치 인생이 빛으로 가득 차 있지 않다면 인생은 살 만한 가치가 없을 것이라고 말하는 것처럼 빛나고 있다. 그 빛을 볼 수 있는 사람은 행복하다.

동서고금의 현자들은 시대를 초월하여 희망의 별이 되어 오늘날에도 여전히 빛나고 있다. 우리는 별들이 반짝이는 것을 보았고, 희망을 품고, 이 별빛에서 저 별빛으로 날아다니며 현자들의 지혜를 모으고 있다.

빛나는 행복이 있다

"인간은 보상을 바라지 않는 숭고한 사랑으로 이웃을 행복하게 해줄 수 있다. 자신이 아닌 다른 사람을 위하여 일 할 때 비로소 인간은 신神과 비슷하게 닮기 시작한다." 작자미상

삶은 이웃과 세상을 향해 활짝 열려 있을 때 비로소 빛날 수 있는 것이다. 사람은 모름지기 안팎으로 밝게 살아야 한다. 그래야 그 밝음이 이웃

에게 그대로 전해진다. 우리 하나하나가 누군가에게 등불이 되어 환하게 비춰준다면 세상은 점점 더 환하게 빛날 것이다.

어둠 속 한줄기 빛과 같은 삶이 있다. 존재 그 자체만으로도 빛나는 사람이 있다. 존재 그 자체가 빛나는 삶이란 도대체 어떤 삶일까?

현자들은 이 땅에 빛을 가져온 존재들이다. 비록 처음에는 그 빛이 눈물과 고통스러운 긴장감을 가져다줄지라도, 결국 이 세상의 밝음과 행복을 배로 늘리는 것이다. 밤이 깊을수록 아침이 더욱 눈부신 것처럼, 시대가 암울할수록 현자들의 존재는 더욱 빛난다.

현자들은 봄날처럼 마음을 밝게 하는 존재들이다. 그들의 삶과 가르침을 접하면 머릿속 생각이 갑자기 반딧불처럼 빛나게 되고, 마음이 환하게 밝아지고, 얼굴에는 미소가 피어난다.

오랜 세월 전해 내려온 현자들의 행복 메시지는 우리를 다시 깨어나게 할 것이다. 현자들의 지혜를 접하는 것은 깨어남의 과정이다. 현자들의 가르침은 깨달음을 얻게 하는 메시지이다. 이 깨달음이 행복의 문이다.

어둠 속 한줄기 빛과 같은 존재가 되자

"어둠 속에 살고 있다면 왜 불빛을 찾지 않는가." <법구경>

"어둡다고 불평하는 것보다 촛불 하나라도 밝히는 것이 낫다." 불교잠언

"어둠은 어둠으로 몰아낼 수 없다. 어둠을 몰아낼 수 있는 것은 빛뿐이다." 마르틴 루터 킹

한 자루의 촛불이 어둠을 몰아내고, 하나의 작은 희망이 사회에 활기를 불어 넣을 수 있다. 우리는 각자의 영역에서 어둠을 몰아내고, 자기다움의 빛을 발할 수 있는 소중한 존재들이다. 어둔 세상을 밝히는 불빛이 되자. 어둠은 빛을 이겨본 적이 없다. 불을 밝히면 어둠은 물러가는 법이다.

온 세상이 열광적인 찬사를 보낼 만큼 대단한 일을 해보라는 것이 아니다. 그러한 부담은 행복의 장애물일 따름이다. 그냥 있는 자리에서 작은 촛불이라도 켜라는 것이다. 백 마디의 말보다 한 줄기 빛이 더욱 낫다.

기독교 영성작가 유진 피터슨은 허망하게 살아가는 현대인의 모습을 다음과 같이 묘사했다. "그토록 많은 사람이 어째서 그렇게 형편없이 살아가고 있는지 참으로 아이러니컬하다. 악하게 산다기보다는 허망하게 살아가는 모습 말이다. 비참하게 산다기보다는 미련하게 사는 모습, 우리 사회에서 두각을 나타내는 이들을 보면 흠모할 만한 면이 거의 없고 본받을 점은 더더욱 없다. 주변에 유명인사는 있으나 성인聖人은 전무한 형편이다."

현자들의 가르침에서 솎아낸 지혜들, 깊은 사색에서 건져 올린 생각들, 내 인생을 환하게 밝혀주는 빛이다. 그 빛에 힘입어 나 또한 작은 빛으로 세상을 밝힐 수 있기를 소망해 본다. "너희는 세상의 소금과 빛이니라."예수 그리스도

"자기 자신을 의지하고, 진리에 의지하라. 자기 자신을 등불로 삼고, 진리를 등불로 삼아라."붓다

빛이 어둠을 이긴다. 어둔 세상을 밝히는 빛은 세상의 희망이다. 그리

고 세상을 밝히는 빛나는 삶은 곧 자신과 이웃의 행복으로 이어진다. 이는 진선미 행복의 나비효과이자 상호작용이다. "그대는 나라를 사랑하는가. 그러면 먼저 그대가 건전한 인격자가 되라. 나 하나를 건전한 인격자로 만드는 것이 우리 민족을 건전하게 하는 유일한 길이다."_{안창호}

봉사 (선행)는 내 삶을 스스로 빛나게 한다

"주는 것이 받는 것보다 더 행복하다."<성경, 사도행전>

"하나님께 대한 최대의 예배는 인류를 향한 봉사이다."존 웨슬리

"다른 사람을 더 많이 도울수록 우리는 더 행복해지고, 우리가 행복해질수록 다른 사람들을 더 돕고 싶어진다."탈 벤 샤하르

"세상의 모든 행복은 남을 위한 마음에서 오고, 세상의 모든 불행은 이기심에서 온다. 하지만 이런 말이 무슨 소용이 있는가. 어리석은 사람은 자기 이익에만 매달리고, 지혜로운 사람은 다른 사람의 이익에 헌신한다. 그대 스스로 그 차이를 보라."_{산티데바}

우리의 인생을 환히 빛내 줄 성스러운 빛은 무엇인가? 사람이 가장 빛날 때는 의미 있는 삶을 살 때가 아닐까? 가장 의미 있는 삶은 사람들을 도우며 사는 봉사가 아닐까? 왜냐하면 봉사는 나 자신을 내어주는 것이기 때문이다. 따라서 우리는 봉사할 때 온전히 존재하고, 뜨겁게 사랑하고, 삶을 빛나게 한다.

선행과 봉사를 통해 오는 행복은 영양가 높은 행복이다. 오감이 안겨

주는 짜릿한 쾌감이 아니라 삶의 의미와 가치를 일깨워주는 고귀한 행복이다.

우리가 각기 다른 길을 선택하지만 도달하고 싶은 곳은 하나인 것이다. '행복'이란 곳이다. 봉사는 행복을 순식간에 최고의 경지로 끌어 올린다.

지금 당장 주변을 살펴보라. 병원, 복지관, 학교, 각종 사회봉사단체들은 도움의 손길을 애타게 기다리고 있다. 어떤 분야든 마음 가는 곳에 가서 봉사활동을 시작하자. 그래야 우리의 삶은 빛이 나고, 행복의 의미 역시 활기차게 솟구칠 것이다. 그야말로 마법의 순간이 오고, 축복의 순간이 온다.

이 세상에 어떤 사람도 자신에게만 몰두하면서 행복하고 의미 있는 삶을 살기란 불가능하다. 행복은 봉사하는 삶속에 샘솟는다. 봉사하는 사람들의 표정을 보라. 그렇게 밝고 환할 수가 없다. 그 이유를 물으면 하나같이 말한다. "주러 왔다가 오히려 더 많이 받습니다."

우리는 모두 더불어 산다. 누구도 외딴섬에 고립되어 살지 않는다. 그렇기에 우리는 서로를 깊이 필요로 한다. 심리학자 아들러의 행복 원리는 "다른 사람의 행복은 나의 행복으로 돌아온다"는 선순환 구조이다. "남에게 베풀면 반드시 나에게 돌아온다"는 행복의 부메랑이다.

나는 매일 나의 행복을 최대화 하기 위해 노력하는가? 세계의 행복을 위해 내 존재가 매일 얼마나 기여하는가? 세상에 '행복을 배달한다'는 자부심이 있는가?

"내가 남들을 위해 사는 지금에 와서야, 아니면 적어도 그러려고 노력하는 지금에 와서야, 나는 인생의 행복을 깨닫는다." 톨스토이의 〈전쟁과 평화〉

다른 사람을 위해서 봉사하는 것이 바로 자신을 구하고, 삶의 질을 높이는 길이라는 사실을 깨달으면 더욱 행복해진다. 자발적으로 봉사하는 이에게는 봉사는 피곤한 일이 아니라, 오히려 삶이 재충전 되고, 숭고한 행복을 만끽하게 된다. 그리고 봉사는 사람을 빛나게 한다.

심리학자 아들러는 모든 사람들은 자신이 이상적이라고 생각하는 사회를 만들기 위해 각자 공헌하고 싶어하는 욕구가 있다고 보았다. 게다가 사회에 공헌할 줄 아는 삶이 의미 있고 행복한 삶이라고 것이다. 이러한 의미에서 사람들은 서로에게 관심을 가지고, 서로 아껴주고, 서로 도우면서, 다같이 행복을 누릴 수 있어야 하는 것이다.

인생을 빛나게 만드는 것은 오직 스스로에게 달려 있다. 우리는 주고받으면서 서로를 빛나게 할 수 있다. "줄 것이 없을 만큼 가난한 사람도 없고 받을 것이 없을 만큼 부유한 사람도 없다." 교황 요한 바오로 2세

인생에서 가장 값진 보화는 감사를 아는 것이며, 인생에서 가장 큰 지혜는 바로 봉사를 아는 것이다. "성공한 후에 해야 할 두 가지가 있다. 하나는 겸손이고, 또 하나는 봉사이다." 장젠췬

봉사와 선행으로 인생에 빛을 더하라

"그대의 인생을 사랑하고 완성하라. 그대 삶의 모든 것을 아름답게 하라. 지금 살아 있다는 것에 감사하라. 그리고 그대의 이웃에게 많이 봉사하기를 힘쓰라." 수행자

"즐거운 마음으로 베푸는 사람들은 그 즐거움이 그들이 받는 보상이다" 카릴지브란

행복 연구자들은 누군가를 도울 때 맛보는 황홀감을 '헬퍼스 하이' helper's high라고 부른다. 자원봉사를 하거나 가진 것을 나누어 줄 때 행복 호르몬이 분비되고 스트레스는 줄어든다고 한다. 보람 있고 좋아하는 일을 하는 것은 재충전의 시간이다. 봉사는 우리의 힘을 앗아가는 것이 아니라 활력을 더해 주는 것이다.

'테레사 효과'Teresa effect를 아는가? 테레사 수녀의 헌신적인 봉사활동에서 유래한 말로서 봉사와 선행을 목격하거나 생각만 해도 마음이 착해지고 행복해 진다는 것이다. 봉사는 인간에게 값을 따질 수 없는 고귀한 행복을 준다.

연구자들은 타인에게 선행을 베풀면 긍정적인 효과가 도미노처럼 일어난다고 한다. 좋은 행동을 하면 그 행동의 수혜자뿐 아니라 결과적으로 더 많은 사람을 돕게 되는 것이다. 그리고 자원봉사를 많이 할수록 그들이 느끼는 행복이 더 크다고 한다.

우리는 나 자신이 몸담고 있는 이 사회 속에서 어떤 공헌을 할 수 있는지를 돌아볼 필요가 있다. 나는 주위 사람들을 따뜻하고 친절하게 맞이하고 있는지, 아니면 건성으로 스치고 지나왔는지 반성할 일이다. 저마다의 고민 속에서 점점 고립된 삶을 살아가는 오늘날, 먼저 손을 내미는 삶은 어둠 속 한 줄기 빛과 같은 삶이다.

"누구도 자신이 받은 것으로 인해 존경 받지 않는다. 존경은 자신이 베푼 것에 대한 보답이다."캘빈 쿨리지

기꺼이 타인에게 나 자신을 아낌없이 내어주겠다는 마음이 있다면 우리는 이미 행복한 사람이다. 타인을 위해 산다는 것은 사람을 사람답게 하는 가장 큰 미덕이며, 어두운 세상을 환하게 밝히는 불꽃이다.

"이웃을 참되게 사랑하라. 인류에 봉사하는 일과 관련해서 행동할 것이다. 사람이 잘못하는 것은 어떤 옳지 않은 일을 행하기 때문만은 아니다. 해야 할 일을 하지 않는 것 또한 잘못이다."마르쿠스 아우렐리우스

"성인은 자기를 위해 쌓아 놓지 않고, 다른 사람에게 모두 베푸는 데, 자기가 오히려 더 갖게 된다."노자

작은 불꽃이 되어 자신의 인생을 환하게 꽃피어라

"한 등불이 능히 천년의 어둠을 없애고, 한 지혜가 능히 만년의 어리석음을 없앤다."<육조단경>

"빛을 찾아 헤매는 사람에게는 이미 빛이 비추고 있다. 그의 갈망이 바로 빛이다."인도격언

작은 불꽃이 되어 세상을 밝힐 때 당신의 인생도 빛나고 행복도 절정에 도달할 것이다. 작은 불꽃으로 사는 것은 어렵지 않다. 거리에서 만난 사람들에게 미소를 지어라. 얼굴을 마주치면 가벼운 목례로 인사하자. 순수한 관심을 가지고 정답게 말을 건네자.

그런 작은 불꽃으로 살면 내 주위에 향기가 가득하고, 내 삶에 벌들과 나비들이 날아들 것이다. 그리고 삶은 부메랑과 같아서, 이웃에게 좋은 것을 나누어주면, 언젠가는 같은 것으로 나에게 돌아오는 법이다.

작은 불꽃이 되어 타인을 위해 사는 것이 사람을 사람답게 하는 가장 큰 미덕이며, 어두운 세상을 환하게 밝히는 불꽃이다. 기꺼이 나 자신을 희생하겠다는 숭고한 마음이 있다면 당신은 이미 행복한 사람이다. 타인

을 위해 살 때 마음에는 말로 형언할 수 없는 기쁨이 생겨나고 빛나는 행복에 휩싸이게 된다.

"좁게 보며 움츠러 들면 세상에 도움이 되는 존재가 될 수 없다. 움츠리고 도망가 봤자 우리의 가족과 형제들이 행복할리가 없다. 우리 모두는 우리가 가진 영광을 펼쳐 보이기 위해 태어났다. 그리고 우리 스스로를 빛나게 함으로써 우리 주위의 사람들도 자신만의 빛을 찾게 될 것이다." 넬슨 만델라

빛으로 이루어진 듯한 사람들이 있다. 그들의 삶은 항상 눈부시다. 그들은 빛나는 미소를 가졌다.

"빛의 자녀들처럼 행하라. 빛의 열매는 모든 착함과 의로움과 진실함에 있느니라." 〈성경, 에베소서〉

5장

행복의 테마는 사람이다

동서고금의 현자들

"사람이야말로 살아 숨 쉬는 도道, 그 자체이다."노자

"오늘날 사람은 자본주의라는 거대한 시스템 속에서 한낱 부품이나 상품으로 전락했고, 인간의 존재가치는 상실되어 버렸다."하이데거

"모든 국민은 인간으로서의 존엄과 가치를 가지며, 행복을 추구할 권리를 가진다. 국가는 개인이 가지는 불가침의 기본적 인권을 확인하고, 이를 보장할 의무를 진다."대한민국 헌법 10조

우리가 사는 세상의 테마는 '사람'이다. 이 세상은 사람과 사람이 어우러져 웃고 울고 미워하고 좋아하고 사랑하는 곳이다. 인간이 경험하는 가장 강렬한 고통과 기쁨은 모두 사람에게서 비롯된다.

오늘날 자본주의는 모든 가치를 오직 하나의 가치 곧 금전적인 가치로 바꾸어 계산하게 된다. 인간소외는 그러한 자본주의의 본질적인 문제가 깔려 있기 때문에 파생된다. 자본주의 사회에서 인간은 인격이 아닌 물건, 상품, 기계 부품 등으로 취급당한다.

자본주의 사회에서는 사람을 상품의 가치가 있으면 사랑하고, 상품의 가치가 없으면 사랑하지 않는다. 어떤 대상을 제대로 사랑하려면 인간 본성을 사랑해야 한다. 그 사람의 본성을 사랑해야지, 상품으로 취급해서는 안 된다.

사람은 경제적 가치가 아니라 존재적 가치로 평가되어야 한다. 모든 사람들은 자기만의 고유한 자아가 내재해 있고, 자기만의 숭고한 영혼을 지니고 있는 고귀한 존재들이다.

아무리 하찮은 일을 하는 사람이라도, 아무리 못생긴 사람이라도, 아무리 가난한 사람이라도, 사람은 모두 신성한 존재이다.

무사 앗사리드

day 17

행복하려면 서로의 존재를 기뻐하고 축하하라

"모든 삶은 다 중요하다. 그래서 삶은 나누고 축하되어야 마땅하다."

헨리 나우웬

우리가 행복해지기 위한 조건은 이미 충분하다. 우리는 단지 존재하기만 하면 된다. 그리고 서로의 존재를 기뻐하며 축하하면 된다. 존재하는 것을 있는 그대로 사랑하기만 하면 된다.

외모와 소유가 아닌, 존재 그 자체를 기뻐하고 축하하자. 하지만 우리는 서로의 존재가 아닌 서로의 외모와 소유와 이익에만 몰두하고 있지는 않는가? 이것이 우리 시대의 가장 심각한 질병이자 불행의 원인이다.

따뜻한 사랑의 시선으로 동시대를 살아가는 모든 이들, 특히 바로 내 곁에 있는 이를 바라보자. 서로의 존재가 항상 내 곁에서 행복을 주고받는 벗이 되었으면 한다. 인간은 서로를 위해 존재하기에 서로를 위해 유익한 존재가 되어야 한다.

"너는 이미, 충분히 사랑스럽다. 진정한 관계는 상대방을 바꾸려는 의도가 아니라, 있는 그대로 축복하는 것에서 시작한다. 모든 존재는 각자 하나의 꽃봉오리이다." 류시화

그대가 이 세상에 있다는 이유만으로도
　내 눈에 비친 세상은 눈부십니다.
그대와 함께 이 세상을 살아가는 나는
　살아 있다는 것만으로도 행복에 겹습니다.
그대가 존재한다는 것은 내가 살아가야 할 이유입니다.
　그대와 함께 이 세상을 살아간다는 이유는
　영원히 내가 그대를 사랑해야 할 이유입니다.

T. 제프란

사람은 언제나 행복의 주체이자 원천이다

> "사람과 물건의 관계에서 사람이 물건보다 훨씬 중요하다. 사람과 사람의 관계에서 마땅히 상호존중하고, 서로 사랑해야 한다." 공자
>
> "인간은 사물이 아니다. 따라서 그저 수단으로 취급될 수 있는 대상이 아니므로, 인간은 모든 행위에서 목적 자체로 고려되어야 한다." 임마누엘 칸트

"모든 사람이 곧 신의 목소리이다. 어찌 무례할 수 있겠는가? 어찌 그 말에 귀 기울이지 않을 수 있겠는가?" 하피즈

공자는 사람이 어떠한 것보다 우위에 있다고 가르쳤다. 그는 존엄한 인격을 갖춘 사람을 자연계의 어떤 물건과도 혼동해서 수단으로 취급해서는 안 된다고 하였다. 어느 유행가 가사처럼 "누가 뭐래도 사람이 꽃보다 아름답다."

그래서 공자의 가르침은 보편적인 인간주의를 지향하며 사람의 가치와 존엄성을 중시한다. 왜냐하면 사람은 인격을 지닌 존엄한 개체이기 때문이다. 모든 사람은 그 존재 자체가 목적이지 도구적 수단이 아니다.

돈이 많은 사람은 '사람이 없어도 혼자 얼마든지 행복할 수 있다'고 하며 사람을 무시하는 경향이 있다. 돈의 존재감이 커지는 만큼 사람의 존재감은 작아진다. 돈에 대한 생각을 많이 할수록 사람에 대한 관심이 줄어든다. 하지만 행복하려면 사람들을 싫어하거나 귀찮아 해서는 안 된다. 사람들을 좋아하고 도움이 되는 일을 아낌없이 주며 살아

야 한다.

자본주의의 심각성은 물질적 풍요와 부귀를 누릴지 몰라도, 그것을 감당할 정신력과 도덕성을 갖추지 못했다는 데에 있다. 자본주의는 필연적으로 영혼의 혼탁, 도덕적 타락, 사회적 부패, 배금주의 등을 초래한다. 자본주의는 세상에 물질적 풍요는 가져올지라도, 인간에게 참된 행복을 주지는 못한다.

호주 최대 항공사인 콴타스 항공의 회장CEO을 역임했던 제프 딕슨은 자본주의 경제성장의 어두운 역설을 날카롭게 지적했다. "건물은 높아졌지만 인격은 더 작아졌다. 고속도로는 넓어졌지만 시야는 더 좁아졌다. 소비는 많아졌지만 더 가난해지고, 더 많이 물건을 사지만 기쁨은 줄어 들었다. 집은 커졌지만 가족은 더 작아졌다. 더 편리해졌지만 시간은 더 없다. 학력은 높아졌지만 상식은 부족하고, 지식은 많아졌지만 판단력은 모자란다. 전문가들은 늘어났지만 문제는 더 많아졌고, 약은 많아졌지만 건강은 더 나빠졌다."

자본주의 경제성장으로 인해 인간의 수명은 늘어났지만 '어떻게 살 것인가' 삶의 의미와 방향은 상실한 것 같다. 모든 사람과 삶에는 뭔가 의미가 있고, 더 나아가 성스러움이 담겨 있다. 우리는 그 의미를 발견하고 성스러움을 느낄 수 있어야 한다. 사람은 누구나 사람 그 자체로서 성스럽고 가치가 있는 것이다.

"인생에는 선과 악이 있다. 타인을 모욕하는 것은 악이며, 인간 됨됨이에 있어 최고의 선은 상대방이 누구든 그가 모욕을 느끼지 않도록 대하는 것이다. 또한 자유란 어떤 일을 하든지 스스로 모욕을 느끼지 않은 상태를 말한다. 소인배의 공격에 상처를 받지 말아라."니체

인간에 대한 예의를 다하라

> "인간의 길, 사람다운 삶을 회복하라!
> 인간에 대한 예의를 갖추라!"공자

2,500년 전, 공자는 인간에 대한 따뜻한 시선을 가지고 인간의 길, 사람다운 삶을 탐구하고 인간의 가치를 이야기했다. 인간에 대한 따뜻한 시선을 가지는 것이 인간에 대한 예의이다.

왜 공자는 그토록 인간의 존엄성을 강조하며 인간성 회복을 부르짖었는가? 그는 인간의 존엄성이 짓밟히고 얼굴만 사람이지, 짐승만도 못한 인면수심人面獸心의 시대에 살았기 때문이었다. 그가 살았던 시대는 낯짝이 두껍고 부끄러움을 모르는 사람들이 넘쳐나는 후안무치厚顔無恥의 시대였다.

공자처럼 인간에 대한 따뜻한 시선을 가지자. 경제성장은 필요하지만 그 성장이 인간을 행복하게 만들어주지 못하면 의미가 없다. 사람을 소외시키는 경제성장은 성장이라고 할 수 없다. 어느 시인의 시처럼 "우리는 서로에게 하나의 꽃이 되고, 의미가 되기 위해 몸부림쳐야 한다."

대형화된 현대 사회에서 한 사람의 소중성이 점점 희박해지고 있다. '한 사람에 대한 절대성'은 사랑의 본질임에도 불구하고 가족에서 조차도 대수롭지 않게 취급되고 있다. 투명인간 취급을 받고 있다. 한 사람의 소중성은 반드시 회복되어야 한다. "백 년 살 것 아닌데 한 사람 따뜻하게 하기 어찌 이리 힘드오."김초혜 가장 인간다운 인간은 어떤 인간인가? 그것은 인간으로서 인간을 존중하는 인간이 아닐까? 인간 존중의 미덕을 일깨우자. 존중은 상대방을 높이고 소중하게 대하는 마음과 태도를 말한다. 인간 존중은 사람의 가치를 귀하게 여기고, 그 존재를 인정하는 것이다. 공자처럼 인간의 길, 사람다운 삶을 추구하자. 인간의 길, 사람다운 삶에서 행복이 나온다.

사람의 존재감이 행복의 가장 중요한 요소이다

"행복해지기 위해 돈에 집착할수록 정작 행복의 원천이 되는 사람으로부터는 멀어지는 모순이 발생한다."서은국

오늘날 자본주의는 과도한 물질주의를 추구함으로 인해 행복의 주체인 인간을 소외시키고 있다. 생명경시 풍조가 만연하고 인간의 존엄성이 상실되었다. 현대의 찬란한 물질문명 속에 인간 그 자체가 시들어 간다. 인간소외의 시대 곧 인간의 가치와 존엄성이 무너진 시대에 어떻게 행복을 추구해야 할까?

자본주의와 인간 존중은 태생적으로 서로 궁합이 맞지 않는다. 자본주의 체제 속에서 정신없이 살다보면 인간은 한없이 작아진다. 인간에 대한 이해가 부족한 자본주의는 인간을 물건처럼 사용하고 노예처럼 이용하려고 한다. 자본주의의 늪에 빠져서 돈이나 물질에 집착하면, 돈과 물질이 사람보다 더 중요한 존재가 되고 만다.

돈의 존재감이 커지면 사람의 존재감이 작아진다. 돈에 대한 생각을 많이 할수록 사람에 대한 관심은 그만큼 줄어든다고 한다. 돈이 있으면 '너희가 없어도 난 혼자 잘 살 수 있다'는 느낌을 들게 만드는데, 이러한 우쭐한 기분을 '자기도취감'이라고 한다.

우리는 서로에게 인격체가 아니라 비인격체가 되어가고 있다

> "세계는 황폐해졌고, 신들은 떠나버렸으며, 대지는 파괴되었고, 인간들은 정체성과 인격을 상실한 채 버려졌다."하이데거
>
> "우리는 각자가 한 사람의 그대이며 특별한 존재이기 때문에 다른 사람과 만날 때는 서로 신성한 존재가 되어야 한다."마르틴 부버

오늘날 인간의 가치와 존엄성이 실종되었다. 인간이 비인격화가 되어서 서로를 물건 취급하듯 다루고 있다. 하지만 "인간은 그 자체로 가치 있는 존재이다. 세속적인 성취나 성공으로 그 사람의 가치를 평가할 수 없다. 실수와 실패가 있어도 그 삶의 존재 가치는 사라지지 않는다."김병수

우리는 서로를 있으나 마나 하는 잉여인간, 더 나아가 있으면 오히려 서로에게 짐만 되는 불편한 인간, 세상에 도움이 안 되는 쓰레기같은 인간으로 취급해서는 안 된다. 여기서 우리는 스피노자의 말을 되새길 필요가 있다. "인간은 인간에게 하나의 신이다."

유대인 랍비이자 철학자였던 마르틴 부버에 따르면 인간이 인간에 대해 어떤 태도를 취하느냐에 따라 두 가지 모습이 된다. 그의 유명한 저서 〈나와 너〉에서 인격적 모습을 취하는 '나와 너'와 비인격적 모습을 취하는 '나와 그것'의 관계로 구분하였다. 여기서 '그것'이란 상대가 사람인

데도 물건처럼 비인격적으로 취급하는 것을 뜻한다. 상대의 조건이나 속성을 자기 이익을 위해서 이용하는 모양새이다.

현대와 같이 자본이 우선하는 사회에서는 '나와 그것'의 비인격적 관계가 압도적으로 증가한다. 우리는 본연의 인간성을 잃어가고, 세상은 인간성이 사라진 비인격적인 공간이 되어 가고 있는 것이다.

한국은 전형적인 자본주의 사회이다. 자본주의 사회에서 돈이 만능 해결의 열쇠가 되어버렸다. 오늘날 모든 것이 돈으로 환산되고 있다. 그래서 오늘날 한국인의 행복 날개는 접혀 있는 듯한 안타까움이 있다.

금권만능주의 사회에서는 인간의 신분과 가치도 재산 정도에 따라 구분 되어진다. 그래서 현대인은 돈에 혈안이 되어 인간의 보편적인 가치와 도덕률조차 무시되고 있다. 돈이 인간을 뛰어넘어 최고의 가치가 되어버렸다. 사람의 편리한 생활을 위해 도구로써 필요한 것이 돈이지만 이제는 그와 반대로 오로지 돈을 축적하기 위해 생을 탕진할 뿐만 아니라, 인간의 권리를 침해하기까지 이르렀다. 이러한 인간과 돈의 가치 전도현상은 이 사회의 온갖 부정과 비리와 부조리의 온상이 되고 있다.

부자가 되기 위해 돈에 집착하면 돈은 사람을 집어삼킨다. 돈은 사람의 편의를 위해서 생겨난 수단인데, 그 돈이 목적이 되어 버렸다. 돈이 목적이 된 사람은 사람이 해서는 안 되는 끔찍한 짓까지 하게 되는 것이다. 인간이 도구나 수단으로 존재하지 않고, 인간 존재 그 자체의 고유성이 드러날 때, 우리는 인간에게서 발하는 성스러운 빛을 보게 된다.

인간의 본성에는 어진 마음 곧 인仁이 있다 _{공자}

"사람의 본성은 원래 바르다. 사는 동안 이 바른
본성을 잃어버리게 되면 결코 행복할 수 없다." _{중국금언}

공자에 따르면 인간의 본성은 하늘로부터 왔는데, 하늘은 선하므로
인간의 본성도 하늘을 닮아 선하다. 인간의 본성에는 어진 마음 곧 인仁
이 있는데, 이것은 동물과는 달리 인간만이 가지고 있는 덕성이다.

공자는 바른 인간이 되기 위해서는 나쁜 기질을 억누르고, 원래 타고
난 선한 본성 곧 '인'을 되살려야 한다고 했다. 인은 공자 사상의 초석이
자 핵심이다. 공자는 '오도일이관지'吾道一以貫之 곧 '나의 도는 하나로 통
한다'라고 하였는데, 이는 '인'仁이 그의 사상체계를 하나로 꿰뚫고 있는
기본개념이다. 이는 학계에서 비교적 공인된 견해이다.

『논어』의 〈안연편〉에서 제자 번지가 '인'에 대해 묻자, 공자는 "인은
사람을 사랑하는 일이다"라고 대답했다. 사람을 사랑하는 일이란 사람과
물건의 관계에서 사람이 물건보다 훨씬 중요하다는 뜻이다. 그리고 사람
과 사람의 관계에서 마땅히 상호존중하고 서로 사랑해야 한다는 것이다.
이러한 관점은 사람의 존엄성을 중시하고 보편적인 인간애를 지향한다.

인간은 마땅히 '성스러운 존재'로 간주되어야 한다

"인간은 누구나 인간자체로서 가치와 성스러움이 있다. 그건 분명한 사실이다. 인간에게서 성스러운 빛, 즉 인간고유의 존재의 빛을 느껴라."하이데거

모든 인간과 삶에는 뭔가 성스러움이 깃들어 있다. 아무리 하찮은 인간과 삶도 성스러운 것과 맞닿아 있는 것 같다. 삶의 매순간 마다 뭔가 성스러운 것이 담겨 있으니 옷깃을 여미고 신중하게 살아야 할 일이다.

인간을 성스러운 존재로 경험할 때 우리는 새삼 '인간이 존재한다'는 사실에 대해 경이로움을 느낄 수 있다. 인간은 성스러운 존재, 다시 말해서 함부로 할 수 없는 고유한 성격을 갖고 있는 존귀한 존재이다.

인간은 본래 경이로운 존재이지만 그동안 우리는 자본주의가 낳은 물질문명에 빠져, 결과적으로 인간의 비인격화를 초래하였다. 인간의 성스러움을 어떻게 회복할 것인가?

우리는 모든 종류의 비교의식을 떠나 각각의 인간자체에 대해서 경이를 느낄 수 있어야 한다. 인간의 경이로움을 볼 수 있는 열린 마음이 필요하다. "존재상실의 공허함은 세계와 사물을 경이롭게 봄으로써 극복할 수 있다. 세속의 일들에 대한 호기심이나 잡담에서 벗어나 사물과 세계의 신비에 조용히 마음을 열 때 존재들은 무한한 깊이를 갖는 것으로 드러난다. 그때 비로소 우리의 삶은 진정으로 충만해진다."하이데거

우리의 인생 여정은 성스러운 것이다. 모든 사람들의 삶 안에는 저마다 성스러움이 내재해 있다. 삶이 성스러운 것은 인간이 성스럽기 때문

이다. 우리의 인생은 잠깐 있다가 사라지는 안개 같지만, 그것은 성스러운 안개이다.

이 땅에서 인간이 얻는 최고의 행복은 사람들과의 융합과 일치이다 톨스토이

"생각하면 할수록 사람을 사랑하는 것보다 진정 예술적인 것은 없는 것 같다." 반고흐

"우리에게는 자신들이 개별적 존재로 보이지만, 그것은 마치 모든 사과꽃이 저마다 자기는 하나의 독립적인 존재라 생각해도 사실은 한 그루의 사과나무에 핀 꽃이며, 모두 하나의 씨앗에서 태어난 것과 같은 것이다." 표도르 스트라호프

우리 인간은 혼자서는 존재할 수 없다. 더불어 살아가는 사회 속에서 나와 무관한 것은 아무것도 없다. 우리는 서로의 관심과 보살핌을 필요로 하는 존재들이다. "사람은 누구나 외딴 섬이 아니다." 존던

사람은 누구나 아픔과 상처를 안고 살아가는 외로운 존재이다. 중요한 것은 오직 사랑인데, 사랑은 생명이고, 모든 것이 존재하는 이유이다. 인류의 모든 비극을 씻어주는 힘이 사랑이다. "깊은 사랑의 기억 하나만으로도 사막을 홀로 건널 수 있는 게 인간이다." 생텍쥐페리

사랑한다는 것은 누군가를 행복하게 해주는 것이며 사랑의 기본은 내 삶 속에서 상대방의 존재 가치를 인정하는 것이다. 사랑은 하찮은 인간일지라도 가장 위대한 존재로 만드는 힘이다.

"사람을 도구로 보는데 익숙해지고 돈으로 모든 걸 사는데 무감각해

지면 우정의 문이 점점 닫힌다. 사귈만한 사람이 없는 게 아니라 우리의 삶에 우정이 들어올 틈이 없기 때문이다."_{저우바오쑹}

무관심이 현대인을 병들게 한다

"현대인들에게 만남은 없고 단순한 스침만 있다."_{마르틴 부버}

"주위에 사람들이 이렇게도 많은데도, 우리는 외로움으로 죽어가고 있다."_{슈바이처}

"서로에 대한 무관심은 결혼생활이 분노로 가득 차서 서로를 산 채로 묻어버리는 것과 같다."_{작자미상}

우리는 창문 없는 세계에 살고 있지는 않는가? 우리 세대는 무관심, 무감각, 무책임의 세대가 되어가고 있다. 이 3무無 시대에 현대인들의 가슴은 날마다 아스팔트처럼 굳어지고 있다. 개인은 날로 비인격화 되고 있다. 현대인이 가장 힘들어하는 것은 인간관계이고, 관계 때문에 고통 당하고 있다.

"세상살이 모든 행복은 인간관계에서 오며, 마찬가지로 모든 괴로움 또한 인간관계에서 온다."_{장샤오헝}

우리는 때로 자기 생각에 몰두한 나머지 옆 사람의 존재를 잊어버린다. 함께 차를 타고 가면서, 심지어 함께 식사를 하면서, 옆자리에 있는 배우자의 존재를 잊어 버린다. 우리가 그러한 행동을 습관처럼 계속한다면 배우자는 서서히 병들어 갈 것이다.

"서로 무관심한 이웃들이여, 우리가 서로에게 도움이 되는 존재라는 걸 깨달아야 한다. 감탄할 만큼 뛰어난 능력을 베풀 수는 없어도, 우리는 서로에게 쓸모가 있다."^{헨리 D. 소로}

우리는 서로를 세상에 유일한 존재로 대우해야 한다

"만나는 사람마다 자신이 많은 사람들 중에 하나가 아니라, 이 세상에 존재하는 유일한 사람처럼 느껴지도록 영접하라. 그러면 그들의 마음이 활짝 열릴 것이다."^{수행자}

사람은 누구나 존귀한 존재이다. 우리는 서로에게 이 세상에서 하나밖에 없는 특별한 존재가 되어야 한다. 이 지구는 물론, 우주와도 바꿀 수 없을 만큼 특별하다. 이처럼 존엄한 존재인 인간은 각자 마다 고유한 기질과 특성을 갖고 있다는 점에서 독특하고 특별한 존재이기도 하다. 얼굴 모습이 제각기 다르듯이, 각자의 기질과 특성도 다르다.

나를 비롯한 모든 사람, 한 사람 한 사람이 세상에 유일한 존재라는 사실을 깊이 되새기며 서로를 존중하며 축하하자. 우리 모두는 세상에 단 하나뿐인 독특하고 특별한 존재임을 명심하자.

서로의 존재를 기뻐하고 축하한다는 것은 내가 만난 그 사람이 온갖 아름다움과 경이로움을 가진 세상에서 단 하나뿐인 존재라고 확신한다는 것을 전제로 한다. "당신이 없으면 나도 없습니다. 당신이 존재하기에 내가 존재합니다."

우리가 잘 아는 말, '천상천하 유아독존'天上天下 唯我獨尊은 "모든 생명은 존엄하고 한 사람, 한 사람이 모두 존귀하다”는 것이다. 우주에서 그 어떤 것으로도 대체할 수 없는 유일한 ‘나’는 어떻게 살아야 할까? 우리는 서로를 어떻게 대우해야 할까? 서로의 존재를 기뻐하며 사랑하자. 사랑한다는 것은 비교를 멈추는 것이다. 비교는 행복을 죽인다.

“내겐 네가 이 세상에서 오직 하나밖에 없는 특별한 존재이다.”

생텍쥐페리의 〈어린 왕자〉

자본주의 사회에서는 부 곧 소유가 성공의 지표이다. 하지만 소유가 곧 행복으로 여겨지는 사회에서는 행복할 수 없다.

에리히 프롬

day 18
행복의 꽃은 소유가 아니라 존재에서 피어난다

"인간은 더 많이 소유하는 것이 아니라 더 많이 존재하는 것으로 행복해질 수 있다. 헛된 소유욕에 이끌리지 말고 살아있음 자체에 충만감을 느끼며 인간을 비

롯한 모든 자연을 사랑하는 삶을 살라. 이러한 존재양식의 삶 속에서만 궁극적인 행복을 경험할 수 있다."에리히 프롬

　

독일 태생의 심리학자 에리히 프롬은 현대사회가 정신적으로 병들어 있다고 보았다. 현대인은 소유에서 삶의 목표와 의미를 찾으면서 실질적으로는 삶의 공허함을 느끼고 있으며, 현대사회는 사람들을 끊임없이 경쟁으로 몰아감으로써, 사람들을 이기적이고 계산적인 인간으로 만들고 있는 실정이다.

진정한 행복이란 서로의 존재를 바라보게 될 때에 이루어지는 것이다. 결혼 후에 나이가 들어 얼굴에 주름이 늘고 체형이 엉망이 되더라도 여전히 금슬 좋게 시간을 보낼 수 있는 것은 상대의 존재 자체가 사랑스럽기 때문이다. 살아있다는 그 단순한 놀라움과 존재한다는 그 황홀함에 취하여 행복감을 만끽할 수 있어야 한다.

소유가 아닌 존재 지향적 삶을 살자

"소유는 곧 속박이다. 소유를 버리니 존재가 행복해졌다."에리히 프롬

에리히 프롬은 자본주의 사회가 만들어 내는 사회적 성격 곧 '소유 지향'이 인간을 불행하게 만든다고 주장했다. 이는 동서고금 모든 현자들의 가르침과도 일맥상통하는 주장이다. 그래서 충분히 수긍이 간다.

오늘날 자본주의 사회에서는 소유와 소비 지향적인 생활양식이 우리

들 일상에 두루 깔려 있다. 문제는 그러한 생활양식이 지속되면 불행에 빠지게 된다는 것이다.

"소유형 인간은 더 많은 것을 얻기 위해 일하기 때문에 불행하다. 소유를 중시하기 때문에 타인에게 적대적일 수밖에 없다. 소유욕이라는 것은 무한 증식하는 속성이 있어 지속적인 만족이란 없다. 반면 존재형 인간은 보다 나은 인격함양과 자아실현을 이루기 위해 살기 때문에 타인과 경쟁하지 않는다. 그러므로 평화롭다. 소유에 집착하지 않기 때문에 매사에 당당하며, 삶을 소유물로 생각하지 않기 때문에 죽음에 대한 두려움이 덜하다." 에리히 프롬

존재양식의 삶에는 행복의 색조가 가득하다

"행복에 이르는 길은 많이 소유하는 것이 아니라 풍성하게 존재하는 것이다." 칼 마르크스

에리히 프롬은 우리가 추구해야 할 이상적인 삶을 존재양식의 삶으로 보았다. 존재양식은 찰나적인 쾌락이나 소유를 추구하는 삶이 아니라, 사람의 존재 그 자체를 소중히 여기며 서로의 존재를 기뻐하고 축하하고, 서로의 존재를 깊이 이해하고 사랑함으로써 인생의 기쁨과 행복을 추구하는 삶이다. '존재형 인간'은 소유에 집착하지 않기 때문에 매사에 탐욕으로부터 자유롭다. 게다가 소유가 아닌, 더 높은 자아실현을 이루기 위해 살기 때문에 의미 있고, 가치 있는 일을 추구한다.

현자들 사이에 공통점이 있는데, 그것은 소유에 대한 집착에서 벗어

낳다는 것이다. 그들은 재물에 초연하고 돈을 중요하게 여기지 않고 사리사욕에 빠지지 않았다는 점이다. 현자들이 이 땅에 와서 절박하게 부르짖은 일은 "제발 돈 돈 돈 하지 말고, 욕심 좀 내려놓고 인류가 함께 잘 살 수 있는 길이 있으니 곧 양심적으로 살라는 것이다. 역지사지易地思之하고 남을 배려하며 살아가라는 것이다." 역사 이래로 인간의 이기심과 소유욕이 불행을 야기했다.

"상대적인 결핍과 위화감, 거기에 존재감의 상실, 외로움, 정신적 퇴보, 불안감, 소외감, 그리고 진짜 무엇을 원하는지 알 수도 없는 것이 현대인의 실존이요 혼란이다."에리히 프롬

적게 소유하고 더 많이 존재하라

"우리가 가진 소유와 남에게 보여지는 것만을 토대로 행복을 구축하려 한다면, 끝없이 계속되는 불만, 비교, 경쟁, 적대관계, 소외감, 공허함 등이 우리의 행복을 무너뜨릴 것이다."에리히 프롬
"이 세상은 우리의 필요를 위해서는 풍요롭지만 탐욕을 위해서는 궁핍한 곳이다."간디

소유 지향적 삶은 현대 자본주의 사회에 있어서 기본적인 생활양식이다. 우리는 우리가 가지고 있는 소유물로 자기의 가치, 자기의 주체성, 혹은 자기의 존재를 증명하는데 익숙해졌다. 이러한 관계는 물질뿐만 아니라 인간, 신, 결혼, 학업, 직업, 자녀교육, 신념 등, 모든 곳에 영향을 미치고 있다.

자본주의가 현대인을 속물인간으로 세속화시키고, 더 나아가 쾌락을 좇고, 공허감을 느끼고, 허무주의에 빠지게 만든다. 이는 자본주의 경제 체제의 부산물로 과도한 경쟁, 공동체 붕괴, 무력감, 고립감, 권태감 등이 쾌락주의와 허무주의를 양산하기 때문이다.

인간의 역사는 소유사所有史처럼 느껴진다. 보다 많이 소유하기 위해 끊임없이 경쟁하고 싸운다. 하지만 태산 같은 재물이 인생에 행복을 더하는 것은 아니다. 모든 것이 넘치는 오늘날 명심해야 할 명언이 있다. "넘침은 모자람만 못하다."

어린 아이들이 물건을 소유하는 태도는 둘로 나누어진다고 한다. 장난감이 하나밖에 없는 아이는 사랑으로 그것을 잘 간수한다. 그러나 장난감을 많이 가진 아이는 장남감에 빨리 싫증을 내고, 어느 한 가지에 대해서도 즐거움을 느끼지 못하고 만다. 오늘날과 같은 자본주의 사회에서 살다 보면 세상만사가 다 돈 때문인 것 같다. 오늘날 사람들은 돈에 울고, 돈에 웃는다. 돈이 문제이다. 하지만 행복은 분명 돈을 초월하는 것이기도 하다. "돈과 행복 사이에는 아주 미미한 상관관계밖에 없다고 한다. 빈곤의 문턱을 일단 넘어서면 재산이 늘어난다 하더라도 그것이 행복으로 직결되지 않는다는 사실이다."칙센트미하이

돈이 주는 잠깐의 환락에 넘어가지 말자. 부가 사람을 지속적으로 참된 행복을 주지 못한다. 돈의 노예가 된 사람은 결국 불행하게 된다. 그러므로 행복을 위해 돈과 물질에 의지하지 말아야 한다. "돈을 사랑함이 일만 악의 뿌리이다."〈성경, 디모데전서〉

인간은 더 많이 가져야 행복할 수 있다는 착각 속에 끊임없이 소유하려고 한다. 인간

은 기본적으로 탐욕스런 존재이기 때문에 자본주의란 괴물이 탄생한 것 같다. 동서고금의 현자들은 하나같이 인간의 삶을 위협하는 자본주의 경제체제의 어두운 그림자를 직시하라고 말한다. 귀담아 들어야 할 가르침이다. "인간은 조그마한 삶에서도 얼마든지 행복할 수 있다. 현대인의 불행은 모자람에 있는 것이 아니라, 오히려 넘침에 있다는 것을 알아야 한다."_{수행자}

자본주의 사회에서 진정한 행복은 가능한가?

> "가진 것이 가장 적을 때 걱정거리도 가장 없었다. 감히 말하노니, 부족할 때보다 풍족했을 때 더 괴로움이 많았던 것을 하나님은 알고 계신다."_{아빌라의 성 테레사}

에리히 프롬은 자본주의 사회구조 속에서 물질적으로는 풍요해졌지만 갈수록 인간의 마음과 정신은 피폐해지고 사회는 조각 나서 개인들은 더욱 불행해졌다고 했다.

한국은 전형적인 자본주의 사회이다. 자본주의 사회에서 가장 큰 영향력을 발휘하는 것은 돈이다. 조선시대의 계급은 신분이 정했고, 오늘날의 계급은 돈이 정한다. 너도나도 돈 냄새를 좇아다니느라 너무 많은 소중한 것들을 잃고, 무가치한 삶을 살고 있다.

자본주의의 문제점은 돈에 대한 무한한 신뢰이다. 돈만 가지면 자유로운 느낌이 들고, 돈으로 무엇이든 할 수 있다는 믿음이 있다. 그래서 무조건 돈이 많은 사람이 우월하고, 돈이 없는 사람이 열등하다는 심리가 현대인의 저변에 짙게 깔려 있다. 돈이 사람보다 우선하는 사회에서 진정한 행복은 가능한가? 프란츠 카프카의 소설 〈변신〉의 주인공처럼 돈을 벌지 못하면 누구에게도 인정받지 못하고, 심지어 가족에게조차도 사랑받지 못하고, 버림받는 세상이 되어 버렸다. 아무짝에도 쓸모가 없는 벌레처럼 되어 버렸다.

소유와 경쟁은 행복을 멀리 떠나게 한다

"인간의 삶이 비참하고 혼란스러운 가장 큰 이유는 소유물이 곧 나 자신이라 착각하기 때문이다."애덤 스미스

에리히 프롬은 존재적 가치에 의미를 두고 살 것을 강조했다. 소유에 가치를 두면 탐욕에 휩싸일 수밖에 없다. 얼마나 많이 가졌느냐보다 이미 가진 것을 얼마나 좋아하느냐가 행복과 더 깊은 관련이 있다.

미국 긍정심리학자 마틴 셀리그만은 물질이 주는 만족을 바닐라 아이스크림에 비유했다. 처음엔 아주 맛있지만 점점 별 맛을 느끼지 못하는 것처럼 물질적 기쁨도 그러하다는 것이다.

행복한 삶은 외모와 소유보다도 서로의 존재가 충만한 삶이 아닐까? 행복은 얼마나 소유하느냐에 달려 있는 것이 아니라 어떻게 존재하느냐에 달려 있다. 인간의 목표는 넉넉하게 소유하는 것이 아니라 풍성하게 존재하는 것이다. "덜 갖고 더 많이 존재하라."스코트 & 헬렌 니어링

"우리가 흔히 소유한다고 하는 것은 당분간 맡아 가지고 있는 것에 불과하다. 이를테면 잠시 빌려 온 것이다. 따라서 그것을 돌려줄 때는 불평

할 이유가 없다. 운명의 여신은 이 시간에 빌려준 것을 다음 시간에 돌려 달라고 요구할지 모른다."세네카

소유 지향의 잘못된 자본주의 행복관에서 벗어나자

"행복은 모든 욕망에서 벗어나 현재에 만족한 상태이다."에피쿠로스

오늘날 우리는 아주 특이한 역설과 마주하고 있다. 우리는 어느 시대 보다도 행복해지기 위해 애쓰고 있다. 하지만 현실은 그 반대이다. 오히 려 엄청 노력하는 만큼, 행복과는 점점 멀어지고 있는 실정이다. 도대체 무엇이 문제인가?

현대인들은 "나는 소유한다. 고로 존재한다"를 모토로 삼고, 소유에 열심을 내고 있다. 소유물이 증대하면 자신의 존재도 그만큼 커진다고 생각한다. 이에 반해 소유물을 상실하면 자신의 존재도 빈약해졌다고 생 각하면서 좌절하고 비통해 한다. 하지만 소유에 집착하면 집착할수록 사 실 우리는 소유물에 예속된다.

현재 우리가 누리고 있는 이 시대를 무엇으로 표현할까? 철학자 마르 쿠제는 '풍요로운 감옥'에 비유하고 있다. 우리는 TV, 스마트폰, 자동차, 냉장고, 세탁기, 에어컨 등, 문명의 이기를 갖추어 놓은 감옥 속에서 간 혀있다. 자신이 감옥 속에 갇혀 있다는 사실 조차도 까맣게 모르는 채 문 명의 이기와 푸짐한 음식을 즐기고 있다. 소비와 감각과 찰나의 물질 중 심의 삶으로 점점 빠져들고 있다.

생각해보면 우리는 어느 정도의 행복은 맛보았던 것 같다. 만약 그것

이 행복이라고 부른다면 말이다. 하지만 그것은 행복이 아니라 오감을 자극하는 짜릿한 기분 곧 일종의 쾌감이었다. 우리는 쾌감이 곧 행복이라고 믿고, 오직 쾌감의 양을 늘리기 위해 문명을 발달시켜 왔던 것은 아닐까? 그로 인해 그릇된 행복만 양성시킨 것은 아닐까? 여하튼 그 결과는 심각하다. 현대인은 엄청난 피로에 시달리며 내적 황폐화에 고통당하고 있다. 바쁜 스케줄 속에 삶의 목적과 방향을 잃고, 내면의 혼돈 속에서 방황하고 있다. 자본주의 사회는 자기 자신을 스스로 옭아매는 '피로사회'이다. 자족하는 사람은 가진 것이 매우 적다고 해서 결코 가난하지 않다. 반대로 만족을 모르는 사람은 그 재산이 아무리 많다고 해도 결코 부자가 아니다.

청빈의 도, 청빈한 삶을 지향하자.

"사물들을 소유하고 소비하는 데서 우리의 존재를 확인하려고 하면 할수록 우리는 그것의 주인이 되는 것이 아니라 그것들에 예속된다. 따라서 소유양식은 주체와 객체 모두를 '물건'으로 만들어 버리고, 여기에 주체와 객체의 관계는 죽은 관계가 되어버린다." 에리히 프롬

내적 빈곤은 외적 소유욕으로 나타난다. 사람은 내적 만족이 없으면 외적 소유로 그 자리를 채우려고 하는 경향이 있는 것이다. 이러한 경향은 날마다 자기 무덤을 파고 있는 것과 같다.

생텍쥐페리의 〈어린 왕자〉를 읽으면 우리 마음이 순수해지고 마음의 눈이 열려서 소유와 외모가 아니라, 존재와 내면으로 향하게 한다. "세상

을 눈으로 보지 말고, 마음으로 보고 느낄 수 있어야 행복하다. 세상에서 가장 아름답고 가치 있는 것은 눈으로 보거나 만질 수 없고, 오직 마음으로 느낄 수 있기 때문이다." 그래서 〈어린 왕자〉의 마음으로 세상을 보는 이는 행복하다. 진정한 행복은 절제와 자족에 뿌리를 두고 있다. 행복이란 '불필요한 것에서 얼마나 자유로워지는가'에 달려 있다. 꼭 필요한 것만 소유하여야 한다. 문제는 자족하는 청빈의 삶이다. 하지만 오늘날 청빈의 도와 맑고 향기로운 삶이 사라지고 있다. 진정으로 행복해지기 위해서는 덜 갖고도 더 많이 향유할 수 있어야 한다. 과유불급이다. 가난과 소박함 속에서 부족함 없이 만족할 줄 아는 사람이야말로 진정으로 행복할 줄 아는 현자이다. "굶주리지 않을 만큼 먹을 수 있고, 헐벗지 않을 정도로만 입을 수 있으면 만족하며 살아야 한다."안티스테네스

공자의 유학에서는 '사람다운 사람' 곧 이상적인 인간을 군자君子라고 한다. 군자는 도덕성을 갖춘 이상적 인간 자체를 표현하는 말이다. 공자는 군자의 조건에 대해 많은 말을 남겼는데, 그 중에 청빈한 삶에 대해 살펴보자. "군자는 도道를 걱정할지언정 가난을 걱정하지 않는다. 군자는 도를 도모코자 하지 먹을 것을 도모하지 않는다."

인간관계의 능력이 인생의 행복을 결정한다. 관계가 끊어진 인생이 가장 불행하다

day 19

행복은 사람들과의 좋은 관계 속에 깃든다

"고립된 개인은 존재하지 않는다. 인간은 상호관계로 맺어진 매듭이요, 거미줄이며, 그물이다." 생텍쥐페리

"인간의 행복이란 돈, 성공, 인기와 별 상관이 없으며 우정, 사랑, 건강, 삶의 의미 등과 전적으로 관계된 것이다." 텔 벤 사하르

day 19 행복은 사람들과의 좋은 관계 속에 깃든다 243

사람은 누구나 행복한 삶을 꿈꾼다. 그 행복한 삶을 구성하는 중요한 요소가 인간관계이다. 그래서 오늘날 행복과 함께 인간관계가 화두이다. 삶의 목표를 성공이 아닌, 행복으로 삼고 관계중심으로 살아가자. 삶은 관계이고 소통이다. 좋은 인간관계는 행복의 밑바탕이다. 좋은 인간관계를 삶의 활력소로 삼자.

사람들은 홀로 살아가는 것이 아니라 사회 속에 살아가기 때문에 나를 둘러 싼 사람들과 좋은 관계를 맺지 않고 행복해지는 거의 불가능에 가깝다. 그러므로 앞만 바라보지 말고 사방을 바라보며 가족, 친구, 이웃 등을 챙기면서 앞으로 나아가야 한다. 성공하고도 행복하지 않는다면, 그것은 진정한 성공이 아니다.

일반적으로 생각하는 행복의 조건인 성공, 부, 권력, 명예, 인기 등은 사실상 행복과는 동떨어져 있다고 한다. 연구에 따르면 사람이 행복해지는데 가장 기본적인 요소는 친밀한 인간관계라고 한다. 행복은 멀리 있지 않고, 내 옆에 사람들과 마음을 나누는 데 있는 것이다.

누구와도 사귀지 않고 홀로 있는 인생은 불행할 수밖에 없다. 인생의 행복은 사랑을 기반으로 한 친밀한 인간관계를 얼마나 잘 실현할 수 있는지에 달려 있다.

친밀한 관계 속에 수많은 행복이 깃들어 있다

"행복이란 사람에서 사람으로 퍼져나가는 것이다. 그러므로 행복은 친밀한 관계에서 꽃이 핀다. 바람직한 행복은 나뿐만 아니라 모두가 함께 행복해지는 것이다." 수행자 자연 속에 수많은 아름다움이 깃들어 있듯이 열린 관계 속에 수많은 행복이 깃들어 있다. 내가 경험한 바로는 누군가에게 관심을 가지고, 보고 싶어 하기만 해도, 행복이 찾아온다. 하버드대학의 성인발달 연구에 의하면 행복한 삶을 위한 최고의 비결은 '따뜻하고 친밀한 애착관계'라고 한다. 친밀한 사랑을 통해서 오는 것만큼 더 큰 행복은 없다고 한다.

왜 부자들이 행복하지 못할까? 대부분의 부자들은 물질적인 부에 너무 집착한 나머지 친밀한 인간관계를 소홀히 하고 있기 때문이라고 한다. 결과적으로 물질적인 부만을 소유했을 뿐 행복한 삶에 가장 중요한 요소인 인간관계가 결핍되어 있기에 행복감을 느낄 수 없는 것이다.

우리는 다양한 관계들 속에서 살아간다. 이 관계들이 행복해야 내가 행복하다. 가족, 친척, 친구, 이웃 등, 나의 관계들은 행복한가? 서로 사랑을 주고받으며 친밀한 관계를 맺는 것은 행복을 위한 핵심 조건이다.

사람은 누구나 친밀한 관계 속에서 즐거운 분위기는 더욱더 확대되고, 우리는 전에 경험하지 못했던, 최고의 행복감에 젖을 수 있다. 친밀하다는 것은 서로에게 나 자신을 열어 보이는 것이다.

친밀한 인간관계는 행복의 필수조건이므로 이를 부지런히 보살피고 가꾸어야 한다. 늘 역지사지易地思之 마음으로 인간관계망을 점검해야 한다. 그리고 친밀한 인간관계를 가로막는 장애는 무엇인가? "우울증은 관계 단절의 극단적인 상태이다. 우울증은 모든 살아 있는 존재의 생명선인 관계성을 끊어버린다."파커 J 파머

이웃의 성공을 부러워하지 말자. 부러워하거나 배 아파하면 절대로 행복할 수 없다. 오히려 축하할 수 있어야 행복할 수 있다. "친구의 고난을 동정하는 일은 누구나 할 수 있다. 그러나 친구의 성공에 동정하려면

매우 훌륭한 성품을 필요로
한다."오스카 와일드

행복의 으뜸은 단연 우정이다

"우정 없이는 진정한 행복은 있을 수 없다. 우정이란 행복한 삶을
위해 절대적으로 필요한 그 어떤 것을 제공한다. 친구가 없다면 그 사
람은 진정한 삶을 살았다고 말할 수 없다. 모든 재물을 다 가진다 해도
친구 없이 살기를 택하는 사람은 없을 것이다."아리스토텔레스

"인간이 행복하게 살도록 지혜가 베푸는 모든 것 중 단연 으뜸은 우
정이다. 우정은 지구를 둘러싸고 춤추면서 우리에게 깨어나 행복을 얻
으라고 알려준다."에피쿠로스

아리스토텔레스와 에피쿠로스를 비롯한 세네카, 공자, 마틴 셀리그만
등, 동서고금의 많은 현자들은 행복의 중요한 요소로 '우정'(친밀한 관계)을
언급했다. 친밀한 관계로서 우정은 오늘날 갈수록 부각되는 삶의 덕목
이 되고 있다. 가급적 친구를 많이 사귀자. 마음의 문을 열면 친구가 생
긴다. 우리는 왜 타인을 지옥으로 여길까? 마음의 문이 닫혀 있기 때문
이다. 좋은 친구를 만나고 싶다면 마음의 문부터 열어야 한다. 역지사지
하는 마음으로 상대방이 처한 상황을 이해하고, 먼저 손을 내밀어야 친
구가 될 수 있다. 친구를 사귄다는 것은 우리의 미래를 만들어 가는 것
이다.

행복하게 오래 살고 싶다면 친구들에게 투자하라. 우리가 인생을 살

아갈수록 친구는 더 소중하고 중요한 존재가 된다. 왜냐하면 진실하고 강한 우정을 쌓는 사람들이 더 오래 살고, 더 행복하며, 더 활기찬 인생을 살기 때문이다.

친밀한 관계를 원한다면 상대방의 장점을 찾아내려는 노력이 가장 효과적이고 바람직하다. 인간은 누구에게나 장점이 있기 마련이다. 그 장점을 토대로 우정을 쌓아가라.

친구의 성공과 행복을 나의 기쁨으로 삼으면, 우리는 정말 행복해질 수 있다. 진정한 친구는 서로의 기운을 북돋아 준다. 남의 불행을 즐기는 사람은 결코 행복할 수 없다.

"잘 선택한 우정은 고귀한 미덕이어서 우리의 즐거움을 배로 늘려주며, 우리의 어려움을 반으로 줄여준다."데넘

속마음을 나눌 절친이 필요하다

"내가 자연을 사랑하고, 노래하는 새들, 빛나는 그루터기와 흐르는 강물, 아침과 저녁, 그리고 여름과 겨울을 사랑하듯, 나의 친구를 언제나 사랑하리라."헨리 D. 소로

"그대들, 친구를 위해선 최선을 다하라. 다만 시간을 보내기 위해 찾는 친구란 무슨 소용이 있겠는가? 언제나 시간을 살리기 위해 친구를 찾아라. 그리하여 부드러운 우정 속에 웃음이 깃들게 하고, 기쁨을 나누도록 하라."칼릴 지브란

친구가 그토록 넘치는 기쁨이 되는 이유는 무엇일까? 황폐해진 세상

에서 우리는 우정을 갈구한다. 우리는 지친 삶에서 친구를 자주 동경하게 된다.

힘들거나 화가 날 때, 자신의 속마음을 서로 털어놓을 수 있는 친구가 반드시 필요하다. 오늘날 친구는 많다고 해도 모두 피상적인 관계일 뿐, 속마음을 있는 그대로 보여주는 친구가 거의 없다. 피상적인 관계를 친밀한 관계로 발전시켜야 한다. 삶의 핵인 친밀한 관계를 상실한 현대인들은 정체성, 소속감, 신뢰감, 안정감을 잃고 방황하고 있다.

영국 철학자 베이컨은 친구가 없는 세상을 황야에 비유했다. 아무도 없는 황야를 쓸쓸히 걸어가는 사람을 상상해 보라. 얼마나 외롭고 처량하겠는가? 우리에게 어려움이 닥쳤을 때 찾아갈 사람도 없고 같이 의논할 사람도 없다면 우리의 인생은 얼마나 불행하겠는가? "올바른 친구를 사귀고 우정을 삶의 활력소로 삼아라."니체

"저녁을 먹고 나면 허물없이 찾아가서 차 한 잔을 마시고 싶다고 말할 수 있는 친구가 있다면 좋겠다. 음식 냄새가 밴 옷이라도 흉보지 않을 친구가 우리 집 가까이에 살았으면 좋겠다. 비 오는 오후나 눈 내리는 밤에도 고무신을 끌고 찾아가도 좋을 친구, 밤늦도록 공허한 마음도 편하게 열어 보일 수 있고, 악의 없이 남의 얘기를 주고받고 나서도 말이 날까 걱정이 되지 않는 친구가 필요하리라."유안진의 〈지란지교를 꿈꾸며〉

관계망을 떠난 삶이란 뿌리가 뽑힌 삶이다

"당신은 당신이 갖고 있는 온갖 관계들, 즉 가족, 친구, 이웃, 고향,

조국 등, 때문에 이 세상에 의미 있게 존재하고
있음을 잊지 말아야 한다."생텍쥐페리

　"원하든 원하지 않든 간에 우리는 서로서로 연결되어 있다. 그래서
나 혼자만 따로 행복해지는 것은 생각할 수도 없다."달라이 라마

　삶을 한마디로 말하라면 '관계의 덩어리'라고 할 수 있다. 살아 있다는
것은 사람과의 관계 속에 있다는 것이다. 하지만 오늘날 전통적인 관계
는 파괴되거나 변질되고 있다.

　인생에서 관계보다 중요한 것은 없다. 살아가면서 무엇이 나를 가장
기쁘게 만들고, 가장 우울하게 만드는가를 생각할 때, 십중팔구 우리는
인간관계를 떠올릴 것이다.

　오늘날 대부분의 관계는 피상적인 관계로 전락하고 있다. 서로 안부,
날씨, 정보 등, 피상적인 것을 주고받는 관계이지, 자기 내면의 고민이나
감정 등, 깊은 내용까지는 주고받는 관계는 아니다. 하지만 행복하기 위
해서는 깊은 내면의 이야기까지 나눌 수 있는 친밀한 관계가 조성되어야
한다.

　우리 시대의 문제점은 관계단절이다. 날로 관계가 변질되거나 단절되
고 있다. 이로 인해 우울증, 이혼, 가족해체, 이웃상실 등, 각종 사회문제
가 발생되고 있다. 현대 사회를 치유하기 위해서는 관계의 회복과 발전
이 급선무이다. 친밀한 관계는 치유하는 힘이 있다. 진정한 친밀감이란
우리가 가장 소중한 것을 함께 나누는 것이다.

　'인간'人間이란 말은 관계를 맺는다든가, 이웃과 주변을 돌아본다는 의미가 내포된 매우 아름다운 말이다. 뜻글자인 한자의 사람 '인'人 자가 이를 잘 뒷받침해 주고 있다. 사람 '인'人 자는 서로 기대고 의지하고 있다. 사람이 산다는 것은 서로 기대고 의지하면서 살아간다는 뜻이다. 사람은 혼자서는 살 수 없는 사회적인 존재이다.

인간은 자신만을 생각하면 행복할 수 없다

"세상은 사랑과 친절의 결핍으로 길을 잃은 듯하다. 세상을 정복하기 위해서 우리는 폭탄이나 총을 사용하진 말자. 사랑과 자비심을 이용하자. 평화는 미소로써 시작되는 것이다."마더 테레사

"좋은 친구 관계는 깨어지기 쉬운 것이니 귀중한 도자기처럼 소중히 다루어야 한다."랜돌프 본

행복해지려면 이웃을 중시하는 공동체 감각을 높이는 것이 무엇보다도 중요하다. 인간관계의 능력, 다시 말하면 인간관계의 탁월성이 그 사람의 인생의 행복을 좌우한다. 대인 관계를 우선으로 하는 라이프 스타일을 가꾸어야 한다.

내가 행복하기 위해서는 타인의 불행이 전제되어야 하는가? 나 홀로가 아니라 함께 행복한 것이 더 중요하다. 혹시라도 누군가의 희생이나 불행을 담보로 내가 행복하지는 않은가?

타인의 불행이 담보된 행복은 참된 행복이 아니다. 오히려 우리를 위험에 빠뜨리는 함정이다. 참된 행복은 타인을 행복하게 한다. 타인이 불행한데 나만 행복할 수는 없다. 다른 사람이 행복해야 나도 행복하다.

모든 인간관계의 출발점은 인간에 대한 애정이고, 타인을 불쌍히 여기는 타고난 착한 마음 곧 측은지심惻隱之心이다. 그런 애정과 마음은 숨길 수가 없다. 눈빛에서 나타나고 사소한 행동에서도 나타나기 때문이다.

이 세상에 어떤 사람도 자신에게만 몰두하면서 행복하고 의미 있는 삶을 살기란 불가능하다. 〈아낌없이 주는 나무〉가 보여 주듯이 타인에게 향한 관심과 선물은 결국 나의 행복으로 돌아오는 것이다. 내 마음을 열고 누군가에게 다가갈 때 곧 누군가에게 〈아낌없이 주는 너무〉가 되어줄 때 우리 모두는 다같이 행복해진다.

친절하라. 그대가 만나는 사람들은 모두 힘든 싸움을 하고 있다.플라톤

> "나는 이 세상을 단 한 번밖에 살 수 없기에 내가 베풀 수 있는 아주 조그마한 친절이 있다면 지금 즉시 베풀 것이리라. 내가 지금 걷는 길은 두 번 다시 걸을 수 없는 길이기에."게일 세이어스

오늘날 친절이 사라지고 있다. 대다수의 사람들은 서로에게 무관심하고, 예의가 없고, 투명인간처럼 살아간다. 먼저 다정한 얼굴로 다가가서 대화하고, 배려하는 모습은 찾아보기 힘들다.

나는 내 소중한 인연들에게 소홀하지는 않은가? 그들에게 친절한가? 내가 먼저 다가가서 친절을 베풀자. 무엇보다 가까이 있는 사람들에게 친절해야 한다. 대개의 사람들은 아주 큰 걸 바라지 않는다. 다정한 미

소, 반가운 인사, 따뜻한 말 한마디면 충분하다. 사람의 마음을 흔드는 것은 많은 돈과 높은 명예도 아닌 오직 마음이 담긴 따뜻한 손길이다. 상대에게 원하는 모습이 있다면 내가 먼저 그 모습을 보여주자. 상대와 친해지는 가장 좋은 방법은 내가 먼저 친절한 사람이 되는 것이다. 작은 차이가 명품을 만든다. 사소하게 지나치는 순간에 자신의 이미지는 전혀 다른 평가를 받게 된다.

우리 모두는 각자의 짐을 지고 힘겨운 싸움을 하고 있다. 그러므로 서로에게 친절해야 한다. 대대적인 친절 공세를 벌이자. 계속 친절을 베풀고 다니면 무슨 일이 일어나는지를 보라! 친절은 세상에 활력을 불어넣고, 세상을 살맛나게 한다.

"이제 우리는 아주 쉽게 이 세상의 행복지수를 증가시킬 수 있다. 어떻게 그렇게 할 수 있는가. 외롭거나 용기를 잃은 누군가에게 진심으로 존중하는 몇 마디의 말을 건네는 것, 그것으로 충분하다. 오늘 누군가에게 무심코 건넨 친절한 말을, 당신은 내일이면 잊어버릴지 모른다. 하지만 그 말을 들은 사람은 평생 동안 그것을 소중하게 기억할 것이다." 데일 카네기

친절에는 전염성이 있다. 연못에 던져진 자그마한 조약돌이 잔물결을 그리며 퍼져 나가듯, 우리가 베푼 자그마한 친절은 널리널리 퍼질 것이다. 그러니 세상에 친절을 베풀어라!

"친절(사랑)은 오래 참고 친절(사랑)은 온유하며 시기하지 아니하며 친절(사랑)은 자랑하지 아니하며 교만하지 아니하며 무례히 행하지 아니하며 자기의 유익을 구하지 아니하며 성내지 아니하며 악한 것을 생각하지 아니하며 불의를 기뻐하지 아니한다." 〈성경, 고린도전서 13장 참조〉

용서는 가장 큰 마음의 수행이다 _{달라이 라마}

> "용서해라. 그래야만 행복해진다. 나를 고통스럽게 만들고 상처를 준 사람에게 미움이나 나쁜 감정을 키워 나 간다면, 내 자신의 마음의 평화만 깨어질 뿐이다. 하지만 그를 용서한 다면, 내 마음은 평화를 되찾을 것이다. 우리를 상처 입힌 누군가가 있 기 때문에 우리는 용서를 베풀 기회를 얻는다. 용서는 가장 큰 마음의 수행이다." _{달라이 라마}

우리의 행복을 실현하기 위한 또 하나의 중요한 여정은 용서이다. 증오를 가슴에 품고 행복한 삶이 제대로 될 리 없다. 마음 밭에 독초가 무성한데 어떻게 행복의 꽃이 활짝 피기를 바라겠는가?

이 시대, 이 땅에서 우리가 서로 만난 것은 서로 미워하며 싸우기 위해서가 아니라 함께 행복해지기 위해서이다. 서로가 잘 어울려서 함께 행복하게 살 수 있어야 한다. 용서는 상대방을 위한 것이 아니라 내 행복을 위해 하는 것이다. 어떻게 서로를 용서하며, 더 나아가 여러 종류의 사람들과 잘 지낼 수 있을까? 입장을 바꿔 놓고 생각하며, 상대방을 이해하려는 습관이 붙어야 한다. 그 사람이 싫은 이유는 그를 잘 알지 못하기 때문이다. 상대방의 사고방식이나 인간성, 더 나아가 가족관계까지 알게 되면, 이 세상에 미워할 사람은 한 사람도 없을 것이다. "그 사람의 피부 속으로 들어가서 그 사람의 눈으로 보아야 한다. 그 사람의 신의 신고, 그 사람의 곁에 걸어 보기 전에는 그 사람을 알 수 없다." _{하퍼 리}

인간관계의 대부분의 오해와 갈등은 공감 능력의 부족에서 비롯된다고 한다. 공감은 다른 사람이 느끼는 것을 함께 느끼는 것이다. 다른 사람의 입장에서 그 사람의 감정을 함께 나누는 것이 공감이다. 그래서 상대방의 입장에서 생각하는 '역지사지'易地思之 마음을 가지면 서로의 오해와 갈등은 풀릴 수 있다. 항상 상대방의 입장에서 상대방이 원하는 대로 관계를 맺어 나가면 성공한다. 겸손하면 마음이 열리고 오만하면 독단적이 된다. 용서하고 관용을 베풀자. 관용은 사람을 선善으로 이끄는 일종의 미덕이다. 용서는 가장 관용적인 행위이다. "가장 고귀한 복수는 관용이다."빅토르 위고

한편, 마음챙김mindfulness은 용서를 위한 좋은 수행이다. 마음챙김은 자신의 생각과 감정을 자각하는 수행을 말한다. 생각이나 감정에 과도하게 몰두하지 않고 일정한 거리를 둔 채 그 생각과 감정을 바라보는 것이다. 자신에 대한 분노를 포함하여 휘몰아치는 감정에 굴복하지 않고, 마치 집 안에서 창밖의 폭우를 바라보듯이 내면에서 떠오르는 생각과 감정을 가만히 관찰하는 것이다. 인도에서 발생한 자이나교에는 한 해에 한 번 '용서의 날'이 있다고 한다. 그날 자이나교도들은 자신이 저지른 허물을 하나하나 상기하면서 용서를 구한다. 자신이 해를 끼쳤거나 생각과 말과 행위에 맞섰던 사람들을 찾아가 용서를 구하는 것이다. "시기하지 말고 평정을 잃지 마라. 분노의 노예가 되지 마라. 논쟁을 할 때에는 언제나 화해의 문을 활짝 열어놓아라."고대 페르시아 금언

"누구를 미워하면 나도 모르게 그 사람을 닮아간다. 마치 며느리가 못된 시어머니 욕하면서도 세월이 지나면 그 시어머니를 닮아가듯, 미워하면 그 대상을 내 마음 속에 넣어두기 때문에 내 마음 안의 그가 곧 내가 된다."수행자

나 자신의 행복을 위해서라도 용서하자

> **"분노할 때 가장 큰 상처를 입는 사람은 바로 본인이다."**톨스토이

원한을 내려놓고 용서하자. 그래야만 나 자신을 비롯하여 모든 이가 행복할 수 있다. 누구를 원망하고 미워하는 마음은 자신을 학대하는 꼴이다. "분노는 타인의 잘못 때문에 자신을 징벌하는 것이다."알렉산더 포프

용서는 다른 사람을 위한 것이기도 하지만, 먼저 자신을 속박에서 해방시켜 준다. 용서하지 않으면 분노와 원한이 독이 되어 나 자신을 해친다. 용서하지 못할 때는 우리는 과거의 그림자 속에서 스스로 일어서지 못할 뿐만 아니라 자신의 날개를 짓눌러 새로운 삶을 향해 높이 날아오를 수 없게 된다. 용서는 내 안에 내재되어 있는 분노와 원한으로부터 나를 자유롭게 하는 것이다.

분노와 원한으로 가득한 마음으로는 절대 행복할 수 없다. 용서는 행복한 삶을 위해 반드시 필요하다. 살면서 가장 어리석은 일은 자신의 감정을 주체하지 못하고 휩쓸리는 것이다. 그래서 용서는 상대편을 위해서라기보다 자기 자신을 위해 더욱 필요하다.

화가 나 있을 때는 행복할 가능성은 전혀 없다. 화가 우리 마음을 지배하는 한 행복할리가 없는 것이다. 행복하고자 한다면 화를 최소화하고 포용력을 키워야 한다.

살다보면 배신감을 느끼고 증오심과 적대감을 가질 수도 있다. 그렇다고 분노해 봐야 불행감을 더 키울 뿐이다. 다른 사람에게 분노감을 가지면 더 큰 해를 입는 것은 나 자신이다. "벌이 화가 나서 침을 쏘고 죽는

것과 같다." 그러므로 하루속히 풀고 용서해야 한다. 그래야만 다시 힘을 내고 밝은 삶을 살 수 있다.

원망과 증오는 해소하지 않으면 자꾸만 커져서 복수심마저 불러일으킨다. 이때 다치는 것은 결국 나 자신이다. 원망과 증오는 세상을 비참한 지옥으로 만들고, 사랑과 용서는 세상을 아름다운 천국으로 만든다.

용서가 죄의 악순환을 끊는 길이며, 서로가 함께 사는 상생相生의 길이다. 용서만이 복수와 원한의 사슬을 끊고 모두가 함께 살 수 있게 해준다.

"어찌하여 형제의 눈 속에 있는 티를 보고, 네 눈 속에 있는 들보는 깨닫지 못하느냐. 보라, 네 눈 속에 들보가 있는데 어찌하여 형제에게 말하기를 '나로 네 눈 속에 있는 티를 빼게 하라' 하겠느냐. 외식하는 자여, 먼저 네 눈 속에서 들보를 빼어라. 그 후에야 밝히 보고, 형제의 눈 속에서 티를 빼리라."_{예수 그리스도}

내가 먼저 손을 내밀고 친밀한 관계를 형성하자

"그러므로 무엇이든지 남에게 대접을 받고자 하는 대로 너희도 남을 대접하라. 이것이 율법이요 선지자니라."_{예수 그리스도}

상대방이 나에게로 오기를 기다리지 말고 내가 먼저 상대방에게로 다가가자. 좋은 친구를 사귀기 위해서는 스스로가 먼저 좋은 친구가 되어야 한다. 관계는 그렇게 시작되는 것이다. 먼저 전화하고, 찾아가고, 식사하고, 대화하고, 교제를 나누자. 누군가 꽃을 갖다 주길 기다리기보다

는 나만의 정원을 만들어 내 꽃을 스스로 가꾸는 것이 좋다.

우리는 관계의 동심원을 그리며, 그 원을 점점 확대해 나가야 한다. 우리가 할 일을 마지막까지 그 원을 넓히는 일이다.

인간관계의 실패 원인은 자기가 원하는 대로 인간관계를 맺으려고 하기 때문이다. 이제부터는 상대방이 원하는 방식으로 친밀한 관계를 형성하자.

매년 8월 22일, 런던의 어느 공원에서는 '낯선 사람들의 축제'(the Feast of Strangers)가 열린다고 한다. 그 축제에서는 만날 기회가 없는 지역주민들과 관광객들, 스쳐가기만 하는 나그네들에게 다른 사람들을 알게 되는 즐거움을 선사하는 시간이 되고 있다. 그 축제에서는 과감하게 먼저 낯선 사람들에게 손을 내밀게 된다는 것이다.

친화력이 높은 외향적인 사람이 행복하다

"친화력은 상대방의 마음을 여는 마력이 있다. 친화력이 있는 인물 주위에는 언제나 사람들이 모여 든다. 친화력이 사람을 더욱 매력적으로 만드는 것이다." 수행자

산다는 것은 관계를 맺는다는 것이다. 태어나자마자 시작되는 것이 관계이다. 그리고 관계 속에서 행복이 영글어간다. 그러면 누가 좋은 관계를 잘 맺는가? 친화력이 높은 사람이다.

인간관계에서 친화력만큼 중요한 것은 없다. 친화력은 우리를 더욱

매력적이고 행복하게 만든다. 따라서 외향적인 사람이 내향적인 사람보다 일반적으로 더욱 행복하게 살아가고 있다는 것이다.

친화력이 있는 사람과 함께 있으면 즐겁고 더 많은 이야기를 나누고 싶어진다. 실제로 행복한 사람들을 대부분 강력한 친화력을 갖고 있다.

신비감보다 친밀감이 더 생명력이 있다. 신비감은 일시적인 눈길은 끌지만 사람의 마음을 오래 붙잡아 두지는 못한다. 허물을 감싸 안는 친밀감과 포용력으로 사람을 따스하게 끌어안아야 한다.

친화력이 있는 사람의 특징은 상대방의 이야기에 경청한다는 것이다. 당신은 다른 사람의 말에 진심으로 귀를 기울이는가? 다른 사람의 말에 끼어들지 않고 끝까지 들어주는가? 잘 들어 주는 사람 곧 경청하는 사람만큼 매력적인 사람은 없다. 주의 깊게 듣는 태도는 상대를 기분 좋게 할 뿐만 아니라 상대에 대한 최고의 찬사이다. 또한 사람들과의 관계를 맺는 데도 큰 도움이 된다. 사실 나 혼자 떠들어대는 일방적인 대화의 태도는 듣는 사람을 지루하게 만들 뿐만 아니라 매우 무례한 태도이다.

"다른 사람을 지루하게 만드는 비결은 나 혼자 모든 주제에 대해 떠들어대는 것이다."볼테르

'미인대칭'으로 행복한 세상을 만들어 가자

"웃으면 수 만 가지 복이 들어온다."한국 속담

미인대칭은 미소, 인사, 대화, 칭찬의 줄임말이다. 미인대칭은 나 자신을 주위 사람들에게 적극적으로 알리는 방법이자 친근감의 표현이다.

미인대칭을 생활화하여 나 자신의 매력과 향기를 마음껏 발휘하자. 더불어 주변 사람들에게 늘 잔잔한 감동을 불러일으키는 화제의 주인공이 되자. 미인대칭을 생활화한다는 것은 활기찬 감동의 삶을 산다는 것을 의미한다. 그러면 우리 주변에는 늘 친구들이 모여 들 것이다.

사람의 얼굴에는 늘 미소가 가득해야 한다. 미소는 행복한 사람의 표징이다. 내 얼굴에 미소가 가득하고 내가 먼저 인사하고 대화하고 칭찬해야 행복한 세상이 된다.

친구와 낯선 사람을 마주칠 때마다 항상 미소 짓는 얼굴로 대하자. 내가 미소 지으면 상대방 역시 얼굴이 환하게 밝아지며 미소를 지을 것이다.

긍정적인 감정의 표현인 미소는 사람들로 하여금 더 쉽게 마음을 열고, 행복감을 느끼고, 기꺼이 협력하게 한다.

〈정글북〉의 작가 러디야드 키플링은 말했다. "네가 세상을 보고 미소 지으면 세상은 너를 보고 함박웃음을 짓고, 네가 세상을 보고 찡그리면 세상은 너에게 화를 낼 것이다." 미소는 친절함을 보여주는 세계 공통 표현이다.

그렇다. 이 세상을 보고 웃어라. 주위 사람들을 만나면 활짝 웃어라. 키플링의 말을 되새기며 웃고 또 웃자.

사람들과 마주칠 때는 내가 먼저 인사하자. 인사는 상대방을 향하여 내 마음이 활짝 열려있다는 표현이다. 미소와 인사의 힘은 엄청나다. 미소 가득한 얼굴로 내가 먼저 인사함으로 친화력을 발휘하자.

주변 사람들과 따뜻한 대화가 오고가면 서로의 마음이 열리고, 귀가 열리고, 행복이 오고간다. 행복하려면 늘 주변 사람들에게 깊은 관심을 가지고 정겨운 대화를 주고받을 수 있어야 한다.

대화는 말하기 이전에 듣는 것이다. 대화는 경청이다. 경청이야 말로 가장 좋은 대화이다. 그러기 위해서는 가르치려고 하지 말고, 배우려는 자세로 대화해야 한다. 그러면 듣게 된다. 상대방의 이야기를 경청한다는 것은 상대방의 편이 되어 주겠다는 뜻이다.

"누군가 내 이야기에 귀를 기울이고 나를 이해해 주면, 나는 새로운 눈으로 세상을 다시 보게 되어 앞으로 나아갈 수 있다. 누군가가 진정으로 들어주면 암담해 보이던 일도 해결 방법을 찾을 수 있다는 것은 정말 놀라운 일이다. 돌이킬 수 없어 보이던 혼돈도 누군가가 잘 들어주면 마치 맑은 시냇물 흐르듯 풀리곤 한다."^{마셜 B. 로젠버그}

일상의 평범한 삶에서 유머humor를 찾아라! 유머는 단순히 웃기는 것이 아니라 '예상치 못한 놀라움' 곧 반전이다. 유머는 라틴어로 '액체'를 뜻하는데, 피를 잘 돌게 한다는 의미가 숨겨져 있다. 유머는 힘든 삶을 가볍게 바꾸는 위대한 에너지이다.

유머는 삶의 활력소이다. 유머는 현대인의 건강한 삶과 행복을 위해 필수이다. 일상의 유머는 삶에 기쁨을 주고 세상을 밝게 한다. 유머는 즐거운 분위기를 조성하여 세상을 살맛나게 한다.

만나는 사람마다 칭찬을 듬뿍 안겨주자. 칭찬한다는 것은 축복한다는 것을 의미하며, 그 축복은 부메랑이 되어 나에게로 다시 돌아오는 것이다. 사람들을 늘 칭찬하며 격려하고, 희망을 주고, 감동을 불러일으키는 행복 전도자가 되자. 말은 누군가의 마음에 들어가서 자리를 잡고, 좋은 쪽으로든 나쁜 쪽으로든 계속 영향을 끼친다. 그러므로 남을 축복하고 칭찬하는 말을 자주 쓰자. 내뱉은 말은 모두 부메랑처럼 나에게 돌아온다.

나는 '미인대칭'을 생각하면 월트 디즈니의 유쾌한  캐릭터 미키 마우스가 떠 오른다. 미키 마우스는 어떤 상황에서도 밝은 미소와 유머 감각을 잃지 않는다. 다소 부산스러워 보이기는 하지만 새로운 것을 좋아하고, 자유롭고 긍정적인 삶을 즐긴다. 유쾌한 미키 마우스는 전 세계에서 가장 사랑받는 캐릭터가 되었다.

좋은 공동체를 만나야 행복하게 살 수 있다

"오늘날 사람들은 깊은 인간관계에 굶주리고 있다. 현대인들은 급변하고 비대해가는 세상에서 소속감과 안정감을 주는 친밀한 관계를 필요로 한다."레이드

"사람은 사회적이기 때문에 대인 관계 속에 두어야 한다. 그리고 인간의 고민은 모두 인간관계에서 비롯된다."알프레드 아들러

고대 그리스 철학자 아리스토텔레스가 말했듯이 "인간은 사회적 동물이다." 인간은 사회 속에서 태어나서 죽을 때까지 관계를 이루며 살아간다. 그러므로 사회 공동체를 고려하지 않고, 어떻게 자신의 행복을 생각할 수 있겠는가? 인류는 행복해지기 위해서는 무리를 지어 공동체를 이루어 살아야 한다는 것을 일찌감치 터득하였다. 마치 숲이 있어야 살 수 있는 야생동물처럼 우리는 좋은 공동체를 만나야 행복하게 살 수 있다. 지속적인 행복은 공동체와 연계하여 친밀하고 신실한 인간관계를 맺을 때 생겨난다. 사람은 서로의 삶을 나눔으로써 행복해질 수 있다.

개인과 공동체, 국가와 세계가 모두 행복해야 한다. 개인의 행복과 공동체의 행복이 함께 아울러 성장해야 한다. 개인과 공동체의 관계는 마치 물고기와 물의 관계와 같다. 물고기는 물을 떠나서는 살 수도 행복할 수도 없다. 좋은 공동체를 만들고 싶다면 내가 먼저 주도적으로 친밀한 인간관계를 구축해 나가야 한다. 가만히 앉아서 친구가 찾아오기를 기다리지 말고, 적극적으로 친구를 사귀자. 경조사는 제일 먼저 챙기는 친분을 과시하자. 친절을 베푸는 행복 바이러스가 되자.

한편 좋은 공동체를 지속적으로 유지하기 위해서는 호혜성互惠性의 정신이 필요하다. 내가 인격적으로 존중받기를 원하는 만큼 다른 사람 또한 인격적으로 존중해야 한다.

더불어 사는 삶 곧 혼자가 아니라 여럿이 서로 좋은 관계를 잘 유지하면 행복할 수밖에 없다. 좋은 공동체를 형성하면 행복이 자석처럼 끌려들어올 것이다. "진정한 현자는 온 인류를 하나의 가족으로 여긴다."

인간관계가 좋지 않은 사람들은 대부분 자신이 가장 중요하다고 생각하기 때문에 타인 혹은 공동체의 중요성을 이해하지 못한다. 이런 사람들은 자신만을 돌보며, 그 좁은 공간에 틀어박혀 있기에 성공하거나 행복할 수도 없다. 일찍이 미국의 처세술 전문가인 데일 카네기는 사업과 직장에 있어서도 성공에 필요한 요소의 85%는 인간관계, 즉 다른 사람들과 잘 어울리는 성품과 능력이며, 전문적인 기술과 훈련은 단지 15%에 불과하다고 하였다. 따라서 세상을 더 좋은 곳으로 만드는 최고의 방법은 그저 최고의 이웃, 최고의 동료, 최고의 공동체 일원이 되는 것이다.

"사랑하고 소속되려는 마음은 모든 인간의 불가피한 욕구이다. 우리는 생물학적으로, 인지적으로, 신체적으로, 영적으로 사랑하고 사랑받고 소속되고 싶어 하는 존재이다. 이런 욕구가 충족되지 않으면 제대로 된 삶을 살 수 없다. 무기력해지고 망가지고 무너지며 괴로움을 느끼고 아프게 된다. 그리고 타인에게 상처를 주게 된다."브레네 브라운

가정이 행복 발전소가 되게 하자

"모든 가정에는 천국의 향기가 난다.
가정에는 천국의 평화로움이 있다."토마스 머턴
"가정이란 찾아가면 언제든지 나를 반갑게 맞이하는 곳이다."로버트 프로스트
"가정은 고달픈 인생의 안식처요, 모든 싸움이 자취를 감추고 사랑이 싹트는 곳이요, 큰 사람이 작아지고 작은 사람이 커지는 곳이다. 가정은 안심하고 모든 것을 맡길 수 있으며, 서로 의지하고 사랑하며 사랑받는 곳이다."H. G. 웰스

금세기는 전통적인 가족과 평생직장, 그리고 이웃의 개념이 무너지고, 인간관계가 파편화되고 단절되고 있다. 현대인들은 극도의 물질주의, 급속한 변화, 무한한 경쟁과 성공위주의 사회, 인간관계의 단절 등으로 심각한 인간소외, 고독감, 엄청난 스트레스, 삶의 의미와 가치상실, 내적 빈곤 등으로 시달리고 있다.

특히 건강한 가정 회복은 21세기의 중대한 이슈이다. "21세기의 가장 심각한 문제는 전쟁, 기아, 공해, 경제, 질병 등이 아니라 가정의 파괴 현

상이다."^{제임스 답슨}

가정은 그 무엇으로도 대체할 수 없는 소중한 곳이다. 가정은 세상의 풍파와 인생의 풍랑 속에서 피난처가 되어야 한다. "가족이 나를 지켜봐 주고 있으리라는 사실을 아는 것이 바로 '정신적 안정감'이다. 가족 말고는 그 무엇도 그것을 줄 순 없다. 돈도 명예도 그것을 줄 수 없다."^{미치 앨봄}

오늘이 지나면 다시 못 볼 사람처럼 뜨겁게 가족을 대하자. "만약 우리가 사회의 모든 분야에서 최선을 다하면서 가족을 등한시한다면, 그것은 가라앉고 있는 타이타닉 호에서 갑판 의자를 가지런히 정돈하려는 것과 마찬가지가 될 것이다."^{스티브 코비}

행복하기 위해 필요한 것은 오직 하나, 사랑하는 것이다.

톨스토이

day 20
가장 행복할 때는
사랑하고 사랑받을 때이다

"인생에 있어 최고의 행복은 우리가 사랑 받고 있다는 확신이다."빅토르 위고

"인생에서 가장 중요한 것은 사랑을 나누는 법과 사랑을 받아들이는 법을 배우는 것이다."미치 앨봄

어떻게 하면 최고로 행복해질 수 있을까? 사랑하는 것이다. 사랑이 시

작될 때 사람은 가장 행복하다. "세상에서 가장 행복한 사람은 지금 누군가를 사랑하고 있는 사람이다. 사랑하는 일을 다음으로 미루지 말자."

사랑에 불타는 사람은 최고로 행복할 수밖에 없다. 사랑을 하게 되면 온몸의 세포가 춤을 춘다. 그래서 사랑은 정녕 우리 삶의 축軸이 되어야 한다. 사랑할 때 자연스럽게 발생되는 것이 행복이 아닐까?

사랑을 하게 되면 우리의 마음은 한없이 커지고 순수해져서 이 세상의 모든 것, 이 세상에서 가장 하잘 것 없는 것까지, 모두 애틋하고 소중하게 생각된다고 한다. 사랑은 삶을 밝힐 뿐 아니라 영혼까지 환하게 비춘다. 사랑에 빠진 사람은 세상의 모든 것이 아름답게 보이고 행복하다.

영어에서 '사랑하다'love와 '살다'live는 철자 하나만 다르다. 그 말의 어원을 좇아 올라가면 결국 같은 말에서 파생되었다고 한다. 이를 두고 볼 때 '산다는 것은 사랑한다는 것'이 아닐까? "삶이란 사랑하기 위해 주어진 자유시간이다."피에르 신부

진정한 사랑이란 다른 사람이 행복하기를 바라는 마음이고, 이웃의 불행을 없애주고, 이웃을 행복하게 해주기 위해 끝까지 애쓰는 것이다. 나로 인해서 단 한 사람이라도 진정으로 행복해진다면 나의 인생은 실패한 것이 아니라고 생각한다. "사랑을 순수하게 정화시키자. 그러면 나머지 모든 것들은 저절로 정화되리라. 순수한 사랑은 정말로 세상의 모든 병을 치료하는 만병통치약이다."헨리 D. 소로

"진정한 사랑은 당신과 당신이 사랑하는 사람들에게 기쁨을 가져다준다. 만약 상대방을 기쁘게 하지 못한다면 그것은 진정한 사랑이라고 할 수 없다. 우리가 해야 할 일은 기쁨의 씨앗을 뿌려 그것이 자라고, 뿌리 내릴 수 있도록 최선을 다해 가꾸는 것이다."하비 맨스필드

사랑하고 있는 한 우리는 행복한 존재이다

"사랑하고 있는 한 우리 모두는 쓸모 있는 존재이다. 사랑받고 있는 한 우리는 없어서는 안 될 소중한 존재이다."에밀 아자르

"인간은 사랑을 먹고 산다. 사랑은 죽음을 멸하고, 죽음을 사라지게 한다. 사랑은 인생을 무의미한 것에서 의미 있는 것으로 바꾸고, 불행을 행복으로 바꾼다."톨스토이

지금, 눈앞에 있는 사람을 어떻게 하면 행복하게 만들 수 있을까? 그것만 생각하기에도 인생은 짧다. 오늘이 마지막 날인 것처럼 바로 내 옆에 있는 사람을 사랑하자.

"자기 앞에 어떤 생이 펼쳐지든, 사랑이 있으면 그것만으로 충분하다. 그러니 절대로 사랑하기를 멈춰서는 안 된다."에밀 아자르

사랑하는 삶이 곧 행복이다. 사랑이 있는 곳에 행복이 머물고, 사랑이 사라진 곳에는 고통과 불행이 남는다. 열렬히 사랑할수록 더 뜨거운 행복의 감정이 벅차 오른다.

시간은 제로섬 게임이며 한정된 자원이다. 무관심과 미움 속에 살다가 인생을 끝낼 것인가? 사랑하며 살기에도 시간이 부족하다. 사랑할 수 있는 기회는 지금이다. 미래는 기약할 수 없는 시간이다.

사랑할 수 있을 때 사랑하자. 왜 그럴까? 우리 모두는 죽어가는 유한한 존재이기 때문이다. 따라서 사랑할 수 있는 시간이 그리 많지 않다는 것을 늘 자각해야 한다. 모든 일에는 기한이 있고 때가 있다.

사랑하고 싶어도 사랑할 수 없을 때가 온다. 그때가 오기 전에 지금 이

순간 마음껏 사랑하자. "사랑이란 언제나 이별의 시간이 오기까지는 자기의 깊이를 알지 못하는 것임을."_{칼릴 지브란}

어떤 사람이 톨스토이에게 "인생에서 가장 중요한 때는 언제이며, 가장 중요한 사람은 누구이며, 가장 중요한 일은 무엇입니까?" 하고 물었을 때, 톨스토이는 다음과 같이 말했다.

"가장 중요한 시간은 현재입니다. 가장 중요한 사람은 지금 당신 앞에 있는 사람입니다. 가장 중요한 일은 당신 앞에 있는 사람과 지금 서로 사랑하는 일입니다. 우리 인간은 서로 사랑하고 사랑받기 위해 태어났기 때문입니다."톨스토이

사랑하라, 오늘이 마지막 날인 것처럼.

"사랑하라, 한 번도 상처받지 않은 것처럼.
살라, 오늘이 마지막 날인 것처럼."알프레드 디 수자

이 시는 사랑에 관한 표현 중 압권이다. 오늘이 생의 마지막 날인 것처럼 살며 열정적으로 사랑해보자. 세상이 이전과는 달라 보일 것이다. "내일이면 귀가 안 들릴 사람처럼 새들의 지저귐을 들어보고, 내일이면 후각을 잃을 사람처럼 꽃향기를 맡아보라."헬렌 켈러

우리는 오늘이 마지막 날인 것처럼 사랑하는 사람에게 안부를 전하는 삶을 살아야 한다. 그렇지 않으면 작별인사를 건넬 시간조차 없이 생의 마지막 날을 맞이할 수도 있다는 것을 알아야 한다. 내일이면 생을 마감할 사람처럼 주위 사람들을 사랑해 보자.

우리는 항상 우리가 이 지상에 남아 있는 시간이 많지 않다는 것을 자각해야 한다. 우리는 언젠가는 떠나야 하고, 이별의 시간은 다가오고 있다는 것이다. 그러므로 지금 사랑하라. 사랑할 수 있는 기회는 지금이다.

우리를 사랑해 주는 소중한 사람들, 그리고 언젠가는 이 세상을 떠나 더 이상 그 모습을 보지 못할 사람들, 사랑할 수 있는 지금, 시간을 아껴 그들을 사랑하자. 이별의 시간은 온다. 이별의 시간에 후회하지 않도록 뜨겁게 사랑하자.

하지만 우리는 서로에게서 완벽한 사랑을 기대해서는 안 된다. 우리는 서로에게서 신만이 줄 수 있는 그런 사랑을 기대하며, 더 나아가 그러한 사랑을 약속하지는 않는가? 하지만 신만이 줄 수 있는 완벽한 사랑을 기대하면 행복할 수 없다. 그런 사랑은 인간을 초월해서만 존재한다. 우리는 신도 아니고 천사도 아니고 인간일 뿐이다.

"내가 지상에서 깨달은 것은 모든 사람들은 자신만 생각하는 마음으로 살아가는 것이 아니라 사랑으로 살아간다는 것이다."톨스토이

"하루의 생활을 다음과 같은 일로 시작하는 것은 무엇보다 좋은 일이다. 즉 눈을 떴을 때, 오늘 단 한 사람이라도 좋으니 '그가 기뻐할 만한 일을 할 수 없을까' 생각하는 것이다."니체

행복의 절정은 언제나 사랑과 관련지어진다

"인생에서 가장 중요한 일은 누군가를 사랑하고 사랑받는 것이요, 나머지는 전부 배경 음악에 지나지 않는다."작자미상

"사랑하는 것은 천국을 살짝 엿보는 것이다." ‹탈무드›

우리가 디딘 땅이 갑자기 천국으로 바뀌는 듯한 행복감을 느낄 때가 있다. 누군가를 깊이 사랑할 때 세상은 그렇게 소리 없이 지상에서 천국으로 변하는 것이다.

행복의 모든 요소가 사랑 속에 있다. 그저 사랑하고, 또 사랑하자. 그러면 행복이 저절로 피어날 것이다. 자신 이외에 다른 사람을 사랑할 수 있는 능력이 행복의 근원이 아닐까?

사랑하는 일은 서로의 생명을 지켜주고, 서로의 삶을 지탱해주는 숭고한 것이다. 사랑에 빠진 사람은 사랑하는 사람을 위하여 모든 것을 희생할 수 있다.

'애지 욕기생'愛之 欲其生 곧 "누군가를 사랑한다는 것은 그 사람이 살게끔 하는 것이다."‹논어›

우리 모두는 사랑하고 사랑받기 위해서 태어났다. 가장 행복한 때는 사랑하는 시간이다. 그러므로 행복해지고 싶거든 옆에 있는 사람을 마음껏 사랑해야 한다.

삶의 극치는 무엇일까? 그것은 바로 사랑이다. 사랑할 수 있게 되면, 삶에서 겪게 되는 모든 어려움도 감내할 수 있게 된다. 그러면 우리는 가장 큰 행복을 누릴 수 있다.

사랑은 그저 내어주는 것이다. 상대방에게 아무것도 요구하지 않고 서로가 존재한다는 사실만으로 기뻐하고 사랑할 수는 없을까? 인생은 사랑만 하며 살기에도 너무 짧다. 미워하거나 원망하지 말자. 모든 이를 용서하고, 사랑하며 살자.

사랑의 절정을 경험해 보았는가? 사랑의 황홀경에 빠진 적이 있는가? 일반적으로 연인들이 열정적인 사랑을 하게 되면 사랑의 황홀경에 빠져들게 된다.

우리의 마음은 기쁨으로 터질 것 같네.
우리의 모든 감각은 황홀경에 취해 있고,
불같은 정열이 그 향기를 내뿜고,
번민하던 사랑이 밝게 타오르네!
이제 우리의 가슴은 환희에 가득 찼다오!

바그너의 오페라 <트리스탄과 이졸데> 중에서

오늘날 내 옆의 한 사람이 멍들어가고 있다

"모든 인류를 향한 추상적인 사랑보다 실제 한 사람을 사랑하는 것이 훨씬 중요하다."도스토예프스키

"주위에 사람들이 이렇게 많은데도, 우리는 외로움으로 죽어가고 있다."슈바이처

세상과 인류를 위해 분주하게 뛰어다니면서도 정작 내 옆의 한 사람, 가장 사랑해야 할 이웃을 무시해버리는 것이 현대인의 삶이다. 이는 분명히 모순이 아닐 수 없다. 이 모순이 현대사회의 구조가 되어 버렸다. 누구나 사랑할 수 있는 추상 속에 인류를 이제 그만 사랑하고, 내 옆의 한 사람을 구체적으로 사랑해 나가는 법을 배워야 한다.

삶이 아름답다는 생각은 어디에서 오는가? 무시될 수 있는 한 사람, 눈에 띄지 않는 한 사람, 잊혀진 한 사람을 떠올리며 깊은 관심을 갖고 사랑해 보자. 그러면 인생의 진정한 아름다움이 무엇인지 알게 될 것이다. 사랑의 반대말은 증오나 분노가 아니라 무관심이다. 단언컨대 서로에게 무관심한 세상에선 그 누구도 행복할 수 없다.

슬프게도 이 세상에는 너무나도 오랫동안 무관심 속에 방치되어 온 바람에 사람들과의 관계 맺는데 아예 흥미조차 잃어버린 사람들이 너무 많다. 인류에 대한 사랑도 내 옆에 있는 한 사람을 사랑하는 것으로부터 시작해야 한다.

염세주의 철학자로 잘 알려진 쇼펜하우어는 인간관계를 고슴도치의 관계에 비유했다. 이는 가까운 관계일수록 서로 상처주기 쉬운 인간관계의 본질적인 측면을 해학적으로 표현한 비유이다.

"사람은 앞모습만 있는 것이 아니다. 뒷모습도 있다. 누군가의 뒷모습이 보이기 시작하면, 그것은 사랑이 시작된 것이다."김창옥

삶의 무게에서 자유롭게 해주는 것이 사랑이다

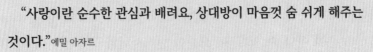

"삶의 무게와 고통에서 자유롭게 해 주는
한 마디의 말, 그것은 '사랑'이다."소포클래스
"사랑이란 순수한 관심과 배려요, 상대방이 마음껏 숨 쉬게 해주는
것이다."에밀 아자르

사랑이란 어떤 대상에 대한 끝임없는 순수한 관심과 배려이다. 하지

만 상대의 생활을 지나치게 간섭해서는 안 된다. 나만의 생각에 빠져 상대방을 오히려 힘들게 하지는 않는지 날마다 살펴야 한다.

누군가를 사랑한다는 것은 그 사람을 행복하게 해준다는 것이다. 사랑의 미끼로 상대방을 옭아매지는 말자. 상대방의 생활을 꼬치꼬치 캐묻거나, 내 안의 공허감을 상대방으로 메꾸려고 하지는 말자. 편안히 숨쉬고 휴식할 수 있는 자유로운 공간을 제공하자.

사랑은 독점이 아니라 상대가 마음껏 숨 쉬게 해주는 것이다. 사랑은 소유를 바라는 것이 아니라, 오히려 그 사람의 자율을 바란다. 진정한 사랑은 상대를 압박하지 않고 되레 자유로이 놓아 준다.

사랑은 먼저 상대방을 이해하는 것이다. 그 사람이 싫은 이유는 그를 제대로 모르기 때문이다. 상대방의 성장배경, 생활환경, 사고방식, 가족관계 등을 자세히 알게 되면, 이 세상에 사랑하지 못할 사람은 아무도 없을 것이다. 죽어가는 사람들을 돌보는 게 무슨 의미가 있느냐는 물음에, 가난한 자들의 벗이며 빈자들의 성녀, 테레사 수녀는 "자신이 버려진 존재가 아니고 자기를 사랑하고 받아주는 사람이 있다는 걸 단 몇 시간만이라도 알게 하기 위해서"라고 대답했다. "세상에는 빵 한 조각 때문에 죽어가는 사람도 많지만 작은 사랑도 받지 못해서 죽어가는 사람은 더 많다. '얼마나 많이 주는가' 하는 것은 중요한 것이 아니다. '작더라도 그 안에 얼마만큼 사랑과 정성이 깃들어 있는가'가 중요하다. 나는 결코 큰 일을 하지 않는다. 다만, 작은 일을 큰 사랑으로 할 뿐이다." 테레사 수녀

더 많이 사랑하고 더 많이 행복해져라

"인간은 사랑을 먹고 산다. 사랑은 죽음을 멸하고 죽음을 사라지게 한다. 사랑은 인생을 무의미한 것에서 의미 있는 것으로 바꾸고 불행을 행복으로 바꾼다."톨스토이

"사랑이란 상대의 존재 자체에 끌리는 마음이다. 진정한 사랑은 그 사람의 행복을 오로지 바란다."아리스토텔레스

"사랑하라, 인생에서 좋은 것은 그것뿐이다."조루드 상드

인생은 내 뜻대로만 흘러가는 게 아니다. 마찬가지로 내 마음에 맞는 이웃만 있는 것이 아니다. 나하고 전혀 맞지 않는 이웃이 있다면 그들을 어떻게 사랑할 것인가?

오늘날 온갖 불법이 성행하는 자본주의 사회에서 주위 사람에게 마음을 열고, 먼저 사랑하기가 쉽지가 않다. 그럴수록 이웃사람에게 마음을 열고, 다가가야 한다. 그리고 무조건적으로 사랑해야 한다. 그래야 우리 모두가 행복해진다. 세계 최장기 성인발달연구를 맡아 온 미국의 정신과 전문의 조지 베일런트 교수는 814명에 이르는 성인 남녀의 삶을 70년간 추적 연구하였다. 그 결과 "삶에서 가장 중요한 것은 인간관계이며, 행복은 결국 사랑이다"라고 결론지었다. 사랑의 주체는 바로 나이다. 그러므로 사랑은 내가 주는 것이다. 사랑은 보답을 바라지 않고, 주고 또 주는 것이다. 참사랑은 한없이 주고 또 주는 것, 지극히 높은 사랑은 자기희생이다. 보답을 바라지 않고 주기만 할 때 우리의 인생은 빛이 나고 참된 행복감을 느끼게 된다.

오늘날 자본주의가 낳은 탐욕의 가장 큰 문제는 무엇인가? 탐욕은 거짓을 낳고, 이웃에 대해 무정하고 무관심하게 만든다. "더 이상 사랑할 수 없다면 그곳은 지옥이다."_{도스토예프스키}

내 삶의 마지막에 무엇이 남을까? 사랑하고 사랑받는 것, 우리 삶은 이것으로 충분하다. "사랑은 내가 가진 보물을 나누는 일이다."_{레오 버스카글리아}

결국 남는 것은 사랑이다. 사랑은 삶의 모든 문제를 해결해주는 마법^(능력)이다. 충분히 사랑할 수만 있다면 우리 모두는 행복한 존재가 될 수 있다. 우리는 어제 보다는 오늘, 오늘 보다는 내일, 서로를 더 많이 사랑하며 행복해야 한다. "우리들의 생의 저녁에 이르면 우리가 이웃을 얼마나 사랑했는가를 두고 심판받을 것이다."_{알베르 카뮈}

Tips 행복을 위한 교양 & 상식

일월오봉병日月五峰屛과 인의예지신仁義禮智信

조선시대 궁궐의 용상 뒤에 쳤던 병풍에는 일월오봉이 그려져 있다. 일월은 음양, 오봉은 인의예지신 오륜을 가리킴으로써 조선이 유학에 기반을 둔 나라임을 상징하는 것이다.

6장

행복은 단순한 삶에서 피어난다
동서고금의 현자들

"단순하고 소박한 자연적인 삶에 대한 감각을 잃고, 인위적인 문명만 추구하면 무서운 결과를 초래한다. 그러므로 소박한 상태에 만족하고, 단순한 삶을 즐겁게 받아들여야 한다." 노자

"인생은 단순하다. 그런데 사람들은 인생을 자꾸 복잡하게 만들려고 한다." 공자

"사치스런 생활을 좇다보면 어느새 행복은 멀어진다. 행복한 삶은 대부분 매우 단순하다. 사실, 마음 편히 쉴 수 있는 방 한 칸만 있으면 된다. 반드시 필요한 물건은 하나만 족하고, 쓸데없는 물건은 하나도 많다. 모든 일을 억지로 몰아가지 말고, 단순할수록 좋다는 사실을 기억하자." 소크라테스

"단순하게 살면 그 이외의 것들도 쉽게 흘러간다." 엘리자베스 베일리 시턴

동서고금의 모든 현자들이 공통적으로 추구한 행복은 단순한 삶이다. 단순하게 산다는 것은 탐욕과 집착, 경쟁과 갈등, 혼돈과 무질서, 분주와 조급 등에서 벗어나 정리되고 조화롭게 산다는 것이다. 단순하고 소박한 생활양식이 가장 심오하고 본질적인 삶으로서 신적인 것이다.

사람은 삶을 제대로 살 줄 알아야 한다. 제대로 된 삶은 항상 꾸밈이 없고 단순하다. 단순한 삶이야말로 인생 본연의 모습이 아닐까? "넘치기보다 부족한 듯 사는 것, 그 간소함 속에서 본질과 진리가 빛난다."장석주

사람은 소유의 많고 적음에 상관 없이 소박한 생활을 지향할 필요가 있다. 소박한 삶은 인간본연의 모습이기도 하다. 소박한 생활을 할 때 내면세계는 풍부해지고 인생은 더욱 깊이를 더하며 삶에서 진정한 행복을 느끼게 된다.

"사람은 많이 소유할 때 행복한 게 아니라, 이미 가진 것에 만족할 때 행복하다."노자

간소하게, 간소하게 살라! 그대의 일을 두 가지나 세 가지로 줄일 것이며, 백 가지나 천 가지가 되도록 내버려 두지 마라. 자신의 인생을 단순하게 살면 살수록 우주의 법칙은 더욱 더 명료해질 것이다. 그때 비로소 고독은 고독이 아니고, 가난도 가난이 아니게 된다.

헨리 D. 소로

day 21
삶은 단순할수록 행복하다

"나의 가장 뛰어난 재능은 욕심을 부리지 않는다는 것이다. 육체의 욕망을 억제하고 단순한 삶을 유지하는 것은 청정한 삶을 살기 위한 일종의 수행이다. 생활을 검소하고 단순하게 하려는 것 자체가 정신적으로 깨어나려는 수행의 한 과정인 것이다." 헨리 D. 소로

미국 자연주의 철학자 헨리 D. 소로의 저서 〈월든〉은 '미니멀 라이프'minimal life의 교과서라고 할 수 있겠다. 소로는 사람들은 사소한 문제에 복잡하게 얽매여 인생을 낭비하고 있다고 하며, 무엇이든 간소하게 살아야 하는 마음을 지녀야 한다고 하였다. 간디와 법정 등, 많은 사상가들이 〈월든〉을 인생의 책으로 삼고 미니멀 라이프를 실천하였다.

우리가 미니멀 라이프를 선택한 이유는 소로처럼 사려 깊은 삶을 살며 인생의 본질에 집중하기 위해서가 되어야 한다. 소로는 간소한 삶과 자연과 교감하는 삶을 통해 영혼을 돌보고, 삶을 성찰하기 위해 미니멀 라이프를 택했던 것이다. 내면에 좀 더 집중하고 싶다면 분명 지금부터 조금씩 소유를 줄여 나가기를 해야 할 것이다. 인생에서 하나하나 줄여 나가다 보면 그만큼 번거로움에서 벗어날 수가 있다. "인생에서 하나를 줄이면 그만큼 초탈할 수 있다."〈채근담〉

행복은 단순함이다

"인생을 복잡하게 생각하지 말고 단순하게 생각하라.
이것이 자신의 인생을 바꿔가는 비결이다."알프레드 아들러

단순성이 행복의 토대이요, 생명선이다. 단순성에는 '자연 그대로' '꾸밈이 없는' '진실한' 등의 의미가 내포되어 있다. 존재의 본연의 아름다움을 뜻한다.

단순하게 산다는 것은 느리고 여유롭게, 소박하고 검소하게, 질서 있고 조화롭게, 나만의 삶을 즐긴다는 것이다. 내면 깊은 곳으로 들어가서

자기만의 가치를 발견한다는 것이다.

행복하려면 만족하는 법을 배워라. "행복은 결코 많고 큰 데만 있는 것이 아니다. 작은 것을 가지고도 고마워하고 만족할 줄 안다면 그는 행복한 사람이다. 여백과 공간의 아름다움은 단순함과 간소함에 있다."수행자

행복하려면 삶을 단순한 생활양식으로 바꿔야 한다. 생활양식을 바꾸지 않고 행복해지려는 것은 식단을 바꾸지 않고 다이어트를 하려는 것과 똑같다. 행복은 늘 단순한 데 있다.

"옛사람들은 어렵고 가난한 생활 가운데에서도 아주 편안한 마음으로 도를 즐길 줄 알았다. 마음의 안정과 여유를 잃지 않고 살았다. '안빈낙도'安貧樂道란 그래서 생긴 말이다. 가난 속에서도 편안한 마음으로 도를 즐기며 산다는 뜻이다. 그 지혜를 우리가 배워야 한다."수행자

단순하고 소박한 삶이야말로 가장 확실한 행복의 길이다

"외부 지향적인 삶을 단순화함으로써 내적인 삶을 마음껏 확장하고 풍부하게 할 수 있다."수행자

헨리 D. 소로는 말했다. "인간의 탐욕이 이 세상의 모든 범죄와 전쟁의 원인이다. 따라서 소박한 삶이야말로 세상의 악을 소멸시키는 가장 확실한 길이다."

철학자 하이데거는 "단순한 것이야말로 인간이 소중히 여겨야 할 진정한 보배이다"라고 하였다. 이런 맥락에서 하이데거는 소로와 뜻을 같이 한다. 하이데거에 따르면 사람들은 소유와 향락에 대한 욕망 때문에

소박한 자연의 소리를 들을 수 있는 능력을 상실한 데서 현대문명의 불행이 야기되었다. "현대인들에게 있어 소박하고 한적한 자연은 따분하고 단조로운 것으로 보일 뿐이다. 반면에 기계 돌아가는 소리는 모든 문제를 해결해 줄 신의 소리로 들리는 것이다."_{하이데거}

자기 자신에 대한 성찰 없이 세상의 흐름대로 마냥 바쁜 스케줄 속에 허둥대는 사람에겐 행복이 들어갈 틈이 보이지 않는다. 현대인의 조급증과 불안감에서 벗어나야만 행복이란 보배가 찾아든다.

"적게 소유하라. 그리고 크게 생각하라! 미니멀 라이프를 즐겨라! 넘치기보다는 부족한 듯 사는 것, 그 간소함 속에서 본질과 진리가 빛난다."_{장석주}

단순함을 추구할 때 삶은 행복으로 이어진다

"나는 얽매임이 없는 자유를 무엇보다도 소중히 여긴다. 경제적으로 풍족하지 않더라도 행복하게 살 수 있으므로, 고급 가구나 주택 등을 구입하는 데 필요한 돈을 벌기 위해 내 소중한 시간을 낭비하고 싶지 않다. 나는 나에게 주어진 삶을 보다 풍요롭게 향유하고 싶다."_{헨리 D. 소로}

분주함과 성급함은 원래의 삶이 아니다. 이는 단순한 삶과는 정반대의 삶이요, 행복의 최대 장애물이다. 일상의 여유와 평온을 배제하면 행복은 줄어든다.

현대인들은 집에 어린 자녀를 두고 외출한 엄마처럼 늘 불안하다. 현대인들은 스마트폰, 컴퓨터, TV, 자동차 등, 온갖 문명의 이기를 가지고 살고 있지만, 삶의 만족도와 안정감은 갈수록 더 떨어지고 있다. 그래서 현대인은 새로운 형태의 고통을 날마다 경험하고 있다.

숨 가쁘게 경제성장을 이룬 대한민국, 이제는 느리게 살아가는 삶의 행복에 대해서 생각해 볼 시기가 되었다. 도전과 열정은 양날의 칼과 같아서 경제적 성공의 길을 열어 주기도 하지만 행복을 파괴하기도 한다.

오늘날 모든 것이 넘치는 과잉의 시대에 현대인은 신경과민 상태에 놓여 있는 것 같다. 우리 모두는 과민증후군 환자가 아닐까? 행복하려면 과민증후군으로부터 자유로워져야 한다. 둔해져야 한다. 그래야 마음이 느긋해지고 삶이 여유로워진다. 피에르 상송은 〈느리게 산다는 것의 의미〉에서 말했다. "현대의 도시생활은 무조건 빨리 뛰라고만 강요하고 있다. 그러나 천천히 걸으며 깊이 음미하면 더 큰 만족감과 즐거움을 느낄 수 있을 것이다. 결국 '느림'이란 외부로부터 강요된 속도가 아니라 자신의 속도로 움직이는 것을 말한다."

단순함 속에 행복의 뿌리를 내려라

"당신들이 불행한 것은 가진 재산이 당신들에게 주는 것보다도 빼앗는 것이 더 많기 때문인지도 모르겠소."〈오래된 침묵〉에서 라다크 노인

북인도 히말라야 오지에 살고 있는 한 가난한 라다크 노인은 현대인들이 불행한 이유에 대해서 다음과 같이 말했다. "나는 바깥세상에 사는

사람들이 식탁과 의자와 카펫을 갖고 편안하게 산다고 들었소. 쌀과 설탕 등, 행복에 필요한 모든 것을 갖고 있다고 들었소. 나는 보리떡과 죽밖에는 먹을 것이 없소. 하지만 나는 행복하오. 아마도 당신들은 당신들이 갖고 있는 좋은 옷과 가구와 재산이 너무 많기 때문에 거기에 시간과 기운을 빼앗겨 기도하고 명상하면서 차분히 자신을 되돌아 볼 시간이 없을 것이요."헬레나 노르베리-호지의 〈오래된 침묵〉

숨 가쁜 경쟁의 정글에서 살고 있는 현대인에게 평온함은 사실 특별한 행복이다. 평온함이야말로 현대인에게 절실한 행복이다.

"스승이자 벗인 책 몇 권, 일손을 기다리는 채소밭, 개울물 길어다 마시는 차 한 잔, 그것이면 충분히 행복하다. 행복은 필요한 것을 얼마나 많이 갖고 있는가에 있지 않다. 불필요한 것에서 얼마나 벗어나 있는가에 있다."수행자

행복과 단순함은 오랜 단짝이다

"단순함을 음미하는 것은 행복의 씨앗을 심는 일과 같다. 그렇게 할 때 행복은 저절로 자라나기 시작한다. 자신의 마음 상태를 단순화하는 일을 계속함에 따라 마음은 점점 더 쾌적해진다. 이것은 아주 맑고 순수하게 느껴지는 행복감이요, 우리를 고요함으로 인도해 주고 자유를 지향하게 만드는 행복감이다."수행자

삶은 욕심이 없고 단순할수록 맑다. 왜냐하면 욕심이 없는 순수한 마음을 지니면 삶은 본래의 청정함으로 돌아가기 때문이다. 단순한 삶은

꿈과 이상을 포기한 삶이 아니라 삶의 본질과 핵심을 파악해서, 그대로 사는 삶이다. 가장 적은 것으로도 만족할 줄 아는 사람이 가장 부유한 사람이다.

옛 선비들은 가난을 자랑스럽게 생각했다. 선비들은 세상의 부와 명예와 권력에 연연하지 않고 청빈낙도의 삶을 즐겼다. 선비들은 자기 나름의 세계를 가꾸면서 맑고 단순한 삶에서 행복감을 느꼈다. 이런 선비 정신과 꿋꿋한 인생관이 일상의 저변에 깔려 있어야 한다.

우리는 인위적인 리듬을 버리고 자연의 리듬으로 돌아가야 한다. 그래야 영혼이 더욱 강건해질 수 있다. 자연에 따라 사는 것은 영혼의 본질에 맞게 사는 삶이다. "단순하게 살수록 인생의 본질은 또렷해진다. 단순하게 사는 게 본질에 가까이 가는 삶이기 때문이다."장석주

내 삶의 우선순위를 재조정하자

"행복한 삶을 살기 위해서는 삶의 우선순위를 다시 조정해야 한다. 욕망에만 집착하면 결국 외적인 요인이 우리를 지배하게 된다. 돈이나 권력, 사회적 지위만 좇는 것은 도道를 향한 우리의 눈을 가리고, 우리를 행복으로부터 점점 멀어지게 한다."노자

"당신은 행복을 찾아 너무 빠른 속도로 내달리기만 했다. 그래서 이제는 더 이상 달릴 수 없는 지경에 이르고 말았다. 이렇게 되고 나니 비로소 당신에게 행복이 찾아들 기회를 얻은 것이다."니체

'빨리 빨리'를 쉴 새 없이 외쳐대며 뛰어다니는 현대인의 삶은 분주함 그 자체다. 당신은 원하는 곳을 향해 가고 있는가? 아니면 복잡한 삶의 폭풍에 떠밀려 바라는 목적지에서 점점 더 멀어져가고 있는가? 우리의 삶은 자본주의 체제 속에서 숨가쁘게 살다보니 엉망이 되어 버렸다.

　현대인들은 '하고 싶은 일'은 제쳐두고 '어쩔 수 없이 처리해야 하는 당면한 일'로 가득 채워진 일상을 보내고 있다. 우리는 고속도로에서 심각한 교통 정체 가운데 놓여 있는 것처럼 꼼짝없이 갇혀 있는 신세로 전락하고 말았다. 그로인해 사람들은 자신의 삶조차 돌아볼 시간을 내지 못한다. 이 사탄적 현상을 우리는 어떻게 해결해야 할까? 문제는 이러한 현상이 갈수록 더 심화될 전망이라는 것이다.

　당신은 인생의 망망대해에서 나침반도 없이 표류하는 항해를 계속하고 있지는 않은가? 이제는 속도를 늦추고 내 일상생활을 재점검하고, 방위각과 우선순위를 바로 잡아야 할 때이다. 잘 알다시피 "속도보다는 방향이다." 얼마나 빨리 달리느냐보다는 어디를 향해 달리고 있느냐가 중요하다. 시간을 낭비하지 말자. 시간의 우선순위를 분명히 하고 날마다 단순한 삶을 추구해야 한다. 늘 쫓기는 긴급한 일보다 소중한 일을 먼저 하는 지혜가 필요하다. 인생이란 그냥 살기에는 너무 짧으며, 대충 보내기에는 너무나 소중하다. 인생은 제대로 살아야지, 그냥 아무렇게 백년을 산다 한들 무슨 의미가 있겠는가?

우리가 필요한 것이 적을수록 신에게 더욱 가까워진다 소크라테스

"가장 위대하고 심오한 진리는 언제나 단순하고 평범하다." 톨스토이

단순하게 산다는 것은 자신의 내면과 본질적인 삶에 대해 집중할 여유를 가진다는 것이다. 생활을 단순하고 절제있게 함으로써 몸과 마음을 깨끗이 하고 정신적으로 깨어 있고자 함이다. 더 나아가 영적인 세계까지 나아갈 수 있는 길을 준비하는 것이다.

복잡하고 분주하게 살지 말자. 그리고 한번 뿐인 소중한 인생을 잡동사니로 채워서는 안 된다. 단순하고 비어있는 삶이 신적인 삶이다. 그 삶 속에서 행복의 꽃이 피워나고 향기가 난다. 단순하게 살자.

성자는 집을 갖지 않는다. 그들은 한 곳에 머무르지 않고 방랑하면서, 오직 진선미를 추구하고 전파하는데 자신의 일생을 바친다. 위대한 성자들과 현자들은 모두 가난하고 단순한 사람들이었다.

"내가 가진 것이 충분하다는 것을 깨우친다면 당신은 진정한 부자이다." 노자

"넘치도록 가득 채우는 것보다 적당할 때 멈추는 것이 좋다. 집에 금과 옥이 가득 차면 지킬 수가 없고, 재산이 많아지고 지위가 높아지면 재앙을 자초하게 된다. 일을 이루었으면 물러나는 것이 하늘의 도道이다." 노자

아, 평생 한결같은 그런 삶을 살 수 있다면!
평범한 계절에 작은 과일이 무르익듯
내 삶의 과일도 그렇게 무르익을 수 있다면!
항상 자연과 교감하는 그런 삶을 살아갈 수 있다면!
계절마다 꽃피는 자연의 특성에 맞춰
나도 함께 꽃피는 그런 삶을 살 수 있다면!
아, 그러면 나도 앉으나 서나 잠들 때나 자연을 경애하리라.
시냇가를 따라 걸으며 새처럼 즐겁게 노래하는 기도자가 되어
커다란 목소리로 혹은 혼잣소리로 기도한다면 얼마나 좋을까!

헨리 D. 소로의 〈일기〉

내가 가진 것이 충분하다는 것을 깨우친다면, 당신은 진정한 부자이다.

노자

day 22

적게 소유하고 풍부하게 존재하라

"배움의 길은 나날이 쌓아가는 것이며, 도의 길은 나날이 털어내는 것
이다."노자

"진정한 행복을 누리기 위해서는 욕구를 낮추어야 한다. 욕구 중에
어떤 것은 자연적이고 필수적이지만, 어떤 것은 공허하고 불필요한 것임
을 명심하라."에피쿠로스

사소한 일상이 행복으로 다가 올 때는 언제인가? 삶의 모든 욕심을 버리고 마음을 비울 때이다. 그때 비로소 일상의 행복이 보인다. 하고 싶은 것을 다 할 수 있고, 갖고 싶은 것을 다 가질 수 있다고 행복한 것은 아니다.

"오늘날 사람들은 만족을 모르는 욕망에 내몰림으로써 경쟁과 비교에 사로잡혀 있다. 사람들은 부와 재물을 좇으며 삶을 허비한다. 숨이 막힐 때까지 자만과 기만으로 채운다. 그리하여 그들은 탈진과 과로로 침몰하고 있다."작자미상

'쾌락의 역설'이란 말이 있다. 이 말은 '쾌락을 추구하면 추구할수록 오히려 불만족이 커진다'는 것이다. 다시 말하자면 현실에서 쾌락을 얻는 속도보다는 욕망이 늘어나는 속도가 훨씬 빠르기 때문에 이러한 역설이 생길 수밖에 없는 것이다. "재물은 소금물과 같아서 마시면 마실수록 더욱 목마르다."고대 로마 격언

사람이 살아가는데 어째서 그렇게 많은 것이 필요한가? 옛 현자들은 찢어지게 가난한 생활 가운데서도 마음의 안정과 여유를 잃지 않고 살 줄 알았다. 더 나아가 아주 편안한 마음으로 도道를 즐기며 살았다. "너무 많이 소유하면 소유가 주인이 되고, 소유자가 노예가 된다."니체

"소유와 쾌락의 노예가 되지 않으려면 모든 것을 버리고 빈 마음으로 살아야 한다. 버리고 비우는 일은 결코 소극적인 삶이 아니라 지혜로운 삶의 선택이다."수행자

탐욕은 충족될 수 없는 욕망으로서 행복의 가장 큰 적이다

"죄악 중에서도 탐욕보다 더 큰 죄악은 없고, 재앙 중에서도 만족할 줄 모르는 것보다 더 큰 재앙이 없으며, 허물 중에서도 욕망을 다 채우려는 것보다 더 큰 허물은 없다." 노자

"삶을 사랑하고 열심히 살되 삶에 집착하지는 말라. 현실의 삶을 성실히 수행하되 탐욕에 빠지지는 말라. 모든 욕망에서 벗어나 자유로워지라." 힌두교 고대 경전, <바가바드기타>

"삶의 한 부분 한 부분을 소중하게 음미하지 못하고 앞만 보며 달려가는 현대인, 이웃과 단절되어 고독하게 욕망을 좇으며 살아가는 현대인들은 자신이 누구인지 조차 잊은 채 살아가고 있다." 무사 앗사리드

인류 불행의 원인을 따지고 보면 인간들의 끝없는 탐욕 때문이다. 탐욕은 채워질수록 눈덩이처럼 커져 간다. 우리 자신을 탐욕의 노예로 전락시킨 대가를 이제 호되게 치르고 있는 셈이다. 탐욕은 자기 분수 밖의 욕심이다. "사람은 스스로 풍족함에 그칠 줄을 모르면 망한다." 한비자

탐욕의 문제점은 무엇인가? 탐욕에 빠져들면 만족을 모른다. 부자가 되면 더 큰 부자가 되고자 하는 욕망이 생겨나는 것이다. 소유나 인기나 권력을 갈망하기 시작하면 아무리 채워져도 갈증은 채워지지 않는다. 인간의 불행은 소유욕과 과시욕에서 비롯된다. 그러면 누가 부자인가? 자신의 몫에 만족하는

사람이다. 사람은 자기도취적 존재이다. 탐욕에 눈이 멀면 진선미, 즉 옳고 그름, 선악과 미추를 분별하는 능력을 상실한다. "탐욕은 세상을 보는 맑은 눈을 흐리게 한다." 우리는 지금보다 더 많은 것을 소유하기에 바라는 탓에 늘 부족을 느끼며 불만족한 돼지가 된 것은 아닐까? 스스로 만족하지 않은 삶은 나날이 고통이다. "정도를 지나침은 미치지 못함과 같다"는 과유불급過猶不及의 지혜를 되새길 필요가 있다.

의식주가 풍족하고 명예까지 누릴 수 있다면 일단은 행복하다고 여기는 것이 일반 사람들의 행복관이다. 반면에 가난에 개의치 않고 성인의 도를 좇아 즐겁게 사는 삶 곧 안빈낙도安貧樂道의 행복을 추구한다면 그야말로 현자라고 할 수 있겠다.

공자는 안빈낙도의 행복을 추구하는 제자 안회를 이렇게 칭찬하였다. "변변치 못한 음식을 먹고, 누추하기 그지없는 뒷골목에서 살면서도, 아무런 불평이 없구나. 가난을 예사로 여기면서도, 여전히 성인의 도 좇기를 즐겨하고 있으니, 이 얼마나 장한가!"

자본주의에 물든 세속적 행복관에서 벗어나야 한다

"행복은 소유하는 것이 아니다. 행복이란 양질의 생각이자 마음의 상태이다."디프네 뒤 모리에

"당신이 더 많은 것을 소유하면 할수록 더 가난하게 될 것이다."헨리 D. 소로

우리는 자본주의 시대에 살고 있다. 자본주의는 천국이 눈앞에 있다

고 약속한다. 실제로 긍정적인 신호가 조금 보이기도 한다. 기대 수명, 어린이 사망률, 영양섭취, 주택환경, 교육시설 등, 물질적인 기준에서는 상당히 나아졌다.

하지만 자본주의 시스템에서 경제성장은 거듭했을지라도 기아와 궁핍으로 살아가는 사람들은 더욱 많아지고 있다. 이는 자본주의의 병폐인 불균형 발전과 불평등 분배에서 야기된 것이다.

집착과 탐욕은 만족할 줄 모르는 마음에서부터 비롯된다. 진정한 행복이란 주어진 삶에 만족하며 사는 것이다. "만족할 줄 모르는 것이 곧 최대의 화근이다."노자

인간이 누릴 수 있는 행복 중에서 가장 기본적인 행복은 욕심이 없는 상태, 즉 적은 것으로 만족할 줄 아는 소욕지족少欲知足에 머무는 것이다. 이것이 행복의 기초이다. 진정한 행복은 크고 많은 것에서보다 작고 적은 것 속에 있다는 것을 늘 되새겨야 한다. 우리의 목표는 행복하게 사는 것이지 많이 갖는 것이 아니다. 욕망의 지수를 낮추면 행복을 되찾을 수 있다.

"사실, 우리는 자신의 생각보다 이미 훨씬 부유하다. 다만, 지금보다 더 많은 것을 바라는 탓에 늘 부족하다고 느낄 뿐이다. 욕심은 저주와 같아서 우리를 한순간도 쉬지 못하게 하고 더 많은 것을 좇아 뛰게 만든다."작자미상

현자는 아무리 크고 뛰어난 공적을 쌓아도 그 공적에 명예를 구하지도 않고 자랑하지도 않는다. 자기의 이름을 남기려고 하지도 않는다. 조그만 자아에 집착하지 말자. 대수롭지 않은 일을 자랑하려고 하지도 말자.

과도한 물질주의는 행복에 치명적인 결과를 초래한다

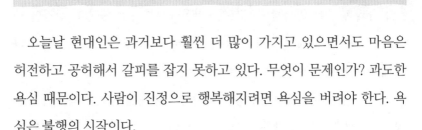

"적절한 절제를 통한 지속적인 즐거움과 건강을
누리며 자족自足하라."에피쿠로스
"네가 소유한 것들이 결국 널 소유하게 되어 있다. 다
잃어 봐야만 진정한 자유를 알 수 있다."영화 <파이트 클럽>

오늘날 현대인은 과거보다 훨씬 더 많이 가지고 있으면서도 마음은 허전하고 공허해서 갈피를 잡지 못하고 있다. 무엇이 문제인가? 과도한 욕심 때문이다. 사람이 진정으로 행복해지려면 욕심을 버려야 한다. 욕심은 불행의 시작이다.

욕심은 평온한 삶에서 멀어지게 한다. 욕심은 가진 것에 기뻐하지 않고, 필요하지 않는 것을 끊임없이 바라보게 만든다. 결국 마음에 평정심을 잃게 한다.

욕심을 버리지 못하는 것은 집착 때문이다. 빈손으로 왔다가 빈손으로 떠나는 것이 인생인 것을 늘 되새기며, 이 땅에 모든 집착에서 벗어날 때 진정한 행복이 깃드는 법이다. 하지만 그 무엇으로도 채워질 수 없는 욕망 때문에 끊임없이 갈망하는 존재가 바로 인간인 것이다. 세속적 탐욕에 집착하면 삶의 여유가 없기에 행복할 수 없다.

자본주의 사회에서 우리는 원하는 것을 얻지 못해서 괴롭고, 가지고 있는 것을 잃을까 괴롭다. 물질적인 부와 세속적 명성을 쌓는 일은 안전함과 만족감을 주는 것과는 거리가 멀며, 오히려 염려와 불안을 더할 뿐이다. 그리고 물질적 소유로 절대로 정신적 갈망을 해결할 수 없다.

"자본주의 체제에서 성장의 대가에는 범죄, 응급실 치료, 교도소 유지, 쓰레기 처리, 환경 정화를 위한 비용은 물론, 암 치료, 이혼, 학대받는 여성을 위한 피난처, 홈리스 등과 관련된 비용도 모두 포함되어 있다."폴 호켄

자본주의가 발전할수록 소득의 격차가 확대되어 양극화 현상이 심화되고, 인간소외가 일어나고, 자연환경이 파괴되고, 인류의 종말이라는 위험을 초래하고 있다. 이러한 상황에서 인류는 행복할 수 있을까? 경제성장이 인류를 행복하게 만들지 않고 오히려 불행을 초래한다면, 그 성장이 도대체 무슨 소용이 있겠는가?

"행복의 척도는 필요한 것을 얼마나 많이 가지고 있느냐에 있지 않다. 없어도 좋을 불필요한 것으로부터 얼마만큼 홀가분해져 있느냐에 따라 행복의 문이 열린다."법정

우리는 기쁨이 없는 쾌락 속에 살고 있다에리히 프롬

"욕망이 적을수록 인생은 행복하다."톨스토이

오늘날 우리는 가짜 기쁨에 취해 있는 세상에 살고 있다. 우리 시대는 참된 기쁨을 상실하고 있다. 현대인은 참된 기쁨을 추구할 능력을 잃었다. 참된 기쁨의 능력을 잃어버리니 가짜 기쁨, 유사품 기쁨을 찾아 헤매고 있다. 오늘날은 기쁨은 없고 쾌락만 넘쳐나는 시대이다. 현대인은 기쁨이 없는 쾌락 속에서 살고 있다. 당신은 기쁨을 추구하고 있는가? 쾌

락을 추구하고 있는가?

기쁨이 부재하는 삶이 사람들로 하여금 좀 더 자극적인 쾌락을 추구하도록 끊임없이 몰고 간다. 인간이 추구하는 쾌락은 점점 더 자극적으로 몰고 가는 속성이 있다.

사회심리학자 에리히 프롬은 그의 저서 〈소유냐, 존재냐〉에서 기쁨과 쾌락을 구분하였다. "예를 들자면 사회적으로 성공하고 돈을 더 많이 버는 데서 오는 쾌락, 경주에서 이기는 쾌락, 성적인 쾌락, 마음껏 포식하는 데서 오는 쾌락, 음주와 마약 등을 섭취하므로 환각 상태에서 야기되는 쾌락 등이 그렇다."

오늘날 기쁨의 대용품인 섹스, 게임중독, 알콜, 포르노, 마약 등, 이런 것들을 찾아 헤매며 인생을 낭비하고 있다. 기쁨의 대용품에 소중한 인생을 망치지 말자.

과거 휘발유 가격이 크게 상승하자 가격이 저렴한 사이비 휘발유를 차에 주유했던 시절이 있었다. 가짜 휘발유를 사용해도 차는 가는데 나중에 차는 다 망가진다. 쾌락이 그렇다. 쾌락을 추구하면 추구할수록 인생은 점점 더 망가질 뿐이다.

한편 인간의 몸에는 쾌락과 고통에 관여하는 도파민 호르몬이 흐르고 있다. 도파민은 사람의 기분을 좋게 하는 호르몬이다. 그래서 행복 호르몬이라는 별명도 생겼다. 도파민이 적게 분비되었을 때 발생하는 것이 우울증이라고 한다.

도파민을 만들어 내기 위해서는 운동, 햇빛 쐬기, 산책 등, 많은 노력이 필요하다. 일상에서 행복한 일을 많이 만들어야 도파민이 발생한다. 하지만 현대인은 도파민을 위해 노력하는 대신에 약물에 의존하고 있다.

도파민을 순식간에 확 분비하게 하는 것이 마약이다. 최근에는 마약이 너무 싸고, 쉽게 구입할 수 있는 약물이 되어서 청소년들도 애용하고 있는 실정이다. 잘 알다시피 마약은 잠깐에 걸쳐 큰 쾌락은 주지만 오랜 시간 큰 고통과 불행으로 몰고 가는 약물이다.

"진정한 행복은 대가를 요구하지 않지만 우리는 거짓된 행복에 비싼 대가를 치른다." 호세아 벌루

행복에서 멀어지게 하는 것은 돈과 인기에 대한 집착이다

돈은 바닷물과 같다. 그것을 마시면 마실수록 목이 말라진다." 쇼펜하우어
"돈은 필요한 물건을 살 수 있게 해 주고, 우리의 삶을 풍요로워 보이게 만들 수도 있다. 그러나 우리가 찾아야 할 진정한 삶의 행복과 진실은 우리의 마음속에 있다." 생텍쥐페리

자본주의 사회에서 돈과 인기는 피하기 힘든 매력을 발산한다. 인간은 돈과 인기를 맹목적으로 따라가면 인생이 엉망이 된다. "빈곤을 벗어난 사회에서 돈은 더 이상 행복의 키워드가 아니다. 돈은 소소한 즐거움을 마비시키는 기능만 한다." 서은국

무엇보다도 세속적인 부는 결코 인간을 행복하게 만들지 못한다. 그런 물질을 지나치게 추구하면 영혼이 망가지는 법이다.

우리는 채워지지 않는 욕망 안에 갇힌 채, 무의미한 쳇바

퀴만 굴리고 있지는 않은가? 헛된 삶을 이끄는 그릇된 집착에서 벗어날 때 진정한 자유와 행복을 만끽할 수 있는 것이다.

"돈은 비타민과 비슷한 구석이 있다. 비타민 결핍은 몸에 여러 문제를 만들지만, 적정량 이상의 섭취는 더 이상의 유익이 없다."서은국

나는 아무것도 갈망하지 않기에 행복하다장자

> "조금 내려 놓으면 조금 평화로울 것이다. 많이 내려 놓으면 많이 평화로울 것이다. 완전히 내려 놓으면 완전한 평화와 자유를 알게 될 것이다. 그때 세상과의 싸움은 끝날 것이다."아잔 차

장자는 아무것도 원하지 않는 삶, 지금 내가 존재하는 것만으로도 행복하다고 여겼던 고대 중국의 현자였다.

새처럼 자유로운 영혼이 되길 희망한다면 장자의 행복관을 묵상해 보는 것이 어떨까? 장자는 세속적 속박이나 염려와 고통이 없이 유유자적하게 살려면, 어떤 철학, 어떤 인생관을 가지고, 어떻게 살아야 하는가를 깊이 생각했다.

장자는 속세의 모든 얽매임에서 벗어나 대자유인이 되고자 했다. 명리名利를 초월하고, 욕망을 포기하고, 소아小我에서 벗어나고자 했다. 이러한 삶의 지혜를 담은 것이 동양의 고전 〈장자〉이다.

장자는 자신의 자유를 정치적 권력과 돈 등, 그 어떤 것하고도 바꾸기를 원하지 않았다. 그는 자유로운 삶을 위해 정부요직도 거부했다. 그는 비록 가난 했지만 가난이 주는 자유를 즐겼다. 장자는 어디에도 예속되

지 않음으로 온전한 자유를 누리고자 했던 것이다.

초나라 위왕이 장자를 재상으로 삼고자 했으나 아래와 같은 이유로 거절했던 장자의 이야기는 유명하다. "재상이 되면 겉보기는 부귀영화를 누리는 것 같지만 실상은 소중한 자유를 빼앗아 간다. 그러면 평범한 사람이 되고 싶어도 더 이상 그렇게 될 수 없다. 불행은 자유를 잃은 것이다."

사람은 저마다 자기의 공을 자랑하고 자기의 이름을 내세우려고 한다. 그리고 널리 인정과 칭찬을 받으려고 안달한다. 이러한 어리석고 옹졸한 마음에서 벗어나면 마음이 저절로 자유롭고 행복해진다.

장자는 이기심과 공명심과 명예욕을 버리면 자유로운 인간이 될 수 있고, 천지자연을 마음대로 소요하면서 유유자적의 행복한 인생을 살 수 있다고 보았다. 이것은 인간이 도달할 수 있는 가장 높은 경지의 행복이다.

욕심과 집착이 사라진 곳에 행복이 임한다

"욕심을 부리는 자는 돈이 비처럼 쏟아져 들어와도 만족할 줄 모른다. 욕심은 수많은 고통을 부르는 나팔이다."붓다
"인간으로서 우리는 원하는 것을 얻지 못해서도 괴롭고, 가지고 있는 것을 잃을까 봐도 괴롭다."칼루 린포체

불교만큼 인간의 고통과 행복에 대해 깊은 관심을 가지고 집중적으로 다루고 있는 종교나 사상도 없을 것이다. 붓다의 가르침은 인생고人生苦의 문제를 해결하고 어떻게 행복할 것인가에 초점이 맞추어져 있다.

붓다는 탐욕(욕망)이 고통과 불행의 근원으로 보았다. 마음이 탐욕, 분노, 무지, 편견, 오해 등의 부정적인 감정이나 잘못된 인식으로부터 자유로울 때 행복이 현존한다는 것이다.

불교는 인간이 불행한 이유를 '욕망에 대한 집착'이라고 보았다. 오늘날 현대인의 불행은 '돈과 성공이라는 욕망에 대한 집착' 임은 부인할 수 없는 사실이다. 집착은 바다에서 소금물을 마시는 것과 같아서 마시면 마실수록 목이 더 마르다. 마음이 어떤 대상에 대한 집착에 사로잡히면, 그것은 곧 괴로움으로 이어진다. 재산, 자식, 명예, 건강 등에 대한 집착 때문에 괴로움이 찾아온다. 불교의 행복은 모든 집착과 탐욕에서 벗어나 마음이 평온하면서, 격하지 않는 잔잔한 즐거움이 지속되는 안녕安寧의 상태이다.

행복은 모든 욕망이나 집착에서 벗어날 때 일어나는 것이다. 따라서 집착과 탐욕에 가득한 사람은 '행복'이라는 파랑새를 세상 어디에서도 발견할 수 없다.

"모든 고뇌에서 벗어나고자 한다면 만족할 줄 알아라. 만족할 줄 알면 항상 넉넉하고 즐거우며 평온하다. 그런 사람은 비록 맨땅 위에 누워 있을지라도 편안하고 즐겁다. 그러나 만족할 줄 모르는 사람은 설령 천국에 있을지라도 그 뜻에 흡족하지 않을 것이다."〈유교경〉

무소유 곧 모든 소유욕에서 벗어나야 나비처럼 자유롭다

"진실로 아무것도 갖지 않은 사람은 행복하다. 지혜로운 사람은 어떤 것도 자기 것으로 생각하지 않는다. 자 보라. 많이 가지고 있는 사람

이 여기저기에 얽매여 그 얼마나 괴로움을 당하고 있는가를!"붓다

"모든 것을 가지려면 아무것도 갖지 않아야 한다."십자가의 성 요한

"무소유란 아무것도 갖지 않는다는 것이 아니라 불필요한 것을 갖지 않는다는 뜻이다. 우리가 선택한 맑은 가난은 부보다 훨씬 값지고 고귀한 것이다."법정

요즈음 '무소유'란 말이 널리 회자되고 있다. 이는 그 만큼 우리가 사는 세상이 물질만능주의에 감염되어 있다는 반증反證이기도 하다. 무소유는 옛날부터 모든 종교에서 보이는 단순한 삶의 양식이다. "행복에 어떤 조건이 따른다면 어디에도 얽매이거나 거리낌이 없는 무소유의 홀가분함이 전제되어야 할 것이다."수행자

과거 기독교 사막의 교부들은 철저한 무소유를 지켰다. 무엇인가를 갖게 되면 그만큼 영혼이 불결해지고, 삶이 부자유해지는 것으로 생각했던 모양이다. 무소유의 삶은 그 무엇에도 속박되지 않는 자유를 위함이다. 지닌 것이 많을수록 진정한 행복과는 점점 멀어진다. 세속인들은 평생 더 많이 소유하려고 애쓰지만 현자들은 평생 버리려고 수행한다. 모든 욕심에서 벗어난, 무소유의 삶에서 청정한 정신과 순전한 행복이 자라는 것이다.

"아무것도 갖지 않을 때 비로소 온 세상을 갖게 된다는 것은 무소유의 또 다른 의미이다."법정

"하나님은 두 권의 책을 쓰셨는데,

하나는 성경이고,

또 하나는 자연의 책이다."존 스토트

자연으로 돌아가야 한다. 인위적인 것보다 자연과 하나 되기를 원한다. 자기 안에 있는 참 자아를 찾아내서 그 본성에 따라 본래의 모습이 되어 자연 그 대로의 삶을 살면 참으로 행복해질 것이다.

노자

day 23
자연을 가까이 해야 행복해진다

"주변 자연의 아름다움을 경험하는 것만큼 즐거운 일도 드물다." C. S. 루이스

"현대인들은 본질적인 것들을 상실한 채, 자연과 너무 멀어진 돌연변이의 삶을 산다. 내일에 대한 걱정으로 불안한 오늘을 살고, 꽉 짜인 일정표 속에 스스로를 가두어 버린 삶을 살고 있다." 무사 앗사리드

많은 현자들은 인간이 불행해진 첫 번째 이유는 자연으로부터 멀어졌기 때문이라고 생각했다. 행복은 자연 속에 있다. "자연으로 가는 것은 고향으로 가는 것이다."_{존 뮤어}

옛 사람들은 자연과 더불어 살 줄 알았다. 새소리, 물소리, 나뭇잎 소리, 빗소리 등, 자연의 소리 속에 편안함을 얻고 행복감을 느끼는 능력이 있었다. 그리고 자연이 주는 혜택을 슬기롭게 쓸 줄 알았다. 하지만 현대에 와서는 자연과 점점 멀어지고 있다. 우리는 자연의 순리에 따라 자유롭게 살면서 행복을 느끼는 원래의 삶을 잃어버린 세대인 것 같다. "생명의 원천인 자연을 가까이 하지 않으면 점점 인간성이 고갈되고 인간의 감성이 녹슨다. 그래서 박제된 인간, 숨 쉬는 미이라가 되어간다."_{수행자}

자연의 소리에 귀를 기울이며 자연에 몸과 마음을 맡겨보자. 아침 햇살을 받으며 시원하고 상쾌한 산들바람을 느껴보자. 집 근처 근린공원에 피어있는 꽃들을 관찰하며 향기를 맡아보자.

"모든 자연은 말하고 있는 것 같다. 왜 모든 사람이 보거나 느끼지 않는지, 나로서는 이해가 안 간다. 자연은 눈과 귀와 깨닫는 마음이 있는 모든 이에게 말하고 있다. 하나님의 말씀일 수도 있다."_{반 고흐}

이 책 〈행복명상록〉은 자연에 응답하는 삶과 세속에 응답하는 삶, 단순함과 복잡함, 존재 중심적 삶과 소유 중심적 삶, 진지함과 가벼움, 진선미와 위악추의 대비를 보여 준다.

"주변에 있는 하나님의 선물을 보라. 맑은 하늘, 신선한 공기, 부드러운 풀, 새 등, 아름답고 순진무구한 자연을 말이다. 하지만 우리들은 하나님을 믿지 않은 채, 어리석음에 빠져 있으며, 인생이 천국임을 이해하지 못하고 있다. 우리들은 그것을 이해하려고만 한다면, 자연은 당장이라도 아름답게 단장한 모습으로 나타날 것이고, 우리들은 서로 포용한 채, 눈물을 흘리게 될 것이다."도스토예프스키

도道에 순응하고 자연의 순리에 따라 살라노자

"행복하려면 세상의 사회규범을 따르기보다는 자연의 흐름에 몸을 맡겨야 한다."노자

고대 중국의 현자, 노자는 보이지 않지만 거스를 수 없는 절대적인 힘 곧 도道가 세상을 다스린다고 보았다. 어떻게 하면 이러한 힘 곧 도에 순응하여 자연과 조화를 이룰 수 있을까? 그가 추구한 진리와 행복의 실체는 바로 여기에 있었다. 노자는 자연自然을 최고의 질서로 보았다. 자연 그 자체, 혹은 자연의 현상 속에서 깨달음을 찾아 나갔다. 하늘이 내린 보편적인 도리 곧 천도天道가 자연 속에 내재되어 있다고 여겼기 때문이다. 그 보편적인 도리에 따라 자연스럽게 살 때 가장 행복하지 않을까? 노자는 자연처럼 맑고 고요하게 있으면 저절로 행복이 깃든다고 하였다.

노자는 도법자연道法自然, 즉 진정한 도는 자연을 본받는 것이라고 했다. 자연에서 도를 깨닫고, 무위無爲로써 자연과 조화를 이루며, 삶의 속박에서 벗어나 즐겁게 누리는 지락至樂의 경지, 즉 어슬렁어슬렁 노니는 소요유逍遙遊의 경지를 이야기 했다.

'자연과 일치된 삶'은 고대 그리스 스토아 철학이 표방했던 삶이기도 하다. 스토아 철학자들은 절대적인 평온함과 고요함 속에서 자연에 따라

살기를 원했다.

한편, 벤자민 호프의 책 〈푸의 도 The Tao of Pooh〉는 아기 곰 푸를 통해 동양철학의 '도'道를 몸에 익힌 유쾌한 삶의 모습을 잘 보여준다. 아기 곰 푸는 언제나 느긋하고, 무엇이나 열린 마음으로 받아들이며, 복잡할 게 없는 단순한 삶을 산다. 푸는 숲속 친구들이 안절부절 못할 때에도, 절대적인 평온함 속에서 모든 문제를 느긋하게 해결한다.

자연은 어느 누구에 의해서도, 어떤 일에도 빼앗기지 않는 행복을 얻는 힘을 부여한다. 자연과 깊은 유대감을 갖는 사람들은 자연을 향유하는 과정에서 삶에 대한 깊은 성찰과 행복감을 얻는다.

인간의 존재가 가장 빛나는 곳은 자연이다

"자연으로 돌아가서, 자연의 리듬에
맞춰 살면 행복하리라."노자
"자연은 우리 모두에게 행복의 기회를
주었다. 단 우리는 그 기회를 사용하는 법을 알아야 한다."클라우디언

가장 가슴 뛰고 설레이는 장소는 어디인가? 그런 곳이 있는가? 자본주의가 표방하는 도시의 삶을 버리고, 산속으로 들어간 자연인들은 "이보다 더 행복할 수는 없다"고 한결같이 말한다. 그들은 외진 산속에서 홀로 살고 있지만 그들의 존재가 가장 빛나는 곳에서 살고 있기 때문에 행복을 만끽하고 있는 것이다. 산속에 사는 자연인들은 자신만의 공간(낙원)에서 자신만의 삶을 살고 있다. 그들은 도시에서는 만사가 다 귀찮았는

데, 산속에서는 모든 일이 다 재미있다고 한다. 산속 생활의 매력은 자연 속에서 이루어지는 여유로움을 날마다 만끽할 수 있다는 것이다.

자연 그대로의 삶은 그야말로 행복이 스며드는 최상의 삶이다. 자기 안에 있는 자연 그대로의 '참 나'를 발견해서 자연 그대로 살면 행복해진다. 소유욕, 지배욕, 명예욕, 과시욕과 같은 모든 욕망에서 벗어나 마음이 본래의 상태 곧 자연 상태로 돌아가 겸허하게 살 때 참 행복이 깃든다.

헨리 D. 소로와 철학자 하이데거는 인간은 자연세계를 지배하는 주체로서 마주 서 있는 것이 아니라, 오히려 자연 속에서 태어나고, 그것에 의존해서 살다가, 그 안에서 죽어가는 존재라는 사실을 상기시킨다. 따라서 자연이 우리에게 주는 메시지를 들을 수 있는 감응력의 회복이 절실하다고 주장한다.

숲과 나무, 풀과 꽃, 새와 짐승을 가까이 하자. 바람과 구름, 일출과 일몰, 달과 별 등을 보고 우주의 아름다움과 신비를 느낄 수 있어야 한다. 그리고 우리 마음속에 깃들어 있는 자연스러움도 함께 일깨워야 한다. 결국 우리는 자연에서 와서 자연으로 돌아가야 할 자연의 산물이다.

"돈을 많이 버는 것이 성공이라고 생각하며 살았다. 그렇게 살다보니 상처를 많이 받았고, 더 이상 살 수가 없어서 산속으로 들어왔다. 힘들고 지친 나를 위로해 준 것은 자연이었다."_{자연인}

자연과 가까이 하면 신의 음성을 들을 수 있다 헤르만 헤세

"내가 해넘이의 경이나 달의 아름다움을 감탄할 때,
내 영혼은 창조주에 대한 예배 속에서 성장해 간다." 간디

　자연 그대로의 행복은 신의 영역인 천
상의 행복이다. 모든 행복들 가운데 가장
으뜸은 우리가 날마다 자연을 접하면서
맛보는 행복이다. 자연을 닮아가며 자연
스러운 행복을 향유하자.

　자연의 아름다움 앞에서 압도당할 때
우리는 숙연해지고 진지해진다. 그리고 영혼이 맑아지고 순수해지는 자
신의 모습을 발견하게 된다. 그런데 우리는 자연의 아름다움을 감상하는
법조차 잊어 버렸을 정도로 너무 바쁘게 산다. 이것이 현대인의 비극이
다. 옛날 수도자들의 대부분은 숲 속에서 수행을 했다. 동서고금의 많은
수행자들은 숲 속에서 큰 깨달음을 이루었다. 자연과 수행은 매우 밀접
한 관계를 갖고 있다. 사람은 누구나 자연 속에서는 인간의 선한 본성이
드러나서 착해지고 친절해진다. 도시의 소음의 틈바구니에서 서로 무관
심한 사람들도 산에서 만나면 서로 인사하고 보살핀다. 자연에 동화되어
살다보면 자신도 모르게 신선이 되음직하다. 신선이란 인위적인 면을 최
대한 배제하고 자연 그대로의 삶을 누리는 사람들을 일컫는 압축적인 표
현이다. 신선의 자연 그대로의 삶은 그 자체로 행복이 된다.

때로는 소로처럼 숲 속으로 들어가자

"내가 숲 속으로 들어간 것은 삶을 내 자신의 방식대
로 살아 보기 위해서였다. 즉 오직 삶의 본질적인 문제

들만을 마주하면서, 삶이 가르쳐 주는 것들을 내가 배울 수 있는지 알고 싶어서였다. 그리하며 마침내 죽음에 이르렀을 때 내가 헛되이 살지 않았다고 깨닫고 싶었기 때문이다. 산다는 것은 그토록 소중한 것이기 때문에 나는 진정한 삶이 아닌 삶을 살고 싶지 않았다."헨리 D. 소로

1845년, 당시 28세의 청년, 헨리 D. 소로는 '어떻게 살 것인가' 문제를 안고 숲 속으로 들어갔다. 그는 미국 매사추세츠 콩코드 숲 속 월든 호숫가에 직접 통나무집을 짓고, 2년 2개월 동안 은둔자의 삶을 살면서 깊은 사색에 들어갔다. 그가 숲 속에서 했던 일과는 산책과 사색, 독서와 노동, 그리고 일기쓰기가 전부였다.

결과적으로 그는 학생으로서 숲에 들어갔지만, 그 숲을 나올 때는 스승이 되어 있었다. 내면의 행복을 추구하며 자연 속에서 단순함을 실천했던 소로의 선지자적인 삶과 글은 후세 사람들에게 '어떻게 살아야 하는가'에 대해서 큰 영감과 가르침을 주었다.

소로는 진정한 행복이 무엇인지, 그의 삶 전체를 통해 보여 주었다. 그는 자연 철학자로서 전 생애를 걸쳐 진정한 행복을 추구했던 위대한 정신적, 영적 구도자였다. 그는 보다 나은 삶을 찾아서 직접 살아보기 위해 문명과 대중들로부터 떨어져 나와서 자연 속에서 홀로 그 삶을 실천하였던 고독한 구도자였던 것이다.

"소로와 함께 있으면 강둑과 강에 사는 모든 식물과 꽃들, 그리고 우리 주위의 모든 물고기, 거북이, 개구리, 도마뱀이 그동안 우리의 편견 속에 갇혀 있던 그 비천한 형상을 벗고, 신비하고 아름다운 모습으로 변

모하였다"_{몬큐어 콘웨이}

　25년 동안 숲에서 홀로 침묵수행을 하고, 그 수행 가운데 하루 9시간씩 명상을 지속했던 은둔 수도사 로버트 신부는 말했다. "나는 숲속의 오두막에서 자연의 풍경을 보며 나 홀로 자연의 소리를 듣는다. 특히 밤의 소리들은 온통 하나로 섞여 하나의 교향곡으로 들린다. "화려하고 편리한 문명의 이면에는 도시인들의 결핍과 열정, 고독을 감춰 버리는 아찔한 마천루와 빌딩 숲, 돈과 쾌락의 노예가 되어 가는 영혼과 육신, 노인들을 외톨이로 가둬 버리는 양로원, 뭐든 빨라야만 직성이 풀리는 조급증이 급증하고 있다."_{무사 앗사리드}

자연은 모든 생명체의 모태이자 치유와 재충전의 공간이다

　"태양과 사람과 비, 여름과 겨울 등, 자연은 형언할 수 없이 순수하고 인정이 많아 우리에게 건강과 활력을 안겨준다."_{헨리 D. 소로}

　"사람의 마음이란 그 어디에도 얽매임 없이 자연에게 집중하고 몰입할 때 저절로 맑아지고 투명해지고, 더 나아가 평온해지는 법이다. 그리고 사람의 오감은 자연 속에서 가장 활발해진다. 자연의 편안한 색상과 초록의 빛, 물소리, 바람소리, 새소리, 숲의 향기, 신선한 산소 등이 총체적으로 모든 생명체에게 활기를 불어넣는 것이다. 자연은 모든 생명체의 모태이자 치유와 재충전의 공간이다."_{수행자}

　최근에 단순하고 조용한 삶, 자기 자신을 찾는 내면의 삶, 조화로운 삶

을 찾아 도시를 떠나 자연 속으로 들어가는 사람들이 늘어나
고 있다. 사람이 가장 편안하고 안정감을 느끼는 곳이 자연이라고 한다.

우리의 내면의 진정한 안식처는 자연이다. 자연 속에서 나는 가장 나답
고 온전히 나 자신일 수 있는 것이다. 자연과 깊은 교감 가운데 건강한 자아
를 회복하고 생기를 얻는다. 자연은 안식, 재충전, 치유, 재활의 장소이다.
자연의 신비와 경이를 느끼며 자연이 주는 평온함 속에서 안식을 누리자.

어제까지만 해도 온갖 생각과 염려로 마음이 심란했던 사람도 자연
속에서 단 하루라도 머물면 정신이 맑아지고, 영혼이 되살아나고, 행복
감을 느낀다. 자연은 내면의 평온과 기쁨을 회복케 하는 특효약이다.

자연은 모든 생명체를 치유하며 자유하게 한다. 자연은 세속에 지친
우리에게 쉼과 재충전을 주며, 세속화 되어 오염된 우리를 순수하고 정
결하게 회복시켜 준다. 더 나아가 희망과 영감을 불러일으킨다.

어느 귀촌인은 말했다. "도시에서는 편리한데도 행복감을 못 느꼈는
데 산골에서 사는 것은 불편한데 행복하다는 것을 느낀다."

무릉도원이 어디인가? 하늘과 땅 사이에
물이 흐르고 꽃이 피어나고, 그윽한 즐거움이
깃드는 곳, 바로 그곳이 무릉도원 곧 지상낙원
이 아니겠는가?

힘들고 지칠 때는 자연 속으로 들어가자

"철새의 이주, 썰물과 밀물의 갈마듦, 새봄을 알리는 작은 꽃봉오리,
이런 모든 것들은 그 자체로 아름다울뿐더러, 어떤 상징이나 철학의

심오함마저 갖추고 있다. 밤이 지나 새벽이 밝아오고, 겨울이 지나 봄이 찾아오는 일, 이렇게 되풀이되는 자연의 순환 속에서 인간을 비롯한 상처받은 모든 영혼들이 치유 받고 되살아난다." 레이첼 카슨

"행복하게 살고 싶으면 자연에 숨어서 살라"는 옛말이 있다. 자연 속에 숨어서 자연의 시계에 맞춰 자연인으로 살아가며, 자연 그대로의 행복을 향유하자. 나를 둘러싼 자연과 하나가 되자. 우리 마음은 자연 속에서 활짝 피어나도록 만들어져 있다. "넋을 잃고 자연의 아름다움을 바라보는 순간, 우리의 내면은 따뜻한 빛과 향기가 가득한 정원이 될 것이다." 수행자

사람은 언제 어디에서 편안함을 느낄까? 아마 자연 속에 있으면 태아가 어머니 태속에 있는 것처럼 가장 안락함을 느낄 것이다. 자연은 어머니의 품처럼 포근하고 아늑하다. 그래서 누구든지 자연 속에 들어가면 어린 아이가 된다.

도시인은 자신의 하루일정을 분초를 다투며 바쁘게 뛰어다니지만, 오지의 자연인에게는 새벽과 아침, 점심과 오후, 저녁과 밤이 있을 뿐이다. 자연인은 시간을 재지 않으며, 돈이나 물건의 양을 셈하지 않는다.

생명을 가진 모든 생명체는 자유롭고 행복할 권리가 있다. 그러면 어떻게 살아야 할까? 자연 친화적 삶을 살자. 평생을 자신과 마주하며 자연 속에서 살아가는 사람은 자유롭고 행복하다. 자연 속에 있으면 나도 모르게 나오는 한 마디. "이 얼마나 아름다운 세상인가? 눈길을 뗄 수가 없구나!"

외롭다고 하지 말고 자연으로 돌아가자. 인간의 원래 서식지는 자연이다. 그리고 가장 신비롭고 경이로운 곳은 자연이다. 하루 내내 자연의 시간에 맞춰 여유롭게 사는 자연인의 모습은 행복 그 자체이다. 자연과 벗이 되어 초목과 가까이 하고, 아무것에도 구속되지 않으며, 내 마음의 주인이 되어 살아가는 사람은 이미 행복한 사람이다. 자연에 깊이 들어갈수록 행복은 확 피워난다.

자연은 지치고 거칠어진 삶을 새롭고 부드럽게 다듬어 준다

"난 슬플 때면 시골길을 걷는다. 그리고 나무를 만진다. 새들, 꽃들, 벌레들에게 말을 건다. 그러다보면 슬픔이 사라진다." 세라핀 루이

"전능하신 하나님이시여, 숲속에 있으면 나는 행복합니다. 아름다워라. 이 숲속, 저 언덕 위의 고요함이여!" 베토벤

베토벤은 삶의 의욕이 완전히 소진되었을 때 오직 자연 속에서만 위안을 구했다. 음악가로서 청력을 완전히 상실하고, 깊은 고뇌에 빠진 베토벤, 자신의 테두리 속에 갇혀 모든 사람들과 떨어져 있던 외톨이 베토벤, 그를 위로하고 회복시켜 줄 수 있는 것은 오직 자연이었다. 베토벤은 날마다 성곽을 돌면서 산책을 했다. 안절부절 못하는 그의 불안한 마음도 자연 속에서는 숨을 돌릴 수가 있었다. 자연은 그의 벗이자 안식처였다. 그는 꽃이며 구름이며 자연의 만상을 온전히 사랑했다. "아무도 나처럼 자연을 사랑할 수는 없다. 나는 한 사람의 인간보다도 한 그루의 초목을 더 사랑한다." 베토벤

베토벤은 자연 속에서 알 수 없는 힘이 그의 몸 전체를 휘감았다. 심장이 고동치고, 말랐던 샘이 다시 흘러넘쳤다. 창조의 영감이 다시 발동하는 환희의 순간이었다. 베토벤은 과거를 훌훌 털어 버리고 창조의 기쁨에 자신을 내맡겼다. 환희의 순간, 베토벤의 영혼 속에서 음악의 생명수가 터져 나왔다. 얼마나 놀라운 일인가. 그리고 자연 속에서 얻은 영감이 그의 작품 속에 고스란히 녹아 있다. 나무 한 그루, 구름 한 조각, 밤하늘의 숨결까지도 그의 피를 끓어오르게 했다. 악상이 떠오르는 대로 곡을 써 내려갔다. 베토벤 자신도 놀랄 정도였다. 자연 속에서 삶의 의욕을 회복했던 베토벤의 영감과 창의력은 엄청났다. 알다시피 베토벤이 작곡했던 불후의 명작 9개 교향곡 가운데 8개는 그가 청력을 완전히 상실했을 때 작곡되었다.

자연이 주는 행복 속에 흠뻑 빠져 살자

"흐르는 물, 떠도는 뭉게구름, 스치는 바람 등, 자연을 벗 삼고 한껏 여유롭게 살고 있다. 때로는 달빛 아래 흐드러지게 핀 메밀꽃 들판을 거닌다. 나이를 잊고 동심에 살고 있으니 더 없이 행복하다."자연인

우리는 어디에서 가장 행복해지는가? 자연과 함께 있을 때 사람은 완벽한 삶의 환희를 누릴 수 있다. 자연인은 자명종 소리에 맞춰 하루를 시작하지 않고, 밝아 오는 태양과 함께 자리에서 일어나며, 지상에 어둠이 내리면 주어진 하루에 감사하며 잠자리에 든다.

인터넷 세상을 멀리하고 자연과 가까이 하자. 실험 삼아 몇 일을 자연 속에 지내보자. 자연이 주는 행복을 발견하고, 그 행복 속에 흠뻑 빠져 보자. 자연 속에 지내면 자신이 대단히 긍정적이고, 여유로운 사람으로 변모했다는 사실을 발견하게 된다. 마음이 가볍고, 얼굴에는 웃음을 짓고 있다. 삶의 의욕이 살아나고, 생기가 돌고 있다.

어떤 사물을 가까이하면 은연 중에 그 사물을 닮아간다. 자연을 가까이하면 자연과 같은 인생이 된다. 물이 흐르듯 꽃이 피어나듯 인생을 살게 된다. 자연이 주는 영감과 감흥에 흠뻑 젖어보자. 과거 인상파 화가들이 느꼈던 감흥을 그대로 느껴보자. 아름다운 자연이 주는 영감으로 인해, 그들의 삶과 작품이 달라지듯이 당신의 인생이 달라지는 것을 경험하게 될 것이다. 무미건조한 무채색의 세상이 찬란한 유채색의 세상으로 바뀔 것이다. 절대 서두르지 말자. 자연은 결코 서두르지 않는다. 자연에 거역하지 말고, 자연에 순응하며 살자. 자연에 순응하여 살면 나 자신의 본연의 모습이 드러날 것이다. 나와 멀어졌던 나를 자연 속에서 만나자. 우리가 자연과 하나가 될 때, 우리는 이를 통해 잃어버린 건강을 회복하고, 더 나아가 무한한 행복의 세계를 발견하게 될 것이다. "가장 달콤한 자유는 자연이 안겨 주는 선물이다. 나무의 형제처럼, 새들의 자매처럼 살아가는 초록빛 자유를 만끽해 보자." 프리드리히 실러

"산에 올라 산의 정기를 마셔라. 햇살이 나무에 스미듯 자연의 평화가 그대 가슴으로 흘러들 것이다. 바람이 그대 안에 상쾌한 기운을 불어넣고 폭풍이 활력을 불어넣는 동안, 모든 근심이 가을 낙엽처럼 떨어져 나가리라." 존 뮤어

"산책을 자주 하고 자연을 사랑했으면 좋겠다.

그것이 예술을 진정으로 이해할 수 있는 길이다.

화가는 자연을 이해하고 사랑하며,

평범한 사람들이 자연을 더 잘 볼 수 있도록

가르쳐 주는 사람이다." 반 고흐가 테오에게 보낸 편지

인생에서 가장 행복한 순간은 천천히 산책을 즐기며 길가에 핀 꽃들을 어루 만지는 때이다."

투르게네프

day 24

일상화된 과속에서 벗어나
행복속도를 찾아라

"오늘날 도시생활은 무조건 빨리 뛰라고만 강요하고 있다. 그러나 천천히 걸으며 깊이 음미하면 더 큰 만족감과 즐거움을 느낄 수 있을 것이다. 느리게 살자. '느림'이란 외부로부터 강요된 속도가 아니라 자신의 속도로 움직이는 것을 말한다"피에르 상송

"인간의 모든 불행은 단 한 가지, 고요한 방에 들어앉아 휴식할 줄 모르는 것에서 비롯되었다."파스칼

시대의 흐름에 편승해서 우리 모두는 어쩔 수 없이 질풍노도의 세월을 보내고 있다. 우리 모두는 제어장치가 고장 난 채, 고속질주하고 있는 급행 열차를 타고 있는 것은 아닐까?

대다수의 현대인은 조급증에 고통당하고 있다. 그들은 늘 급한 일에 쫓겨 서두르며 살아간다. 이러한 습성이 깊이 뿌리를 내림으로써 우리는 조급증 환자가 되어버렸다.

살인 속도로 내달리는 우리의 삶을 그대로 방치한다면 우리는 소리만 요란하고 바쁘기만 할 뿐, 불행한 삶을 살다가 생을 마감하게 될 것이다. 우리에게 필요한 것은 가속이 아니라 감속이다.

쉼 없이 돌아가는 일정과 과도한 경쟁으로 현대인의 일상의 삶은 호흡곤란 증세를 겪고 있다. 빨리 성공하려는 욕구에 기진맥진 상태에 놓여 있다. 욕망은 채워질수록 눈덩이처럼 커져 간다. 더 많이 소유하면 더 행복하게 되리라 믿도록 자기 최면에 걸린 것이다.

경쟁과 물질 중심의 빨리 빨리 생활양식은 자본주의 사회의 부산물로서 현대인의 심신을 지치게 한다. 행복속도를 찾는 여유, 나를 돌아볼 수 있는 여유, 진정한 삶이 무엇인지 생각할 수 있는 여유를 찾아야 한다.

삶에서 속도보다는 방향이 중요하며, 소유보다는 존재가 중요하며, 부피보다는 질량이 중요하다.

자신의 리듬에 맞춰 삶을 음미하며 즐겨라

"오늘날 사람들은 만족을 모르는 욕망에

내몰림으로써 경쟁과 비교에 사로잡혀 있다. 사람들은 부와 명예를 좇으며 삶을 허비한다. 숨이 막힐 때까지 자만과 기만으로 채운다. 그리하여 그들은 탈진과 과로로 침몰하고 있다."작자미상

이제 진정한 삶을 살고 싶은가? 하늘의 새처럼 자유롭고 싶은가? 오늘날 현대인은 많은 것은 가졌지만 행복하지 못하는 이유는 무엇인가? 삶의 한 부분 한 부분을 소중하게 음미하지 못하고 앞만 보고, 정신없이 내달리고 있기 때문이 아닐까?

삶의 속도를 늦추고 자신의 리듬에 맞춰 삶을 음미하며 천천히 살자. 인생에 두 번의 기회는 오지 않는다. 인생을 소풍길이라고 생각하고 천천히 걸으며 주변의 풍경을 감상하고, 잠시 발걸음을 멈추고 꽃향기를 맡아 보는 것은 어떨까? 우리는 인위적인 리듬을 버리고, 자연의 리듬으로 돌아가야 한다. 그래야 우리의 심신이 더욱 강건해질 수 있다. 자연의 리듬에 따라 사는 것은 인간의 본성에 맞게 사는 것이다.

산책은 영감을 주고 오감을 깨우고 삶의 활기를 불어 넣는다

"혼자 산책할 때만큼 깊이 생각에 잠기고 내 자신이 온전하게 여겨졌던 적은 없었다. 걷기는 나의 사상에 활기를 불어 넣는 어떤 힘이 있다."루소

고대 그리스 철학자 아리스토텔레스와 그의 제자들은 함께 산책하면서 사색하고 이야기하는 독특한 방식으로 교육을 진행하였는데, 이를 '소요학파'라고 한다. 소요逍遙란 산책을 의미하는 말이다.

자연 속에 걸으면 머리가 활성화된다고 한다. 느긋한 마음으로 들판을 걸어보자. 걸으면 심장 박동이 빨라지면서 혈액순환이 활발해짐으로 뇌 혈류량이 증가하고, 정체되어 있던 우리의 신체 리듬이 살아나면서 불안 수준은 낮아지고 행복감은 높아진다고 한다. 온몸에 활기가 도는 것이다.

그래서 많은 의사들과 심리학자들은 걷기의 치유적 효과에 주목했다. 걷는 것만큼 즉각적으로 우리의 기분을 나아지게 해주고 우리의 신체를 활발하게 해주는 활동이 없다는 것이다. 우리의 마음과 신체는 긴밀하게 연관이 되어 있는 것이다. 때때로 우리의 몸과 마음이 힘들고 불행감을 느낀다면 하던 일을 멈추고 밖으로 나가서 걷자. 그러면 몸과 마음속 응어리가 풀리는 놀라운 마력이 발휘될 것이다. 철학자 칸트, 음악가 베토벤, 사상가 루소 등은 공통점이 있다. 그들은 매일 산책을 했다는 것이다. 그들에게 있어 산책은 빼놓을 수 없는 일상이었다. 그들은 산책을 하며 사색과 창조의 시간을 즐겼던 것이다. 야생이 숨 쉬는 자연에서 인간의 영혼은 성장하고 영감이 일어난다.

산책이란 자연 속에서 여유를 갖고 천천히 걷는 것이다. 힘이 들어서가 아니라 기분이 좋아서, 볼거리가

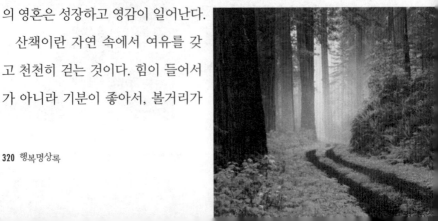

많아서, 그리고 소중한 시간을 조금 더 지속하고 싶어서 풍경 속에서 느리게 걷는 것이다. 산책은 심신이 사색을 통한 즐거움을 맘껏 누리도록 배려하기 위해서 천천히 걷는 것이다.

"걷는 즐거움을 잃지 말라! 나는 매일 건강을 위해 걸음으로써 모든 질병으로부터 벗어날 수 있었다. 또한 벗어나지 못할 어려운 근심을 해본 적이 없었다. 게다가 나는 걸으면서 최고의 생각을 얻을 수 있었다."
쇠렌 키에르케고르

자연 속에서 여유로운 삶을 즐기며 건강을 챙기자

"우리의 행복의 적어도 10분의 9는 오로지 건강에 달려 있다. 건강한 거지가 병든 왕보다 훨씬 더 행복하다."쇼펜하우어

"무엇인가 이루고자 하는 자는 자신의 몸부터 돌봐야 한다."<예기>

건강은 행복의 토대이다. 오늘날 건강을 해치는 가장 큰 주범 중에 하나를 자연을 떠난 삶이다. "햇빛. 공기, 물, 운동은 생명과 건강의 원천이다."히포크라테스

자연으로 가자! 자연은 내가 자유로워질 수 있는 최선의 공간이다. 하지만 오늘날 사람들은 무엇에 홀린 듯 온통 돈과 물질에 사로잡혀 있다. 여기서 스트레스를 받는데, 스트레스는 건강을 해치는 주범이다.

헬레나 노르베리-호지의 〈오래된 미래〉는 라다크 사람들이 문명의 혜택이 없이도 아주 건강하고 행복하게 살아가는 모습을 보여주고 있다. "히말리야 고원 서부에 자리잡은 라다크 사람들은 아주 원시적으로 살아가고 있다. 하지만 그들은 매일같이 웃고 노래하고 춤을 추며 자연스

럽게 살아가고 있다. 그들은 땅위에 씨를 뿌릴 때도, 쟁기질을 할 때도, 가축들을 잡아 음식을 만들 때도, 쉼 없이 노래를 한다. 모두가 모여서 잔치를 할 때는 너나없이 정해지지 않은 춤을 춘다."

자연은 안식과 치유의 장소이다. 숲의 고요가 마음의 평화와 안식과 치유가 일어나게 한다. 사람도 자연의 일부이기에 자연의 품에서 원래의 면역력과 치유력과 건강을 회복할 수 있지 않을까?

잘 알다시피 자본주의 물질문명은 각종 정신질환을 유발하고 있다. 문명에서 온 질병은 문명이 아닌, 오직 자연만이 그 병을 고칠 수 있다. 문명의 해독제는 자연이다.

우리가 자연과 하나가 될 때, 우리는 자연을 통해 잃어버린 건강을 회복하고 더 나아가 무한한 행복의 세계를 발견하게 될 것이다. 번잡한 도시 속에서 사람들이 병들기 쉽지만 고요한 숲은 우리에게 마음의 평화를 이루게 하고 올바른 정신을 지니게 한다.

"대지를 의지하고 살아야 할 사람들이 제 발로 걷지 않고, 자동차에 의존하면서 건강을 잃어간다. 제 발로 걷는다는 것은 곧 대지에 의지해 그 기운을 받아들임이다. 그리고 걸어야 대지에 뿌리를 둔 건전한 생각을 할 수 있다. 이 대지를 등지고는 온전한 삶을 이룰 수 없다."^{수행자}

나만의 비밀스런 낙원, 무릉도원을 마련하자

내가 살고 싶은 곳은 어디인가?
내가 꿈꾸는 사람다운 삶은 어떤 삶인가?
나는 어디에서 어떤 삶을 살 때 가장 행복할까?

상상만 해도 즐거운 곳, 마음이 그곳에 있기만 해도 눈이 밝아지고, 마음이 열리고, 온몸이 새로워지는 곳이 어디인가? 남들이 좋다는 것 말고 진짜 내가 좋은 것을 찾아라! 번잡한 일상생활을 떠나 나만의 무릉도원을 찾아 나서보자.

"인간이 무릉도원에 대해 관심을 가지고, 꿈을 꾸는 것은 꽃들이 태양을 향하는 것과 같은 이치이다."

한편 무릉도원은 꼭 어느 장소만을 의미하는 것은 아닐 것이다. 내 마음에 있는 안식처도 무릉도원이 될 수 있지 않을까? 요즘 나는 옛사람들이 자연과 가까이하며 조촐하게 살았던 안빈낙도安貧樂道의 삶을 음미하며 꿈꾸고 있다.

안빈낙도의 삶을 이상적으로 생각하는 옛 현자는 텃마루에 앉아 차 한 잔의 여유를 즐기며, 하늘에 떠다니는 구름을 감상하는 조촐한 행복을 누렸다. 진정으로 행복해지려면 나를 비우고 내려놓아야 한다. 욕심과 갈망에서 자유롭고, 무욕의 상태에 도달해야 한다.

고대 중국의 시인 도연명처럼 인간 세상의 별천지를 찾아 떠나자.

"산 좋고 물 좋고 인심이 좋으니 무릉도원이 따로 없구나!"

서로 격려하며 농사일에 힘쓰며 해 지면, 서로 더불어 돌아 와 쉬었다네.

뽕나무와 대나무는 짙은 그늘 드리우고, 철 따라 콩과 기장을 심네.

봄에는 누에에서 긴 실을 뽑고, 가을에는 수확해도 세금이 없네.

아이들은 마음껏 다니면서 노래 부르고, 노인들은 즐겁게 놀러 다니네.

초목이 무성하면 봄이 온 걸 알고, 나무가 시들면 바람이 매서움을 아노라.

비록 세월 적은 달력 없지만, 사계절은 저절로 한 해를 이루나니.

기쁘고도 즐거움이 많은데, 어찌 수고로이 꾀쓸 필요 있으랴.

도연명의 <도화원기>에서

공중의 새와 들의 꽃처럼 단순하고 자유로운 존재로 살아야 한다

"공중의 새를 보라. 들의 백합화가 어떻게
자라는가 생각하여 보라." 예수 그리스도

주변의 나무, 풀잎, 꽃, 새, 바람 등, 자연과
소통하며 계절의 흐름을 즐겨라. 과거를 뒤로
하고 현재를 누리며 새로움을 기대하며 미래를
꿈꾸어라. 걸으면서 자신이 얼마나 행복한 존재인지를 느껴라. 지금 살
아있음의 축복을 만끽하며 물어라. "인생의 행복은 어디에서 오는가?"

잠시 쉬어가자. 작은 여유를 갖자. 주위의 계절의 변화를 느껴보고, 지
나가는 구름과 새롭게 피워난 꽃들에게 인사도 건네자. 새소리, 풀잎소
리, 물소리도 들어보자. 서두르기만 하는 조급한 사람에겐 소소하지만
소중한 행복이 느껴질리가 없다. 걸음의 속도를 풍경에 맞추고 느긋하
게 산책을 즐기자. 분주하고 바쁜 시간에서 벗어나 여유를 찾기 위해 가
장 좋은 방법은 '디지털 다이어트'이다. SNS만 끊어도 시간적 여유가 생
겼다고 느낄 것이다. 바쁘게 살아가는 사람들의 가장 큰 문제는 오직 성
공할 때만 기쁨을 느낀다는 점이다. 그들은 과정의 중요성을 알지 못한
다. 우리는 종종 빨리 목적지에 도달하겠다는 '조급증' 때문에 과정 자체
를 즐기지 못한다. 목표를 추구하는 동시에 그 과정을 즐기고 누리는 여
유가 있을 때 마음이 즐겁다.

나무는 "두 발을 가진 인간들이 왜 저리도 분주하게 돌아다닐까" 의아해 하면서 자신이 뿌리내린 대지에서 조용히 살아가고 있다. 인간인 우리는 나무에게서 배울 점이 많은 것 같다.

죽음을 삶의 연속체의 일부로 받아들이면 죽음에 대한 두려움이 사라진다

"현자가 죽음을 두려워하지 않는 것은 죽음을 삶의 자연적인 리듬의 일부로 간주하기 때문이다."스토아 철학자

"죽음을 멸시하지 말고, 죽음을 기뻐하라. 죽음도 자연이 원하는 것들 가운데 하나이기 때문이다. 젊고 늙고 성장하고 성숙하고 이가 나고 수염이 나고 머리가 세지고 생식활동을 하고 심신이 약해지고 분만하는 행위들과 그밖에 인생의 계절들이 가져다주는 자연의 다른 과정들은 모두 해체이기에 하는 말이다."마르쿠스 아우렐리우스

삶을 받아들인다는 것은 출생과 죽음, 나이듦과 병듦, 기쁨과 슬픔, 인생의 사계절, 모두를 받아들인다는 뜻이다. 삶은 하나의 연속체이다. 삶의 모든 순간을 온전히 받아들이고 향유하면, 평온한 마음으로 죽음까지도 받아들일 수 있다. 삶 속에 죽음도 있다. 늙고 병들고 죽는 문제는 우리가 본래 타고난 것들이다. 앞으로 우리에게는 그런 일들이 닥쳐올 것이다. 그것은 자명한 사실이다. 삶이라는 게 본래 그런 것이다. 내가 집착하고 있는 것이 무엇인가? 그것으로부터 자유로워져야 행복할 수 있다.

나만의 속도로 살면 잃어 버렸던
나 자신이 보이기 시작한다

"느림, 내게는 그것이 부드럽고 우아하고
배려 깊은 삶의 방식으로 보여진다."피에르 쌍소

조급히 서두르거나 뛰지 말자. 느리게 살자. 느리게 산다는 것은 주변의 변화하는 속도보다도 나 자신의 내면에 더욱 충실히 한다는 것이다.

느긋하게 인생의 소풍 길을 즐기자. 바쁘게 사는 현대인은 계절의 변화를 느끼지 못하고, 철따라 피는 꽃과 그 꽃이 내뿜는 향기에는 관심을 보이지 않는다. 무엇엔가 홀린 듯, 돈과 인기만 좇아 부지런히 달려간다. 재물과 쾌락에 시간과 기운을 다 **빼앗겨** 막상 자신을 차분히 돌아보며 사색하고 명상할 여유와 즐거움이 없다. 잠시 발걸음을 멈추고 공원 벤치에 앉아 구름이 떠다니는 풍경과 새들이 날아다니는 광경을 감상해 보자. 삶의 속도를 줄이고 아리랑 선율처럼 느리고 우아하게 살아보자. 그렇게 살다보면 행복의 랩소디가 울려 퍼질 것이다. 더욱 느리게 세상을 찬찬히 돌아보며 자연을 관조적으로 바라보자. 속도를 늦추면 눈앞의 풍경이 달라 보인다. 아침과 저녁, 날씨의 변화를 관찰해 보자. 낮과 밤, 밝음과 어둠이 교차하는 과정을 즐겨 보자. 지는 해를 감상해 보자. 아침에 떠오르는 해를 벅찬 가슴으로 맞이해 보자.

7장

행복은 재미와 의미가 만나는 곳이다

탈 벤 샤하르

"세상을 선물처럼 기쁘게 받아들이라. 그리고 환하게 웃으며 향유하라. 진정한 현자는 자유로우며 흥겹다."장자

"우리는 가지고 있는 것이 아니라 우리가 즐길 수 있는 것을 통해서 풍족함을 느낄 수 있다."에피쿠로스

"인간의 타고난 본성 자체가 재미(쾌락)와 의미를 추구하도록 이끈다. 인간은 자신의 삶이 재미있고 의미(중요성)를 지닐 때 비로소 행복하다."프레데릭 르누아르

"21세기 인류가 찾아 낸 새로운 가치가 있는데, 그것은 재미와 의미이다."작자미상

삶은 단 하루를 살더라도 사는 것처럼 살아야 한다. 사는 것처럼 살려면 재미가 있어야 하고 의미가 있어야 한다. 재미도 없고 의미도 없는 삶은 행복한 삶이 아니다.

내 고단한 삶 속에서 재미와 의미를 찾자. 재미와 의미를 찾으면 좀 힘들어도 행복해진다. 내 삶에 재미와 의미가 있으면 삶의 고단함을 이겨낼 수 있고, 삶의 허무는 사라지고, 세상은 살 만한 곳이 된다.

우리가 지치지 않고 앞으로 나아가게 하는 추진력은 어디서 오는 것일까? 내 인생은 어떤 때에 가장 신나고 즐거운가? 인생에서 재미를 찾으면 삶이 유쾌해지고, 인생에서 의미를 찾으면 삶이 찬란해진다.

삶은 우리가 재미와 의미를 느낄 수 있는 무대이다. 그 무대 위에서 내가 어떻게 삶의 재미와 의미를 만들어 갈 것인가? 일상의 평범한 삶에서 재미와 의미를 찾아서 행복한 삶이 되게 하자. 행복은 재미와 의미가 만나는 곳에 있다.

하지만 재미와 의미는 공존하지 않는 경우가 흔하다. 어떻게 하면 재미와 의미를 동시에 붙잡을 수 있을까?

삶이란 재미 있고 의미 있는 일에 푹 빠져 살다보면 자신도 모르는 사이에 행복해진다.

마틴 셀리그만

day 25

행복하다는 것은
재미와 의미를 찾았다는 것이다

"인간은 근본적으로 재미와 의미에 따라 움직인다." 탈 벤 샤하르

인류는 과거에는 먹고 사는 생존에 급급했기에 재미와 의미는 생각할 여유가 없었다. 근래에 인류는 어느 정도의 경제적인 여유가 생기자 재미와 의미가 이슈가 되고 있다.

나에게 재미와 의미를 주는 것은 무엇인가? 자신의 꿈을 이루고 자아를 실현할 수 있는 일을 찾았는가? 내가 좋아하는 일은 늘 흥미롭고 위대하며 아름답다. 그리고 영혼을 흔드는 강렬한 의미를 내포하고 있다.

자신의 삶의 재미와 의미를 스스로 찾아야 한다. 스스로 삶의 재미와 의미를 찾지 못하는 사람은 행복하기가 쉽지 않다. 반면에 재미있고 가치 있는 삶에 푹 빠져 살다 보면 자신도 모르는 사이에 행복해진다.

철학자 니체는 "놀이에 빠진 어린 아이처럼 살아라"고 했다. 어린 아이는 그저 삶이라는 놀이에 빠져서 재미있게 즐길 뿐이다. "삶을 긍정하고 너희 삶을 가볍게 만들어라. 춤을 추듯이 살아라. 자신의 운명을 사랑하면 춤을 출 수 있다." 니체

재미있게 살려면 즐거움을 느낄 수 능력과 감성을 계발해야 한다. 상상력과 창의력을 발휘할 줄 아는 어린 아이는 그저 단순한 장난감 하나만 가지고도 이 세상 어느 누구보다도 행복할 수 있다. 심심하고 따분할 시간이 없다.

가슴을 뛰게 하고 자신을 몰입시키는 재미와 의미를 찾았는가? 무엇이 내 심장을 뛰게 하는가? 지금 당신의 심장은 뛰고 있는가? 지금, 이 순간, 가슴 뛰는 삶을 살지 않으면 죽은 인생이다. 삶에서 나에게 즐겁고 의미 있는 일에 몰입하는 시간을 갖자.

흥겨운 기운을 북돋아 삶을 재미있는 쪽으로 만들어 가자. 사람들은 흥겹고 재미있는 파티에는 모여 들지만, 쓸쓸하고 지루한 모임에는 오래

머물지 않는다.

웃어라. 세상이 너와 함께 웃으리라.

노래하라. 그러면 산들이 화답하리라.

환희에 넘쳐라. 사람들이 너를 찾으리라.

기뻐하라. 그러면 친구들이 넘쳐 나리라.

잔치를 열라. 너의 집은 사람들로 넘쳐 나리라.

엘라 휠러 윌콕스

인간은 재미와 의미를 추구하는 존재이다

"지구상의 모든 사람들을 연결하겠어. 그러면 재미있는 일들이 많이 일어날 거야!"마크 저크버그

'재미와 의미'하면 떠오르는 인물이 있다. 역사상 가장 최단시간에 세계에서 가장 젊은 억만장자가 되었던 페이스북의 창업자 마크 저크버그이다. 그는 어떻게 그렇게 성공할 수 있었을까?

마크 저크버그는 행복을 의미 있는 일과 동일시했다. "나에게 행복은 누군가를 도울 수 있는 뭔가 의미 있는 일을 하는 것이다. 매일 행복하고 싶다면 매일 어떻게 의미 있는 일을 할까 생각하게 되고, 그 생각 자체로 성장이 되는 것 같다."

인간은 재미가 있고 자신의 삶이 의미를 지닐 때에 행복해진다. 하루하루의 삶의 질을 끌어 올리고 싶다면 반드시 삶의 재미와 의미가 분명해야 한다. 재미와 의미를 하나로 엮지 못하면 지속적인 행복을 누릴 수가 없다. 마크 저크버그는 지금보다 더 나은 세상을 만들기 위해 그의 재산을 다시 세상에 내놓기로 했다. 그는 전 재산의 99%를 기부하겠다고 발표했던 것이다. 이로써 그의 목표는 돈을 좇은 것이 아니라는 것이 판명되었다. 그의 거대한 도전과 열정은 '재미와 의미'의 추구에 있었다.

심리학자 셀리그만은 우리의 행복한 삶을 구성하는 요소를 세 가지 측면에서 말했다. 그것은 즐거운 삶, 적극적인 삶, 의미있는 삶이다. 우리가 그때 그때 느끼는 즐거운 감정도 중요하고, 자신이 하는 활동에 적극적으로 몰입하는 것도 중요하고, 삶에서 의미를 발견하거나 부여하는 것도 중요하다는 것이다.

사람들은 저마다의 방식으로 자신의 행복을 추구한다. 인생은 이런 식으로 살라고 누가 정해 놓은 규칙이 있는 게 아니다. 중요한 것은 나에게 맞는 삶의 방식을 찾아내는 일이다. 남의 시선보다는 나의 장점을 살려서 '내가 얼마나 재미있고 의미있게 사는가'가 중요하다.

상인에게는 세상이 시장이다. 폭력집단에게는 세상이 피와 폭력으로 물든 항쟁의 장소이다. 하지만 어린 아이에게는 세상은 너무나 신비롭고 거대한 장난감이다. 세상은 보는 관점에 따라서 완전히 다른 곳이 된다. "중요한 것은 사물 속에 있는 것은 아니라 그대의 시선 속에 있다."앙드레 지드

인생은 전쟁터가 아니라 놀이터이다

"인생은 놀이와 게임이다.
그래서 인생은 아무 거리낌 없이
잘 놀다 가는 것이다."장자

> **"행복을 만드는 것은 얼마나 많이 가졌는지가 아니라 얼마나 즐길 수 있느냐에 달렸다."**찰스 스펄전

우리는 세상을 '적대적인 곳'이라고 생각하지는 않는가? 어떤 사람들은 말한다. "인생은 전쟁터와 같은 것, 적을 무찌르지 않으면 내가 적에게 당한다." 그렇게 생각한다면 자신도 모르게 인생사를 전쟁에 비유하게 된다. 즉 아군과 적군, 전술과 전략, 승리와 패배, 죽기 아니면 살기 등을 자주 사용하게 된다.

하지만 이런 비유는 세상을 치열한 경쟁구도 속에서 사방에 적을 만들고 항상 전투태세를 유지하게 한다. 그러면 우리의 삶은 전쟁을 치르듯 날마다 치열하게 살 수밖에 없다. 사람들을 만나면 아군과 적군을 구별해야 하고, 승리를 위해서는 '죽기 아니면 살기'로 싸워야 한다. 그러한 삶에는 행복이 깃들 틈이나 있겠는가?

그러한 전쟁 이미지는 우리가 사는 세상을 본질적으로 험악한 전쟁터이기에 치열하게 살지 않는다면 틀림없이 패배하고 말 것이라는 불안과 두려움에 빠지게 한다. 패배에 대한 두려움은 사람들이 마치 지옥에서 사는 것 같은 느낌을 갖고 살아가게 한다.

인생을 비극으로 보는가? 하지만 대개는 우리 스스로가 그렇게 만들어 가는 것이다. 이왕이면 인생을 희극으로 보고, 축제라고 여기고, 삶을 즐기자. 이왕이면 '다홍치마'라고, 재미있게 살다 가면 좋지 아니한가.

인생은 즐거운 것이라고 생각하면 세상은 놀이터가 된다. 즐거움 자체가 목적이므로 놀이터에서는 더 가지기 위해 싸우고 경쟁할 필요가 없다. 놀이터로 보는 삶에는 탐욕과 집착이 사라진다. 놀이터에는 다양한

사람들이 활동하고 있지만, 한 가지 공통점은 즐겁다는 것이다. 놀이터는 모든 것이 항상 해피엔딩이다.

이 세상을 어떻게 살아가야 할까? 편견 없이, 마치 재미있는 놀이를 하는 것처럼 살면 된다. 인생을 경주나 전투로 보지 말고, 놀이나 축제로 여기자. 이 세계를 축제의 장으로 보고 즐겁게 살면 된다. 경쟁과 성공보다는 행복을 선택하자. 휴양지에서 미국인들은 서로 눈이 마주치면 생긋 웃으며 '엔조이'(enjoy, 즐기세요) 하고 인사한다. 정말 멋진 인사이다. 우리도 길거리에서 눈을 마주치면 미소 지우며 서로 인사하자. "즐거운 하루가 되세요."

2002년 월드컵에서 우리나라를 4강으로 이끌었던 히딩크 감독은 선수들에게 다음과 같이 말했다고 한다. "애국심으로 축구를 한다고 16강에 들 수는 없다. 축구를 즐겨라." 전투적으로 축구를 한다고 기술이 향상되지 않는다. 축구를 즐기지 않고는 누가 보아도 몸동작이 유연한 예술적인 축구를 할 수 없다는 것이다. 축구를 즐기는 가운데 몸동작이 절묘하기 짝이 없는 '아트 사커'art soccer가 나온다는 것이다.

그렇다. 누가 보아도 부드럽고 아름다운 예술적인 인생을 살기 위해서는 삶을 즐길 수 있어야 한다.

"재미의 세계가 넓으면 넓을수록 행복의 기회가 많아지며, 운명의 지배를 덜 당하게 된다."버트런드 러셀

인생은 소풍길이다

"진정한 현자는 존재 자체로 세계의 흥겨운 입김과 하나가 된다. 그래서 그는 세계와 함께 춤을 춘다. 그는 몸을 생의 자발적인 리듬에 맡김으로 늘 흥겹고 자유롭다."장자

인생은 희극일까? 비극일까? 아니면 희극을 가장한 비극일까? 그냥 무색무취의 따분한 것일까? 오색찬란한 빛으로 가득한 즐거운 것일까? 그것은 인생을 바라보는 우리의 관점에 달려 있을 것이다.

세상은 즐거운 소풍길이고 놀이터이며, 인생은 행복하게 살아야 하는 것이다. 그렇게 살자면 어린 아이처럼 삶을 흥겨운 놀이와 게임으로 여겨야 한다. 소풍 같은 인생을 살자. "인생은 잘 놀다 가는 것이다."장자

나는 언제나 인생을 즐거운 소풍길과 연관지우고, 재미와 활기로 가득 찬 삶을 소망한다. 삶에는 반드시 소풍길처럼 즐거움이 따라야 한다. 소풍길에서 모든 것은 '놀이'가 된다. 모든 이와 함께 신나게 즐겁게 지내는 것이 소풍길인 것이다. 곰돌이 푸처럼 모든 일을 긍정적으로 생각하면, 인생은 소풍길이 되고 축제가 된다.

고대 중국의 현자, 장자는 마음이 하늘처럼 활짝 열린 소풍길같은 행복을 누렸다. 그는 자연과 하나가 된 듯 나비처럼 훨훨 날아 자유롭게 노닐었다.

소풍길에서는 일반적으로 그 어떤 사람도 소외되지 않는다. 왜냐하면 소풍길에서는 모두 함께 '어떻게 하면 즐거운 시간을 가질 것인가'를 생각하기 때문이다. 소풍길에서 모든 사람들은 함께 신나게 즐기기 위한

동료들이다.

인생을 소풍길이라고 생각하고 천천히 걸으며 주변의 풍경을 감상하자. 주변의 나무, 풀잎, 꽃, 새, 바람 등, 자연과 소통하며 계절의 흐름을 즐기며, 자신이 얼마나 행복한 존재인지를 느끼자. 과거를 뒤로하고 현재를 누리며 새로움을 기대하며 미래를 꿈꾸자.

나 하늘로 돌아가리라.

아름다운 이 세상 소풍 끝내는 날

가서, 아름다웠더라고 말하리라.

천상병의 <귀천>에서

일상의 삶을 축제로 가득 채우자

"축제는 자유 그 자체이므로 목적이나 탐욕이
들어설 자리가 없는 순수한 시간이다."안젤름 그륀
"나는 이 세상의 축제에 초대받았다. 그렇게
내 삶은 축복받았다. 내 눈은 보았고, 내 귀는 들었다"타고르
"현대인은 이해타산에 너무나도 눌려 있기 때문에 황홀한 축제의
즐거움을 거의 잃어가고 있다."하비 콕스

삶이란 축제와 같은 것이다. 스토아 현자들은 우리의 삶을 '영원한 축제'로 보았다. 축제와 같이 흥겨운 삶이 행복하다. 기쁨을 동반하지 않는 행복은 없다.

한국인의 삶에는 축제와 휴식이 부족하다. 우리 한국인은 행복을 열심히 노력해서 인생의 말년에 얻는 보상으로 생각한다. 그래서 현재의 사소한 즐거움을 무시하고, 미래의 행복을 얻기 위해 참고 살아간다.

하지만 일상의 삶을 축제로 가득 채우고, 일상의 행복을 찾아야 한다. 아마존의 원시 부족들 중에는 일 년 내내 축제를 즐기는 부족이 있다고 한다. 그들의 일상의 삶은 축제로 가득 차 있다.

우리의 모든 삶이 축제가 될 수 있다. 우리가 깨어있는 마음으로 주위를 돌아보면 삶은 경이로움으로 가득하다. 항상 깨어있는 마음으로 삶을 살아간다면, 언제 어디서나 쉽게 놀라운 일들을 볼 수 있고, 내가 선 자리에서 늘 축제의 장을 마련할 수 있다.

인생을 이해하려 해서는 안 된다.
인생은 축제와 같은 것,
하루하루를 일어나는 그대로 살아나가라.
바람이 불 때 흩어지는 꽃잎을 줍는 아이들은
그 꽃잎들을 모아둘 생각은 하지 않는다.
꽃잎을 줍는 순간을 즐기고
그 순간에 만족하면 그뿐.
라이너 마리아 릴케

일상생활에서 놀이와 즐거움을 찾아라

"창의성을 자극하려면 아이처럼 놀 줄 알아야 한다." 아인슈타인 행복하려면 삶의 활력소인 놀이와 즐거움 회복해야 한다. 심각함과 복잡한 생각을 내려놓고, 동심의 천진과 순수로 돌아가서 존재의 기쁨을 누릴 줄 알아야 한다.

놀이는 생활에 활력을 불어넣는 윤활유이다. 놀이를 하는 동안 인간은 자유롭고, 명랑하며 생기에 넘쳐 창의적인 생각을 한다. 따라서 놀이는 창의의 원동력이다. "당신이 아주 좋아하는 사소한 물건이 삶에 커다란 효과를 발휘한다."마리 로이드

놀이와 즐거움을 찾으려면 어린 시절로 돌아가야 한다. 어린 아이들은 자유 시간이 주어지면 누가 시키지 않아도 자연스럽게 재미난 놀이를 한다. 어른이 되면 자연히 놀이나 재미난 활동은 뒷전으로 밀려난다. 결과적으로 아이처럼 천진난만하게 노는 능력을 잃어버린다.

재미있다고 느껴지는 게임을 해보라. 온가족이 함께 할 수 있는 놀이 곧 윷놀이, 카드게임, 보드게임 등을 추천한다. 시간 가는 줄 모르고 푹 빠질 수 있는 나만의 취미도 좋다. 마르틴 부버는 놀이에 대한 경각심을 일깨워준다. "놀이는 가능성이 가득한 환희이다." 어린 아이처럼 신나게 놀아보자.

함께 놀 수 있는 파트너를 만들자. 아무리 쓸모없다 해도 놀이는 인간에게 멋진 선물과 같은 것이다. 인간은 놀이에서 호기심을 가득 채우고, 상상력을 마음껏 발휘한다. 놀이하는 중에 놀라운 일들이 많이 일어난다. 나 자신을 드러내는 글, 그림, 춤 등도 좋은 놀이가 될 수 있다.

아이들과 동물들은 언제라도 놀 준비가 되어 있다. 우리의 가족과 친구들, 특히 아이들과 노는 시간을 마련하자. 반려견이나 애완동물들과 함께 어울려 노는 기회를 만들어 보자.

놀이는 삶에 행복을 더해줌은 물론이거니와, 긍정적인 감정을 촉진시키고, 참신한 아이디어를 떠올리게 해주는 통로가 된다. 그래서 놀이는 창의적 잠재력을 일깨우는 놀라운 힘을 갖고 있다. 그래서 세계 여러 곳에 있는 구글 업무실은 놀이 환경을 통해 창의성을 촉진하도록 꾸며져 있다. 창의성이 많아질수록 우리의 삶은 더 즐거워진다. 결과적으로 놀이는 창의성과 즐거움이 계속되는 긍정적인 선순환이 일어나게 하는 것이다.

나비처럼 자유롭고 흥겹게 살자

> "진정한 행복은 현재를 즐기는 것이다. 미래를 불안해하거나 걱정으로 자신을 괴롭히지 말고, 지금 가진 것에 만족하라. 그것만으로도 충분하다." 세네카

진정한 현자는 자유로우며 흥겹다. 도교의 현자, 장자는 흥겨운 기질을 지닌 인물이었다. 그는 세계와 함께 춤을 추며 신명나게 살았던 현자였다.

그는 과거를 곱씹거나 미래를 걱정하지 않고 '지금 여기에서' 충실하게, 현재의 순간을 온전히 받아들이며 그것을 향유하며 살았다. 그래서 그는 나비처럼 자유롭고 흥겹게 살 수 있었다. 장자의 절대 자유와 유유자적의 삶을 본받고 싶다.

행복은 과거의 추억이나 미래의 꿈에서 비롯되는 것은 아니다. 우리가 인생을 즐기고 기쁨을 누릴 수 있는 시간은 바로 여기 지금이다. 과거는 아름다운 추억거리가 되고 미래는 기대감을 줄 수는 있겠지만 현재의 생생한 행복감을 주지 못한다. 그러므로 과거나 미래를 내려놓고 현재의

순간을 음미하며 흥겹게 살 수 있어야 한다. "꽃길을 걷듯 즐겁게 살자. 꽃을 따듯 삶의 환희를 만끽하라!"

당신이 언제 웃음을 터뜨리는지를 생각해보라. 웃자. 웃다보면 기분이 좋아지고 생각도 밝아진다. 마음껏 웃고 떠들며 놀자. 웃음과 놀이는 행복을 불러일으킨다.

우리가 웃을 때는 행복과 관련된 호르몬이 분비되고, 얼굴을 찌푸릴 때는 불행과 관련된 호르몬이 분비된다고 한다. 도저히 그럴 기분이 아니더라도 한번 웃음을 지어 보자. 훨씬 기분이 나아질 것이다.

고대 중국의 현자 장자처럼 세상을 선물처럼 받아들이며, 환하게 웃으며 인생을 마음껏 향유하자. 흥겹고 신명나게 살자. 진심으로 생을 긍정하고 삶을 사랑한다면 행복은 자연스럽게 깃들고 기쁨이 샘솟는다.

나는 오늘을 산다.

날마다 새로운 하늘을 본다.

지금 이 순간의 삶을 향유하며 환하게 웃는다. 작자미상

모든 삶에는 의미가 있다

"새털처럼 많은 날들이지만 의미가 담기면 특별하지 않은 날이 없고, 기적이 아닌 날이 없다. 그 의미를 부여한 만큼 행복해질 것이다. 의미를 담으면 찰나의 인생도 영원으로 이어지고, 의미가 없으면 일백 년의 삶이라도 한낱 아침 안개처럼 자취 없이 사라지고 마는 것이다." 사마천

> "보람되고 행복한 인생이란 무엇인가? 욕구를 충족시키는 생활이 아니라, 의미를 채우는 삶이어야 한다. 의미를 채우지 않으면 삶은 빈 껍질이다."수행자

인간은 삶의 의미를 추구하는 존재이다. 그리고 모든 삶에는 의미가 있다. 인간은 누구나 자신의 존재 의미를 확인하고 싶어 한다. 의미 있는 삶은 가치 있는 삶, 헌신하는 삶, 목적이 이끄는 삶을 의미한다.

인간의 삶이란 끊임없이 자신을 파악하는 과정이다. 만약 자신의 실제 모습을 파악하지 못한다면 우리의 삶은 그야말로 안개 속에 휩싸여 그 의미를 상실하고 말 것이다.

세상에 있는 것들은 저마다 존재 이유가 있다. 모든 인생에는 필경 목적이 있을 것이다. 이 목적을 일찌감치 깨닫는 사람은 그만큼 시간을 낭비하지 않고 의미 있는 삶을 살 수 있게 된다.

자신의 삶에서 의미를 찾을 수 있다면 인간은 누구나 살아갈 힘을 얻게 된다. 삶의 의미가 있으면 인생을 낭비하지 않으며, 성실하고 즐겁게 살게 된다. 의미가 있으면 역경 속에서도 인내하게 된다. 반면에 의미가 없는 인생을 살아가는 것만큼 힘겨운 일은 없다.

아우슈비츠 나치 수용소에서 살아남은 정신과 의사이며 '의미요법'logotherapy으로 유명한 빅터 프랭클은 〈삶의 의미를 찾아서〉에서 "인간은 의미가 있으면 살 수 있고, 의미를 잃어버리면 살 수 없다"고 했다.

"나치 수용소에서 끝까지 살아남은 사람들은 가장 건강한 사람도, 가장 영양 상태가 좋은 사람도, 가장 지능이 우수한 사람도 아니었다. 그들

은 살아야 한다는 절실한 이유와 살아남아서 해야 할 구체적인 목표를 가진 사람들이었다. 목표가 강한 의욕과 원동력을 지속적으로 제공했기 때문에 살아남을 수 있었던 것이다."빅터 프랭클

나에게 관계된 모든 일에 제대로 된 의미를 부여하자. 반복적으로 하고 있거나, 그냥 스치는 내 일상의 사물과 사람, 그리고 상황에 보다 멋진 의미를 부여하자. 심지어 나 자신에게 닥친 고통에도 제대로 된 의미 부여를 해야 한다. 그래야 행복해진다.

국민 소득이 3만불이 넘어서고 선진국이 되어서 먹고 살만하면 사람들은 삶의 의미를 추구하게 된다고 한다. 우리나라가 그렇다. 요즈음 한국인은 삶의 의미에 큰 관심을 보이고 있다. 우리는 열심히 사는 것도 중요하지만, 의미 있게 사는 것 역시 중요하다. 경제적인 부분을 넘어서 나눔과 봉사활동 속에 삶의 보람과 행복을 느낄 수 있다. 의미와 가치 있는 삶의 결국은 후회 없는 죽음을 맞는 것이다. 후회 없는 죽음은 곧 후회 없는 삶을 말한다.

"삶의 방향(의미)이 분명하다면 온 삶이 다 분명해진다. 하지만 삶의 방향(의미)이 분명하지 않다면 삶은 늘 문제투성이가 되고 만다."숭산

행복하려면 삶의 의미를 만들어내고 가치를 부여하라알프레드 아들러

"내가 내 삶의 의미를 부여해야 실존적 공허감에 시달리지 않고, 내가 나의 주인이 되어서 행복하게 살아갈 수 있게 된다."작자미상

"삶의 의미가 있다면 인간은 거의 모든 것을 견딜 수 있지만, 반대로 삶의 의미가 없으면 그 어떤 것도 참을 수 없다."릭 웨렌

자신의 삶에 특정한 의미를 부여하는 곳에 행복이 깃든다. 의미를 부여하는 순간, 강렬한 행복이 밀려온다. 자신의 일에 의미를 부여하고 마음을 담아서 성심성의껏 일하자.

삶의 의미는 절대적인 것으로 존재하는 것이 아니다. 우리 각자가 자신의 삶의 의미를 만들어내고 부여하는 것이다. 그러므로 삶의 의미를 찾기보다는 삶의 의미를 만들어내고 부여하자. 삶에 어떤 가치를 부여하느냐에 따라 인생의 방향이 달라진다. 존재하는 모든 것에는 반드시 의미가 있다. 무의미한 것은 하나도 없다. 나이가 들어갈수록 재미보다 의미를 찾아야 한다. 당신이 이미 가진 것으로부터 의미를 이끌어 낼 줄 알아야 행복해진다. 그 의미를 발견하면 특별하게 된다.

누구의 인생이건, 그리고 인생의 어느 순간이건, 의미 없는 일이 있을까? 인생의 가치는 그 생에서 얼마나 많은 것을 이루었느냐가 아니라 삶의 매순간에 담긴 의미의 질에 달려 있다.

"의미 있고 가치 있는 삶에 푹 빠져 살다 보면 자신도 모르는 사이에 행복해진다."마틴 셀리그만

삶의 의미는 자아를 꽃피게 한다

"삶에서 커다란 의미를 찾지 못할 때 산다는 것은 한낱 골치 아픈 일에 불과하다."윌러 캐서

"의미는 우리에게 사치품이 아니라 우리 영혼을 살아있게 하는 영적 산소와 같은 것이다."달라스 윌라드

심리학자들에 따르면 행복을 결정하는 가장 주된 요인은 '지금 내가 하고 있는 일이 나에게 무슨 의미가 있는가' 하는 문제이다. 어떻게 하면 내 인생에 의미를 채울 수 있을까? 삶의 의미는 자아를 꽃피게 하며 도달해야 할 목표를 분명하게 한다. 삶에서 의미를 발견하고, 인생의 목표가 분명하면 모든 위기는 또 하나의 기회가 된다.

만약 우리에게 의미와 목표가 없다면 마치 불나방처럼 이리저리 날아다니며 유리창을 마구 들이박게 될지도 모른다. 반대로 의미와 목표가 분명하다면 언젠가 자신만의 아름다운 천국을 건설할 수 있다.

두 직장을 다니며 고단한 삶을 사는 이혼녀가 한 직장도 지겨워하면서 다니는 노처녀보다 훨씬 더 행복할 수 있다. 그 이유는 삶의 의미 때문이다. 이혼녀는 직장 생활은 고단하겠지만, 아이들을 키우는 의미와 보람이 크기 때문이다. 행복과 삶의 의미는 서로 직결되어 있다. 인간은 자신의 삶에서 의미를 발견할 수 있을 때 행복감을 느끼는 것이다. 그러므로 행복하려면 삶의 의미를 발견하든지 아니면 삶의 의미를 부여해야 한다. "일상적인 일에서 의미를 찾아보라. 당신의 하루가 눈부시게 빛날 것이다."이반 일리언

day 26

무엇보다도 일에서 재미와 의미를 찾자

"행복하다는 사람들을 자세히 살펴보면 공통적으로 지닌 것이 있다. 그중 가장
중요한 것은 그들이 하는 일이다. 일은 그 자체로도 즐거울 뿐 아니라 그것이 쌓
여 점차 우리 존재를 완성하는 기쁨의 근원이 된다." 버트런드 러셀

"자신이 해야 할 일을 발견한 사람은 행복하다. 그는 다른 큰 행복을 찾을 필
요가 없다. 그에게는 일과 인생의 목적이 있다." 칼라일

한 번뿐인 인생인데, 정말 하고 싶은 일을 하며 살아야 하지 않겠는가? 내가 그토록 좋아하는 일을 하면서 동시에 의미 있는 삶을 살 수는 없을까? 의심할 여지없이 좋아하는 일, 게다가 의미까지 있는 일을 하는 것은 확실한 행복의 조건이다.

어떤 일을 하며 살아야 재미있고 의미가 있을까? 모든 일에는 본질적으로 재미와 의미가 담겨져 있다. "나무는 그 열매에 의해서 알려지고, 사람은 그가 하는 일에 의해서 평가된다."〈탈무드〉

사람은 일거리가 있어야 한다. 우리에게 있어서 일은 꼭 필요한 것이며 삶의 자극제와 활력소이다. 내가 하고 있는 일에 대한 의미와 가치를 발견하고, 또한 새로운 의미와 가치를 부여하자. 혹자는 말했다. "일하지 않아도 살 수 있다고 해서 일을 하지 않는 것은 죄악이다." 인간은 일을 하면서 자신의 존재 가치를 확인할 수 있는 것이다.

우리의 뇌는 지루함을 견디지 못한다고 한다. 그렇기 때문에 끊임없이 일거리를 찾는다. 일거리가 있어야 그것을 통해 전체 삶에 탄력과 리듬이 붙고, 에너지가 생긴다. 일거리가 없으면 삶 전체가 시들고, 활기가 없어진다.

철학자 니체는 말했다. "즐길만한 가치가 있는 일을 찾아서 즐기자. 즐거운 일에 몰입은 '삶에 대한 희열'로 이어진다."

철학자 리히텐베르크는 말했다. "나는 누구인가? 나는 무엇을 해야 하는가? 나는 무엇을 믿고 무엇에 대해 희망을 가져야 하는가? 이 3가지 질문은 철학의 모든 것이다."

톨스토이에게 있어서 가장 중요한 질문은 '나는 무엇을 해야 하는가?' 이었다. 인간이 무엇을 해야 하는지 알고 있다면 인간이 알아야 할 가장 중요한 것을 알고 있는 것이다. 여기서 톨스토이는 눈에 보이는 일보다 눈에 보이지 않는 일, "우리의 영혼을 개선시키는 일이 세상에서 가장 중요한 일이다"라고 하였다. 그리고 모든 다른 보이는 일들은 이 중요한 일을 하고 나서야 쓸모가 있다고 하였다.

일이 주는 행복은 생각보다 크다

"일이 즐거우면 인생은 낙원이다.
그러나 일이 의무가 되면 인생은 지옥이다."막심 고리키
"성공이 행복의 열쇠가 아니라 행복이 성공의 열쇠이다. 자신의 일을 진심으로 사랑하는 사람이라면 그는 이미 성공한 사람이다."슈바이처

일은 행복에 있어서 최고의 위치에 있다. 행복의 정점은 자신이 가장 좋아하는 일에 깊이 빠져드는 것이다. 무엇이 가슴을 설레게 하는가? 한평생 추구해도 여전히 가슴 뛰게 하는 그런 일은 없을까?

인생에는 자아를 드러낼 무대가 필요한데, 일이 바로 자아를 실현할 최고의 무대이다. 일을 하는 과정에서 자신의 가치를 드러낼 수 있기 때문이다. 인간에게 있어 일은 생각보다 훨씬 중요하다.

우리는 삶에 의미와 가치를 더하기 위해 일하는 것이다. 열심히 일하고 일에서 자아실현을 이끌어내자. 일과 직업은 경제적인 입장을 넘어서서 자신의 정체성, 삶의 의미와 가치, 즐거움을 주는 것이다.

어떤 자세로 일해야 행복할까? 무엇보다도 먼저 자신의 장점과 스타일에 맞는 가장 적합한 일자리를 발견하여 즐겁게 일하자. 즐겁게 일하

는 사람은 늘 행복하다. 자신에게 맞는 일자리를 찾아서 내가 좋아하는 일을 하며, 자아를 실현해 나갈 수만 있다면, 이보다 더 큰 행복은 없으리라. 그렇다면 일하는 것은 고통이나 의무가 아닌 특권이요 축복이다.

일에서 소명을 발견하면 일은 짐이 아니라 축복과 즐거움이 된다

"목적(소명)이 없는 사람은 키 없는 배와 같다. 한낱 떠돌이요, 아무것도 아닌, 인간이라고 부를 수 없는 존재이다."토마스 칼라일

"일은 분명 우리가 감사해야 할 대상이다. 일은 생존에 필요한 기본적인 조건을 갖출 수 있게 해주기 때문이다. 그래서 일은 우리에게 주어진 가장 좋은 선물이다."탈 벤 샤하르

소명 의식은 목적 의식이다. 원래 인간에게는 저마다 삶의 숭고한 목적이 있다. 이 목적을 달성하기 위해서 이 땅에 존재하고 있는 것이다. 소명은 이 땅에서 내가 존재하는 이유이다. 소명이 있는 사람은 인생의 분명한 목적이 있다. 소명은 자신의 일의 명예와 자긍심을 높여 준다. 자신이 하는 일에서 소명 의식을 가지고, 의미와 보람을 느낄 줄 아는 사람이 행복하다. 그것을 천직天職 곧 하나님이 주신 일로 여기기 때문이다. 슬프게도 그러한 소명 의식이 현대에는 결핍되어 있다. 일을 대하는 현대인의 정신적 가치가 붕괴되었다. 과거 중세 유럽에서는 노동은 신성한 행위였다. 그 당시의 노동은 단순히 경제적 이익만 추구하는 것이 아니라, 자신의 노력을 통해서 하나님의 영광을 드러내고, 이웃의 필요를 채워주고, 사회

에 기여하는 것이었다.

일을 소명으로 삼고, 직업을 천직으로 여기고, 일터에서 기쁨으로 일한다면, 인생은 그야말로 낙원이다. "일이 마지못해 하는 의무일 때는 인생은 지옥이다"란 말은 결코 빈말이 아니다.

일을 진심으로 사랑할 때, 일은 노동에서 오락으로 바뀐다. 그리고 일을 긍정적으로 바라보는 '관점의 전환'이 필요하다. 일이 짐이 아니라 선물로 보는 순간, 일 자체가 소중해질뿐만 아니라, 그것을 통해 행복을 얻게 된다. 내가 좋아하는 일은 짐이 아니라 오히려 힐링이다. 일(직업)을 통해서 삶의 의미와 즐거움을 발견하고, 자아를 성취하고, 생활에 필요한 재정을 얻고, 이웃과 기쁨을 나눌 수 있어야 한다.

진정으로 하고 싶은 일을 찾아서 우리의 인생을 환하게 꽃피우자

"일이란 가장 좋은 것이며, 또 가장 나쁜 것이다. 즉 자유로운 일이면 가장 좋은 것이고, 예속되는 일이면 가장 나쁜 것이다."알랭
"사람은 자신이 진정으로 하고 싶은 일을 즐겁게 할 때 큰 성취감을 맛보며, 행복이 절정에 이른다."작자미상

자아를 실현하고 싶다면 자신이 하고 싶은 일에 열정을 쏟아라. 어영부영 대충하는 것이 아니라 흠뻑 빠져들어야 한다. 자신의 일을 사랑하고 열중할 때 비로소 행복이 용솟음친다.

꿈과 열정이 없는 인생은 훌륭한 삶이라고 말하기 어렵다. 오히려 옹

색한 삶처럼 보인다. 강한 집념과 열정, 불굴의 정신으로 인류의 역사를 뒤바꾸어 놓은 이야기는 언제나 큰 감동을 준다. 자아실현은 인생의 노란자에 속한다. 자신에게 맞는 일자리를 찾아 즐겁게 일하고, 그 과정에서 자신의 가치를 발견하고 보람을 얻는다면 누구에게나 행복한 삶이 아닐 수 없다. 일을 짐이 아니라 축복과 놀이로 여기자. "행복한 사람은 항상 좋은 일만 있어서 행복한 것이 아니라, 현재 자신이 하고 있는 일에 최선을 다하기 때문에 행복한 것이다."^{작자미상}

죽는 그날까지 하나의 일에 깊이 파고 들면 행복해질 수 있다^{모리악}

> "인간은 자기 일에 몰두할 때 행복할 수 있는 것이다."^{톨스토이}
> "자신이 좋아하는 일을 하고, 가장 존경하는 사람이 있는 곳에서 일하라. 그러면 인생에서 최고의 기회를 얻을 수 있다."^{워렌 버핏}

인간은 가만히 앉아 있을 수 없는 역동적인 존재이다. 나 자신을 제대로 알고 자신에게 적합한 일을 찾아 나서자. 반 고흐는 그림을 그리면서 자아를 실현할 수 있었고, 아인슈타인은 물리학을 만나 자아를 실현할 수 있었고, 스티브 잡스는 컴퓨터에 빠져 자아를 실현할 수 있었던 것이다.

몰두할 수 있는 일을 찾자. 사람은 시간 가는 줄도 배고픈 줄도 모르고, 나를 잊을 만큼 무엇인가에 몰두할 때 행복하다.

자신의 능력을 펼칠 장을 마련하자. 보수에 상관하지 않고, 자신의 일에 전심전력하여, 우리의 인생을 환하게 꽃 피우자. "진정으로 만족하는 유일한 길은 당신이 위대하다고 믿는 일을 하는 것이고, 위대한 일을 하는 유일한 길은 당신이 사랑하는 일을 하는 것이다. 사랑하는 사람을 찾듯이 사랑하는 일을 찾도록 하라." 스티브 잡스

좋아하는 일에 몰입할 때 행복은 절정에 이른다

"몰입은 삶이 고조되는 순간에 물 흐르듯 행동이 자연스럽게 이루어지는 느낌을 표현하는 말이다. 그것은 운동선수가 말하는 물아일체物我一體의 상태, 신비주의자가 말하는 무아경無我境, 화가와 음악가가 말하는 미적 황홀경에 다름이 아니다. 운동선수, 신비주의자, 예술가는 각각 다른 활동을 하면서 몰입 상태에 도달하지만, 그들이 그 순간의 경험을 묘사하는 방식은 놀라우리만큼 비슷하다." 미하이 칙센트미하이

사람은 자신이 하고 있는 일에서 재미와 의미를 발견하면 몰입에 빠지게 된다. 미국 시카고대학의 심리학과 교수를 지낸 미하이 칙센트미하이에 따르면, 몰입상태에 있을 때 사람의 기분은 절정에 이른다고 한다. 이는 무아지경의 행복인 것이다. 무언가에 몰입해서 그 일에 미친 자가 가장 행복하고 결국 세상을 바꾸는 법이다.

반면에 몰입하지 못할 때 우리의 마음은 여러 갈래로 쪼개지고, 불안과 염려에 시달리게 되고, 쉽게 지치고 피로하며, 나아가 삶의 의욕조차 잃게 된다. 반면에 자신이 좋아하는 일에 몰입하면, 그 힘은 마법처럼 강하다.

가슴이 벅차 오를 만큼 좋아하는 일에 몰입할 때 행복은 절정에 이른

다. 자기를 잊어버릴 만큼 좋아하는 일에 집중하면 황홀경을 경험하게 될 것이다. 이는 그야말로 최고의 행복상태이다.

몰입할 때 삼매의 황홀감에 빠지게 된다

"몰입의 상태에서 우리는 최상의 경험을 하는 동시에 최고의 수행을 하고, 즐거운 시간을 보내는 동시에 최고의 기량을 발휘한다. 운동선수들은 이러한 경험을 '무아지경'이라고 표현한다." 탈 벤 샤하르

몰입과 열정은 말로 형언할 수 없는 신비한 경지와 쾌감에 빠져들게 한다. 종교인들은 몰입상태에서 시간과 공간을 의식하지 못할 정도의 황홀경에 빠져들어 초월적인 존재와 교감하게 된다. 그러한 경험은 긍정의 힘 중에 최고이다.

"무엇엔가 미쳐 본 적이 있는가? 마치 열애라도 하듯 무엇엔가 풍덩 빠져 본 적이 있는가? 자나 깨나 그 생각이요, 그 생각만 하면 가슴이 뜨겁고 두근거리며, 그 일을 할 때면 자신조차 잊어버리는 무아지경에 빠져 본 적이 있는가 말이다. 당신은 무엇엔가 미쳤을 때 느끼는 환희를 맛보았는가." 김혜남

우리의 뇌는 무엇인가 몰두할 만한 일거리에 항상 목말라 있다. 몰입상태에서 우리는 지고至高의 즐거움을 느끼고, 가장 삶다운 삶을 살고 있다는 큰 행복감을 느낀다. 이는 삶이 무료하게 느껴지는 권태와는 상반되는 상태이다. 몰입은 인간의 삶에서 가장 달콤한 상태이다.

"권태의 치료약은 오락거리가 아니라 나 자신의 열정을 쏟아 부을 만한 대상을 찾아내는 것이다." 존 가드너

너 자신의 가능성을 온전히 펼쳐라. 자아실현이 행복이다.

아리스토텔레스

day 27

인간은 자아를 실현할 때 가장 행복한 존재가 된다 _{아리스토텔레스}

"왕에서 거지에 이르기까지, 모든 사람은 우선적으로 자기완성을 위해

힘써야 한다. 자기완성만이 모든 이에게 행복을 가져다 준다." _{공자}

"최고의 행복은 보통 힘들고, 가치 있는 뭔가를 달성하기 위해 자발적으로 노력하면서, 몸과 마음이 최고의 기량을 발휘할 때 나타난다."칙센트미하이

"진정으로 만족스러운 행복은 우리 능력을 최대한 발휘해서, 우리가 사는 세상에서 자아를 충분히 실현함으로써 가능해진다."버트런드 러셀

동서고금의 많은 현자들은 "내가 누구인지를 들여다보고, 자아를 계발하고 실현할 때, 인간은 가장 행복한 존재가 된다"고 보았다. 사실 우리가 어린 시절부터 노년에 이를 때까지 일관되게 추구하는 목표가 있다면, 그것은 '자아실현'일 것이다. 우리는 흔히 삶의 의미와 인생의 궁극적인 목적을 자아실현에서 찾는다. '자아실현'이란 자신의 재능과 잠재력을 최대한 발휘함으로써 자신의 가치를 실현하고, 그 속에서 행복감을 얻는 것을 말한다. 자신의 꿈이 실현될 것이라는 가능성을 믿고, 자아실현을 추구하는 것이야말로 가장 신나는 인생임에는 틀림없다.

모든 인간에게는 자아실현의 욕구가 있다. 이 욕구를 실현할 때 엄청난 기쁨을 누리게 된다. 미국의 심리학자 마슬로우 박사는 고차원적인 자아실현의 요구를 달성한 사람들이 느끼는 최고조의 정신상태를 '지고경험'至高經驗이라고 하였다.

여기서 지고경험은 인간 행복의 절정을 말한다. 결국 인간이 가장 큰 행복을 느낄 때는 부, 권력, 명예 등을 얻었을 때가 아니라, 자신의 꿈과 비전을 성취함으로 자신의 존재 의미를 실현했을 때라는 것이다.

톨키엔(J. R. R. Tolkien)의 〈호빗 The Hobbit〉에서 마술사 간달프가 소극적이고 자신감 없는 난장이 호빗, 빌보 배긴스에게 말했다. "당신에게는 당신이 알고 있는 것 이상의 것이 있습니다."

우리에게도 만찬가지이다. "우리 모두에게는 우리가 알고 있는 것 이상의 것이 있다." 이것이 자아실현의 동기가 된다.

삶이란 대충 허투루 살기에는 너무 소중하다

> "삶의 의미는 자신의 재능을 발견하는 것이고, 삶의 목적은 사람들이 자신의 재능이 실현될 수 있도록 돕는 것이다."피카소
> "행복한 사람은 자신만의 목표와 실행 계획을 가지고 있다."소냐류보머스키

삶은 선물이다. 태어난 그 자체가 선물이고, 삶의 모든 순간이 선물이다. 내가 지금 살아있음, 그 자체가 하나의 커다란 신비이다. 우리의 삶은 기적과 경이와 감탄, 그 자체이다. 삶은 한 번밖에 주어지지 않은 고귀한 선물이요, 축복이다. 어떻게 태어난 인생인데, 어떻게 맞이한 삶의 기회인데, 그러므로 삶을 감사하고 소중히 가꾸어야 한다.

삶은 살아 있다는 사실, 그 하나만으로 충분히 희망적이며 아름다운 것이다. 그러므로 일단 살아야 한다. 그리고 진지하게 살다보면 누구나 깨닫게 된다. 삶은 단순히 생존하는 것 이상임을, 행복하다는 것은 자신이 영위하는 삶을 사랑한다는 것이다.

우리는 하나밖에 없고, 한 번밖에 주어지지 않은 우리의 삶을 가장 값있고, 뜻있게 보내야 할 의무가 있다. 마지막 순간 우리의 일생을 되돌아보았을 때, 후회 없는 삶을 살아야 할 것이다. 우리는 그동안 삶을 깊게 음미하지 못한 채, 정신없이 허겁지겁, 대충 살아온 것은 아닐까?

시련과 역경이 없으면 자아실현(성공)도 없다

"어둠 속의 뿌리로서 한 세월을 견디지 못하면 결코 우리는 정원의 백합화가 될 수 없다." 오스왈드 챔버스

"행복은 시련과 역경 없이는 얻을 수 없으며, 삶을 승화시키는 것은 고통을 받아들이는 태도에 달려 있다." 니체

미국 작가 트리나 폴러스는 〈꽃들에게 희망을〉에서 한 마리 애벌레가 아름다운 나비가 되는 과정에서 겪는 시련과 갈등, 꿈과 환멸, 자기 투쟁의 과정을 감동적으로 표현하였다. 배추벌레도 허물을 벗어야 비로소 하늘을 나는 나비가 될 수 있다. 새도 알을 깨고 나와야 창공을 날 수 있고, 매미도 허물을 벗어야 노래할 수 있다. 그렇게 되기 위해서는 시련과 역경은 불가피하다.

나비가 바람처럼 가벼이 춤출 수 있는 것은 애벌레에서 번데기를 거쳐 고통의 시간을 지나왔기 때문이다. 나비가 되기 위해 숱한 고난을 통과해야 하는 애벌레처럼 인간은 가장 고통스러울 때 더 큰 성장과 도약을 이룰 수 있다. 시련과 역경을 겪는 과정에서 우리는 삶에 대한 통찰을 키워나가며 끊임없이 성장해 가고 있는 것이다. 어떤 고난이 있으면 반드시 그에 상응하는 보상이 있기 마련이다.

생각해 보면, 그때는 정말 힘들었지만, 그 시련과 역경이 있었기에 오늘의 내가 존재할 수 있는 것이다. 누구나 성공을 꿈꾸며 모래알에서 진주가 되고 싶어 한다. 그렇지만 대부분의 사람이 그렇게 되기 위해 마땅히 감수해야 할 시련과 역경은 두려워한다. 하지만 보다 차원 높은 삶을 위해서는 시련과 역경도 기꺼이 감내해야 하리라.

목표를 향해 최선을 다했다 하더라도 실패할 때가 있다. 실패로 인해 상처받지 말자. 실패를 받아들이고 인정하자. 그래야 실패를 딛고 일어설 수 있다. 무엇보다도 과거에 실패한 일 때문에 스스로 비난하거나 자학해서는 안 된다. 중요한 것은 새로운 내일을 계획하고 지금 할 일을 찾는 것이다.

미국의 프로야구에 있어서 전설적인 홈런왕 베이브 루스는 무려 714개의 홈런을 쳤지만, 삼진 아웃도 1,330번을 당했다. 그는 714번의 영광을 맛보기 위해서 거의 두 배에 가까운 쓰디쓴 삼진을 당해야 했던 것이다.

시련과 역경은 우리를 더 높은 차원으로 이끌어주는 가이드이다. "인생의 가장 큰 영광은 넘어지지 않는 게 아니라, 넘어질 때 마다 다시 일어서는 데 있다." 넬슨 만델라

시련과 역경은 좋은 인생학교이다

"우리의 고난이 끝난 것은 아니오. 앞으로도 헤아릴 수 없이 많은 난관이 남아 있으며, 우리는 그것들을 모두 이겨내야만 한다오." 오디세우스

"고뇌 없는 인생은 발전이 불가능하다. 고뇌야말로 정신이 향상되어가는 과정이다." 톨스토이

시련과 역경이 없는 인생은 어디에도 없다. 한평생 살다 보면 무수한 장애가 있다. 사람은 누구든 저마다 크고 작은 시련과 역경을 겪으며 살아간다. 마라톤에서 고통 뒤에 월계관의 영광이 있듯이 극기의 시간을 거쳐야만 진정한 행복이 온다. "인생이란 고난 속에서 가장 위대하고, 가장 풍요하고, 가장 행복할 수 있다."로맹 롤랑

시련과 역경은 인생수업료이다. 한 번도 실패하지 않고 성공만 하겠다는 것은 권투선수가 한 대도 맞지 않고 승리하겠다는 것만큼이나 어리석은 생각이다. 고난이 인생을 위기로 몰아넣을 수는 있지만, 그 선택권은 언제나 우리에게 있다. 시련과 역경은 받아들이는 자세에 따라 인생의 행로가 달라진다.

1841년 여름, 프랑스 작가 빅토르 위고는 사랑하는 딸을 잃었다. 그의 딸 레오폴디노가 센Seine강에서 익사체로 발견되었던 것이다. 그는 하얀 천으로 덮힌 딸의 시신 곁에서 깊이 참회하며 오열했다. "이건 내 죄 값이다. 죽은 것은 레오폴디노가 아니라, 죄인인 나 빅토르 위고이다."

그는 그날부터 문란했던 사생활을 청산하고 새로운 삶을 살았다. 그는 딸의 죽음을 통해 가족의 소중함과 진정한 사랑이 무엇인가를 깨달았던 것이다. 그런 그의 아픔을 녹여서 불후의 명작을 쓸 수 있었으니, 그 작품이 바로 〈레미제라블〉이다.

고통을 예기치 않은 비극이라 생각하지 말고, 오히려 각성의 기회로 삼자. 더 나아가 시련과 역경을 자신을 탈바꿈할 기회로 여기자. 행복은 오랜 기다림과 고통을 극복한 뒤에 더욱 깊어지고 커진다.

"자신의 꿈을 실현하기 위해 내가 해야 할 일들은 기꺼이 감당하자. 노력하는 과정을 즐기면 인생이 행복으로 충만해진다."니체

시련과 역경이 오히려 축복이 되는 인생도 있다

"봄과 겨울이 모두 계절이듯, 살아가며 겪었던 고통과 고난 또한 나를 이루는 것이다." 정약용

"나의 역경은 축복이었다. 못 생겼다고 놀림 받은 것이 <미운 오리새끼>를 쓰게 했고, 가난했으므로 <성냥팔이 소녀>를 쓸 수 있었다." 안데르센

동화작가 안데르센은 불우한 어린 시절을 보냈다. 가난에 찌든 가정에서 태어나 초등학교도 다니지 못했고, 알코올 중독자인 아버지로부터의 학대는 일상이 되었다. 훗날 안데르센이 세계적인 동화 작가가 되고, 명성을 얻은 후 스스로 "역경을 겪을 때는 고통스러웠지만, 그 고난이 자신을 만들어준 은총이었다"고 고백했다.

철학자 키에르케고르는 평생 심한 우울증에 시달렸다고 한다. 그러나 그는 거기에서 주저앉지 않았다. 자신의 우울한 경험을 토대로 인간의 실존에 대해 깊이 고뇌했으며, 이러한 사색은 '실존철학'이라는 새로운 철학 장르를 형성케 했다. 그의 삶은 고통스러웠지만, 그 고통은 인간에 대한 깊은 이해로 다시 태어난 것이다.

시련과 역경하면 떠오르는 인물이 있다. 음악의 성인, 베토벤이다. 베토벤의 행복은 어떤 행복일까? 베토벤의 생애를 두고 볼 때 인생은 행복과 불행이 함께 하는 것이 분명하다. 그는 평생 동안 지독한 고독 속에서 살았지만, 동시에 그 고독이 주는 행복감을 누렸다.

베토벤은 비극적 운명을 뛰어넘어 음악 속에서 몰입과 환희, 열정과 절정의 행복을 맛보았다. 베토벤이 본 것은 형언할 수 없는 황홀경과 비교할 수 없는 기쁨이었다. 우주의 모든 만물이 한꺼번에 찬사를 보내는 듯한 감격이었다.

인생이란 희비애락이 굴곡진 질풍노도의 여정이고, 행복은 항상 불행과 동행한다. 다시 말하면 불행 속에서도 행복은 있다. 가장 절망적인 상황에서 가장 황홀한 음악을 작곡한 베토벤을 두고 볼 때 행복과 불행은 상대적으로 생겨난 것이기도 하다.

고난과 위기, 기회와 성공, 그리고 좌절하고 슬퍼하며 기뻐하고 감격하는 삶의 모든 순간을 소중히 여기자. 삶을 소중히 여길 때 인생의 더 많은 아름다움을 놓치지 않고, 진정 풍요로운 인생을 누릴 수 있다.

신은 사랑하는 사람을 시련으로 단련시킨다

"하늘이 장차 누군가에게 큰 임무를 맡기려 할 때면 반드시 그 마음과 뜻을 괴롭게 하고, 뼈와 근육은 고난을 받게 하며, 그 몸은 배고픔과 굶주림을 겪도록 하며, 그 생활을 곤궁과 결핍에 빠지게 하고, 하는 일마다 그 족족 장애를 만나게 한다. 이는 그의 마음을 두들기고 참을성을 길러서, 지금까지 하지 못했던 일을 잘 할 수 있게 하기 위해서이다."맹자

과거부터 불꽃같은 인생을 살았던 위대한 인물들에게는 반드시 거쳐야 하는 통과의례가 있는데, 그것은 시련과 역경이다. "금과 은은 불 속

에서 정련되어야 비로소 빛난다."〈성경, 욥기 23장〉

시련과 역경은 한마디로 말해서 '성공으로 향하는 디딤돌'이라고 할 수 있다. 그러므로 시련과 역경을 어떻게 극복해 나가느냐가 인생에 가장 중요한 과제 중에 하나이다. 시련과 역경 안에는 반드시 인생역전을 위한 좋은 기회가 있다.

고난은 자신을 일깨워주고 성장의 기회를 가져다준다. 시련과 역경을 이겨내지 못하면 자신이 지닌 생명의 씨앗을 꽃피울 수 없다. 하나의 씨 앗이 움트기 위해서는 땅 속에서 참고 인내하는 시간이 필요하다. "고난 이 크면 영광도 크다."키케로

나무들은 혹독한 추위가 없으면 뿌리가 강인해질 수 없고, 찌는 듯한 더위가 없으면 열매가 여물 수 없다. 고난의 시간은 진주조개가 모래알 을 품은 시간이나 마찬가지이다. 이 모래알은 시간이 지나면서 진주로 바뀌는 것이다. 나무가 추운 겨울에 단단해지는 것과 같이 우리의 내면 은 시련과 역경을 통해 단단해진다. 앓고 나면 철이 들듯 고통을 겪고 나 면 삶이 성숙해진다. "인생에는 늘 시련이 따른다. 사실 우리 대부분은 이미 시련에 단련되어 있다. 다만 아직 우리가 시련의 틈바구니에서 즐 기는 법을 읽히지 못했을 뿐이다. 우리는 시련에 대비한 경각심을 고취 하는 데는 지나치게 몰입하는 반면, 행복을 일깨우는 데는 너무 무심하 다. 그러니 이제부터 행복해 지는데 관심을 갖자. 행복도 일깨워줄 필요가 있는 것이 다."무무

시련과 역경을 인생역전의 기회로 삼아라

"가장 고귀한 삶을 살려는 사람은 가장 큰 고통을 감내할 수 있어야 한다." 고대 그리스 격언

"고통 없는 기쁨은 없고, 기쁨 없는 고통도 없다. 그것은 마치 동전의 양면과 같다." 소크라테스

시련과 역경이 없는 인생은 없다. "사람은 저마다 자기 십자가를 지고 인생을 살아간다." 톨스토이

위기는 혼자 오는 법이 없다. 그 뒤에는 반드시 기회가 있다. 운명이 나를 나락으로 내던진다고 생각될 때가 인생의 전환점을 맞이할 절호의 시기이다.

위대한 현자들은 참을 수 없는 고통을 겪으면서도 어둠 속의 한 줄기 빛을 찾을 낼 줄 알았다. BC 13세기 경, 트로이 전쟁의 영웅, 오디세우스는 큰 환란에 직면할 때마다 부하들을 다음과 같이 위로하였다. "생각하건데 이번 일도 언젠가는 우리에게 추억이 될 것이오."

먹구름이 걷힌 뒤에는 반드시 푸른 하늘이 나오는 법이다. 빛은 짙은 어둠 속에서 가장 빛나듯이 위대한 인물은 큰 위기 속에서 그 진가가 드러난다. 어둠 속에서 촛불을 밝힌 헬렌 켈러, 마하트마 간디, 슈바이처, 테레사 수녀, 넬슨 만델라 등에게도 많은 시련과 역경이 있었다. 그들을 그 시련과 역경을 당연히 여기고, 오히려 기쁨으로 맞이하고, 묵묵히 감수하였던 것이다. 절대 긍정은 역경 속에서도 행복을 느낄 수 있게 한다.

모든 인생에는 역경의 시간이 있다. 마치 〈오즈의 마법사〉의 주인공 도로시가 돌풍에 날려 간 것처럼, 한순간 걷잡을 수 없이 휩쓸리던 시간,

누구에게나 한두 번쯤은 그런 때가 있다. 많은 경우 그러한 때가 오히려 인생역전의 기회이다. 가령 고대 그리스 스토아 학파의 창시자, 키티온의 제논은 해운업에 성공하여 큰 부자가 되었으나, 후에 배가 침몰하여 전 재산을 잃어버렸다. 그러나 그는 아주 평온한 마음으로 "이제 재산 때문에 걸리적거리는 일은 없게 되었으니 철학을 공부하겠다"고 하였다.

제논은 당시 철학이 일상의 한 부분으로 자리 잡았던 고대 아테네에 정착하여, 철학을 공부하여 오늘날까지 잘 알려진 대철학자가 되었던 것이다. 그의 해운업 실패가 오히려 인생역전의 기회가 되었던 것이다.

"어두운 먹구름 뒤에는 항상 빛나는 태양이 있고, 겨울이 지난 뒤에는 언제나 따뜻한 봄이 찾아온다. 이처럼 어떤 고난이든 새로운 기회가 숨어 있으니 절대 희망을 버리지 말자."작자미상

〈로마인 이야기〉의 저자 시오노 나나미는 고대 로마제국의 역사를 통해 시련의 중요성을 다음과 같이 이야기했다. "이태리 반도에서 조그마한 도시국가로 출발한 로마가 어떻게 고대에 가장 강력한 제국으로 성장할 수 있었는가? 그것은 수많은 시련을 통해 강해졌기 때문이다. 로마를 로마로 만든 것은 시련이었다."

고뇌를 뚫고 환희의 세계로!

"삶이 있는 한 희망은 있다."키케로
"인간은 자신의 고뇌를 환희로 승화시킬 수 있는 위대한 존재이다."로맹 롤랑

시련과 역경을 통과할 때 명심할 것은 고통에 의해 완전히 무너지거나 불행 속으로 침잠해 들어가도록 우리 자신을 방치하지 말아야 한다는 점이다. 오히려 고난 속에 있는 새로운 기회와 행복을 발견할 수 있어야 한다. "어려움 속에 기회가 있다."_{아인슈타인}

베토벤은 청각 장애로 인해 작곡가로서 거의 절망상태에 빠졌을 때 오히려 9번 교향곡 〈환희의 송가〉를 작곡하였다. 자신의 고난을 기쁨으로 승화시킨 예술의 위대한 경지라고 할 수 있다.

두말할 필요도 없이 누구도 시련과 역경을 좋아하지 않지만, 예기치 않을 때에 누구에게나 불쑥 찾아온다. 고통의 시간을 지날 때에는 삶을 깊이 성찰함으로써 인생을 다각적으로 이해하고, 삶의 의미를 발견하는 기회로 삼아야 한다.

"고통이 있다는 것은 지극히 정상이다. 고통을 일종의 발전으로 여기자. 그것은 고통이 클수록 당신의 발전 가능성 또한 그만큼 커지기 때문이다. 당신을 전진하도록 만드는 유일한 원칙은 고통이다. 고통은 쾌락보다 훌륭하고, 쾌락은 결코 긍정적인 정신상태가 아니다."_{니체}

고난이 클수록 영광도 더욱 빛을 발하는 법이다. 위대한 사람들은 남들이 감내하기 힘든 큰 시련과 역경을 겪었다. 고난이 크다는 것은 그가 그만큼 큰 그릇의 사람이라는 사실을 의미한다.

희망을 갖자. "희망의 등불을 계속 지니고 있으면 어둠 속에서도 견딜 수 있다."_{〈탈무드〉}

"보검은 갈고 닦은 후에 매서운 칼날이 나타나고, 매화는 매서운 추위가 지나야 향기를 풍긴다."_{작자미상}

시련과 역경 중에도 행복의 향기가 난다

> 행복은 참으로 오묘한 면이 있다. 행복할 때는 행복을 잘 알아보지 못하지만, 불행이 닥쳐야 비로소 행복을 알아보는 경향이 있기 때문이다. "나는 그것이 떠나가면서 내는 소리를 듣고서야 행복이 내 가까이에 있었음을 비로소 알았다."자크 프레베르

시련과 역경도 인생의 한 부분이다. 그래서 고난도 삶의 과정으로 받아들이고, 그 가운데에서도 행복할 수 있는 길을 모색해야 한다. 안 좋은 일 속에서도 좋은 일을 찾아라. 세상의 모든 일에는 양면성이 있는 것이다. 시련과 역경 속에도 행복은 있다. 긍정적인 사람은 고난 속에서도 행복을 발견할 수 있다. 고통 가운데 영근 행복이 가장 진한 행복임을 잊지 말자. 6월의 장미처럼 가장 향기로운 행복이 될 수 있다.

우리는 흔히 시련과 역경을 큰 재앙이나 불행으로 여긴다. 그러나 우리가 고난 중에 있을 때, 삶의 가장 진실함과 맞닿아 있고, 우리 안에 숨겨진 삶의 본질을 찾아낼 수 있는 것이다. 시련과 역경을 통해서 우리는 삶을 제대로 이해할 수 있게 된다. 고난을 통해 삶을 사랑하는 길만이 삶의 가장 깊은 비밀을 깨닫게 된다. 고난 중 어느 순간에 우리는 인생의 의미와 가치를 제대로 깨닫게 되는 것이다. "인생은 쉽게 흘러갈 때 우리는 진정으로 가치 있는 것을 잊어버린다."아잔 브람

절대 꿈을 포기하지 말고 새로운 일에 도전하자

> "뭔가를 할 수 있거나 꿈을 꾼다면 그것을 도전하라! 용기 안에서 비범함, 기적, 힘이 있다." 괴테
> "도전은 인생을 흥미롭게 만들며, 도전의 극복이 인생을 의미있게 한다." 조슈아 J. 마린

도전하자. 이제는 나만의 참된 행복을 찾아, 그 소중하고 참된 행복에 도전하자. "나를 더 알아가고 진정한 나로 살아가고 싶다면 언제나 처음처럼 도전해야 한다." 알베르트 키츨러

도전한다는 것은 흥미가 넘치고, 가슴이 뛰는 일이 아닌가? 멋진 인생은 도전에 직면해서 온몸으로 그 도전에 맞서고 위험을 감수하는 데서 온다. "위대한 업적은 대개 커다란 위험을 감수한 결과이다." 헤로도토스

인생은 꿈을 실현하는 무대가 되어야 한다. 이것이 진정한 드림인생이다. 사람이 자신이 하고 싶은 일을 할 때 가장 창조적인 사람, 생기 있는 사람, 행복한 사람이 된다. 나다울 수 있는 것도 자신의 꿈에 몰입할 때이다.

타인의 삶을 사느라고 자신의 삶을 낭비하지 말자. 내가 할 수 있는 일 중에 나 자신을 가장 기쁘게 하는 일이 무엇인가? 자신을 진정 기쁘게 하는 일이야말로 자신의 일이며, 온 인생으로 응답해야 할 소명이요 정체성이다. 희망을 갖고 꿈을 꾸자. 희망과 꿈을 가진 사람만이 끝까지 노력하고 분투해서 자신의 삶을 빛나고, 가치 있는 것으로 만들 수 있다. 한 번밖에 주어지지 않은 소중한 인생, 세상에서 가장 행복한 인생이 되기 위해 도전하자.

예술은 인간이 구현할 수 있는 가장 아름답고 가치 있는 행위이다. 예술은 길고 인생은 짧다.

히포크라테스

day 28

삶은 평생 갈고 닦아야 할 예술작품이다

"나는 삶의 예술가이다. 나의 예술작품은 나의 삶, 바로 그것이다." 스즈키

"마치 예술가처럼 자신의 인생을 디자인하라." 니체

"인생은 예술작품이다. 이상이 있고, 그것을 실현할 열정이 있는 사람만이 아름다운 결말을 얻고, 모든 사람의 주목을 받는 훌륭한 작품을 완성할 수 있다." 닐 루덴스타인

비록 무시당하고, 좁고, 외로운 고독의 길이라도 탁월성을 추구하는 최상의 삶을 살 수는 없는 것일까? 한마디로 삶이 예술이 되고, 축제가 되는 멋지고 놀라운 삶을 살 수는 없을까?

모든 삶에는 뭔가 성스러운 것이 담겨 있다. 성스러움은 다분히 우리 일상의 평범한 삶 속에 숨어 있다. 일상의 삶 속에서 성스러운 것을 보려면 걸음을 늦추고 묵상하는 삶을 살아야 한다. 삶에서 성스러움을 느낄 수 있어야 삶이 예술이 된다.

우리의 삶은 테크닉이나 기술이 아니라 하나의 예술이다. 삶은 성스러운 예술이다. 삶은 평생 갈고 닦아야 할 예술작품과 비슷하다. 우리는 스스로 나 자신의 삶을 빚어내는 예술가이다. 예술가는 새로운 가치를 창조하는 사람이다. 나의 삶은 내가 조형하는 나의 예술작품이다. 나만이 만들 수 있는 세상에 단 하나밖에 존재하지 않는 독특한 예술작품을 구상하자. 다시 말하지만 시를 짓듯, 그림을 그리듯, 음악을 작곡하듯, 영화를 제작하듯 인생을 살자.

예술은 새로운 가치를 만들어내는 작업이다. 지속적인 행복이란 예술처럼 무엇인가를 창조해내는 과정에서 얻을 수 있다.

무엇이 당신의 삶을 걸작이 되게 하는가? 당신만의 특별한 이미지와 브랜드를 만들어 가라. 가령 슈바이처와 마더 테레사는 인류 봉사의 브랜드로, 페스탈로치는 교육의 브랜드로, 우리가 아는 위대한 현자들은 대부분 하나의 브랜드로 명품 인생을 살았다.

한번 지나가면 흐르는 강물처럼 다시 되돌릴 수 없는 것이 우리의 인생이다. 시간을 낭비하지 말자. 열정의 삶을 살자. 이 세상에 열정 없이 이루어진 위대한 것은 없다. 온몸으로 열정을 뿜어대는 열정의 화신化身이 되어 나 자신의 잠재력을 극대화하자.

예술작품처럼 내 인생을 탁월하게 갈고 닦아라

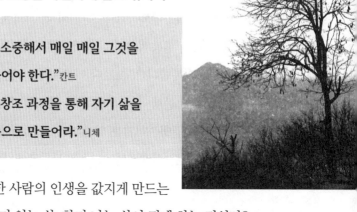

> "삶이란 하도 소중해서 매일 매일 그것을
> 자랑스레 떠받들어야 한다." 칸트
> "끝없는 자기 창조 과정을 통해 자기 삶을
> 하나의 예술작품으로 만들어라." 니체

무엇이 평범한 한 사람의 인생을 값지게 만드는
것일까? 무엇이 의미 있는 삶, 향기 나는 삶이 되게 하는 것일까?

인간은 모두 예술 창조자이다. 우리 인간의 삶은 평생 갈고 닦아야 할
예술작품과 비슷하다. 인생을 예술의 경지에 올리기 위해 날마다 인격을
수양하고 마음을 다스려야 한다. 그렇게 사는 사람만이 온전한 행복을
향유할 적임자이다. 왜 명품은 좋아하면서 정작 자신의 인생을 명품으로
만들려고 하지 않는가? 명작의 삶을 꿈꾸자.

1953년에 발표된 〈로마의 휴일〉을 비롯한 많은 명화의 주인공으로
유명한 오드리 헵번은 명품 인생의 좋은 실례이다. 그녀는 인기 배우를
넘어서서 만인의 연인이 되었고, 후에 인도주의자로 유명하게 되었던 것
이다. 어떻게 그렇게 될 수 있었을까?

오드리 헵번은 두 번의 결혼 실패 후에 홀로 살면서 인생 만년을 〈유
니세프 Unicef〉에 소속되어 봉사활동에 헌신하였다. 1988년부터 1993년
에 죽기까지 아프리카, 아시아, 남미 등의 가장 가난한 지역에서 봉사함
으로 그야말로 자신의 삶을 걸작 인생이 되게 하고, 자신만의 이미지와
브랜드를 만들었다.

사람은 선행으로 삶이 특별해지고, 고귀한 행복이 찾아온다. 선행은 그만큼 존엄한 것이고, 행복을 주는 원천이다. 우리는 좋은 일을 하면 실로 기분이 좋아지고, 행복해지기 마련이다. TV 인터뷰에서 오드리 헵번은 말했다. "너무 행복합니다. 이보다 더 행복할 수는 없습니다."

행복 추구가 '남의 불행이 나의 행복'인 제로섬 게임이 되어서는 안 된다. 나로 인해 모두가 행복해지는 상생과 윈윈 게임이 되어야 하는데, 봉사하는 선행이 그 좋은 실례이다.

삶보다 더 소중한 것은 없다

"삶보다 더 소중한 것은 없으며, 행복해지기 위해서는 삶을 사랑하고, 이를 적절하고 유연하게 자신의 고유한 천성에 따라 향유하기만 하면 된다."몽테뉴

"삶은 소중한 것이기에 삶이 아닌 것은 살고 싶지 않았다. 사소한 문제에 얽매여 인생을 낭비하고 싶지 않았다."헨리 D. 소로

"삶은 선물이다. 또한 삶은 행복이며, 매순간은 영원한 행복이 될 수 있다. 이 사실을 젊어서 알았더라면 좋았을 것을!"도스토예프스키

삶은 예술작품 못지 않게 아름다워야 한다. 우리 모두는 삶의 예술가이다. 어떤 예술도 삶과 비교할 수 없다. 그만큼 삶은 소중하고 독특하다.

삶은 이미 우리 앞에 자리 잡고 있다. 삶은 선물이다. 그것도 기적같은, 신비로운 선물이다. 삶은 기적이고, 우리는 살아 있다. 살아 있다는 그 자체가 행복이다.

삶이란 우리가 생각하는 것보다 훨씬 더 깊고 심오한 무엇이 있음이 분명하다. 삶에는 근본적인 성스러움이라는 것이 내재한다. 그것을 깨닫게 될 때 비로소 삶의 소중함을 알게 된다.

인생은 너무나도 짧다.
그리고 너무 성스럽다.
순간순간 최선을 다하고 싶다.
하나라도 놓치고 싶지 않다.
작자미상

삶은 매순간 신비와 경이로 가득 차 있다

"인생을 사는 방법은 두 가지이다. 하나는 아무 기적이 없는 것처럼 사는 것이요, 다른 하나는 모든 일이 기적인 것처럼 사는 것이다."
아인슈타인

"성스러움이란 다분히 우리 일상의 평범한 순간 속에 숨어 있다. 일상의 순간 속에서 성스러운 것을 보려면 걸음을 늦추고 더욱 사색하는 삶을 살아야 한다." 켄 가이어

오늘날 바쁘고 분주해진 세상 속에서 정신없이 살아가는 현대인들은 성스러운 것과 점점 동떨어져 가고 있는 것 같다. 하지만 하나님이 의도한 원래의 삶은 성스러운 것과 맞닿아 있음이 분명하다.

우리가 주변 세상에서 뭔가 성스러움을 느끼며 살 수 있다면, 낮에는

아름다움으로 충만할 것이며, 밤에는 행복이 넘쳐날 것이다. 삶에서 성스러움을 느끼려면 삶을 깊이 음미해야 한다.

우리가 살아가는 하루하루가, 일상의 모든 일들이 다 기적이다. 우리의 삶에서 일어나는 모든 만남과 일들이 모두 경이롭고 신비하다. "늦기 전에 깨우치라. 삶은 수천 가지 작은 기적들의 연속이다. 그것들을 그냥 지나쳐선 안 된다." 제인 케니언

우리는 매순간 기적을 경험하고 있는가? 삶 자체가 기적이고, 우리가 살아 있다는 자체가 기적이고, 내가 마주 하고 있는 모든 것이 신비와 경이이다. 바로 지금 이 순간이 굉장한 순간이다.

삶은 신비와 경이가 가득한, 아름답고 놀라운 선물이다. 우리가 바로 지금 삶의 신비와 경이를 느끼지 않는다면, 내일, 모레, 언제 느낄 것인가? 우리의 의무는 그것을 감탄하며 사랑하는 것이다.

내가 지금 이 땅에 살아있다는 경이감을 느껴보자. 행복한 삶은 삶의 놀라움과 아름다움을 느끼고 감탄하는 삶이다.

삶은 무엇일까? 삶은 곧 살아있음이다. 우리는 지금 살아있음이 당연한 것 같지만, 이는 하나의 신비와 기적이자, 커다란 축복이다. 삶은 가능성이 가득한 환희이다. 삶은 하나님이 준비한 최고의 선물이다. "삶은 해결해야 할 문제가 아니라 경험해야 할 신비이다." 류시화

"우리가 살아있다는 것, 그것은 하나의 기적이다. 우리는 늘 많은 시간 속에 있으면서도 그 사실을 느끼지 못한다. 살아있다는 것, 그 자체가 놀라운 가능성이다." 수행자

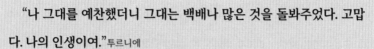

감탄하는 만큼 행복하다

우리들 사이에 부족한 것은 기적이 아니라 감탄이다. 감탄하면 우리
의 삶은 큰 기쁨과 감격이 용솟음친다. 감탄보다 더 좋은 활력은 없다.
감탄사를 많이 사용하는 사람일수록 행복하다. 하지만 삶을 감탄할 줄
모르는 사람은 행복하기가 어렵다.

우리는 지금의 삶에서 놀라고, 감탄하고, 아름다움을 찾는 능력을 상
실한 채 살고 있지는 않은가? 과거나 미래에 얽매여 현재의 삶을 소홀히
하고 있지는 않은가? "멋지게 살게 될 때를 기다리는 동안 삶은 우리 곁
을 지나간다."세네카

우리 주위에는 감탄해야 할 것들로 가득 차 있는데, 우리는 현재 나 자
신의 문제에 너무 몰두한 나머지 다 놓치고 있지는 않은가? 하지만 지금
내가 서 있는 곳이 놀라운 곳이고, 지금 내가 만나고 있는 사람이 대단한
분이다. 일상생활에서 경이로움이 사라져 버리고 나면 모든 것이 시들해
진다. 모든 것을 당연한 것으로 여긴다면 결코 행복할 수 없다. 신비감이
고갈된 세상은 따분할 뿐이다. 일상의 모든 것에 자기의 모든 경이감을
쏟아 붓자. 그래서 날로 황홀해지는 낭만이 있어야 행복해진다.

잠시 발걸음을 멈추고 주위를 둘러보자. 해돋이, 아침햇살, 새소리, 어

린아이들의 웃음소리, 시장의 활기, 싱그러운 과일 등, 주변에 있는 일상의 경이로움을 발견하고 마음껏 감탄하자.

한숨을 감사로, 거친 말을 고운 말로, 부정을 긍정으로, 무관심을 놀라움으로 바꾸어 날마다 감탄사를 연발하라. 작고 사소한 일에도 '우와, 어머나' 하고 감탄사를 연발하는 사람들이 무미건조한 일상에 활력을 불어넣고 주위 사람들을 즐겁게 해준다. 감탄사의 달인이 되자.

감탄하는 마음은 돌도 보석이 되게 한다. 진정한 부자는 누구인가? 많이 예찬하고 감탄하는 사람이다. 감탄할 줄 모르는 사람이 세상에서 가장 가난한 사람이다. 현자란 모든 것에 감탄하는 사람이다. 그대의 눈에 비치는 모든 것을 감탄하기를!

금빛 물결이 찬란한 예술적 행복을 꿈꾸어라

> "젊음은 자연의 선물이라면, 나이듦은 예술작품이다."작자미상
> "자신의 상태가 아무리 고통스러울지라도, 이를 예술가의 안목으로 바라볼 수 있는 능력이 있다면, 이는 더할 나위가 없이 바람직한 것이다."니체

일상의 삶이 시가 되고 그림이 되고 음악이 될 수는 없을까? 우리는 예술작품을 창조하듯 멋진 아트 인생을 살 수는 없는 것일까?

삶을 예술작품처럼 가꿔 나가자. 삶은 시이고, 노래이며, 춤이기도 하다. 인생을 사는 여정은 예술작품을 만드는 것과 같은 창작 행위이다. 인생이 예술로 승화될 때, 그의 삶은 뭇 사람들의 가슴에서 감동으로 승화된다.

한편 나의 일상이 예술이 되는 삶을 산다는 것은 가장 나답게 살겠다

는 의지의 표현이기도 하다. 나답게 살겠다는 건 예술적으로 살겠다는 것과 같은 말이다. 기존의 삶과는 다른 자신만의 독특한 삶을 창조해 냈다면, 그 고유한 삶은 예술이라고 불릴 수 있는 것이다.

우리 안의 예술적 본능을 충족시키면 행복감은 커진다

> "당신 안에 당신이 모르는 예술가가 있다." 잘랄 앗딘 루미

독일 정치가 비스마르크는 "정치는 가능성의 예술이다"라고 말했다. 인생도 마찬가지이다. "인생은 가능성의 예술이다."

인생이란 하나의 과정이다. 그리고 끊임없이 자신을 향상시키는 과정이다. 예술가의 정신을 통해 자신의 본모습을 파악하고, 끊임없이 자신을 점검하고, 보다 열정적으로 미래를 만들어 가야 한다. 마치 예술가처럼 자신의 삶을 디자인하는 것이다. 나와 내 삶이 예술작품이 되도록 하겠다는 열망이 나와 내 삶을 의미 있게 만든다. 그것을 거부하면 삶은 무미건조해진다. 하지만 예술은 녹록하지가 않다.

영국 시인 하우스먼은 시를 쓰는 작업을 '상처 입은 진주조개가 지독한 고통 속에서 분비 작용을 하여 진주를 만드는 일'에 비유하였다. 시뿐만 아니라 모든 예술은 작가의 극심한 내적 고통을 겪고 난 후, 영혼의 깊은 상처가 승화하여 주옥같은 작품들이 나온다. 예술이 진정 예술인 것은 거기에 창작할 때 동반되는 진통과 아픔이 스며있기 때문이다.

하나의 예술작품은 길고 긴 인내의 열매이다. 그렇다면 기다리는 것, 그 자체가 예술적 행위임을 인정하지 않을 수 없을 것이다.

**매순간의 삶이 멋진 축제요,
놀라운 예술작품이 되어야 한다.**

"극소수의 사람만이 삶의 예술가가 되며, 삶의 예술이 가장 뛰어나고 진기한 예술이라는 사실을 잊어서는 안 된다." 칼 융

훌륭한 예술작품과 같이 우리의 삶 속에 아름다움, 신비로움, 성스러움, 놀라움 등이 가득 차게 하자. 그렇게 하려면 마치 예술가가 예술작품을 구상하듯이 자신의 삶에 대해 끊임없이 사색하고 분석해야 한다. 그래야만 자신을 좀 더 명확하게 인식할 수 있다. 선한 본성에 따라 나답게 살다보면 자연스럽게 삶이 예술이 된다.

우리는 예술가이고, 우리의 삶은 작업 중인 작품이라고 생각해 보자. 우리는 매일 어떤 선택을 할 때 마다 독특한 예술작품을 만든다. 새로운 것을 경험할 때마다 작품의 수준이 더 높아진다.

우리가 태어난 이유 중에 하나는 이 세상에 우리만이 남길 수 있는 독특한 작품을 남기기 위해서이다. 우리의 평범한 삶도 예술작품으로 다시 태어 날 수 있다. 이 특별한 작품은 오직 나와 그것을 볼 수 있는 눈을 가진 자들만이 감상할 수 있는 유일무이한 작품이다. 단 한번 뿐인 인생에서 우리의 삶이 훌륭한 시가 되고, 아름다운 그림이 되고, 멋진 노래가 되길 바란다. "삶은 기나긴 여정이고, 사파리 여행이고, 순례이고, 정원이고, 최상의 예술이다." 사라 밴 브레스낙

8장

행복은 세상 도처에 널려 있다

곰돌이 푸

"오늘이 무슨 날이야? 오늘! 내가 제일 좋아하는 날이네! 매일 행복하진 않지만, 행복한 일은 매일 있어."곰돌이 푸

"그대의 행복을 일상 속에서 찾아라. 그대의 눈에 비치는 것이 순간마다 행복이기를! 현자는 모든 것에서 행복을 발견하는 자이다."작자미상

"행복해질 마음의 준비만 되어 있다면, 즉시 행복해질 것이다."에이브러햄 링컨

삶이 행복이 되고, 행복이 삶이 되어야 한다. 삶과 행복은 서로 분리되어서는 안 되는 동반자의 관계이다. 그래서 일상의 삶이 행복 그 자체가 될 수 있는 것이다. 삶이 행복이 된다면 우리가 걷는 길이 꽃길이 될 것이요, 우리의 삶은 꽃이 되어 향기를 내뿜을 것이다.

행복이 삶이 되려면 깨어 있어야 한다. 정신이 말짱히 깨어나는 순간, 삶과 행복이 하나가 된다. 일상의 삶을 환희로 가득한 축제로 만들고 싶다면, 매사에 깨어 있어야 한다. 깨어 있으면 삶은 매일 매일이 기적이다.

깨달음에 이르면 세상은 완전히 달라진다. 바야흐로 고대 이스라엘 선지자인 이사야의 예언이 이루어지는 것이다. "네 앞에서 온 산과 언덕이 별안간 소리 내어 노래할 것이며, 온 들의 모든 나무가 손뼉치리라."<성경, 이사야 44장>

day 29

행복은 일상의 삶 속에 무수히 널려 있다
곰돌이 푸

"행복은 기쁨의 강도가 아니라 기쁨의 빈도이다."작자미상

생각만 해도 행복해지는 캐릭터는 무얼까? 나에게는 노랗고 오동통
한 몸집에 빨간 티셔츠, 꿀을 아주 좋아하고, 엉뚱하고 천진난만한 얼굴

의 곰돌이 푸(또는 아기곰 푸, Winnie-the-Pooh는 1926년에 발표된 A. A. 밀른의 동화 및 그 동화의 주인공)이
다. 그를 생각하노라면 마치 샘에서 물이 퐁퐁 솟아나듯 잔잔한 힘이 샘
솟고 늘 흥겹다. 그것은 마치 원초적인 기쁨인 듯하다.

따뜻하고 긍정적인 성격을 지닌 곰돌이 푸는 항상 단순하게 생각하
고, 얼굴에는 미소가 가득하고, 느긋하게 행동한다. 그는 어떤 상황에서
도 기어코 행복의 씨앗을 찾아낸다. 그렇기 때문에 늘 어떤 문제든 해결
할 수 있고, 할 수 없는 일은 없다고 생각한다. 그래서 그가 나타나면 주
변이 환해지고 즐거워진다.

그래서 곰돌이 푸는 나의 멘토가 되었다. 나는 힘들고 외로울 때면 "곰
돌이 푸라면 어떻게 할까?" 자문하고, 바로 그처럼 처신하려고 노력한다.

곰돌이 푸에 따르면 행복은 도처에 무수히 널려 있다. 평범한 일상
속에는 수많은 행복이 깃들어 있다. 나를 행복하게 해주는 것들은 지
천에 깔려 있다. 행복하기 위해서는 평범한 일상에 눈을 뜨는 법을 익
혀야 한다.

어느 작가는 말했다. "행복은 억지로 찾을 수 있는 게 아니다. 현재
를 살고, 최선을 다해 주변 사물에 집중할 때 행복은 저절로 찾아올
것이다."

왜 전에는 이렇게 멋진 것에게 무관심했을까? 어째서 지금까지 저 구
름이 낀 파란 하늘이 눈에 뛰지 않았을까? 아침의 밝은 햇살과 저녁의
붉은 노을, 길거리의 나무와 꽃들, 들판에 부는 시원한 바람, 텃밭의 싱
싱한 채소들, 모든 것이 아름답기가 이를 데 없다. 우리가 찾고 있는 것
이 이미 내 주변에 있는데, 왜 우리는 끊임없이 먼 곳에서 무엇을 찾고
있는가?

신은 평범한 모습으로 찾아온다. 신은 그렇게 높고 높은 보좌만을 고집하지 않는다. 평범함이 곧 위대함이다. 우리들이 몸담고 있는 평범한 일상을 열심히 사랑하자. 행복은 항상 내 곁에 있다. 내가 찾아주기를 기다리고 있다. 그러므로 일상의 작은 행복을 자주 느껴야 한다.

"행복은 우리 주변을 둘러싸고 있으며, 손을 뻗으면 닿을 만큼 가까운 곳에 있기에 조금만 주의를 기울인다면 얼마든지 누릴 수 있다. 그러나 먼 곳에 있는 행복만을 구하면, 바로 눈앞에 있는 행복도 보지 못하고 만다."^{수행자}

일상의 매순간이 행복의 원천이다

"세상은 온통 입만 열면 하나같이 경제 경제 하는 세태이다. 어디에 인간의 진정한 행복과 삶의 가치가 있는지 곰곰이 헤아려 보아야 한다. 우리를 행복하게 해주는 것은 경제만이 아니다. 행복의 소재는 여기저기 무수히 널려 있다. 그런데 행복해질 수 있는 그 가슴을 우리는 잃어 가고 있다."^{수행자}

우리의 삶 속에서 큰 일, 특별한 일은 많지 않다. 가끔 있다. 그러나 작은 일, 평범한 일은 매일매일, 매순간에 있다. 행복을 얻는 것은 바로 우리의 평범한 삶 속에 묻혀 있는 보물을 캐내는 것과 같다. 행복이 손에 잡히지 않고 뜬구름처럼 느껴질 때, 그 때 우리는 일상의 사소한 습관들을 되짚어 보며, 나쁜 습관을 걷어내고, 건강한 습관을 늘려나갈 필요가 있다. 그러면 행복은 더 구체적으로 생생한 모습으로 우리 앞에 펼쳐진다.

삶을 행복으로 이끄는 건 작은 아름다움이다. 삶은 작은 것들로 이루어졌다. 행복은 큰 데 있지 않다. 지극히 사소하고, 일상적인 조그만 데 있다. 작은 미소와 위로의 말 한마디, 별것 아닌 작은 것들이야말로 삶을 아름답게 채울 수 있는 것이다. 행복해지려면 작은 것들에서 위대함을 찾아라. 작은 행복이 쌓이고 쌓여 큰 행복이 되는 것이다.

"정말로 행복한 나날이란 멋지고 놀라운 일이 일어나는 날이 아니라, 진주알들이 하나하나 한 줄로 꿰어지듯이, 소박하고 자잘한 기쁨들이 조용히 이어지는 날들인 것 같다."루시 모드 몽고메리의 〈빨간 머리 앤〉

행복은 삶의 아주 소소한 일들을 즐길 때, 그리고 그런 기쁨을 알아차릴 때, 오는 것이다. 그렇다면 행복은 늘 내 옆에 있었는데, 너무 익숙해서 그냥 지나치고 있는 것은 아닐까?

삶에서 가장 즐거움을 준 마법 같은 순간은 언제였는가? 우리가 가장 멋진 순간들이라고 생각했던 것은 매일의 일상 속에서 일어났던 일이었다.

"삶에는 어떤 이유도 해석도 붙일 수 없다. 삶은 그저 살아야 할 것, 경험해야 할 것, 그리고 누려야 할 것들로 채워진다. 부질없는 생각으로 소중하고 신비로운 삶을 낭비하지 말 일이다. 머리로 따지는 생각을 버리고, 전 존재로 뛰어들어 살아갈 일이다."수행자

행복은 일상의 소중함을 깨닫고 각성하는 것이다

"성공과 실패, 질병과 건강, 모두 무엇인가를 깨닫게 하기 위한 신의 선물이다."인드라 초한

"행복은 각성覺醒하는 것이다. 일상의 삶에서 일어나는 사소한 일이 당연하게 생각되지 않고 특별하게 여겨질 때까지 각성하라. 일상의 소중함을 깨달아라. 당신의 일상의 삶에 의미를 부여하라!"작자미상

행복은 우리 눈앞에 있지만 그것을 깨닫는 사람은 그리 많지가 않다. 행복은 사람들이 자신을 발견해주기를 기다리고 있다. 빈 잔은 채워지기를, 노래는 불려지기를, 편지는 전해지기를 갈망한다. 마찬가지로 행복은 드러나기를 갈망한다.

깨달음은 행복의 첫 걸음이다. 깨달음은 나를 성찰하며 눈을 새롭게 뜨는 것이다. 새롭게 눈을 뜨는 것은 행복을 여는 길이다.

깨닫는 순간 이때까지 보이지 않던 사물이 보이게 되고, 들리지 않던 소리가 들리기 시작한다. 우리가 매일 주변에서 보는 흔한 나무들이지만, 깨달음을 얻은 후 본 나무들은 완전히 달라 보인다. 깨어나라. 그러면 새로운 행복이 우리를 기다린다.

행복은 우리 눈앞에, 내 곁에 있지만, 그것을 깨닫는 사람은 그리 많지 않다. 행복은 특별한 것이 아니라 보편적인 것이요 일상적인 것이다. 일상의 평범한 일들과 시간 속에 숨어 있는 행복을 찾아 나서자. 행복은 자신을 발견해 주기를 기다리고 있다. 그저 찾아내기만 하면 되는 것이다.

진정한 행복이란 삶으로부터의 물러남에 있는 것이 아니라 삶의 모든 과정 속에 깨어 있어 더 깊이 참여함에 있다. 나의 삶을 구성하는 모든 작고 사소한 것들을 사랑하자. 행복은 끊임없이 반복되는 일상생활 속에 깃들어 있으므로 개개인은 자신의 삶 속에서 행복을 추구해야 한다.

주변의 것을 아름답게 보는 시선, 특별하게 볼 수 있는 능력이 행복의 조건이다. 인간은 새로운 환경에 맞닥뜨리면 본능적으로 적응력을 발휘

하는데, 적응을 마친 사물에 대해서는 소중히 생각하지 않는다. 매일 만나는 가족, 매일 먹는 음식, 매일 걷는 거리, 매일 가는 직장, 자주 보는 사물을 등한시 하거나 소홀히 여긴다.

그렇다. 항상 행복하고자 한다면 바로 내 주위에 있는 평범한 행복에 눈떠야 한다. 일상을 어떻게 보느냐에 따라 삶이 달라지고, 행복이 커지는 것이다. 일상의 평범한 삶이 행복의 바다가 되어야 한다. 행복의 바탕이 되는 것은 일상이다. 일상의 삶을 무지개 빛깔로 물들이자.

결국 해가 갈수록 우리의 영혼을 진정으로 살찌우는 것은 일시적인 성취감 따위가 아니라, 소박한 일상의 기쁨이란 것을 깨닫게 될 것이다.

행복의 더듬이를 예민하게 세우고 주위를 바라보자

"참된 삶의 기술이란 일상에서 기적을 찾는 것이다." 잉그리드 티어

"인생을 행복하게 살고 있는 사람들의 공통점이 있다. 그것은 남들이 보기에 감흥이 없는 것일지라도 마치 아이처럼 감탄하고, 놀라고, 흥분하고, 즐기며 인생의 소박한 것들에서 신비와 경이를 찾는다는 것이다." 작자미상

자세히 보면 행복은 도처에 있다. 행복하려면 이전에는 안 보이던 일상이 보여야 한다. 애정을 가지고 자세히 보면 보인다. 아무 것도 아닌 것이 보일 때 행복해진다. 일상의 행복을 발견하기 위해서는 예민한 촉수가 있어야 한다.

"아무 것도 아닌 것에서 아름다움과 행복을 찾기 위해서는 내 촉수를

예민하게 세우고 주파수를 맞추고 안테나를 높이 올려야 한다. 온몸이 촉수인 사람은 언제 어디서나 행복을 발견할 수 있다."박웅현

행복은 우리 주변에 항상 넘쳐흐르는 것이다. 늘 거기 있고, 일상의 사소한 일에 주목하라. 행복은 어딘가에 있는 것이 아니라 일상의 매순간에 있는 것이다. 그래서 삶은 말할 수 없이 아름다운 축복이다.

하지만 반복되는 일상에 파묻혀 무엇을 먹든, 무엇을 보든, 누구를 만나든, 아무런 떨림도 감동도 없고, 어떠한 감정도 느낄 수 없다면 행복 촉수가 무디어지고 감수성이 메말랐다는 증거이다.

어떻게 하면 행복의 촉수를 높일 수 있을까? 무딘 감수성을 깨워서 행복감을 높일 수 있을까? 무딘 감수성을 깨우기 위해서는 여행을 떠날 것을 추천한다. "여행은 생각의 산파이다."알랭 드 보통

"여행자들은 일상의 편안함에 안주하고 있을 때보다 기후에 더 민감해지고, 어떤 전조前兆에서 더 자주 영감을 받고, 더 계시적인 상상력을 펼쳐 낸다. 그들은 여행을 떠나오기 전의 사람과는 마치 다른 사람과 같다. 여행이 그들의 무딘 감수성을 깨운다."장석주

행복하려면 먼저 우리 곁에 평범한 것들을 열린 마음으로 애정 어린 눈으로 보아야 한다. 행복은 밝게 열린 마음으로 들어온다.

저녁을 바라볼 때는 마치 하루가 거기서 죽어가듯이 바라보라.
아침을 바라볼 때는 마치 만물이 거기서 태어나듯이 바라보라.
그대의 눈에 비치는 것이 순간마다 새롭기를!
현자란 모든 것에 감탄하는 사람이다.

앙드레 지드

우리에게 부족한 것은 행복이 아니라 행복을 발견하는 안목이다

"인간이 불행한 것은 자기가 행복하다는 것을 모르기 때문이다. 이유는 단지 그것뿐이다. 오직 그것을 자각한 사람은 일순간에 행복해진다." 도스토예프스키

"정말 중요한 것은 눈에 보이지 않는다. 제대로 보려면 마음으로 보아야 한다." 생텍쥐페리

우리가 진정 불행한 것은 행복이 없어서가 아니라 행복을 행복으로 느낄 줄 몰라서가 아닐까? 왜 우리는 행복할 때는 행복함을 못 느끼고, 불행할 때에야 행복하던 때를 기억하는 것일까?

행복은 언제나 우리 곁에 있다. 우리가 갖지 못한 것은 행복이 아니라 행복을 발견하는 눈이다. 멀리서 행복을 찾을 것이 아니라, 늘 주위에 있는 것에 애정을 갖고 자세히 보며, 작고 사소한 것에서 행복을 느끼는 감수성이 있는 삶이 중요하다.

새로운 시선 하나가 행복을 만들어 내고, 삶의 활기를 마구 쏟아져 나오게 한다. 무심함 때문에 잃어버린 일상의 아름다움을 되찾아야 참으로 행복하지 않을까? 행복은 쟁취하는 것이 아니라 그저 발견하고 느껴지는 것이다. "행복은 가까운 데서 마음이 느끼는 데로 오는 것이다."

이 세상에 태어난 이상 우리는 일상에서 접하는 모든 사람들과 삶의 매 순간을 소중히 여겨야 한다. 지친 몸을 추스르고 각종 피로에서 벗어나게 하는 것은 거창한 쾌락이 아니라 일상의 작은 행복이기 때문이다. "일상의 평범한 일들에서 의미를 찾아보라. 우리의 하루가 눈부시게 빛

날 것이다."^{이반 일리인}

삶의 모든 순간들이 소중하다. 꽃이 피는 순간, 바람이 부는 순간, 비가 내리는 순간, 사랑과 고독이 일어나는 순간, 그 모든 순간들이 행복해야 한다. "세상에서 지극히 훌륭하고 지극히 아름다운 것들은 볼 수도 없고 만질 수도 없다. 오직 가슴으로 느낄 수 있을 뿐이다."^{헬렌 켈러}

행복하려면 일상의 평범한 삶에서 보물을 발견하라

"행복이 소중한 가치인 것은 분명하지만 특별한 것이라고 생각하는 순간, 그것은 한 발 뒤로 물러난다. 행복은 저 멀리 빛나는 별이 아니다. 일상에 의한 일상을 위한 일상의 행복, 그것이 우리가 추구해야 할 행복이다."^{최인철}

아이러니컬하게도 사람들은 행복할 때는 행복하다는 사실을 별로 느끼지 못한다고 한다. 불행하다가 행복해지면 행복하다는 것을 잠시 느끼지만, 시간이 지나면 다시 느끼지 못한다. 이러한 행복 불감증이 불행의 원인이 되기도 한다.

우리가 행복에 젖을 곳은 일상이다. 하지만 오늘날 일상은 접어둔 채 행복해지기 위해 무언가 특별 이벤트를 해야 된다고 생각한다. 이러한 생각은 행복에 대한 부담감을 느끼게 할뿐만 아니라 행복이 일상으로부터 멀어지게 만든다.

행복하려면 일상생활에서 쉽게 느낄 수 있는 평범한 행복을 놓치지 않아야 한다. 일상에서 평범하게 누리는 작은 행복이 무엇과도 바꿀 수 없는 가장 소중한 행복이다.

새삼 생각해보면 행복은 어마어마한 성공이나 위대한 성취에 달린 것이 아니라, 우리들이 별로 중요하게 생각지 않은 작은 순간들, 즉 무심히 건넨 한마디 말, 별 생각 없이 내민 손, 은연중에 내비친 작은 친절, 다정한 미소 속에 진주처럼 숨어 있는 것 같다.

사실 행복은 단 한 순간도 우리 곁을 떠나지 않았다. 다만 우리가 눈을 감고 있었을 뿐이다. 감았던 눈을 뜨기만 하면 세상의 모든 행복이 소나기처럼 쏟아질 것이다.

어릴 때 소풍가서 보물찾기를 했던 경험이 있는가? 보물찾기 했던 심정으로 행복을 찾아라! 깨어있는 맑은 눈으로 보면 일상의 삶에서 보물이 아닌 것이 없다.

돈에 민감할수록 일상의 소중함과 가치에는 무감각해진다

"돈에 관심을 두면 일상의 사소한 즐거움을 느끼지 못한다. 일상의 즐거움을 무시한 채, 행복하기 위해 돈을 벌어야 한다거나 특별한 무언가를 해야 한다는 생각이 행복의 걸림돌이다." 수행자

돈은 마음만 먹으면 무엇이든 할 수 있다는 착각을 심어준다. 그래서 일상의 사소한 일을 소홀히 하게 된다. 돈이 많은 사람일수록 사람들과 대화를 덜 하고, 주위 사람들의 경조사를 무시하고, 자기 본위로 살아간다. 일상의 사소한 즐거움에 둔감하게 된다. 하지만 행복한 사람들은 일

상의 사소한 즐거움을 여러 모양으로 자주 느끼는 자들이다.

돈에 관심을 두면 행복 더듬이가 둔해진다. 따라서 복권 당첨 같은 일확천금의 행운은 장기적인 행복의 관점에서 보면 저주가 될 수도 있다. 복권에 당첨된 자들의 행복 더듬이가 둔해지기 때문이다.

복권에 당첨된 사람은 일반적으로 가족과 대화, 이웃들과 교제, 친구들과의 식사 같은 이전에 느꼈던 일상의 소소한 즐거움을 더 이상 느끼지 못한다고 한다. 둔해진 행복 더듬이의 후유증이다.

살면서 인생을 뒤집을 만한 드라마틱한 일은 자주 일어나지 않는다. 따라서 행복은 복권당첨 같은 큰 행운으로 얻게 되는 것이 아니라 '차 한 잔의 여유' 같은 일상의 소소한 즐거움이 쌓여서 이루어지는 것이다.

삶을 행복으로 이끄는 건 작은 아름다움이다

삶은 작은 것들로 이루어졌네.
위대한 희생과 의무가 아니라
미소와 위로의 말 한마디가
우리의 삶은 아름다움으로 채우네.

메리 R. 하트먼

행복은 삶의 아주 작은 것을 즐길 때, 그리고 그런 기쁨을 알아차릴 때, 오는 것이다. 그렇다면 행복은 늘 내 옆에 있었는데, 너무 익숙해서 그냥 지나치고 있는 것은 아닐까?

흔히 사람들은 원하는 것을 못가졌기 때문에 행복하지 않다고 생각한다. 그래서 원하는 대학이나 직장에 들어가고, 원하는 사람과 결혼하고, 원하는 자동차와 집을 마련하면 행복할 것이라고 생각한다. 하지만 실상은 그렇지 않다고 한다. 원하는 것을 가지면 영원히 행복할 것 같지만 그 기쁨은 곧 사라지고 만다.

우리의 삶은 특별한 시간보다 평범한 시간이 훨씬 더 많다. 그러므로 평범한 일상의 사소한 일에서 행복을 발견할 수 있는 안목이 필요하다. 행복하기란 의외로 쉽다. 지금 가진 것, 일상의 작고 사소한 일을 사랑하면 되는 것이다.

행복해지려면 작은 것들에서 위대함을 찾아라

"누구든지 자신의 인생을 십 년 만 돌이켜 보면 하잘 것 없는 작은 사건이 결정적으로 자신의 삶을 바꾸어 놓았던 기억을 하나쯤은 떠올릴 수 있을 것이다."윈스턴 처칠
"주어진 삶을 사랑하라. 삶은 멋진 선물이다. 거기에 사소한 것은 아무것도 없다."플로렌스 나이팅게일

우리는 흔히 큰 일을 중요시하는데, 사실상 큰 일보다도 작은 일이 중요하다. 왜냐하면 우리의 삶의 대부분은 작은 일들로 이루어져 있기 때문이다. 따라서 작은 미소와 말 한마디, 별것 아닌 작은 것들이야말로 삶을 행복하게 만들 수 있다.

일상의 작고 사소한 일에서 위대함을 발견하라. 행복은 우리 곁에서 언제나 발견할 수 있는 작고 사소한 것들로 이루어졌다. 매일같이 반복

되는 사소한 일에게 애정을 느끼고 최선을 다해 보면 어떨까?

삶이 아름답고 소중한 이유는 매일 매일 일어나는 작은 일들 속에 행복이 깃들어 있기 때문이다. 따분한 일상생활은 형벌이 아니다. 반복되는 일상생활 가운데 소중한 행복을 발견하자. 행복은 롤러코스터가 아니다.

하루의 일과를 마치고 집으로 돌아가는 정든 퇴근길, 식구들과 저녁 식사, 좋아하는 카페에서 친구들과 잡담, 아늑한 자신의 방에서 듣는 음악, 편안하게 책 읽기, 자신의 침대에서 잠자리 들기 등, 아무리 부와 명성을 쌓아도 이런 일상의 사소한 행복을 놓치고 산다면, 그 사람을 진정한 행복한 사람이라고 할 수 있을까? 행복은 그렇게 작고 아름답고 소중한 순간에 우리에게 살며시 미소 짓는다.

비록 사소하게 보일지라도,
조그만 친절, 조그만 사랑의 말, 다정한 인사,
그러한 것들이 에덴이 회복되게 하고
이 땅을 천국으로 만든다.

작자미상

바로 곁에 있는 행복을 놓치지 말자

"모두들 행복을 찾는다고 온 세상을 헤매고 있네. 하지만 행복의 파랑새는 바로 내 곁에 있네." 모리스 마테를링크

행복의 파랑새는 멀리 있는 것이 아니라 가까이 있다. 행복은 항상 주변

에 있다. 조금만 생각을 바꾸면 내 주변에는 온통 행복할 이유가 넘쳐난다.

우리는 바로 곁에 있는 행복은 무시하고, 먼 곳, 혹은 엉뚱한 곳에서 헤매고 있는 것은 아닌가? 바로 곁에 있는 행복도 보지 못하면서 아직 손이 닿지 않은 먼 곳의 행복, 혹은 아직 오지 않은 미래의 행복을 어떻게 잡겠는가? 우리는 알지 못하는 순간에 지금 여기 내 곁에 있는 수많은 아름다움을 놓치고 있지는 않은가? 우리가 먼 곳의 풍경을 부러워하며 그곳에 시선을 빼앗기느라, 바로 눈앞의 아름다움을 발견하지 못하고 있지는 않은가? "다른 곳의 풍경을 부러워하지 마라. 바로 그대 곁에 있는 풍경이 가장 아름다운 것이다."

행복은 내 안에서 내가 느껴야 한다. 지금 이 순간 속의 행복을 느끼자. 아름답고 다채로운 인생을 살기 원한다면 일상의 아름다움을 발견할 수 있는 감각이 있어야 한다. 눈앞의 아름다움을 발견하는 안목을 갖자.

행복은 멀리 밖으로 찾아 나설 것 없이 자신의 일상생활에서 그것을 느끼면서 누릴 줄 알아야 한다. 지금 행복하지 않는 이유는 행복하기 위해 더 많은 것을 가지거나, 더 높은 곳으로 가야만 한다고 생각하기에, 지금 행복하기를 미루고 있기 때문이다.

행복하다는 것은 자신이 영위하는 삶을 사랑한다는 것이다

"삶은 너무나도 소중하기 때문에 나는 삶이 아닌 다른 어떤 것을 생각할 여지가 없다. 나는 삶을 사랑하며 하나님이 나에게 허락해 주신대로 내 삶을 가꿔 나간다. 나는 영원히 나의 삶을 사랑할 뿐이다."몽테뉴

> "우선 삶이 주는 즐거움을 있는 그대로 받아들여 행복할 줄 알아야 한다. 또한 그 행복 속에 완전히 자신을 내맡겨 도취할 줄 알아야 한다." 베르트랑 베르줄리

삶은 선물이다. 하루하루는 신의 축복이자 선물이다. 그 선물을 환영하고 축하하는 삶의 여정이 되어야 한다. 매 순간이 선물처럼 느껴지고, 또 그 순간에 감탄하는 삶을 살아야 한다. 감탄사를 연발하고 있다면 당신은 행복한 사람이다. "언제쯤이면 그것은 날아 올까? 평범하게 살아가는 수백만 시민의 작은 행복보다 더 중요한 것은 없다는 사실을 이 세상은 언제쯤 깨닫게 될까?" 잉게 숄

무슨 일이 일어나든 지금의 삶을 사랑하라. 지구상의 행복은 모두 자신의 삶을 적극적으로 사랑함에서 나온다. 여기에는 변함없이 행복한 삶을 살기 위해 끊임없이 긍정하는 것이 요구된다. 소소한 일상 속에 행복이 숨어있다. 행복의 원천은 우리 주위에 무수히 널려 있다. 평범한 일상 속에 놓여 있다. 일상에는 소소한 즐거움이 셀 수 없을 만큼 많다. 하지만 눈 먼 사람으로 살아가고 있는 현대인은 그러한 즐거움을 놓치고 있다. 우리가 원하는 행복은 이미 주어졌다는 사실을 기억하자. "만약 당신이 하루하루를 기쁨으로 맞이한다면, 그리하여 삶이 꽃과 달콤한 풀잎처럼 향기를 내뿜으면서 영원토록 생기 있게 빛난다면, 당신은 성공한 것이다." 헨리 D. 소로

"멀리 펼쳐진 장미정원을 바라보느라 자신의 정원에 핀 장미를 보지 못하고 있지는 않은가? 당신에게 가장 중요한 것은 지금 당신이 살고 있는 오늘임을 잊지 말아야 한다." 일레인 케이마크

폴 고갱 〈우리는 어디서 왔는가? 우리는 누구인가? 우리는 어디로 갈 것인가?〉

현재 이 순간을 떠나서는 우리라는 것도 없고 세계도 인생도 없다. 이 현재의 순간을 놓쳐버릴 때 그것은 바로 인생을 놓쳐버린 것이 된다. 그리고 다시 돌이킬 수 없는 영원한 것을 놓쳐버린 것이다.

아우구스티누스

day 30

오늘 지금 이 순간에 충실하라

우리가 말하는 동안에도 아까운 시간은 지나가고 있다오.
오늘을 잡으시오.
내일에 대한 믿음은 할 수만 있다면 접으시오. -호라티우스

동서고금의 수많은 현자들이 행복의 열쇠를 찾아 왔다. 그 결과 공통적인 것 중에 하나가 '카르페 디엠' 즉 '지금 이 순간에 충실하라'(또는 오늘을 즐겨라)이다.

행복하고 싶은가, 오늘을 붙잡아라. 오늘 하루에 간절함을 담자. 하루하루를 내 생애의 마지막 날로 여기자. 오늘은 나한테 남은 생의 첫 날이다. "어제는 가버렸고, 내일은 아직 오지 않았다. 우리에겐 오늘이 있을 뿐이다."

　붓다, 장자, 에피쿠로스, 마르쿠스 아우렐리우스 등과 같은 많은 현자들이 한결같이 약속이나 한 듯이 '오늘의 소중성'을 강조했다. 현자들은 행복의 진정한 원천이 오늘 여기에, 내 안에, 그리고 '자족'自足에 있음을 알고, 그것을 실천했던 것이다.

　'지금 이 순간을 살아라' '현재를 즐겨라' 같은 말이 흔해빠진 조언처럼 들리겠지만, 과학적 연구는 실제로 그것이 옳음을 입증해 주고 있다. 연구에 따르면, 과거에 얽매이거나, 미래 목표에만 집중하지 않고, 지금 하는 일에 정신을 집중하면 더 즐거워지고 행복감이 높아진다고 한다.

　행복은 지금의 나, 지금의 삶에 만족하는데서 비롯된다. 되돌릴 수 없는 과거나 아직 오지도 않은 미래에 매이면 현실은 늘 불행할 수밖에 없다. 그래서 인생을 행복하게 사는 비결은 바로 현재에 충실히 하는 것이다. 바로 지금이 내 인생의 전성기임을 알고, 지금 최선을 다해 사는 것이 행복이다. 그리고 지금 주어진 행복을 누리는 것이 중요하다. 이것이 늘 인생을 황금기로 사는 비결이다. 벨기에 동화작가 모리스 마테를링크의 〈파랑새 이야기〉는 내가 지금 이미 누리고 있는 행복은 보지 못하고, 지금 여기에 없는 다른 행복을 찾아 떠나는 우리들의 모습을 보여준다. 그래서 이런 우리의 모습에 대해 '파랑새 신드롬'이라고 부른다. 이미 행복한데 아직 행복이 멀었다고 믿으며, 지금 여기서의 행복을 누리지 못하는 것이다.

하루는 인생의 축소판이다. 하루를 성실하게 살지 않으면 한 달도, 일년도 성실하게 살 수 없다. 따라서 하루하루를 충실히 살자. 영원히 살 것처럼 일하고, 오늘 당장 죽을 것처럼 사람들을 대하자. 오늘에 의미를 부여하고, 오늘이 마치 인생의 마지막 날인 것처럼 살자.

오늘 바로 지금, 이 순간에 미소 지어라. 현재 순간에 집중하며 사는 방법을 배워라. 미래를 걱정하지 말고, 하루하루 경이롭고 흥미로운 삶을 살라. 오늘 하루를 내 생애의 최고의 순간이 되게 하자. 지금 살고 있는 현재 이 순간에 충실하자. 그렇게 하면 일상의 매 순간이 행복 그 자체가 될 것이다.

행복한 사람들은 과거에 연연하거나 미래를 위해 살지 않는다. 지금이 바로 행복의 순간이다. 여기가 바로 행복의 장소이다. '지금 여기'는 우리의 일상생활을 의미한다. 평범한 일상에 성스러움이 깃들어 있고 찬란한 의미가 배어 있다. "오늘을 잡아라. 오늘에 감사해라. 사랑하고 일하고 뛰놀고 하늘의 별을 올려다 볼 기회가 주어졌음에." 헨리 반다이크

바로 지금이 최고의 순간이다

"과거는 이미 지나간 것이며, 우리 기억 속에서만 존재하는 것이므로 나의 것이 아니다. 미래란 것도 우리에게 주어지리란 보장이 없으니 또한 나의 것이 아니다." 실존주의 철학자들

"오늘은 내가 살아온 날들 가운데 최고의 날이다. 오늘은 축복이 가

득 찬 하루이다. 지금 이 순간 수 많은 축복들이 나에게 모여들고 있다. 나는 이 하루를 기쁘게 살겠다."작자미상

행복해야 할 시간은 지금이다. 행복해야 할 장소는 여기이다. 바로 지금 이 순간이 굉장한 때이므로, 단 한 순간도 헛되이 보내서는 안 된다. 지금 이 시간을 의미 있게 지내자. 살아있음을 기뻐하며 지금 이 순간의 삶과 만나자.

대부분의 사람들은 행복을 삶의 목표로 삼으면서도, 지금 이 순간의 행복을 놓치고 있다. 미래에 행복하게 살겠다는 설계를 하고 미루기 때문이다.

우리는 미래의 성공과 행복을 위해 살아가고 있지는 않은가? 현대인들은 미래에 시선을 고정한 채, 무언가를 성취하기 위해 온갖 일로 분주하면서 불안과 만성피로에 시달리고 있다. 그러다 보니 인생을 즐기는 것은 고사하고, 현재를 제대로 살지 못할 뿐 아니라, 눈앞의 행복도 제대로 발견하지 못한다.

우리는 미래를 준비하는 일에 너무 열중하다보니, 현재의 중요성과 즐거움을 다 놓치고 있다. 현재의 시간을 즐기는 일에는 서툴기만 하다. 하지만 진정한 행복은 다음에 이루어야 할 목표가 아니다. 지금 여기 이 순간의 행복을 누릴 일이다.

우리가 노력하는 한 행복해지기 마련이다. 행복은 앞으로 다가올 미래에 있지 않고 바로 지금 이 순간의 삶에 있다는 사실을 알아야 한다.

하지만 우리는 행복의 순간이 지나간 후, 한참이 지났을 때야 비로소 과거의 그 순간이 행복이었음을 깨닫는 경우가 얼마나 많은가?

우리에게는 현재 이 순간이 가장 중요한 것이며, 지금 무엇을 하느냐가 중요하다. 지금 이 순간을 경이롭게 바라보고, 아름다움을 찾는 능력을 회복해야 한다.

"한 잔의 차를 마실 때도, 현재의 순간을 음미하며 과거나 미래를 잊어라. 육신과 생각을 모두 내려놓고 찻잔에 미소 지으며, '나는 지금 차를 마신다'는 단순한 생각으로 조용히 잔을 기울이며, 현재의 순간을 즐길 수 있기를 바란다."^{틱낫한}

오늘 살아있다는 사실보다 더 분명한 진실이 없으니, 오늘을 사는 것도 그 진실에 충실한 것이다. 오늘에 의미를 부여하고, 오늘이 마치 삶의 마지막 날인 것처럼 살자.

이 세상에 불행해지기 위해 태어난 사람은 아무도 없다. 그리고 누구나 행복해질 수 있다. 지금부터 가까이 있는 행복부터 찾아 누려라. 행복을 제대로 보는 법을 알아두면 행복은 언제나 곁에 있다는 것을 깨닫게 된다.

행복의 파랑새는 항상 내 곁에, 우리 주변에 있다. 행복은 멀리 있는 것이 아니라, 지금 여기에, 우리 손안에 있는 것이다. 오늘 지금, 이 순간의 행복을 즐겨라. 지금 이 순간을 보석으로 여기라. 지금이 바로 날개를 펼치고 날아오를 때이다.

"산 너머 저쪽 하늘, 멀리 행복이 있다고들 말하기에,
여러 사람들을 따라, 나 또한 행복을 찾아갔건만,
눈물만 지으며 되돌아왔네."^{칼 부세}

오늘 지금 있는 곳에서 행복하자

"내 인생에서 가장 행복한 날은 언제인가. 바로 오늘이다. 내 삶에서 절정의 날은 언제인가. 바로 오늘이다. 내 생애에서 가장 귀중한 날은 언제인가. 바로 오늘, '지금 여기'이다. 어제는 지나간 오늘이요, 내일은 다가오는 오늘이다. 그러므로 '오늘' 하루하루를 내 삶의 전부로 느끼며 살아야 한다."<벽암록>

"당신에게 가장 중요한 때는 지금 이 시간이며, 당신에게 가장 중요한 일은 지금 하고 있는 일이며, 당신에게 가장 중요한 사람은 지금 만나고 있는 사람이다."톨스토이

하루를 어떻게 시작하느냐에 따라 그날 하루 전체가 달라진다. 우리는 이미 지나간 과거의 상처와 감정과 아직 존재하지 않는 미래의 불안과 염려 때문에 현재의 즐거움을 다 놓쳐버리고 있지는 않는가?

행복하려면 어제의 짐과 묵은 감정을 모두 내려놓고, 오늘 하루의 일을 기대하며 마음을 활짝 열어야 한다. 긍정적인 생각과 새로운 기대감으로 행복한 하루를 시작하자. "내게 중요한 것은 오늘 이 순간에 일어나는 일이다."니코스 카잔차키스

"현재를 소중하게 생각하고 현재에 살 때, 우리는 비로소 진정한 행복을 느낄 수 있다. 바로 지금부터 우리가 가진 것들을 소중히 여겨야 한다. 부모님, 배우자, 자녀, 친구를 소중히 여기고, 호흡할 수 있는 공기와 거리에 핀 꽃들도 소중히 여겨야 한다. 눈앞에 있는 것들을 소중히 여길 수 있을 때 행복은 찾아온다."탈 벤 샤하르

우울한 사람은 과거에 살고
불안한 사람은 미래에 살고
행복한 사람은 현재에 산다. 노자

마음을 지금 여기에 매어두니 이처럼 행복하네 현자들

> "항상 깨어 있어라! 항상 알아 차려라! 이미 지나버린 과거나 아직
> 오지 않은 미래에 마음을 두지 말고, 항상 현존하는 '지금 이 순간'에
> 머물러야 한다." 은둔자

많은 사람들은 나중에 훨씬 더 행복해질 미래를 상상하며 현재의 행복을 계속 유예하며 살아간다. 하지만 성공하기 위해 늘 미래에만 집중하고 있으면, 역설적이게도 우리가 그토록 바라는 성공과 행복은 점점 멀어진다. 그런 과정에서 현재의 삶을 기꺼이 희생시킨다. 그렇게 현재의 행복을 미루고 미루다가 일 중독자가 되고, 그토록 갈망하던 그 성공과 행복은 자꾸만 멀어져가는 것이다.

어느 날 어떤 사람이 은둔자에게 물었다고 한다. "성자시여, 당신은 숲속의 초라한 초가집에 살며, 하루에 한 끼만 먹고 지내면서도 어째서 이렇게 기뻐합니까?" 은둔자가 대답했다. "과거를 슬퍼하지 않고, 미래를 욕심내지 않으며, 마음을 지금에 매어두니 이처럼 편안합니다."

은둔자가 행복한 이유는 과연 무엇일까? 그는 마음을 지금에 매어두고

눈앞의 모든 것을 즐겼기 때문이다. 마음을 과거나 미래에 매어두면 지금 눈앞의 행복이 소멸된다.

"미래를 욕심 내지 않고, 마음을 지금에 매어두고, 눈앞의 모든 것을 감탄하고, 심지어 시련과 역경까지도 긍정의 마음으로 받아들일 수만 있다면, 날마다 행복할 수가 있는 것이다."_{수행자}

여행하듯 오늘을 즐겁게 살자

"여행에는 행복의 요소들이
모두 다 포함되어 있다. 그래서 여행은 행복의 종합세트이다."_{최인철}

최고로 행복했던 추억이 있는가? 일반적으로 대개의 사람들은 최고로 행복했던 추억으로 여행을 꼽는다. 여행은 그림엽서 같은 행복이다. 한 인간이 기분 좋게 느낄 수 있는 모든 것이 여행의 여정에 집중돼 있는, 가장 큰 행복이다. 그렇다면 과감하게 예산을 세워 여행을 계획해 보자. 행복을 위해 돈을 쓰는 것은 낭비가 아니다. 행복을 위해 돈을 쓰는 것은 좋은 투자이다. 모든 것을 뒤로 하고 여행을 떠나보자.

여행은 특별한 곳에서 특별한 삶을 경험하게 한다. 여행은 누구에게나 특별하지만 간편하다. 인생도 여행처럼 그렇게 특별하지만 즐겁고, 단순하고 간편하게 살아야 한다.

여행은 항상 가슴을 설레게 한다. 여행은 일상에서 벗어나서 새로운 곳에서 오직 보고, 즐기고, 놀고, 먹고, 자고, 대화하고, 떠나는 즐거운 시간이기 때문이다.

꽃길을 걷듯 즐겁게 살자.
꽃을 따듯 삶의 환희를 만끽하라.
내가 인생의 순간순간을
얼마나 사랑하는지.
다른 곳의 풍경을 부러워하지 마라.
바로 그대 곁에 있는 풍경이
가장 아름다운 것이다.
작자미상

지금 이 순간을 온전히 살아라!

"많은 사람들이 살아 있는 것처럼 보이지만, 사실은 진정으로 살아 있지 않다. 왜냐하면 지금 이 순간의 삶과 만나고 있지 않기 때문이다. <이방인>의 저자 알베르 카뮈가 말한대로 우리는 마치 죽은 사람들처럼 살아가고 있는 것이다."틱낫한

"우리가 산다는 것은 무엇인가? 지금 바로 이 자리에서 이렇게 살아 있음이다. 어제나 내일에 있는 것이 아니라 오늘 지금 이 자리에 있음이라."수행자

지금 행복하여라. 당신이 있는 곳이 천국이 되게 하여라. 당신은 매순간 어디서든지 진정 행복자로 살고 있는가?

만일 우리가 깨어 있어서 지금 이 순간을 온전히 살 수만 있다면, 우리는 최고의 행복을 누릴 수 있다. "현재의 삶은 최고의 축복이다."톨스토이

인생에서 가장 중요한 장소는 '여기'이고 인생의 최고의 순간은 '지금'

이다. 지금 이 시간이 최고의 순간이 되게 하라. 삶은 원래 짐이 아니다. 삶이 짐이 된 것은 우리가 과거에 집착하고, 미래에 매달려 있기 때문이다. 오늘을 기뻐하고 내일을 염려하지 말라.

두 번 다시 오지 않을 오늘의 행복을 챙기자. 오늘 이 시간 속에 나에게 펼쳐진 소중한 행복, 삶은 나를 더욱 설레게 하고, '감사하다' 고백하게 한다. 그리고 현재의 시간이 새롭게 아름답고, 귀하게 다가온다.

우리는 식사를 하든 명상을 하든, 지금 하고 있는 일에 몸과 마음을 모두 모아야 한다. 우리가 그렇게 살아갈 때 우리 마음은 참으로 평안해 진다. 이런저런 염려와 욕망에 휘둘리지 않고, 지금 이 순간에 온전히 존재하여야 한다.

어느 정치학자는 말했다. "오늘 하루뿐이라고 생각한다면 어떠한 어려운 일도 최선을 다해 완성할 수 있다. 오늘 하루뿐이라고 생각한다면 즐겁게, 참을성 있게, 자애롭게, 순수하게 살 수 있다. 이것이야말로 삶의 정수精髓이다."

각 개인은 스스로 자신의 삶의 방식이나 성격, 감성, 신체적 조건, 장단점, 열망과 꿈 등에 따라 자신에게 맞는, 적절한 행복의 길을 찾아야 한다.

몽테뉴

day 31
사람들이 다양한 만큼 행복 또한 다채롭다

SUNNY HILL FARM

오늘날 다원주의 시대에 다양한 사람들이 각양각색 형태로 나타나는 다양한 행복을 추구하고 있다. 행복도 선택이고 개성이다. "가장 큰 행복은 개성이다." 괴테 지구상의 사람들은 얼마나 다양한가? 신비로운 지구별에는 다양한 사람들이 다채롭게 살아가고 있다. 삶의 모양과 색깔이 다채롭다. 우리의 삶에는 밤하늘의 별들만큼이나 다양한 행복들이 존재한다. 다양성은 축복이다. 숲속의 동식물을 보라, 꽃들을 보라. 얼마나 다채로운가!

사람들은 각기 자신의 취향에 따라 다양한 멋과 매력을 드러낸다. 행복도 마찬가지이다. 각기 다른 취향으로 자신만의 행복을 드러내자. 개인의 다양성과 개성을 존중하는 다원주의 시대이다.

어차피 저마다 자기식대로 사는 게 인생이다. 똑같이 살라는 법은 없다. 행복한 삶에는 이러이러해야 한다는 규정 같은 것은 없다. 모든 사람에게 맞는 신발은 없듯이 모든 사람들을 만족시키는 행복은 없다.

물고기는 물속에서 살고, 새는 하늘에서 사는 것처럼, 우리는 각자 자신이 속한 환경에서 자신의 취향에 따라 자신에게 어울리는 행복을 추구하며 살아가면 되는 것이다.

'행복'이란 무엇인가? 행복에 대해 단일하고, 명확한 정의를 내릴 수 없다. 행복은 본래 다각적인 의미를 지니고 있기 때문이다. 그래서 행복에 대한 해석은 매우 복잡하고 다양성으로 가득 차 있다.

남들이 정해놓은 행복의 기준에서 내 행복을 찾지 말자

"가끔 우울해지는 날, 내가 적어 놓은 행복 리스트를 펼쳐 보는 것만으로도, 잊고 있었던 삶의 기쁨들이 되살아난다. 행복은 삶의 아주 작은 것들을 즐길 때, 그리고 그런 기쁨을 알아차릴 때 오는 것이다." 바버라 키퍼

나에게 맞는 행복을 추구하는 것이 좋다. 세상에서 가장 멋진 행복은 나에게 가장 잘 어울리는 행복이다. 자, 이제 여러분 스스로 그 행복을 찾아 가 보라. 남들이 정해놓은 기준에 '내'가 있기는 할까? 사람마다 행복의 기준은 다 다르다. 어느 쪽이 옳거나 그르다고 말할 수는 없다. 행복의 기준은 그 누구도 아닌 자신이 정하는 것이다. 내가 행복하다고 생각한다면 행복한 삶이 되어버리는 것이다.

　각 개인은 자신만의 기질과 취향, 문화와 환경, 종교와 신념, 직업과 일터 등에 따라 각자에게 맞는, 자신만의 행복의 길을 가야 할 것이다. 행복에는 절대적인 기준이 없다.

　우리 각자는 유일성과 독특성을 가진 존재인 만큼, 우리의 삶과 행복도 독특하고 특별한 것이다. 그렇다면 자신만의 독특한 행복을 찾자. 누구처럼 되기 위해 살지 말자. 하나밖에 없는 오직 내가 되자.

　각자 속한 위치와 자기만의 행복이 있는데 타인의 말에 지나치게 신경 쓸 필요가 있겠는가? 나만의 행복 색깔을 찾아 발산하면 되는 것이다. 타인의 행복을 흉내 내지 말자. 행복의 개성을 살리자. 다른 사람들이 만들어 놓은 관습에 의해 형성된 행복이 아니라, 나의 본성에 딱 맞는 행복이 있다. 내 인생의 흐름과 속도와 딱 맞는 행복이 있다. 마치 내 것처럼 느껴지는 참 소중한 행복이 있다. 인생이란 이미 짜인 틀에 맞춰 사는 것이 아니라 자기 손으로 만들어가는 것이다. 여기서 행복의 개성화가 등장한다. 행복에는 절대적인 기준이 없다. 다양한 사람들이 다양한 방식으로 행복해지기 위해 노력하고 있다. 오늘날 현대인은 획일성을 거부한다.

살다보면 나에게 딱 맞는 형태와 크기의 행복이 있다

"자신이 좋아하는 행복이 있다면 스스로 다자인하라. 마치 예술가처럼 멋진 삶을 디자인하라. 어떻게 디자인하느냐에 따라서 인생은 얼마든지 명품인생이 될 수 있다."작자미상

수다스러운 사람들은 여러 사람들과 수다를 떨 때 행복할 것이고, 조용하고 내성적인 사람들은 혼자 있을 때 행복할 것이다. 산을 좋아하는 이는 산으로, 바다를 좋아하는 이는 바다로, 어린 아이들을 좋아하는 이는 아이들과 함께, 노인들을 좋아하는 이는 노인들과 함께, 장애인들을 좋아하는 이는 장애인들과 함께, 자신의 기질과 취향에 따라 행복을 누리면 되는 것이다. 자신만의 독특한 행복과 멋을 마음껏 드러내자.

따라서 서로의 기질과 특성과 취향을 이해하고 존중해 주자. 나하고 틀린 것이 아니라 다른 것이다. 프랑스의 패션 디자이너 코코 샤넬은 말했다. "세상에서 가장 멋진 색은 나에게 가장 잘 어울리는 색이다."

베토벤이 '작곡'을 하면서 행복을 느꼈다면,

고흐는 '그림'을 그리면서 행복을 느꼈다.

칸트가 '철학'을 하면서 행복을 느꼈다면,

에디슨은 '발명'을 하면서 행복을 느꼈다.

아인슈타인이 '물리학'을 하면서 행복을 느꼈다면,

헤밍웨이는 '소설'을 쓰면서 행복을 느꼈다.

타샤 튜더가 '정원'을 가꾸면서 행복을 느꼈다면,

마더 테레사는 '봉사'를 하면서 행복을 느꼈다.

그렇다면 당신은 무엇을 하면서 행복을 느끼고 있는가?

누구처럼 되기 위해 살지 말고 오직 하나 밖에 없는 내가 되자

"누구를 모방하거나 닮고 싶은 것보다는 자신에게 어울리는 자신만의 삶을 살아야 한다. 그래야 나의 삶이 새롭고 신선하고 보이며 특별하게 보일 것이다."작자미상

"세상을 바라보는 자신만의 눈을 가져야 한다. 그리고 세상의 흐름에 휩쓸리지 않고 묵묵히 자신만의 존재를 드러내야 한다."작자미상

"좋아하는 일을 천천히 하라. 때로 삶이 재촉하더라도 서두르지 말라. 사람들은 '너무 늦었어' 라고 말한다. 하지만 인생에서 너무 늦은 때란 없다. 지금이 제일 좋은 때이다."모지스 할머니

미국이 사랑하는 모지스 할머니(Grandma Moses 1860~1961)는 75세에 '평범한 삶'을 주제로 그림을 그리기 시작하여 미국의 국민화가 되어 101세에 죽기까지 그림을 그렸다. 모지스 할머니의 작품은 따뜻하고 사랑스런 그림으로 유명하다. 그녀는 하찮고 사소한 것에도 얼마나 애정을 품었는지, 일상의 사소한 일까지 세심하게 그림을 그렸다. 그림은 그녀의 최고의 기쁨이었다.

모지스 할머니처럼 나만의 독특하고 특별한 삶을 살자. 진정한 자기자신이 되자. 유일하고 고유한 자신을 드러내 보자. 우리 모두 고유하고 특별하다. 있는 그대로의 모습이 되자. 누구와도 비교하지 말고, 또한 남

을 따라하지 말고, 순수하고 진정한 자기 자신의 모습이 되어 보자.

이런 점에서 우리는 다른 사람들과의 비교나 경쟁의 대상이 아니라, 각자의 고유성에 의해 독특한 존재이다. 그러므로 타인에 대해서 우월감을 갖는다든지 열등감을 갖는 것, 그 어느 것도 옳지 않다. 남들을 부러워할 필요도 전혀 없다.

"나는 행복하고 만족했으며, 이보다 더 좋은 삶은 알지 못한다. 삶이 내게 준 것들로 최고의 삶을 만들었다. 결국 삶이란 우리 스스로 만드는 것이다." 모지스 할머니

가장 격조 높은 행복은 봉사하는 숭고한 삶이다

"자신과 모든 생명의 동질성을 인식하고, 그 모든 생명을 동정하며 그들에게 봉사하라. 인간은 이웃에 대한 봉사 속에서만 행복을 발견할 수 있다." 톨스토이
"진정으로 행복할 수 있는 사람은 어떻게 베풀지를 터득한 사람이다." 슈바이쳐

밀림의 성자 알베르트 슈바이처는 생명 존중과 박애주의에 눈뜨며 평생을 아프리카의 오지에서 봉사하는 숭고한 삶을 살았다. 봉사하는 삶은 시간과 더불어 빛을 발한다.

이 세상에 어려운 이웃을 돕는 것만큼 보람되고 숭고한 삶이 또 있을까? 인생의 숭고한 가치는 봉사이다. 사람이란 단순히 말할 때가 아니라 배운 것을 실천하며 봉사할 때 고귀해진다. 사실 이것은 전통적으로 가

장 의미 있고, 가치 있는 행복으로 분류되어 왔다.

봉사하고 선행을 베풀다 보면 나 자신이 성숙해 가는 것을 느끼게 될 것이며, 우리가 이 지상에서 누릴 수 있는 가장 따뜻한 행복을 알게 될 것이다. 현자들은 하나같이 나보다 이웃을 위해 자신을 희생하는 살신성인의 인물이었다.

모든 사람은 베풀 것을 가지고 있다. 자신이 가진 것으로 이웃에게 베풀 때 일상의 삶이 숭고해지고 행복해진다. 누군가에게 도움을 주고 사회에 공헌하는 의미 있는 삶을 살자. 삶이란 결코 말과 관념으로써 고귀해지는 것이 아니라, 실제로 봉사하고 선행을 베풀었을 때 고귀해진다. 선행은 상대방의 마음에 감동을 주어 새로운 지평을 열어주고, 삶의 버팀목이 되어 주기도 한다.

선행은 물질이 아니어도 좋다. 다정한 미소, 반가운 인사, 따뜻한 대화, 순수한 관심, 희망의 말을 전하는 것도 선행이다. 누군가에게 순수한 관심을 기울이며 삶을 나누는 것이다. 관심과 나눔을 통해 우리는 진정한 인간이 되어가고, 행복한 사회를 만들어 가는 것이다.

행복은 일상의 소중함과 가치를 깨닫는 데서 온다

"일상의 행복이 가장 소중한 행복임을, 생의 마지막이 되어서야 깨닫게 된다고 한다. 삶이 얼마 남지 않을 때에는 창 밖에 보이는 소소한 풍경과 일상의 사소한 일이 그립다고 한다. 그렇게 소중한 행복을 죽음을 앞두고 서야 알게 된다니."엘리자베스 퀴블러 로스

죽음을 눈앞에 둔 사람들의 마음은 맑고 투명해져서 그동안 우리가 당연시하며 무관심했던, 평범한 일상의 아름다움을 선명하게 발견하게 된다고 한다.

죽음에 직면해서야 비로소 의식이 깨어나고, 진정한 행복이 무엇인지 깨닫는 것은 기막힌 모순이며 비극이지만.

대부분의 행복은 주로 일상 속에 있다. 행복은 순간순간에 있다. 살면서 내가 놓친 건, 순간순간의 행복이다. 행복한 순간에는 행복한 줄 몰랐다가 행복이 지나고 나서야 '아, 그땐 참 행복했었지.' 하며 그 시절을 그리워하게 된다. 대부분의 사람은 자신이 가지고 있는 것은 소중히 여기지 않고, 항상 가지지 못한 것에만 관심을 두다가, 가진 것을 잃은 후에야 그 소중함을 깨닫곤 한다. 명심하라. 바로 이 순간이 내 생애의 가장 찬란한 때인 것을 깨달아야 한다.

깨어있는 사람은 누구나 일상의 가치와 평범함 속에서 소중한 행복을 발견할 수 있다. "행복이란 우리가 하늘이 푸르다는 사실을 발견하는 것만큼이나 단순하다."요슈타인 가이더

아무 것도 아닌 것에 주목하라

"지금의 작은 일을 즐기면 즐거움은 영원히 내 것이 된다."니체

"행복은 무수히 많은 사소한 일들이 쌓이며 나온다."대니얼 길버트

아마도 우리는 일상을 제대로 보지 못하기 때문에 행복을 발견하지 못하는 것이 아닐까? 내가 사는 지금을 아무 것도 아닌 것으로 간주해 버림으로 나의 소중한 행복을 놓치고 있는 것은 아닐까?

여기서 우리는 진정한 행복을 위해 우리에게 필요한 것이 무엇인지 실마리를 얻게 된다. 나에게 없는 것에 초점을 맞추고, 이를 가지려고 하기 보다는 내가 이미 가지고 있는 것, 내가 잘 하는 것, 나를 행복하게 하는 것에 초점을 맞추라는 것이다.

행복이란 무엇인가? 행복이란 일상의 사소한 부분에서 비롯되어진다. 매일 접하는 일상이 소중하다. 소중한 행복은 일상의 가치를 깨닫는 데서 온다. 매일 반복되는 일상의 평범함 속에 있는 행복을 찾자.

행복, 너무 어렵게 생각하는 것이 아닐까? 행복이 눈앞에 있다. 행복은 보이는 것보다 가까이 있다. 행복은 지극히 사소하고, 아주 작은 데서 찾아 온다. 우리가 할 수 있는 최선은 일상의 매순간을 온전히 사는 것이다. 순간순간 행복을 찾아내야 한다. 그런 행복은 삶을 풍요롭게 해준다. 사소한 일상이 행복으로 다가 올 때는 언제인가? 삶의 모든 욕심을 버리고 마음을 비울 때이다. 그때 비로소 일상의 행복이 보인다. 하고 싶은 것을 다 할 수 있고, 갖고 싶은 것을 다 가질 수 있다고 행복한 것은 아니다.

자신이 타고난 본성과 취향에 따라 개성적 행복을 꽃피우자

행복은 각자의 취향과 색깔에 따라 달라진다. "당나귀는 황금보다는 지푸라기를 더 좋아한다." 헤라클레이토스

"우리는 '행복'이란 제품을 스스로 만들 수 있는 재료와 힘을 자신 속에 지니고 있다. 하지만 우리는 이미 만들어진 '기성품 행복'만을 찾고 있다."알랭

사람들은 태생적으로 자기만의 색깔을 드러내고자 하는 습성이 있다. 행복에 있어서도 마찬가지이다. 인간은 각자 서로 다른 존재여서 일방적인 패키지 행복이 모두를 만족시켜 줄 수는 없다. 행복이란 각자의 본성과 깊은 관련이 있다. 남에게 보여주고자 하는 과시형 행복은 배제하자. 행복 레시피는 획일적인 패키지 여행 상품과 다르다. 각 개인은 자신의 삶의 방식, 성격과 취향, 종교와 신념, 생활 여건과 형편, 꿈과 열망 등에 따라 자신에게 맞는 적절한 행복의 길을 스스로 찾아 나서야만 한다. 자신이 있는 자리에서 자신의 행복을 일구며 살아가자. 자신이 지닌 개성적 행복이 꽃피어야 한다.

'나나랜드'를 아는가? 요즈음 사회에서 요구하는 일정한 기준이나 타인의 시선에 얽매여 자신을 제한하지 않고, 내가 정한 기준에 따라 나만의 삶을 살아가므로 행복을 추구하는 경향이 있다. 그래서 생겨난 신조어가 나나랜드인데 최근 사회적 트렌드로 급부상하고 있다.

당신의 나나랜드를 통해 행복의 황금빛 날개를 달아라. 누군가의 행복 레시피가 아닌 자신이 터득하고 개발한 나만의 차별화된 행복 리스트, 자신만의 고유한 행복을 만들어 보자. 자신의 생을 어떻게 발현할 것인가? 가장 자신답게 사는 길은 무엇일까? 이 땅에서 어떻게 자아를 펼칠 것인가?

소확행 곧 작지만 확실한 행복을 놓치지 말자

> "내일의 불확실한 행복 보다는 오늘의 확실한 행복을 만끽하라."오재철
> "소소한 즐거움을 찾아 지금 행복해져야 한다. 사소한 일을 보잘 것 없는 일이라고 말하지 마라. 현명한 사람은 사소한 일의 모든 의미를 알아챈다."작자미상

요즈음 유행하는 말 중에 '소확행'이 있는데, 이는 '작지만 확실한 행복'이란 뜻으로 덴마크의 '휘게', 스웨덴의 '라곰', 프랑스의 '오캄'과 비슷한 의미이다. 작지만 확실한 나만의 행복 곧 소확행을 챙기자.

행복은 늘 사소한 데 있는 것 같다. 살면서 행복이 자꾸만 줄어드는 것 같은 이유는 우리가 일상의 사소한 행복을 놓치고 있기 때문이다. 그래서 오늘날 일상의 소소한 행복이 더 중요하게 부각되고 있는 것 같다.

그야말로 소확행이다. 누구에게나 평범하지만 영혼을 파고드는 매혹적인 행복이 있다. 당신은 어떤 일에 가장 큰 즐거움을 느끼는가? 자신을 푹 빠지게 하고, 도전하게 만들며 힘과 활기를 주는 일을 하자.

인생은 한 번 살다 가면 그만이다. 인생에 연습이란 없다. 인생이 끝나면 그것으로 끝이다. 그러니 지금 이 순간을 완전히 살지 않는다면 언제 또 제대로 살아보겠는가? 인생의 매순간을 음미하고, 인생에서 소중한 모든 순간을 마음껏 즐겨라!

내 심장을 뛰게 만들고, 시간 가는 줄 모르고 푹 빠질 수 있는 나만의 즐거움과 취미생활을 찾아라. 그 일은 여행일 수도 있고, 둘레길 산책하기일 수도 있고, 텃밭 가꾸기일 수도 있고, 반려동물 키우기일 수도 있고, 조류관찰일 수도 있다.

아래는 오늘날의 다양한 소확행들이다. 아주 적은 것으로도 인간은 진정한 즐거움과 소중한 행복을 찾을 수 있다. 내가 가꾸어 나가야 할 나만의 소중한 행복, 즉 나의 소확행은 무엇인가?

요리 배우기, 바리스타 자격증 따기, 컴퓨터 배우기, 노래 배우기, 인문학 공부하기, 사진 동호회 가입하기, 등산회 가입하기, 스케이트와 스키 배우기, 주말마다 파티하기, 유튜브 크리에이트 되기, 춤 배우기, 반려동물과 놀기, 캠핑하기, 절친 만들기, 동창모임 만들기, 대화의 기술 배우기, 부부학교 참석하기, 악기 배우기, 외국어 배우기, 그림 공부, 여행하기, 친절 베풀기, 봉사활동(재능기부), 영화감상하기, 운동하기, 명상하기, 다도, 종교활동, 내 인생의 스승 발견하기, 전국 일주하기, 지중해 섬한 달 살아보기, 내 인생의 책 발견하기, 자서전 쓰기 등.

내가 가장 행복을 느끼는 공간, 내 존재가 빛날 수 있는 장소는 어디인가? 나의 경우에는 조그마한 텃밭이다. 나는 텃밭(채소밭) 생각만 해도 행복해진다. 나는 따스한 햇살을 받으며 채소가 자라나는 것을 관찰하면, 마치 마법의 세계에 접하듯 생명의 신비와 경이에 빠져 든다. 생명체가 그 존재감을 마음껏 드러내며 빛나고 있기 때문이다. 그 존재의 생명력에 감탄사를 연발한다. 그곳에 있으면 나는 나비처럼 흥겹다. 그래서 나의 소확행은 텃밭 가꾸기이다. 살아있는 생명체를 가까이하면 삶에 활기가 솟는다. 채소밭에서 생명의 신비를 느끼며 생동감을 얻는다. 텃밭에 있을 때 나는 언제나 완전한 행복을 느낀다. 나는 더 이상 바랄 것이 없다. 그래서 누가 뭐라고 해도 텃밭은 나만의 행복 공간이다.

텃밭 가꾸기 외, 나의 또 다른 소확행을 들라면 반려견과 함께 하는 시간이다. 반려견과 스킨십을 나누면 마음에 생기가 돌고 힘이 난다.

　그 외에도 나는 '홀로 걷기'를 좋아한다. 발길 닿는 대로 걸으면서 조용히 휴식을 취하면서 세상의 아름다움을 느끼는 것이다. 그러면 세상이 나에게 선물하는 모든 아름다움에 감사하게 된다.

　대부분의 사람들은 여행을 좋아한다. 누가 여행을 싫어하는 사람이 있겠는가? 우리는 여행 중에 새로운 사람들을 만나고, 새로운 이야기를 듣고, 새로운 음식을 맛보고, 새로운 풍경을 보면서 행복에 젖어든다. 그러므로 여행은 행복을 주워 모으는 시간이다. 나도 여행을 계획하면 언제나 설렘과 흥분의 기운이 느껴진다.

　자기 인생을 즐기는 법은 자기 자신이 가장 잘 알고 있을 것이다. 지금 바로 실행하자. 일상의 삶 속에서 행복할 수 있는 일을 힘껏 찾아보자. 영화 〈이유 없는 반항〉에서 늘 따분하게 일상을 맞이하던 반항적인 기질의 고교생 제임스 딘이 나탈리 우드를 만났을 때 고백했던 환희를 경험하자. "오늘 아침 눈을 뜨니깐, 해가 밝게 빛나고, 모든 것이 아름다웠다."

기쁨은 생의 긍정이다. 기쁨은 생명력의 발현이다. 기쁨을 만끽하는 것보다 우리를 더 살아 움직이게 하는 것은 없다. "항상 기뻐하라. 내가 다시 말하노니 기뻐하라." 〈성경, 빌립보서 4장〉

천국은 인류가 꿈꿀 수 있는 최고의 유토피아이다. 천국은 슬픔과 사망이 없고, 영원한 기쁨과 즐거움이 가득한 곳이다. 우리는 천국에서 비로소 영혼과 몸이 온전한 상태에서 가장 완벽한 행복을 누리게 될 것이다.

성경, 요한계시록 21장

새노래 명상록 🎵

살아라, 이 땅이 천국인 것처럼.

"사실 모든 사람의 삶에는 크고 작은 천국이 존재한다. 하지만 이 천국은 혜안이 있는 사람에게만 보인다. 우리가 노력해서 찾지 않는다면, 그 천국은 결코 보이지 않는다." 펑마이펑

내 영혼이 따뜻한 날들은 언제였던가? 삶에서 가장 즐거움을 준 마법 같은 순간은 언제였는가? 최고로 행복했던 추억은 언제였던가?

내가 디딘 땅이 갑자기 천국으로 바뀌는 듯한 느낌을 받을 때가 있다. 깨어있는 맑은 눈으로 자세히 보면 모든 것이 신비롭고 새롭다. 오늘 하루 매 순간이 모두 은총 속에 이루어지는 기적임을 깨달을 때, 세상은 그렇게 소리 없이 지상에서 천국으로 변한다.

이 세상에는 지금 잘 되고 있고, 감격해야 할 것이 많이 있는데도, 우리는 현재 잘못되고 있는 것에만 몰두하고 있지는 않은가? 우리가 잘못된 것에 몰두한다면, 결국 점점 더 불행에 빠지게 될 것이다. 행복하려면 우리 안에서, 우리 주위에서 좋은 것에 집중하는 법을 배워야 한다.

춤추라, 아무도 바라보고 있지 않은 것처럼.

사랑하라, 한 번도 상처받지 않은 것처럼.

노래하라, 아무도 듣고 있지 않은 것처럼.

일하라, 돈이 필요하지 않은 것처럼.

살라, 오늘이 마지막 날인 것처럼.

알프레드 디 수자

도처에 행복을 퍼뜨리는 행복 전도자가 되자

"누군가의 인생에서 단 한 번이라도 행복하게 해 주었다면, 당신은 천사와 같은 일을 한 것이다."존 러벅

"우리를 행복하게 해주는 사람에게 감사하라. 그들은 우리 영혼에 꽃을 피우는 정원사이다."마르셀 프루스트

당신은 지금 무엇을 꿈꾸는가? 행복한 세상을 꿈꾸며 도처에 행복을 퍼뜨리는 '해피 바이러스'가 되자. 세상의 모든 이가 다 행복한 그 날이 오기를 꿈꾸며 다같이 행복한 세상을 이야기하자.

행복하고 싶은가? 그러면 행복한 사람들과 함께 하자. 행복이란 전염성이 강하기 때문에 내가 행복하다면 나를 둘러싼 주변 사람들을 행복하게 만들 수 있다. "남을 행복하게 할 수 있는 사람만이 행복을 얻을 수 있다."플라톤

도처에 즐거움과 활기를 퍼뜨리는 행복 전도자가 될려면 내가 먼저 산소같은 사람이 되어야 한다. 해피 바이러스를 마구 내뿜는 사람은 주위 사람들을 행복하게 만들지 않겠는가?

"다른 사람들의 행복을 위해 행동함으로써 자신도 행복해진다. 이것은 인간의 마음을 움직이는 보편적인 법칙이다."프레데릭 르누아르

우리는 정말 행복할 때 그 행복을 나누고 싶어 하고, 남들에게 전하고 싶어 한다. 생판 모르는 낯선 사람들에게라도 그렇게 하고 싶어 한다. 그러면 우리는 행복의 경이로운 선순환 구조 속으로 들어가게 된다.

하버드대에서 긍정 심리학을 강의했던 탈 벤 샤하르 교수는 행복 전도사를 자처하며, 자신의 고국 이스라엘로 돌아가 '행복하게 사는 법'을 전파하는 일에 전념하고 있다. 그는 다같이 행복해지는 세상을 이루기 위해 한 알의 밀알이 되고자 하는 것이다.

어느 수행자는 말했다. "혼자서 도 닦는 것이 무슨 소용인가, 함께 행복해야지." 침묵 속에 홀로 수행하는 것도 좋지만, 대중 속에서 다양한 활동을 통해 세상을 밝게 하는 수행이 더욱 귀하다. 세상을 좀 더 적극적으로 사랑하고, 행복한 세상이 되는 데 기여하는 한 알의 밀알이 되어야 하지 않을까?

일반적으로 전 세계 모든 사람들이 가장 존경하는 종교인으로 알려진 티베트 불교의 영적 지도자요, 절망을 딛고 희망과 행복을 퍼뜨리는 달라이 라마는 자기 자신에 대해 이렇게 말했다.

"마음 깊은 곳에서 나는 누구를 탓하지 않고, 누구에 대해서도 나쁜 마음을 품지 않는다. 또한 나 자신보다 다른 사람들을 더 많이 생각하려고 노력한다. 다른 사람들이 나보다 훨씬 중요한 존재라고 여긴다. 이 피부 아래에는 똑같은 본성, 똑같은 종류의 욕망과 감정이 숨겨져 있다. 나는 늘 다른 사람에게 행복한 느낌을 전달하려고 노력한다."달라이 라마

"부모가 자식에게 남겨줄 수 있는 최고의 재산은 물질적인 것이 아니라, 바로 내 부모는 정말로 행복하고 즐거운 삶을 살았다고 느끼게 하는 것이다."가나모리 우리코

세계에서 가장 행복한 사람이 되기 위한 꿈을 꾸자

"사람은 희망과 꿈이 있기에 위대하다. 모든 위인들은 몽상가였다. 그들은 언제 어디서나 항상 꿈을 꾸었다. 절대 꿈을 포기하지 말고 자신과 꿈을 믿으라."작자미상

> "용감한 사람도 소중한 꿈을 잃어버리면 나락으로 떨어져 공허함에 휩싸일 것이다. 인생은 여행과 같고, 꿈은 여행 지도와 같다. 지도를 잃어버리면 가던 길을 멈출 수밖에 없는 것처럼 인생에 목표가 없으면 열정도 메말라 버린다."빅토르 위고

꿈은 미래 비전이다. 미래는 꿈꾸는 자의 몫이다. 꿈을 꾸지 않으면 미래도 행복도 없다. 꿈은 우리의 내면을 환하게 비추고 행복으로 이끈다. 날마다 꿈을 꾸어라! "꿈을 꿀 수 있다면 이룰 수 있다."월트 디즈니

보이지 않는 것을 마음으로 보며, 상상력을 통해 세상에서 가장 행복한 자가 되는 꿈을 꾸자. 꿈을 품고 그 꿈을 계속 바라보면 때가 찼을 때 반드시 현실이 된다.

나는 행복하기로 했다. 그래서 날마다 행복해지는 꿈을 꾸기로 했다. 왜냐하면 꿈과 희망을 잃으면 행복한 삶을 가꿔 나갈 수 없기 때문이다. 불행은 희망이 멈추는 곳에서 시작된다. 세상의 모든 행복은 꿈과 희망에서부터 시작된다.

인생이란 끊임없이 꿈을 추구하는 과정이다. 꿈을 시각화하고, 그 꿈에서 눈을 떼지 않는 사람은 반드시 그 꿈을 이루게 될 것이다. 꿈 자체가 열정과 행동을 야기하는 에너지가 되기 때문이다. "자네가 무엇인가를 간절히 원할 때, 온 우주는 자네의 소원이 실현되도록 도와준다네."파울로 코엘료

희망을 갖고 꿈을 꾸는 사람만이 끝까지 노력하고 분투해서 자신의 삶을 가치 있고, 빛나는 것으로 만들 수 있다. "오랫동안 꿈을 그리는 사

람은 마침내 그 꿈을 닮아 간다."앙드레 지드

허황된 꿈이 아니라면 이루지 못할 꿈은 없
다. 절실하고 간절하면 꿈은 이루어지는 법이
다. 세계에서 가장 행복한 사람이 되기 위해 꿈
꾸며 도전하자. 가슴 깊이 새기고 갈구하는 것
은 반드시 이루어진다. "꿈은 이루어진다."

사실 꿈은 누구나 꾼다. 하지만 꿈을 꾸기만
한다고 이루어지는 것은 아니다. 꿈을 꾸는 것은 일시적일 수 있기 때문
이다. 그러므로 꿈을 지속적으로 품을 필요가 있다. 꿈을 이루는 사람들
은 대부분이 꿈을 집요하게 품어왔던 사람들이다. 꿈이 이루어지도록 하
려면 꿈을 글로 써놓고, 그 꿈에서 눈길을 떼지 말자. 더 나아가 내면의
상태를 꿈과 희망으로 가득 채우자. "꿈을 가진 사람은 늘 꿈에 대해 생
각하고, 그것을 가치 있는 목표로 삼는다. 이처럼 꿈은 방향을 제시하고,
열심히 나아갈 수 있는 힘을 북돋아준다."저우바오쑹

꿈을 가지자. 비록 내가 갖고 있는 꿈이 이루어질 가능성이 거의 없다
고 해도 꿈을 가지자. "불가능을 꿈꾸는 사람을 나는 사랑한다"는 괴테
의 말을 되새기며 꿈을 꾸자.

내 삶의 주인은 나이다. 나만이 내 안에 잠자는 거인을 깨울 수 있다.
꿈을 꾸는 한, 우리의 승리의 행진은 계속된다. 꿈을 품고 앞으로 계속
나아갈 때 우리의 삶이 더욱 빛나고, 의미가 있다는 것을 잊지 말자.

꿈을 현실화시키는 데 가장 유용한 방법은 바로 그것을 이미지로 시
각화Visualization하는 것이다. 그러면 외부로 나타나는 삶 또한 그에 따라 변
화된다. 시각화는 행동 과정에서 목표가 이미 이루어진 모습을 머릿속으

로 명확히 그리는 것이다. 목표가 달성된 모습을 시각화하면 할수록 열정은 더 강해지고, 목표 달성에 대한 믿음도 강화된다.

행복은 오로지 꿈꾸는 자들의 몫이다. 항상 꿈을 꾸고, 그 꿈에 희망을 갖자. 그러면 살아 있음의 환희를 만끽할 수 있을 것이다. 지금 당신이 이 책을 읽고 있다는 것은 여전히 꿈을 꾸고 희망을 갖고 행복한 삶을 갈망하고 있다는 증거이다.

"인간은 자신이 소망하는 그대로의 존재이다. 인간의 의지는 신과 연결되어 있기 때문에 간절하고 진지하게 소망한다면 어떤 존재든 될 수 있다."_{장 폴 리히터}

인생은 시작보다 끝이 좋아야 한다

"나이듦을 서글퍼하지 말고 삶을 성찰하며 경륜을 쌓아라."_{키케로}

"인생은 단 한 번이다. 하지만 제대로 산다면 한 번으로도 충분하다."_{조 E. 루이스}

"아름다운 소년은 우연한 자연현상이지만, 아름다운 노년은 예술작품이다."_{엘리노어 루즈벨트}

세월은 흐른다. 영원할 것 같은 시간들이 하나 둘, 그 끝이 보이기 시작한다. "세월에 녹슬어 낡아가는 인생이 아니라, 아름답게 물들어 가는 인생이 되어야 한다." 내 남은 삶을 추하지 않고, 아름답게 가꾸어야 한다. 시작보다 끝이 좋은 인생이 되어야 한다.

젊었을 때 괜찮았던 사람이 나이가 들면서 타락하고, 노욕老慾으로 인생을 망치는 경우를 흔히 볼 수 있다. 자칫 잘못하면 나이가 들수록 편견과 고정관념이 많아지고, 완고하고 까다로운 사람으로 퇴화할 수 있다.

나이가 들어감에 따라 덕을 쌓으며 갈수록 아름다운 인생이 되도록 힘써야 한다. 16세기 프랑스의 사상가 미셸 몽테뉴는 노년을 '진짜 삶을 사는 나이'라고 생각했다.

어떻게 하면 하루하루 덕을 쌓으며 모든 이를 사랑하며 진짜 삶을 살 수 있을까? 그렇게 살려면 마르쿠스 아우렐리우스의 말을 귀담아 들을 필요가 있다. "당신의 삶의 모든 행동을 마치 그것이 인생의 마지막인 것처럼 행동하라."

"시인처럼 살 때 인생의 황혼을 가장 행복한 시절로 바라볼 수 있다. 또 두려움에 찬 노년을 뒤로 밀쳐 내기보다는 간절히 기다리는 마음으로 살 때 노년을 가장 행복한 시기로 만들 수 있다."린위탕

"오직 현자만이 노인의 아름다움을 해독하고 이해한다. 다른 모든 이들은 그 아름다움을 피해 달아난다."이상만

열심히 살았지만 행복이 아니었다면 지금 다시 시작해야 한다

"당신이 진정 누리고 싶은 삶이 있지만, 아직 누리고 있지 못하고 있다면, 지금 바로 새롭게 시작해야 한다."사라 밴 브레스낙

"오늘은 내 인생에서 가장 젊은 날, 어제 세상을 떠난 사람이 간절히 원하던 바로 그 날, 무엇이든 지금 시작해도 늦은 것은 아니다."작자미상

살아있는 모든 생명체는 행복하기 위해 이 세상에 있다. 만약 행복하

지 못하다면 내 인생을 리셋reset해야 한다. 인생은 언제나 다시 시작할 수 있다.

"누구라도 가끔은 '지금까지의 내 인생이 헛되었구나!' 하는 생각이 들 때가 가끔은 있을 것이다. 그렇게 생각하는 사람이 있다면 이렇게 말해 주고 싶다. 남은 인생은 지난 삶의 몫까지 한껏 즐기라고 말이다."타샤 튜더

희망에 대해 의심을 해서는 안 된다. 아무리 세상이 메마르고 절망적이라고 해도 희망은 잡초처럼 계속 돋아나는 것이다. "희망은 모든 사람이 마지막에 의지할 수 있는 닻이다. 희망이 무너지면 엄청난 슬픔이 그 뒤를 따르는데, 그 슬픔은 죽음과 거의 맞먹는다."〈마하바라타〉

"인생을 살면서 우리가 위기와 재앙에 부딪혀도 절망하지 않는 것은 바로 희망이 남아 있기 때문이다. 희망을 가지고 있는 한 우리에게는 어떠한 재난이 와도 영원한 불행이란 없다는 것이다."토마스 불핀치

미국 버몬트 주에서 1,000평이 넘는 정원을 가꾸며 혼자 살았던 칼데콧상(우수한 그림책 작가에게 수여하는 상, 그녀는 100여권에 달하는 동화책을 집필했고, 직접 삽화를 그렸다.) 수상 작가 타샤 튜더(Tasha Tudor 19015-2008)는 말했다.

"내 그림과 내 삶의 방식이 많은 사람들에게 사랑받고 있다니 무척 기쁩니다. 여든아홉 살이 되었지만 하고 싶은 일, 배우고 싶은 것이 아직 많습니다. 아직 건강하고, 누구에게 기대지 않고, 혼자 살며 정원을 가꾸고, 그림을 그릴 수 있어 정말 행복합니다. 오래도록 이렇게 사는 기쁨을 만끽하고 싶어요, 산다는 건 정말 멋진 일이니까요. 만년을 즐길 수 있게 해 준 아이들과 귀여운 손주들에게는 아무리 감사해도 지나치지 않습니다. 나는 밤마다 감사해 합니다. 그리고 자연의 선물인 노년을 즐길 수

있다는 것에 감사합니다."

"나이를 먹는다는 것은 반드시 노쇠나 인간적인 기능의 약화만을 의미하는 것은 아니다. 오히려 그것과는 반대로 우리들의 내면에서 감추어졌던 눈을 뜨게 하는 일이며, 눈이 어두워지는 일이 아니라 밝아지는 일이다. 젊은 날에 내가 가졌던 그 '밝다'고 생각했던 눈은 따지고 보면 주관적이고 자기중심적인 그것에 불과하며, 사람을 사람으로, 나무를 나무로 볼 수 있는 눈은 나이를 먹음으로써 비로소 열리게 되는 것이다."박목월

갈수록 행복해지고 있는 미래의 모습을 그리며 자신만의 길을 걸어라

"우리는 성장할 뿐 늙지 않는다. 하지만 성장을 멈춘다면 비로소 늙게 된다."랄프 왈도 에머슨
"할 일 좀 해놓고 나서는 세간적인 탈을 훨훨 벗어버리고 내식대로 살고 싶다. 어디에도 거리낄 것 없이 홀가분하게 정말 알짜로 살고 싶다."수행자

시작보다 끝이 좋은 인생을 살고 있는가? 갈수록 명품인생이 되고 있는가? 시작 보다는 끝이 좋은 인생이 되어야 한다. 갈수록 행복한 인생이 되어야 한다.

다양한 연구 결과에 의하면 행복은 나이와는 거의 상관이 없다고 한다. 오히려 나이가 들면 들수록 인생에서 더 많은 즐거움을 발견할 수 있다고 한다. 노년은 풍요로운 삶을 거두어 누리는 수확기가 되어야 한다. 이를 통해 노년은 성장과 발전을 위한 특별한 시간이 될 것이다.

오늘날 인간의 기대수명은 과거 어느 때보다 길어졌다. 즉 우리는 시간이라는 소중한 선물을 받은 셈이다. 우리는 남은 인생을 과거 어느 때보다 더 멋지게 살 수 있다는 것이다.

우리가 긍정적인 태도와 건강한 라이프스타일을 가꾸어 나간다면, 아흔이 되고, 심지어 백 세가 되어서까지도 멋진 삶을 살며 더 큰 행복을 누릴 수 있다. "나이 듦은 자연의 선물이다."타샤 튜더

나이가 들수록 과속 문화에서 벗어나 여유를 가지고 좀 더 너그럽게 살아야 한다. 주위 사람들에게 더욱 따뜻하고 친절해져야 한다. 주위 사람들이 나로 인하여 사는 일이 조금이나마 즐겁고 행복해져야 한다. 그래야 내 삶도 그만큼 의미 있고 행복해질 것이기 때문이다.

선행을 베풀고 봉사하며 사는 인생이 행복한 인생이다. 타인을 향한 관심과 공헌은 부메랑과 같아서 결국 나의 행복으로 돌아오는 것이다.

"나이가 들어서도 한결같이 자신의 삶을 잘 가꾸고 관리한다면 날마다 새롭게 피어날 수 있다. 화사한 봄의 꽃도 좋지만 늦가을 서리가 내릴 무렵에 피는 국화의 향기는 그 어느 꽃보다 귀하다."수행자

죽음의 강가에서 행복을 노래하다

"죽음은 가장 큰 선물이다. 그러므로 죽음과 친해져라."헨리 나우웬

"다 익은 올리브 열매가 자신을 키워준 땅을 축복하고, 자신을 낳아준 나무에게 감사하면서 땅에 떨어지듯이 평온한 마음으로 삶을 마무리 하라."마르쿠스 아우렐리우스

"죽음은 삶처럼 자연스런 것이기에, 달콤하고 우아해야 한다."
랄프 왈도 에머슨

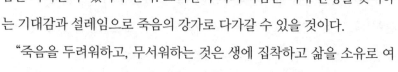

　죽음은 자연스럽고 필연적이며 보편적인 현상이다. 사람에게 닥치는 자연현상들 중에서 탄생과 더불어 죽음보다 더 중요한 것이 없다. 탄생을 바라보는 눈으로 죽음을 바라볼 수 있어야 한다. 그러면 우리의 마음은 이내 탄생을 맞이하는 기대감과 설레임으로 죽음의 강가로 다가갈 수 있을 것이다.

　"죽음을 두려워하고, 무서워하는 것은 생에 집착하고 삶을 소유로 여기기 때문이다. 생에 대한 집착과 소유의 관념에서 벗어날 수 있다면 엄연한 우주 질서 앞에 조금도 두려워 할 것 없다."^{수행자}

　우리는 죽음은 어찌하지 못하지만, 죽어가는 모습은 선택할 수 있다. 많은 현자들은 평정한 마음으로 죽음의 순간을 기다렸다. 다른 사람에게 넘겨줄 때가 되면 나이든 사람은 말 없이 그리고 기꺼이 무대에서 떠나가야 한다. 그리고 자신의 모든 삶에 감사할 수 있어야 한다.

　동서고금의 많은 현자들은 편안한 마음으로, 심지어는 미소를 띤 채 죽음의 강가를 거닐었다. 죽음은 사람이 경험할 수 있는 가장 흥미로운 여행이 되어야 한다.

　고대 그리스의 현자, 소크라테스는 평상심을 잃지 않은 채, 그는 침착하고 위대하게 죽음의 강가를 향해 나아갔으며, 죽음의 강 너머로 가는 순간까지도 모든 것을 진지하게 판단했다. 유머를 잃지 않고, 머뭇거리지도 서두르지도 않으면서, 또한 죽음이 끝이 아니라 시작이라는 흔들리지 않은 믿음을 갖고서 죽음의 강을 담담히 건넜던 것이다.

　언젠가 어쩌면 커다란 깨달음이 있어서 죽음에 대한 모든 거짓 베일을 벗고, 완전한 평안 안에 머물 수 있기를 바란다. "우리가 두려움에 떨면서 최고의 악으로 받아들이는 죽음이 최고의 선이 될 수 있을지는 그

누구도 모른다."_{소크라테스}

죽음을 기억하면 현재 지금의 삶이 놀랄 만큼 선해지고 자유로워진다. 그래서 톨스토이는 "오늘 밤까지 살아라. 동시에 영원히 살아라"고 말했다. 우리는 현자들의 죽음을 늘 되새기며, 그들의 지혜 곁에 머물려야 한다. 그들의 삶과 죽음이야말로 나의 삶과 죽음을 이해하며 살아갈 수 있게 하는 주된 원천이기 때문이다. 노인은 인생의 성스러운 저녁 무렵에 있는 존재이다. 나이가 들면서 지혜로워진 현자에게 죽음은 종종 삶의 당연한 결실을 뜻하기도 한다. 죽음은 더 풍부한 삶과 끊임없는 재생을 보증하는 자연의 법칙이다.

〈돈키호테〉로 유명한 작가 세르반테스는 생애 마지막에 쓴 〈페르실래스와 시히스문다의 모험〉의 서문에 아래의 작별인사를 남기고, 유유히 세상을 떠났다. 그야말로 우아한 퇴장인 것이다.

"나의 삶은 끝나가고 있습니다. 내 맥박은 아무리 늦어도 이번 일요일에는 멈출 것이고, 그러면 내 삶도 멈출 겁니다. 참 어려운 순간에 귀하를 알게 되었군요. 귀하께서 내게 베푼 호의에 감사를 표할 시간이 남아 있지 않네요...안녕히 계세요. 고맙습니다. 아름다운 말들도 안녕. 유쾌한 친구들도 안녕. 이제 나는 죽습니다. 다른 세상에서 즐거운 마음으로 그대들을 만나길 희망합니다."

현자와 초인의 모습이 절묘하게 섞여 있는 세르반테스의 임종 작별인사를 나의 임종 작별인사와 결부시켜 보는 것만으로도 얼마나 기분 좋은 상상인가?

죽음이 더 이상 악으로 생각되지 않을 때 삶을 비로소 행복을 누릴 수 있다._{톨스토이}

고대 중국의 현자, 장자는 죽을 때가 되어 자신의 장례에 대해 이렇게 말했다. "내게는 하늘과 땅이 관이고, 해와 달이 보석이고, 별과 별자리가 구슬이다. 내 장례가 이렇게 화려한데 무엇을 더하겠는가?"

"별을 노래하는 마음으로 모든 죽어가는 것을 사랑해야지. 그리고 나한테 주어진 길을 걸어가야겠다." 윤동주의 〈서시〉

빈센트 반 고흐, 〈별이 빛나는 밤〉

정원을 가꾸듯이

"행복은 기다리는 것이 아니라 가꾸는 것이다."_{공자}

"인간은 자신의 정원을 가꾸어야 한다."_{볼테르}

행복을 얻으려면 기술이 필요하다. 행복을 얻기 위한 규칙들이 존재한다. "사람의 일생은 행복을 향한 노력이다."_{톨스토이}

행복은 정원과 같은 것, 날마다 관심을 가지고 가꾸어야 한다. 정원을 가꾸어 봤는가? "행복은 정원 가꾸기와 마찬가지로 즉시 보상 받지 못하는 노력의 산물이다."_{크리스토트 앙드레}

멋진 정원을 위해서는 씨 뿌리기, 물줄기, 가지치기, 잡초 제거하기, 벌레잡기 등, 많은 노력이 필요하다. 아름다운 정원이 되려면 시간, 땀, 에너지, 비용, 인내 등을 필요로 한다. 때가 되면 정원에 우리가 쏟아 부은 땀의 결실이 맺힐 것이다. 행복도 마찬가지이다. 정원을 가꾸듯이 행복도 정성껏 가꾸어야 한다. '뿌린 대로 거둔다.'는 말을 마음에 깊이 새겨야 한다.

"행복한 삶은 정원에 비할 수 있다. 제대로 경작할 수도 있고, 제멋대로 버려 둘 수도 있다. 그러나 경작하든 내버려 두든 반드시 뭔가가 자라게 되어 있고, 실제로 그렇게 된다." 제임스 앨런

우리의 행복을 정원에 비유한다면, 어떤 모습일까? 혹시 돌보지 않고 방치한 탓에 잡초와 가시덤불이 무성하고, 정원수들은 말라비틀어져 있고, 토양은 황폐하고, 볼품없는 잡목으로 뒤덮힌 삭막한 정원은 아닐까? 정원에 앙상한 가지들과 썩은 열매들이 쓰레기더미처럼 가득 널려 있지는 않은가?

행복을 원한다면 자신의 정원을 가꾸는 일에 시간과 노력을 아끼지 말자. 행복한 삶은 심고 경작해야 할 원예의 기술이다. 우리는 자신의 정원에 꽃을 피우는 정원사이다. 나는 잘 가꾸어진 정원을 마주하면 엄청난 기쁨과 평온을 느낀다.

사람은 누구나 노력과 배움, 훈련과 습관을 통해서 행복을 얻을 수 있다. 아리스토텔레스

확실히 우리의 행복에는 적잖은 노력이 필요하다. 지속적인 행복은 흔히 어떤 연습(훈련)의 산물이다. "인간은 스스로 행복을 만들어 내는 기능공이다." 헨리 D. 소로

"행복은 단순히 행운이나 좋은 유전자 또한 자질이 아니다. 누구나 자신의 노력으로 행복을 성취할 수 있다." 마틴 셀리그만

나는 행복해지고 있는가? 행복은 기다려서 얻는 요행이 아니라 적극적인 노력으로 얻는 결실이다. 행복은 밖에서 누가 가져다주는 것이 아니라 내가 주도적으로 행복해져야 한다.

다시 말하지만 행복에는 노력이 필요하다. 기회주의와 한탕주의를 경계하자. 땀 흘리지 않고 대박을 치려는 기회주의에 빠지면 결코 행복할 수 없다. 기회주의와 한탕주의는 정당한 방법이 아니다. 자신의 발로 한

걸음 한 걸음 행복을 만들어가는 노력주의가 기회주의보다 훨씬 현실적이고 지혜롭다.

세상만사는 모두 뿌린 대로 거두는 법이다. 한탕 성공한다 해도 이는 잠깐의 운일 뿐이다. 진정한 행복을 원한다면 마음속에서 기회주의라는 암세포를 제거해야 한다. 자신의 힘에 의지해 착실하고 성실하게 행복의 길을 걸어가야 한다. 자신의 발로 한 걸음 한 걸음 행복을 만들어가는 것이 행복의 정석이다.

다시 말하지만 행복은 당연한 것이 아니다. 행복은 한 순간에 홀딱 빠져드는 감정이 아닌, 평생에 걸쳐 실천해야 하는 삶의 기술이다. 행복은 배우고 익혀야 할 기술이다. 고대 그리스 철학자 아리스토텔레스는 '노력과 연습'을 통해 행복을 얻을 수 있다고 하였다.

"진정한 행복은 단번에 얻을 수 있는 것이 아니라 끊임없는 노력에 의해 얻을 수 있다. 행복을 얻기 위한 노력 그 자체가 행복을 준다."^{톨스토이}

우리는 멋진 자동차를 가지고 있지만, 운전하는 방법을 모르고 있지는 않은가? 자동차를 운전을 하려면 운전기술부터 배워야 한다.

연구 결과에 따르면 행복은 수영, 피아노 연주. 자전거 타기 등과 같이 배우고 연습해야 하는 기술이다. 어린 아이가 걷기 연습을 하듯, 피아니스트가 피아노를 연습하듯, 행복은 세심하게 배우고 갈고 닦아야 하는 기술인 것이다. "행복을 누리는 것도 학습이 필요하다. 행복이 올 것 같으면 일깨워 주어야 한다. 인간은 감각기관의 쾌락은 자연스럽게 체득하지만 행복의 규율은 자연스럽게 습득하지 못한다."^{무무}

"행복은 학습과 훈련을 통해 얻을 수 있다."^{탈 벤 샤하르}

『행복명상록』을 통해 각성하여 깨닫고, 행복하기로 결단해야 한다

> "현대인은 행복해지라는 선고를 받았다. 만일 행복하지 못하면 자기 자신을 탓할 수밖에 없는 형편이다." 파스칼 브뤼크네르

행복의 첫 번째 조건은 자신이 행복하다는 것을 강하게 자각하는 것이다. 사람은 행복해지고 싶은 만큼 행복해질 수 있다. 이러한 사실을 깨닫고, 결단하는 것이 중요하다. "행복은 각성하는 것이고, 변화는 바로 행복의 시작이다" 탈 벤 샤하르

행복에 큰 관심을 갖고, 우리는 스스로를 일깨워야 한다. 우리는 행복을 향해 촉각을 곤두세워야 한다. 그렇게 하면 더 많이 행복해질 것이다. 행복이 다가왔을 때 열정적으로 모든 순간을 즐겨야 한다.

"행복하기를 원하지 않는 사람이 행복해지기란 불가능하다. 따라서 행복해지려면 각자 행복을 원하고 이를 쟁취해야 한다." 알랭 드 보통

그리고 참된 행복에 도달하려면 동서고금의 현자들이 제시한 행복의 규칙을 받아들이고, 그 규칙에 따라 행동해야 할 것이다. 『행복명상록』 '한 달 읽기'를 하다보면 현자들의 지혜를 통해 참된 행복에 눈뜨게 되고, 자신도 모르게 '행복 바이러스'에 감염될 것이다. 그러면 참된 행복의 문을 발견하게 되고, 행복한 길로 들어서게 될 것이다.

『행복명상록』을 읽는 독자들의 반응이 궁금하다. 살아있는 한, 인간이라면 누구나 행복에 관심이 있을 것이다. 나의 경우에는 예순의 나이에 행복에 대해 깊은 관심을 갖고, 『해피니스 시리즈』를 통해 행복 이야기를 풀어놓았다. 행복에 대한 동서고금의 현자들의 짤막한 금언들이 마치

조각보처럼 이어지는 『행복명상록』
한 달 읽기가 색색의 콜라주collage를
보는 듯 흥미롭기를 바란다.

어떠한 상황에서도 행복하여라!

"개인이 행복을 추구할 권리는 하늘이 준 선물이다. 사람, 종교, 이념,
국가, 그 어떤 것도 우리에게서 그 권리를 빼앗아 갈 수 없다."탈 벤 샤하르
"행복해야 할 의무만큼 우리가 과소평가하는 의무도 없다."
로버트 루이스 스티븐슨

사람들은 누구나 행복하기 위해 태어났다. 사람들은 행복을 원하고,
세상은 행복하게 살아야 할 곳이다. 하지만 실상은 행복을 제대로 누리
면서 사는 사람은 드물다.

그렇다고 시간이 흐른다고 저절로 행복해지는 것도 아니다. 가족, 친
구, 건강, 재산, 지위, 명예 등, 모든 것을 가졌어도 행복이 내 곁에 없다
면, 삶이 얼마나 허망하겠는가? 행복이란 미래의 목표가 아니라 현재의
선택이다.

철학자 마르쿠제가 지적했듯이 우리는 자본주의의 '풍요 속에 빈곤'
에 허덕이고 있다. 너무 많은 풍요 속에 삶의 의미와 가치를 잃고 혼돈
속에 헤매고 있다. 우리는 만족하며 단순하게 사는 대신에 탐욕에 휘둘
러 너무 많은 풍요 속에 둘러싸여 있으면서도 역설적으로 결핍된 삶을
살고 있는 실정이다.

먼저 행복해져라. 어떠한 상황에서도 행복해야 한다. 왜냐하면 행복이 우리의 존재 이유이자 실존의 완성이기 때문이다. 행복은 성스러운 것도 세속적인 것도 아닌, 아주 보편적인 인간의 길이다. "인생은 선물이고 행복이다."도스토예프스키

명심하라. 행복은 당신을 위한 것이다. 행복을 최우선 순위로 두는 것을 망설이지 말라. 행복은 노력을 필요로 하는 하나의 선택이다. 부디 여러분 앞에 펼쳐진 인생의 여정이 진심으로 행복해지길 바란다.

이 책을 쓰는 일은 내게 커다란 행복이었다. 이 책을 읽는 이들도 부디 행복하기를 기원한다. 어느 시간, 어떤 모습이든 늘 행복이기를!

참고 문헌

간디. **내 삶이 내 메시지이다.** 존 디어 엮음. 이재길 역. 샨티. 2004.

김나미. **세계종교여행.** 사계절. 2008.

김누리. **우리의 불행은 당연하지 않습니다.** 해냄출판사, 2020.

김병수. **나에게 어울리는 삶을 살기로 했다.** 여름오후. 2018.

김용규. **철학카페에서 문학 읽기.** 웅진지식하우스. 2006.

─────. **철학카페에서 시 읽기.** 웅진지식하우스. 2011.

김영하. **여행의 이유.** 문학동네. 2019.

김헌. **인문학의 뿌리를 읽다.** 이와우. 2016.

곰돌이 푸. **곰돌이 푸, 행복한 일은 매일 있어.** 정은희 역. RHK. 2018.

─────. **곰돌이 푸, 서두르지 않아도 괜찮아.** 정은희 역. RHK. 2018.

공자. **논어.** 김형찬 역. 서책. 2011.

게오르그 짐멜. **돈의 철학.** 김덕영 역. 길. 2013.

니카타니 이와오. **자본주의는 왜 무너졌는가.** 이남규 역. 기파랑. 2009.

니체. **차라투스트라는 이렇게 말했다.** 김인순 역. 열린책들. 2015.

노자. **도덕경.** 김홍경 역. 들녘. 2015.

달라이 라마. **달라이 라마의 행복론.** 류시화 역. 김영사. 2001.

대니얼 길버트. **행복에 걸려 비틀거리다.** 최인철,서은국 역. 김영사. 2015.

데이비드 번즈. **관계 수업.** 차익종 역. 흐름출판. 2015.

데이비드 흄. **인간 본성에 대한 논고.** 이준호 역. 서광사. 1994.

라이언 홀리데이. **에고라는 적.** 이경식 역. 흐름출판. 2014.

리즈 호가드. **행복.** 이경아 역. 예담. 2006.

리처드 스코시. **행복의 비밀** 정경란 역. 문예출판사. 2013.

리처드 칼슨. **우리는 사소한 것에 목숨을 건다.** 강미경 역. 창작시대. 2004.

리하르트. D. 프레히트. **나는 누구인가.** 백종유 역. 21세기북스. 2008.

레스터 레빈슨. **깨달음 그리고 지혜2.** 이균형 역. 정신세계사. 2019.

레슬리 스티븐슨 외 1인. **인간의 본성에 관한 10가지 이론.** 박중서 역. 갈라파고스. 2006.

로르 아들레르. **노년 끌어안기.** 백선희 역. 마음산책. 2022.

루이스 C. S. **순전한 기독교**. 장경철 역. 홍성사. 2001.

마더 데레사. **아름다운 선물**. 이해인 역. 샘터. 2001.

마르쿠스 아우렐리우스. **명상록**. 천병희 역. 숲. 2016.

마이클 샌델. **정의란 무엇인가**. 이창신 역. 김영사. 2010.

-----. **왜 도덕인가?** 안진환 역. 한국경제신문. 2010.

-----. **돈으로 살 수 없는 것들**. 안기순 역. 와이즈베리. 2012.

마틴 셀리그만. **완전한 행복**. 곽명단 역. 물푸레. 2004.

-----. **긍정심리학**. 김인자, 우문식 역. 물푸레. 2014.

맹자. **맹자**. 박경환 역. 홍익출판사. 2005.

미셀 드 몽테뉴. **수상록**. 민성사. 1999.

미하이 칙센트미하이. **몰입의 즐거움**. 이희재 역. 해냄. 1999.

바버라 프레드릭스. **긍정의 발견**. 최소영 역. 21세기북스. 2009.

바버라 해거티. **인생의 재발견**. 박상은 역. 스몰빅인사이트. 2017.

박도현. **인문학으로 행복 찾기**. 북코리아. 2015.

박수밀. **오우아**. 메가스터디북스. 2020.

박찬국. **초인수업**. 21세기북스. 2014.

-----. **삶이 왜 짐이 되었는가?** 21세기북스. 2017.

-----. **사는 게 힘드냐고-니체가 물었다**. 21세기북스. 2018.

벤제민 호프. **곰돌이 푸, 인생의 맛**. 안진이 역. 길벗. 2019.

배철현. **심연**. 21세기북스. 2016.

배철현 외 7인. **낮은 인문학**. 21세기북스. 2016.

번트란트 러셀. **행복의 정복**. 이순희 역. 사회평론. 2011.

법륜. **깨달음**. 정토출판. 2012.

법정. **무소유**. 범우사. 1976.

-----.**텅빈 충만**. 샘터. 1989.

-----.**인도기행**. 샘터. 2008.

-----. **스스로 행복하라**. 샘터. 2020.

베르트랑 베르줄리. **행복생각**. 성귀수 역. 개마고원. 2007.

보에티우스. **철학의 위안**. 이세운 역. 필로소픽. 2014.

빅터 프랭클. **죽음의 수용소에서**. 이시형 역. 청아출판사. 2005.

빌헬름 바이셰델. **철학의 에스프레소.** 안인희 역. 프라하. 2011.

사마천. **사마천 사기.** 신동준 역. 학오재. 2016.

사라 밴 브레스낙. **혼자 사는 즐거움.** 신승미 역. 토네이도. 2011.

사라 베이크웰. **어떻게 살 것인가?** 김유신 역. 책읽는수요일. 2012.

사이토 다카시. **곁에 두고 읽는 니체.** 이정은 역. 홍익출판사. 2015.

사이토 도시야. **행복한 나라 부탄의 지혜.** 홍성민 역. 공명. 2012.

생텍쥐페리. **어린 왕자.** 황현산 역. 열린책들. 2015.

손기원. **공자처럼 학습하라.** 새로운제안. 2012.

서은국. **행복의 기원.** 21세기북스. 2014.

쇼펜하우어. **의지와 표상으로서의 세계.** 김중기 역. 집문당. 1995.

-----. **인생론 에세이.** 이동진 역. 해누리. 2004.

세네카. **세네카의 행복론.** 정영훈 엮음. 정윤희 역. 소울메이트. 2016.

신영복. **강의.** 돌베개. 2004.

-----. **담론.** 돌베개. 2015.

스티븐 코비. **성공하는 사람들의 7가지 습관.** 김영사. 1989.

슬라보예 지젝. **멈추라, 생각하라.** 주성우 역. 와이즈베리. 2012.

아리스토텔레스. **니코마코스 윤리학.** 이창우 외 역. 이제이북스. 2008.

아우구스티누스. **고백론.** 선한용 역. 대한기독교서회. 1992.

아틀 가완디. **어떻게 죽을 것인가.** 김희정 역. 부키. 2015.

악셀 하케. **무례한 시대를 품위 있게 건너는 법.** 장윤정 역. 쌤앤파커스. 2020.

안젤름 그륀. **머물지 말고 흘러라.** 서문연 역. 21세기북스. 2008.

-----. **하루를 살아도 행복하게.** 이미옥 역. 봄고양이. 2017.

알베르트 슈바이처. **나의 생애와 사상.** 천병희 역. 문예출판사. 2016.

알베르트 키츨러. **나를 살리는 철학.** 최지수 역. 클레이하우스, 2021.

알랭. **행복론.** 김병호 역. 집문당. 2015.

알랭 드 보통. **여행의 기술.** 정영목 역. 청미래. 2011.

-----. **불안.** 정영목 역. 은행나무, 2012.

엄정식. **소크라테스, 인생에 답하다.** 소울메이트. 2012.

에리히 프롬. **자유로부터의 도피.** 원창화 역. 홍신문화사. 2006.

-----. **소유냐 존재냐.** 최혁순 역. 범우사. 1999.

-----. 사랑의 기술. 황문수 역. 문예출판사. 2006.

-----. 나는 무기력을 왜 되풀이 하는가? 장혜경 역. 나무생각. 2016.

에른스트 디터 란터만, 불안사회. 이덕임 역. 책세상. 2019.

에피쿠로스. 쾌락. 오유석 역. 문학과지성사. 1998.

에크하르트 톨레. 삶으로 다시 떠오르기. 류시화 역. 연금술사. 2013.

에마 세팔라. 해피니스 트랙. 이수경 역. 한국경제신문. 2017.

엘리자베스 로스, 데이비드 케슬러. 인생수업. 류시화 역. 이레. 2006.

-----. 상실수업. 김소향 역. 이레. 2007.

요가난다 파라마한사. 영혼의 자서전. 김정우 역. 뜨란. 2014.

욘케이 린포체. 티베트의 즐거운 지혜. 류시화, 김소향 역. 문학의 숲. 2009.

외제니 베글르리. 더 나은 삶을 위한 철학자들의 제안. 이소영 역. 책보세. 2009.

유발 하라리. 사피엔스. 조현욱 역. 김영사. 2015.

-----. 호모 데우스. 김명주 역. 김영사. 2017.

윤홍식. 양심이 답이다. 봉황동래. 2013.

-----. 인성교육, 인문학에서 답을 얻다. 봉황동래. 2016.

원재훈. 고독의 힘. 홍익출판사. 2015.

양창순. 나는 까칠하게 살기로 했다. 다산북스. 2016.

이상만. 영성이 이끄는 삶. 오이코스. 2009.

-----. 해피니스. 오이코스. 2018.

-----. 4대 성인과 떠나는 행복여행. 오이코스. 2021.

이시한. 지적 현대인을 위한 지식 편의점. 흐름출판. 2020.

이정진. 우리는 행복한가. 한길사. 2009.

이주향. 나를 만나는 시간. 사우. 2015.

이중텐. 사람을 말하다. 심규철 역. 중앙북스. 2013.

-----. 이것이 바로 인문학이다. 이지연 역. 보아스. 2015.

임석민. 돈의 철학. 다산북스. 2020.

자사. 중용. 황종원 역. 서책. 2011.

장길섭. 명상. 삶을 예술로 가꾸는 사람들. 2008.

장사오형. 느리게 더 느리게. 다연. 2014.

-----. 철학을 읽는 밤. 리오북스. 2015.

장석주. **단순한 것이 아름답다.** 문학세계사. 2016.

장영희. **문학의 숲을 거닐다.** 샘터. 2005.

조태연 외. **행복의 인문학.** 석탑출판. 2013.

존 러벅. **삶에서 가장 중요한 것들.** 이순영 역. 문예출판사. 2004.

존 스튜어트 밀. **자유론.** 서병훈 역. 책세상. 2005.

줄리아 카메론. **아티스트 웨이.** 임지호 역. 경당. 2012.

중국문화경영연구소, **인간경영 공자 오디세이.** 김찬준 역. 아이템북스. 2010.

-----. **인간경영 노자 오디세이.** 김찬준 역. 아이템북스. 2010.

진저 워즈워스. **존 뮤어.** 이원경 역. 비룡소. 2010.

차동엽. **행복선언.** 위즈앤비즈. 2009.

최인철. **프리젠트.** 한즈미디어. 2015.

-----. **프레임.** 21세기북스. 2016.

칼 야스퍼스. **위대한 사상가들.** 권영경 역. 책과 함께. 2005.

칼 포퍼. **열린 사회와 그 적들.** 이한구 역. 민음사. 2006.

-----. **더 나은 세상을 찾아서.** 박영태 역. 문예출판사. 2008.

칼 폴라니. **거대한 전환.** 홍기빈 역. 길. 2009.

켄 가이어. **묵상의 창.** 윤종석 역. 두란노. 2000.

-----. **영혼의 창.** 윤종석 역. 두란노. 2000.

크리스티나 뮌크. **행복을 찾아가는 자기 돌봄.** 박규호 역. 더좋은책. 2016.

파스칼 브뤼크네르. **아직 오지 않은 날들을 위하여.** 이서진 역. 인플루엔셜. 2021

파커 J. 파머. **삶이 내게 말을 걸어올 때.** 한문화. 2001.

플라톤. **국가-정체.** 박종현 역. 서광사. 2005.

-----. **소크라테스의 변명/국가/향연.** 왕학수 역. 동서문화사. 2007.

프레데릭 르누아르. **젊은 날, 아픔을 철학하다.** 강만원 역. 창해. 2011.

-----. **행복을 철학하다.** 양영란 역. 책담. 2014.

-----. **철학, 기쁨을 길들이다.** 이세진 역. 와이즈베리. 2015.

------. **그리스도 철학자.** 김모세, 김용석 역. 연암서가. 2009.

-----. **소크라테스, 예수, 붓다.** 장석훈 역. 판미동. 2014.

피에르 쌍소. **느리게 산다는 것의 의미.** 김주경 역. 동문선. 2000.

탈 벤 샤하르. **행복이란 무엇인가.** 왕옌밍 엮음. 김정자 역. 느낌이 있는 책. 2014.

-----. 해피어. 노혜숙 역. 위즈덤하우스. 2007.

-----. 행복을 미루지 말라. 권오열 역. 와이즈베리. 2013.

틱낫한. 마음에는 평화 얼굴에는 미소. 류시화 역. 김영사. 2002.

토마스 모어. 유토피아. 황문수 역. 범우사. 2003.

하오런. 하버드 강의노트. 송은진 역. 레몬북스. 2017.

하이데거. 존재와 시간. 전양범 역. 동서문화사. 2016.

하워드 가드너. 진선미. 김한역 역. 북스넛. 2013.

하임 샤피라. 행복이란 무엇인가. 전지현 역. 21세기북스. 2013.

한나 아렌트. 예루살렘의 아이히만. 김선욱 역. 한길사. 2006.

한형조. 왜 동양철학인가. 문학동네. 2009.

헨리 데이비드 소로. 월든. 강승영 역. 이레. 2000.

-----. 시민의 불복종. 강승영 역. 은행나무. 2014.

헨리 솔트. 헨리 데이비드 소로. 윤규상 역. 2001.

헬레나 N. 호지. 오래된 미래. 양희승 역. 중앙북스. 2015.

헬렌 니어링. 아름다운 삶, 사랑, 그리고 마무리. 이석태 역. 보리. 1997.

-----. 인생의 황혼에서. 전병재 역. 민음사. 2002.

헬렌 켈러. 사흘만 볼 수 있다면. 이창식, 박에스더 역. 산해. 2005.

호메로스. 일리아스. 천병희 역. 숲. 2015.

-----. 오디세이아. 김기영 역. 민음사. 2022.

황경식. 존 롤스 정의론. 쌤앤파커스. 2018.

* 일반 독자들이 쉽게 파악할 수 있도록 동서고금 저자들을 구별하지 않고,
우리가 흔히 부르는 이름을 따라서 〈가나다라〉 순으로 정리하였음.

들의 백합화를 보라!

예수 그리스도